Wolfgang Schorlau
KREUZBERG BLUES

Wolfgang Schorlau

KREUZBERG BLUES

Denglers zehnter Fall

Kiepenheuer & Witsch

MIX
Papier aus verantwor-
tungsvollen Quellen
FSC® C083411

FSC
www.fsc.org

Verlag Kiepenheuer & Witsch, FSC® N001512

1. Auflage 2020

© 2020, Verlag Kiepenheuer & Witsch, Köln
Alle Rechte vorbehalten
Covergestaltung: Barbara Thoben, Köln
Covermotiv: © Tim Robinson / Trevillion Images
Lektorat: Lutz Dursthoff und Nikolaus Wolters
Gesetzt aus der Dante und der DCC Ash
Satz: Buch-Werkstatt GmbH, Bad Aibling
Druck und Bindung: CPI books GmbH, Leck
ISBN 978-3-462-00079-5

»Grund und Boden, Naturschätze und Produktionsmittel
können zum Zwecke der Vergesellschaftung durch
ein Gesetz, das Art und Ausmaß der Entschädigung regelt,
in Gemeineigentum oder in andere Formen der
Gemeinwirtschaft überführt werden.«

Grundgesetz der Bundesrepublik Deutschland, Artikel 15

INHALT

Charaktere

Denglers Welt

Georg Dengler, Privatermittler, wohnhaft Stuttgart, Wagnerstraße, früherer Zielfahnder des Bundeskriminalamtes

Olga, wohnhaft Stuttgart, Wagnerstraße; seine Freundin, beste dem Autor bekannte Computerhackerin und begnadete Taschendiebin

Jakob, wohnhaft Berlin-Schöneberg, Denglers Sohn aus erster Ehe, versucht die Welt zu verstehen

Martin Klein, wohnhaft Stuttgart, Wagnerstraße, Denglers schwieriger Freund und Nachbar

Mario, wohnhaft Stuttgart, Reinsburgstraße, Denglers Freund seit Kindheitstagen

Leopold »Leo« Harder, Denglers Freund, kluger Journalist beim Stuttgarter Blatt, sorgt sich um die Qualitätspresse

Petra Wolff, bringt trotz schwieriger Kindheit Struktur in Denglers Leben

Figurengruppe Mieter

Silke Herzog, möchte ihre Wohnung behalten

Lena, Silkes kleine Tochter

Matthias, Silkes Freund

Arthur Meißner, Rentner im Plattenbau, raucht zu viel

Hatice Ates, Aktivistin, weiß sich zu wehren

Patrick Böhmer, lernt, wie man einen Feuerlöscher bedient

Figurengruppe Deutsche Eigentum AG

Dr. Michael Bertram, CEO der Deutschen Eigentum AG, hyperintelligenter Psychopath

Susan Miller, Chefin des Aufsichtsrats, Abgesandte des Großinvestors Blackhill, New York, genervt

Dr. Peter Deister, früherer Vorstandschef, entmachtet

Michaela Nassos, Pressesprecherin

Figurengruppe Kröger Immobilien AG

Sebastian Kröger, Chef der Kröger Immobilien AG, groß gewordener Bauunternehmer, überfordert

Charlotte Kröger, seine Tochter

Myriam Jung, seine Assistentin

Dr. Jan Wenzel, Justiziar

Dr. Herbert Glowalla, Krögers Psychotherapeut

Max Liebig, Leiter der Presseabteilung

Figurengruppe Organisation Fuhrmann

Dr. Karl Fuhrmann, Chef der Organisation Fuhrmann, am Zenit seiner Karriere

Harry Nopper, der aufstrebende Star

Helga Ernst, Fuhrmanns Sekretärin

Hans-Peter Meesen, entmachteter Konkurrent von Fuhrmann, früherer Präsident des Bundesamts für Verfassungsschutz

Holger Carsten Ebersheim, Mitglied des Direktoriums der Gruppe Fuhrmann, stellvertretender Chef des Landesamts für Verfassungsschutz Berlin

Nikolaus Abt, Abteilungsleiter Innenministerium, Mitglied des Direktoriums

Lutz Koch, Verbindungsmann zum BND, Mitglied des Direktoriums

Tragende Nebenfiguren
Matze, der Mann fürs Grobe
Roy, ebenfalls nur fürs Grobe geeignet
Roman, Hardcore-Aktivist
Eddy, Aktivist, aber nicht so Hardcore
Jana Kusnezow, genannt: die schöne Russin, Eigentümerin einer
  Entmietungsagentur
Ellen Roller, Bausenatorin, entschieden und getrieben
Sandro Winkler, nicht nur eine Reinigungskraft
Hauptkommissar Weber, überlastet, versucht seinen Job zu ma-
chen, so gut es geht

Nebenfiguren
Dr. Nea Schweizer, Tierärztin in Berlin
Dr. Helga Garde, Projektleiterin, Zoologin aus Leipzig
Klara Dengler, Georg Denglers Mutter, wohnhaft in Altglashütten
  am Feldberg

1. Kapitel: Das auslösende Ereignis

Berlin-Kreuzberg, nachts, 03:30 Uhr

Nachts, wenn er nicht gerade die Oranienstraße raufläuft oder
am Kotti abhängt, ist Kreuzberg für ihn auch nur ein Kaff. Und in
Kreuzberg kennt Matze sich aus.

Auch nachts.

Vor allem nachts.

Immer, wenn er den Kopf leicht senkt, um dem satten Brummen des Zwölf-Zylinders zu lauschen, stellt er sich vor, er säße in
einem Flugzeugcockpit. Lässig dreht er mit einer Hand das Lenkrad nach rechts und fantasiert, der vor ihm liegende Engeldamm
sei die Landebahn. In seiner Vorstellung senkt sich die Maschine
majestätisch langsam hinab. Er biegt in die Melchiorstraße ab,
und als der Michaelkirchplatz auftaucht, schaltet er in den zweiten Gang. Das leichte Ruckeln des Getriebes verwandelt sich in das
Aufsetzen der Räder auf dem asphaltierten Rollfeld. Er beugt sich
leicht nach vorne, späht durch die Windschutzscheibe und sucht
einen geeigneten Parkplatz. Es ist schon Januar, aber noch immer
tragen einige Bäume gelbe und ockerfarbene Blätter. Sie verdecken
die Straßenlaternen nicht. Es ist alles zu hell hier. Noch immer sind
ein paar Leute unterwegs: ein Paar, das sich umschlingt, als habe es
eben erst entschieden, die Nacht gemeinsam zu verbringen; zwei
betrunkene Freunde, sich gegenseitig stützend; eine mittelalte
Frau, allein, in schnellen Schritten auf dem gegenüberliegenden

Gehsteig. Er biegt in die nächste Seitenstraße ein und beschließt, den schwarzen Ferrari auf dem kleinen Parkplatz einer Kita abzustellen. Vorsichtig parkt er den Wagen rückwärts ein, stellt den Motor ab. Niemand zu sehen. Die großen Plattenbauten werfen dunkle Schatten in die Nacht, die Fenster sind schwarz. Perfekt.

»Dunkel ruht der Wald.«

Matze schaltet die Scheinwerfer aus und öffnet die Wagentür. Er steigt aus. Sein Atem verwandelt sich in der Nachtkälte in kleine Nebelschwaden. Matze schüttelt sich, geht um den Wagen herum und zieht die Beifahrertür auf. Vor dem zurückgezogenen Sitz ist ein kastenförmiger Behälter in den Bodenraum des Wagens gezwängt, bedeckt mit einem karierten Tuch; durch einen Schlitz im Tuch ragt ein Drahtbügel mit Holzgriff. Matze greift nach dem Holz und zieht. Der Behälter hat sich verkantet und gibt seinem Zug nicht nach. Matze flucht und stemmt ein Bein gegen den Türschweller und zieht erneut. Mit einem Ruck kommt ihm der Kasten entgegen, sodass Matze das Gleichgewicht verliert und rückwärts auf den Gehsteig taumelt. Mit der linken Hand kann er gerade noch am Türholm Halt finden und einen Sturz mitsamt dem Behälter vermeiden.

Das hätte noch gefehlt!

Schwer atmend stellt er den Kasten ab: Unter der Decke ist heftige Bewegung zu spüren; kurze, pfeifende Laute ertönen, dann beruhigt sich der Inhalt des Kastens wieder. Matze kramt in der Hosentasche nach dem Fahrzeugschlüssel. Mit einem zischenden Geräusch verriegeln sich die Türen. Behutsam nimmt er den Behälter wieder auf und geht zur Straße.

Besser, er bleibt auf dieser Seite. Hier ist es dunkler. Den Kasten greift er nun mit der linken Hand, um ihn auf der der Fahrbahn abgewandten Seite zu tragen. Er geht los.

Und beobachtet dabei jeden Winkel der Umgebung. Am Ende der Stichstraße biegt Matze in einen Fußweg ein. Vor ihm ragt ein Plattenbau in die Nacht. Aus den Fenstern hängen unzählige Trans-

parente: *Schluss mit der Spekulation, Wir bleiben hier, Volksentscheid –*
Enteignet Deutsche Eigentum, Kröger Immobilien und Co., Wir bleiben so-
lidarisch gegen Verdrängung oder einfach *Nö.*
Er hält inne und blickt hoch. Auf einem der oberen Balkone
glimmt eine Zigarette auf. Mit schnellen Schritten geht Matze den
schmalen Pfad zwischen zwei Plattenbauten weiter und duckt sich.
Er sieht noch einmal nach oben. Nichts. Kein Licht, keine glim-
mende Zigarette. Nichts.
Er zieht einen Schlüsselbund aus der Tasche.

Berlin-Kreuzberg, Plattenbausiedlung

Auf dem Balkon zieht Arthur Meißner so gierig an seiner Zigarette,
als wäre dies die letzte in seinem Leben. Mit einer zittrigen Bewegung drückt er den Stummel in einem überquellenden Aschen-
becher aus. Er kann nicht schlafen. Jede Nacht muss er zwischen
drei und halb vier Uhr pinkeln. Dann ist er wach und kann nicht
mehr weiterschlafen. Jede Nacht. Er hat alles probiert. Tabletten,
Wichsen, autogenes Training. Nichts hat geholfen. Deshalb geht er
nun jede Nacht auf den Balkon und raucht erst mal eine Karo. Die
gibt's ja jetzt wieder.
Mit der rechten Hand stützt er sich auf die Lehne des Camping-
stuhls, steht auf, und obwohl er weiß, dass er nicht zum Durchgang zwischen den Blocks hinuntersehen kann, beugt er sich weit
über die Brüstung. Dann geht er zurück in die Wohnung und sucht
sein Handy. Auf dem Wohnzimmertisch liegt es nicht. Er schlurft
in die Küche. Es liegt nicht auf der Tischplatte, nicht neben der
Spüle, nicht im Regal und auch nicht auf dem Unterschrank, wo er
es schon öfter vergessen hat. Vielleicht im Schlafzimmer, auf dem
Nachttisch. Als er es auch dort nicht findet, ergreift ihn leise Panik.
Wo ist das Scheißding?
Seine Tochter hat ihm das Telefon geschenkt, damit sie ihm

Fotos von den beiden Enkelkindern schicken kann. Sie besucht ihn nur noch selten. Deine Wohnung stinkt brutal nach Rauch, hat sie gesagt, da ekeln sich die Kleinen. Seither raucht er hauptsächlich auf dem kleinen Balkon. Leider hat er immer noch nicht genau begriffen, wie er sich auf diesem kleinen Gerät Bilder ansehen kann. Aber telefonieren kann er damit.

Und, verflucht, jetzt müsste er dringend telefonieren.

Das Handy liegt neben der Toilettenschüssel. Wie kam es dorthin? Hat er beim Scheißen telefoniert? Mit wem? Er erinnert sich nicht. Es wird immer schlimmer mit seinem Gedächtnis. Meißner schüttelt den Kopf und trippelt zurück auf den Balkon. Er lässt sich in den Stuhl fallen. Wo sind eigentlich seine Kippen? Seine Hand zittert, als er sich eine ansteckt. Dann wählt er die Nummer, die er auswendig kennt.

Berlin, Waldemarstraße

Roman und Eddy patrouillieren die Waldemarstraße entlang, als Romans Handy summt. Eddy, der jüngere von ihnen, steckt gerade einem schwarzen Porsche Cayenne einen Flyer hinter den Scheibenwischer. *Stoppt die Klimakatastrophe! Zum Beispiel durch die Stilllegung dieser Dreckschleuder.*

Für Roman ist das alles großer Kindermist – wie der ganze *Fridays-for-Future*-Kram. Er ist Autonomer der alten Schule und weiß genau, dass es ein paar härtere Maßnahmen braucht, um den Kapitalismus abzuschaffen. Einerseits. Andererseits: Eddy ist sein Cousin, noch nicht lange in Berlin, doch nun führt er ihn geduldig in die Welt des Schwarzen Blocks ein. Sie stehen vor dem Cayenne und betrachten ihr Werk; Eddy zufrieden, Roman gelangweilt. Beiden ist kalt.

Romans Handy summt erneut. Er nimmt das Gespräch an und lauscht.

»Nein, ich schlafe noch nicht«, sagt er und hört wieder zu.
»Kannst du sehen, was er macht?«

Erneute Pause.

»In was für einem Wagen ist er gekommen?«

Pause.

»Okay. Ich komme mit einem Kumpel. Wir beeilen uns.«
Er steckt das Handy ein und sagt zu Eddy: »Schluss mit der Spielerei. Jetzt wird es ernst. Da ist so ein Schlägertyp unterwegs zu dem Haus, wo den Leuten gekündigt worden ist. Hat seinen Wagen in einer Seitenstraße geparkt und ist dann mit einem großen Karton oder so etwas zum Haus gelaufen. Er fährt einen Sportwagen. Ganz flach, dunkel, extremes Westauto, hat mein Informant gesagt.«

Berlin-Kreuzberg, Plattenbausiedlung

Matze sieht sich noch einmal um, steckt dann den Schlüssel in die Eingangstür und tritt ein. Fünf Stufen sind es bis zum Hausflur. Es ist dunkel, nur aus dem Fahrstuhl scheint ein schwaches bläuliches Licht. Er geht zum Treppenaufgang und stellt den Behälter ab. In diesem Augenblick wird im ersten Stock eine Tür geöffnet. Schwache Lichtstrahlen fallen die Treppe herab. Matze hört das Murmeln einer männlichen Stimme, kann aber kein Wort verstehen. Dann flackern die Flurlichter auf. Mit einer raschen Bewegung greift er den Behälter und geht in schnellen Schritten zum Fahrstuhl, öffnet die Tür, stellt den Kasten in die Kabine und duckt sich auf dem Boden, sodass er von außen durch die Glasscheibe des Fahrstuhls nicht gesehen werden kann.

Er lauscht.

In diesem Augenblick knackt und rumpelt es: Müde schließt sich die Tür, und der Fahrstuhl setzt sich in Bewegung. Matze flucht, richtet sich auf. Wieso muss dieser faule Depp wegen eines Stockwerks den Aufzug rufen? Er zieht seinen Teleskop-Totschläger aus der Tasche. Mit einer schnellen Schleuderbewegung fährt er ihn aus. Er hebt den Arm.

Der Fahrstuhl hält nicht im ersten Stock. Instinktiv drückt Matze auf den Halteknopf des zweiten Stocks. Rumpelnd hält der Aufzug. Die Tür geht auf. Matze steigt aus und lauscht. Die Aufzugtüren schließen sich wieder, und der Aufzug wird zu einem der höheren Stockwerke gezogen.

Er mag diesen Job. Eigentlich. Schnell verdientes Geld. Aber warum schlafen die Opfer nicht um diese Zeit? Es ist halb vier. Das Licht flackert und verlischt. Er rührt sich nicht. Wartet ab.

Das Licht geht wieder an. Er hört, wie einige Stockwerke über ihm jemand in den Aufzug tritt. Dann brummt es, und kurz danach sinkt die Kabine an ihm vorbei ins Erdgeschoss. Die Haustüre wird geöffnet und fällt wieder ins Schloss. Wieder wartet er, bis das Licht verlöscht. Als sich seine Augen an die Dunkelheit gewöhnt haben, nimmt er den Kasten und trägt ihn die Treppen hinab in den Eingangsbereich. Vor dem Treppenaufgang stellt er ihn ab und drückt auf den Lichtschalter. Mit einer schnellen Bewegung zieht er das Tuch weg.

Berlin-Kreuzberg, Plattenbausiedlung

»Das muss er sein«, sagt Roman, als sie vor dem Ferrari stehen.

Eddy zieht einen Flyer aus der Innentasche seiner Jacke und klemmt ihn an die Frontscheibe. *Stoppt die Klimakatastrophe! Zum Beispiel durch die Stilllegung dieser Dreckschleuder.*

Roman runzelt die Stirn.

»Diese Karre kostet 150 000 Euro«, sagt er. »Mindestens. Da müssen wir anders vorgehen. Verstehst du?«

Als er Eddys fragendes Gesicht sieht, zieht er eine Dose aus der Tasche und spritzt eine Flüssigkeit auf den Vorderreifen. Eddy verzieht das Gesicht: Benzin.

»Mach keinen Scheiß, Roman«, sagt er.

Er stellt sich ihm in den Weg.

Roman verzieht keine Miene, sondern greift in die Hosentasche und zieht ein Feuerzeug hervor.

»Geh zur Seite«, sagt er.

Eddy schüttelt den Kopf. »Keine Gewalt«, sagt er.

»Eddy, du hast keine Ahnung, was Gewalt ist. Geh zur Seite.«

Berlin-Kreuzberg, Plattenbausiedlung

Der Behälter ist ein großer, stabiler Tragekäfig. In ihm wuseln zwanzig Ratten herum. Es sind keine possierlichen Tiere. Sie sind nicht von der Art, die sich der Punk gern auf die Schulter setzt.

Sie sind doppelt so groß wie die Ratten, die er vom Bauernhof seines Großvaters kennt.

Und sie stinken.

Sie stinken so sehr, dass Matze für einen Augenblick den Kopf abwendet, um Luft einzuatmen. Als er sich wieder umdreht, sieht er, dass eine der Ratten tot auf dem Käfigboden liegt. Die anderen huschen über sie hinweg.

Matze öffnet die Tür.

Die Viecher rennen weiter hin und her, und es dauert fast eine halbe Minute, bis die erste Ratte ihre Nase durch die offen stehende Käfigtür steckt.

»Mach schon«, knurrt Matze.

Die Ratte schnuppert.

Matze schüttelt den Käfig. In einem großen Satz springt die Ratte auf den Boden. Eine zweite schiebt prüfend ihren Kopf aus dem Käfig. Matze schüttelt erneut, die zweite Ratte springt und die anderen folgen ihr. Jetzt ist nur noch die tote Ratte übrig.

»Bravo, ihr lieben Tierchen. Jetzt sucht euch etwas Schönes zum Fressen.«

Die Ratten trippeln, dicht an die Wand des Treppenhauses gedrängt, die Stufen hinauf. Doch drei von ihnen rasen orientierungslos im Kreis. Eine andere schnüffelt an der Fahrstuhltür. Matze stellt den Käfig ab und versucht sie mit Fußtritten die Treppen hinaufzutreiben. Die Ratte am Fahrstuhl stellt sich auf die Hinterbeine und fletscht die Zähne. Matze lacht. Da springt die Ratte plötzlich, fliegt durch die Luft und hängt an seinem linken Schienbein. Matze zuckt zurück, taumelt und stößt einen Schrei aus. Entsetzt sieht er, wie das Vieh an seinem Bein hinaufklettert. Er schreit noch einmal, dann ballt er die Faust und schlägt nach dem Tier. Es beißt ihm in den Oberschenkel. Matze schlägt noch einmal, und die Ratte fliegt quiekend auf den Boden. So schnell er kann, packt er den Käfig und ist in drei Schritten an der Eingangstür, reißt sie auf und steht dann schwer atmend in der frischen Luft.

Was für ein Scheißjob!

Berlin-Kreuzberg, Silkes Wohnung

In der Wohnung im ersten Stock wirft sich Silke unruhig von der einen auf die andere Seite. Für ihren schlechten Schlaf gibt es einen guten Grund: Wieder einmal hat sie es geschafft, Matthias aus der Wohnung zu vertreiben. Sie liebt ihn, das schon. Sie muss nur einen kurzen Augenblick nachdenken, dann ist sie sich ganz sicher, dass sie die Beziehung mit ihm will. Trotzdem, manchmal reitet sie der Teufel. Dann bohrt sie, dann nörgelt sie und kritisiert an ihm herum, bis dieser liebe, geduldige Mann sich nicht mehr zu helfen weiß und geht.

Dabei hatte der Abend gut angefangen. Matthias hatte eingekauft und gekocht, während sie ihren Zweitjob erledigte und die alte Dame im dritten Stock versorgte, sie wusch und frisch anzog. Tagsüber in der Klinik war es echt stressig gewesen. Eine Kollegin war auf die Intensiv abgezogen worden, weil dort zwei Kolleginnen krank geworden waren. Klar, die Intensiv ging vor, aber Silke hatte sich keine Minute ausruhen können. Dann im Eiltempo zur Tagesmutter, das Baby abholen. Nach Hause, kurz umziehen, dann hinauf in den dritten Stock zur alten Dame. Es war wirklich lieb, dass Matthias die Einkäufe schon erledigt hatte. Pasta hatte er gekocht. Pasta mit Auberginen, Tomaten, Mozzarella und noch irgendetwas anderem. Auf dem Tisch eine Flasche Rotwein. Alles wirklich wahnsinnig lieb, aber sie war so schrecklich müde gewesen. Lena, das Baby, hielt sie die ganze Zeit auf Trab. Sie schrie ununterbrochen, und Silke musste mit ihr auf dem Arm den Flur auf und ab gehen, bis sie endlich ruhig wurde. Nach dem Essen war die Kleine wieder wach geworden, und sie streichelte Lenas Kopf, bis sie mit dem so süßen offen stehenden Babymund wieder eingeschlafen war. Währenddessen hatte Matthias den Abwasch gemacht.

Beim Sex war sie immer wieder für einen Moment eingeschlafen und überhaupt nicht bei der Sache gewesen. Für ihn war es bestimmt komplett langweilig. Danach hatte sie ihn gefragt, was er eigentlich von ihr wolle. Sie sei doch komplett endfertig. Schlafe beim Sex ein. Komme nicht. Er hatte sie sprachlos angeschaut, um Worte gerungen. Und keine gefunden. Weiß der Teufel, was sie geritten hatte. Sag mal echt, warum willst du mit mir zusammen sein? Sie hatte nicht aufgehört, hatte weitergebohrt, und je weniger er antwortete und je trauriger er wurde, desto schärfer wurde ihr Ton. Erst standen Tränen in seinen Augen, dann war er aufgestanden und hatte sich schweigend angezogen und war gegangen. Er war so leise gewesen, dass sie das Rascheln seiner Hose und seines Hemdes kaum hörte. Deshalb bekam sie seine Tränen nicht mit, die ihm übers Gesicht liefen, und sie bekam nicht mit, dass er in seiner Erschütterung die Wohnungstür nicht richtig hinter sich geschlossen hatte. Nun stand sie einen schmalen Spalt offen.

Berlin-Kreuzberg, Plattenbausiedlung

Matze steht vor dem Eingang dieses Scheißplattenbaus, reibt sich den schmerzenden Oberschenkel und überlegt, ob er jemals gegen Tetanus geimpft worden ist. Das Scheißvieh hat ihn durch die schwarze Jeans hindurch ins Fleisch gebissen. Er sieht immer noch das Bild vor sich, den Kopf der Ratte, die winzigen, blitzenden Zähne – ekelhaft. Immer noch spürt er die Krallen des Drecksviehs, das sich auf seinem Schenkel nach oben arbeitet. Als er um die Ecke zur Kita einbiegt, glaubt er zunächst, eine Fata Morgana zu sehen. Da steht sein Ferrari, den er für viel Geld für vier Tage gemietet hat. Flammen züngeln zwischen Vorderrad und Kotflügel in den Nachthimmel. Davor zwei dunkle Gestalten. Dann sieht er einen dritten Mann, der im Schlafanzug über die Straße läuft und einen roten Feuerlöscher in der rechten Hand trägt. Erstaunlicherweise ist der erste Gedanke, der ihm durchs Hirn fährt: 1.500 Euro Selbstbeteiligung.

Berlin-Kreuzberg, Silkes Wohnung

Im ersten Stock stellt sich eine Ratte vor der angelehnten Tür auf die Hinterbeine und zieht die Luft, die aus der Wohnung strömt, durch ihre Nase. Sie verharrt einen Augenblick regungslos, dann schlüpft sie hinein.

Berlin-Kreuzberg, vor der Kita

»Hey, ihr Arschlöcher, was macht ihr da?«

In hohem Bogen feuert Matze den Käfig ins Gebüsch und rennt los. Die beiden schwarzen Gestalten zucken zusammen, blicken auf, sehen ihn und laufen ebenfalls los. Der Typ im Schlafanzug hat den Ferrari erreicht. Mit einer schnellen Bewegung nimmt er den Feuerlöscher hoch und zielt mit dem kleinen Schlauch – nach einigen Sekunden faucht eine weiße Wolke aus der Düse am Schlauchende. Zischend werden die Flammen kleiner. Matze spürt, wie die Wut ihm das Blut im Kopf und in den Halsschlagadern pochen lässt. Nur für einen kurzen Augenblick überlegt er, ob er dem Typ im Schlafanzug den Feuerlöscher wegnehmen und selbst löschen soll. Doch dann entscheidet er sich, den beiden fliehenden Gestalten nachzurennen.

»Bleibt stehen!«, brüllt er. Der größere der beiden läuft vorneweg, der kleinere sieht sich nach ihm um. Sie sind schnell, viel schneller als er. Der Abstand zwischen ihnen wird größer. Matze keucht, die Lunge sticht nach wenigen Metern, als würde sie mit Messern gefoltert. Krafttraining allein bringt es doch nicht.

Berlin-Kreuzberg, Sankt-Michael-Kirche

Die beiden Typen rennen die Straße entlang zur Sankt-Michael-Kirche. Matze japst nach Luft. Er wird sie nicht einholen. Wenn er einen Schritt macht, sind die anderen schon zwei gesprungen. Seine Lunge brennt. Die Puste geht ihm aus. Schwer atmend bleibt er stehen und stemmt die Fäuste in die Hüfte. Mist.

Da sieht er, wie der kleinere Typ über eine am Boden liegende Flasche stolpert. Eine Sekunde kämpft er mit dem Gleichgewicht und fällt dann mit ausgestreckten Armen der Länge nach auf den Bürgersteig. Matze rennt sofort los, und als der Bursche sich wieder aufrichten will, ist er bei ihm, packt ihn mit der linken Hand am Kragen und haut ihm die Rechte voll in die Fresse.

Berlin-Kreuzberg, Silkes Wohnung

Silke träumt, dass Matthias neben ihr liegt. Ihre Hand tastet nach ihm, greift ins Leere. Sie erschrickt, richtet sich auf und horcht in Richtung Kinderzimmer. Von Lena ist nichts zu hören. Sie dreht sich auf die Seite und schläft ein.

Im Flur, vor der geöffneten Tür des Kinderzimmers, sitzt eine fette Ratte. Sie lauscht und schnüffelt.

Dann schlüpft sie ins Kinderzimmer.

Berlin-Kreuzberg, Sankt-Michael-Kirche

Matze zieht Eddy am Kragen seiner Sportjacke hoch. Da der Junge beide Hände vor das blutende Gesicht hält, verpasst Matze ihm eine in den Magen. Eddy krümmt sich nach vorn und stößt Laute aus, für die es keine Buchstaben gibt. Matze tastet Eddys Jacke ab, dann seine Jeans. Aus der Gesäßtasche zieht er einen Geldbeutel und öffnet ihn. Kaum Geld hat der Typ, 35 lausige Euro. Er steckt sie in die Hosentasche. Keine Kreditkarten. Kein Handy. Aber ein Personalausweis. Matze hält ihn sich dicht vor die Nase und liest.

»Du Hurensohn, ich weiß, wo du wohnst. In zwei Tagen stehst du mit 5.000 Euro Cash im Café *Espresso*. Hörst du?«

Eddy starrt ihn mit blutverschmiertem Gesicht an.

»Hörst du mich, du Penner? 5.000 Euro. In zwei Tagen. Café *Espresso*. Sonst komme ich zu dir nach Hause und hole das Geld.«

Eddy nickt und befühlt die gebrochene Nase. Sie tut höllisch weh und blutet.

Matze greift in Eddys Haare und schüttelt ihn. »Dann wiederhole es.«

Eddy schreit auf vor Schmerz. »Café *Espresso*. 5.000 Euro. In zwei Tagen.«

Tränen stehen in seinen Augen. Doch er will diesem Schwein nicht noch die Freude gönnen, dass er anfängt zu flennen. Er hasst diesen Typen. Inbrünstig und heiß.

»Lauter!« Matze hebt die Faust.

»Café *Espresso*. 5.000 Euro. In zwei Tagen«, brüllt Eddy. Er kann es nicht verhindern. Er spürt, wie warme Tränen über seine Wangen rollen. Wenn Roman doch nur jetzt auftauchen und diesen Typ zusammenschlagen würde.

»Gut«, grunzt Matze und steckt Eddys Personalausweis ein. »Wenn ich dich holen muss, bist du reif fürs Krankenhaus.«

Er schlägt dem Jungen noch einmal auf die Nase. Dann dreht er sich um und geht.

Berlin-Kreuzberg, Silkes Wohnung

Lena schreit kurz auf, doch in Silkes Traum ist Matthias schon da und nimmt sie auf den Arm. Er lächelt. Silke dreht sich um und schläft weiter.

Berlin-Kreuzberg, vor dem Ferrari

Als Matze zu dem Ferrari zurückkommt, ist der Brand gelöscht. Der Mann im Schlafanzug steht vor dem Wagen und betrachtet zufrieden sein Werk. Den Feuerlöscher hat er neben sich auf den Gehsteig gestellt.

Der Reifen ist hin, noch immer steigen kleine Rauchschwaden auf. Auch das Blech über dem Radkasten qualmt. Der schwarze Lack hat Blasen geworfen. 1.500 Euro Selbstbeteiligung, denkt Matze wieder. Er greift nach seinem Handy, um den Schaden zu fotografieren.

»Sie brauchen die Polizei nicht anzurufen«, sagt der Mann mit dem Feuerlöscher leutselig. »Das habe ich schon erledigt. Sie müssen gleich hier sein.«

»Was?«, brüllt Matze. »Du hast die Bullen gerufen?«

Er zieht den Autoschlüssel heraus, und mit einem satten Blopp öffnet sich die Verriegelung. Matze lässt sich hinters Steuer fallen. Rumpelnd, mit plattem Vorderreifen, fährt er in den neuen Tag.

Berlin-Kreuzberg, Silkes Wohnung

Lenas Schrei ist so durchdringend, dass Silke sich jäh im Bett aufrichtet. Mit einer schnellen Bewegung wirft sie die Decke zurück. So hat ihr Kind noch nie geschrien. Sie weiß sofort, dass etwas Schreckliches passiert ist.

Sie springt aus dem Bett und hastet den Flur entlang. Am Eingang zum Kinderzimmer stützt sie sich am Türrahmen ab, greift blind zum Lichtschalter, knipst das Licht an – und sieht das Grauen.

Im Bett ihrer Tochter sitzt eine riesige Ratte. Lenas Gesicht ist rot und verzerrt. Sie steckt ihr süßes Ärmchen in die Luft. Ihr kleiner Zeigefinger ist rot. Die Ratte dreht ihren Kopf zu ihr und starrt sie mit blutverschmiertem Maul an.

2. Kapitel: Auftrag

Stuttgart, Wagnerstraße, nachts

Jedes Mal, wenn sie sich geliebt haben, ist Olgas Gesicht weicher, es scheint entspannter zu sein, runder und schöner. Stundenlang kann er in dieses Gesicht schauen: die Wimpern der geschlossenen Augen bewundern, ihre Wangenknochen bestaunen und die immer noch leicht bebenden Nasenflügel mit den Augen liebkosen. Dieses Gesicht ist wunderschön. Es ist das Schönste, was er je gesehen hat.

»Was ist?«, fragt sie leise, als sie träge die Augen öffnet und Denglers Gesicht direkt über sich sieht.

»Du bist wunderschön«, sagt er wahrheitsgemäß.

Olga lächelt und schließt die Augen.

»Schlaf jetzt«, murmelt sie. »Es ist mitten in der Nacht.«

Doch Dengler kann nicht anders, er schaut weiter auf diese Lippen, die Wangen, die Nase, die geschlossenen Augen und will bis zum Morgen nichts anderes tun, als diese Frau anzuschauen und sie zu beschützen, so gut er kann.

Grumm, grumm, grumm.

Auf dem Nachttisch dreht sich Olgas Handy im Kreis und schickt störendes bläuliches Licht ins Schlafzimmer.

Sie seufzt schlaftrunken und tastet mit der rechten Hand nach dem Gerät, um den Ton abzustellen. Doch es gelingt ihr nicht, sie greift daneben. Das Handy entwischt ihr. Sie grapscht noch einmal danach und kann es nicht greifen. Dengler beugt sich über sie und nimmt das Telefon.

»Eine Silke ruft dich an«, sagt er. »Soll ich ihr den Garaus machen?«

Olga schüttelt den Kopf, nimmt das Handy und drückt es mit immer noch geschlossenen Augen ans Ohr.

»Hallo Silke«, sagt sie.

Dengler kann den Tonschwall fast sehen, der aus dem Telefon quillt, doch er versteht kein Wort.

Olga richtet sich jäh auf.

»Unglaublich«, sagt sie mit weit aufgerissenen Augen.

Sie ist jetzt vollkommen wach.

Dengler schmiegt sich in ihre Achsel und hört, wie Olga sagt: »Wo bist du jetzt?« – »Gut.« – »Muss sie operiert werden?« – »Bist du sicher?« Und dann: »Ich komme so schnell wie möglich.«

Als sie das Gespräch beendet hat, dreht sie sich zu Dengler um. »Das war Silke, Silke Herzog, eine alte Freundin. Eine Ratte hat ihrem Baby die Fingerkuppe abgebissen.«

»Oh Gott«, sagt Dengler. »Und jetzt willst du nach Rumänien fliegen?«

Sie blinzelt ihn irritiert an.

»Wieso Rumänien? Silke wohnt in Berlin. In Kreuzberg.«

Sie wirft die Decke zurück. Das Besondere an ihrem Gesicht, das Weiche und Entspannte, ist verflogen, und jetzt sieht Dengler bedauernd die Entschlossenheit in ihrem Gesicht.

Olga: »Ich versuche, einen Platz in der frühsten Maschine zu ergattern.«

Dengler: »Kannst du denn irgendetwas für sie tun?«

Olga schüttelt den Kopf. »Sie braucht Hilfe. Sie ist völlig fertig.«

»Als Erstes sollte sie irgendwo hinziehen, wo es bessere hygienische Bedingungen und keine Ratten gibt.«

»Sie behauptet, der Vermieter hätte die Ratten in ihrem Haus ausgesetzt.«

Dengler stutzt. »Das glaubst du doch hoffentlich nicht?«

Sie zuckt mit den Schultern.

»Im Augenblick ist sie im Kinderkrankenhaus. Sie wird da von den Ärzten schräg angeschaut. Eine Mutter, die ihr Kind von Ratten beißen lässt. Klingt doch asozial, oder?«

Dengler sagt nichts, denkt aber, dass es genau so klingt.

Olga sieht ihn an. »Silke ist eine gute Freundin. Und eine tolle Frau. Allerdings hatte sie schon immer einen fatalen Hang zu den falschen Männern. Typen, die eigentlich nichts oder nichts Gutes von ihr wollen, findet sie unwiderstehlich. Männer, die sie auf Händen tragen, langweilen sie.«

»Und das Baby?«

»Was ist mit dem Baby?«

»Stammt es von einem Unwiderstehlichen oder von einem Langweiler?«

»Leider von einem der Unwiderstehlichen. Er ist direkt nach dem Schwangerschaftstest verschwunden.«

Olga hat bereits ihren Laptop auf dem Nachttisch aufgeklappt und die Seite von Eurowings aufgerufen.

»Ich fliege nach Berlin – so früh es geht.«

»Buch zwei Plätze, ich fliege mit«, sagt Dengler.

Olga sieht ihn mit gerunzelter Stirn an.

»Ich werde meinen Sohn besuchen. Jakob kommt morgen oder übermorgen von einer Studienreise zurück.«

Olga klappt den Laptop zu und schwingt sich aus dem Bett. Dengler sieht fasziniert zu, wie sie demonstrativ mit dem Po wackelt, ihm zublinzelt und dann im Bad verschwindet.

Berlin, Charité, Kinderklinik, 08:30 Uhr

Es ist kurz nach halb neun, als Dengler und Olga am Eingang der Kinderklinik der Charité eintreffen, wo Silke wartet. Sie ist blass, nahezu weiß im Gesicht. Über einer grünen Bluse und blauen Jeans trägt sie eine dicke braune Wolljacke, die ihr fast bis zu den Knien reicht. Sie hat ein interessantes Gesicht, findet Dengler, mit einem großen Mund; die leicht vorstehenden Wangenknochen geben ihr etwas Osteuropäisches. Doch ihre Haare hängen in ungepflegten Strähnen herab. Schlafmangel und Sorgen haben tiefe Linien in Silkes Gesicht gegraben. Ihr Händedruck ist eiskalt, und sofort danach schlingt sie die Hände wieder um die Schultern und massiert ihre Oberarme, um sich zu wärmen.

»Lena schläft noch«, sagt sie. »Sie wurde in der Nacht operiert.«

Olga umarmt ihre Freundin nur kurz. Sie legt den Arm um Silke und schiebt sie sanft in die Eingangshalle des Krankenhauses.

»Magst du erzählen, was passiert ist?«

»Diese Schweine. Diese elenden Schweine.« Silkes Augen sind geweitet. Sie flüstert, aber selbst das scheint für sie eine enorme Kraftanstrengung zu sein.

»Was ist passiert?«, fragt Olga.

»Sie haben Ratten ausgesetzt. In unserem Haus. Eine ist in die Wohnung gelangt und hat Lena die Fingerkuppe abgebissen.«

»Wer sind ›sie‹?«

»Kröger, das Schwein. Und seine Handlanger.«

»Wer ist Kröger?«

»Das Immobilienschwein. Kröger. Er hat mehrere Blocks gekauft. Auch das Haus, in dem ich wohne. Er will uns raushaben.«

Dengler findet, dass das Wort »Schwein« zu oft in Silkes hervorgestoßenem Bericht vorkommt. Doch er sieht ein, sie steht offensichtlich unter Schock.

»Ich bring das Schwein um«, sagt Silke. »Ich bring ihn wirklich um.«

»Haben Sie gesehen, wie die Ratten ausgesetzt wurden? Gibt es Zeugen?«, fragt Dengler.

Silke hebt langsam ihren Kopf und starrt Dengler an, als würde sie ihn erst jetzt wahrnehmen. Dann dreht sie sich zu Olga um.

»Wer is'n das?«

»Das ist mein Liebster. Er heißt Georg. Früher war er einmal Polizist. Er kann uns helfen.«

Ganz langsam nimmt Silke ihn in den Blick und mustert ihn müde.

Er streckt ihr die Hand entgegen.

»Dengler«, sagt er. »Georg Dengler.«

*

Kurz danach sitzen sie an Lenas Bett. Zwei Krankenbetten und zwei Liegen stehen in dem Zimmer. Lena liegt mit leicht geöffnetem Mund im Bett am Fenster und schläft. Ihre linke Hand ist verbunden. Zärtlich streicht Silke ihr über den Kopf. Das Kind im Nachbarbett schwenkt einen Teddybär. Seine Eltern, ein türkisch aussehendes Paar, packen Essen aus und füttern das Kind; im Krankenzimmer verbreitet sich der verführerische Duft von Baklava.

Der Teddy fliegt in hohem Bogen auf den Boden. Dengler bückt sich und streckt den Eltern das Kuscheltier entgegen.

»Er hat ein Auge verloren.«

»Und Ohr ist auch bald ab«, sagt die Mutter heiter und bedankt sich.

Die Tür zum Krankenzimmer geht auf, und eilig kommt ein Arzt herein. Er geht auf Silke zu.

»Frau Herzog, das Allerwichtigste zuerst: Ihre Tochter wird wieder gesund. Allerdings dürfen Sie Rattenbisse nicht unterschätzen, und Ihre Tochter wurde mehrmals stark gebissen. Ein Teil des Fingerknochens ist weggefressen. Ich verordne ihrem Kind Penicillin gegen *Streptobacillus moniliformis*. Dieser Erreger reagiert auf Antibiotika. Die Behandlung wird der Hausarzt oder Ihr Kinderarzt weiterführen – sie sollte 14 Tage andauern. Sie bekommen bei der Entlassung mit den Unterlagen auch den Arztbrief an Ihren Kinderarzt.«

Er schweigt eine Weile und reibt sich nervös die Hände. »Ich sage Ihnen aber auch, dass wir eine Meldung an das Gesundheitsamt machen werden. Noch nie haben wir einen so heftigen Rattenbiss gehabt. Es ...«

»Sie müssen die Polizei verständigen«, sagt Silke. »Die Ratten wurden uns ins Haus gesetzt.«

»Die Polizei wird von allein kommen.« Er hebt den Kopf. »Und das Jugendamt auch.«

Berlin-Kreuzberg, Kottbusser Tor

Sie steigen am Kotti aus. Olga hat Silke die immer noch schlafende Lena abgenommen. Dengler bemüht sich, neben den beiden Frauen zu gehen, doch die Fußgänger auf der Oranienstraße drängen ihn immer wieder ab, sodass er aufgibt und missmutig hinter ihnen hertrottet. Erst als sie bei der Parkanlage des Leuschnerdamms sind, gelingt es ihm, zu den beiden aufzuschließen.

»Aus zwei Blocks wollen sie uns raushaben«, hört er Silke sagen. »In unserem Block wehren wir uns. Wir haben eine Mieterinitiative gegründet. Die Bewohner im Nachbarblock verhalten sich still. Die ziehen die Köppe ein und hoffen, dass das Gewitter an ihnen vorüberzieht. Alles fing mit dem neuen Eigentümer an. Kröger Immobilien. Mieterhöhungen. Einspruch. Anwälte. Gerichte. Dann fiel kurz vor Weihnachten die Heizung aus. Rein zufällig, als es so richtig arschkalt wurde. Ich versorge eine alte Dame ein paar Stockwerke über mir. Die lag ganz blau gefroren in ihrem Bett. Lena wurde krank. Hab ein elektrisches Heizgerät gekauft, das die Energiekosten hochgetrieben hat. Ein paar Mieter sind gegangen, und die Neuen, die eingezogen sind, zahlen jetzt zwölf Euro pro Quadratmeter. Das kann ich mir nicht leisten. Und die meisten, die mit den alten Verträgen im Haus wohnen, auch nicht. Da haben wir uns getroffen und mal geredet. Dann sind wir alle zur Kreuzberger Mieterdemo. ›Enteignet Kröger‹ – ein total schönes Transparent. Habe ich gemalt. Und jetzt haben sie uns die Ratten reingesetzt.«

Silke nimmt ihr Baby aus Olgas Armen, küsst es und gibt es Olga zurück.

»Warum sollte ein Vermieter so etwas machen – Ratten aussetzen?«, fragt Dengler.

Silke bleibt stehen und blickt zu Olga. »Was haste dir denn da für einen angelacht? Habe ich doch eben lang und breit erklärt. Der will uns raushaben. Und dann für zwölf Euro vermieten.«

»Und das andere Haus – werden die Mieter da auch drangsaliert?«

»Nö, die Braven lässt er in Ruhe.«

»Ich kann mir nicht vorstellen, dass ein Vermieter Ratten aussetzt«, sagt Dengler. »Und die Ratten damals in Altglashütten auf unserem Hof – die haben wir zuweilen gehört, aber nur ganz selten mal zu Gesicht bekommen, die waren da, aber völlig scheu, die hätten niemals einen Menschen auch nur …«

»Und was ist das?« Silke zeigt auf die verbundene Hand ihres Kindes.

»Habt ihr mal versucht, mit diesem Kröger zu reden?«

Silke lacht ein Lachen, das in ein raues Husten übergeht. »Mit den Anwälten von Herrn Kröger haben wir geredet. Als der Aufzug wochenlang ausfiel. Es sind solche Schweine.«

»Wie sind die Ratten ins Haus gekommen?«

»Gute Frage. Da muss jemand einen Schlüssel gehabt haben.«

Sie laufen an der Sankt-Michael-Kirche vorbei. Die Sonne schickt einige Strahlen auf das Kupferblech der großen Kuppel. Trotzdem ist es kalt. Dengler stellt den Kragen seiner Jacke hoch.

Berlin-Kreuzberg, Silkes Wohnung

Silke hat ein Tuch über das eine Ende des Sofas gelegt. Zwei Kopfkissen bilden eine Barriere, die die immer noch schlafende Lena daran hindert, herunterzufallen. Dengler bemerkt zufrieden, dass Silke einen Bialetti-Espressokocher aus dem Schrank holt. Er hilft ihr, füllt Wasser ein und mahlt die Kaffeebohnen. Währenddessen trägt Silke Tassen und Löffel ins Wohnzimmer.

»Wir brauchen einen Plan. Wir müssen wissen, was hier vor sich geht«, sagt Olga leise, als sie am Tisch sitzen und den heißen und starken Espresso trinken.

»Ich war einfach völlig verzweifelt, als ich diese fette Ratte sah, die mein Kind anfraß. Ich wusste mir nicht zu helfen. Und da fielst du mir ein. Ich wusste nicht, wen ich sonst …«

»Das war genau richtig.«

Dengler sagt: »Ich würde mir das Kinderzimmer gern mal angucken.«

»Silke: »Okay, komm mit. Ich war nicht wieder drin, seit …«

Olga legt einen Arm um sie. Von der Tür aus weist Silke auf das Bettchen. Dengler betritt das Zimmer. Silke rührt sich nicht vom Fleck. Auf der Decke sind Blutspuren zu sehen. Dengler zieht sein Handy aus der Gesäßtasche und fotografiert das Kinderbettchen von allen Seiten. Auch auf dem Gestell des Bettchens findet er Blutspuren. Nachdenklich fährt er mit den Fingern an den Gitterstäben auf und ab. Anschließend untersucht er jeden Winkel des Zimmers. Gibt es irgendwo einen Riss in der Wand, einen offenen Lüftungsschacht, durch den die Ratte eindringen konnte? Er findet nichts dergleichen. Sicherheitshalber fotografiert er jede Ecke.

»Du kannst das Zimmer sauber machen. Ich habe den Tatort vollständig dokumentiert.«

»Den Tatort«, sagt Silke leise. »Wie sich das anhört! Es ist doch Lenas Kinderzimmer.«

Sie hat Tränen in den Augen und hebt den Kopf. »Ich habe so eine Wut. Die Kröger-Schweine terrorisieren uns seit Monaten.«

»Vielleicht ist es besser, du ziehst um«, sagt Dengler. »Geh der Sache aus dem Weg.«

Silke lacht bitter. »Das würde ich sofort machen. Aber es gibt in Berlin keine bezahlbaren Wohnungen mehr.«

Olga sagt: »Du kannst auf jeden Fall Schadensersatz verlangen.«

Dengler nickt. »Aber das bedeutet vermutlich einen langen Prozess. Und mehr als drei- oder viertausend Euro wird das Gericht dir nicht zusprechen.«

»Für einen Finger? Und ein traumatisiertes Baby? Eine traumatisierte Mutter?«, sagt Silke. »Das muss man sich mal reinziehen.«

Sie wendet sich an Olga. »Du kennst dich doch mit Computern aus. Kannst du nicht rausfinden, wie der Kröger an die Ratten gekommen ist? Damit wir ihm das alles nachweisen können. Ich will ihm eine reinwürgen. So richtig, mit voller Wucht. Und dann soll er richtig zahlen.«

»Er wird nicht gerade eine Bestellung aufgegeben haben.«

»Guck mal hier.« Silke zieht ihr Handy aus der Tasche. »Als ich mit dem Notarztwagen mit Lena ins Krankenhaus gefahren bin, haben die Nachbarn *das* gemacht.«

Sie zeigt einige Fotos, auf denen Silkes Nachbarn mit Besen und Schrubbern fünf oder sechs Ratten das Treppenhaus hinunterjagen. Ein Bild zeigt eine Ratte, die sich in die Borsten eines Besens verbissen hat. Eine andere Aufnahme zeigt die offen stehende Haustür und drei Ratten, die ins Freie fliehen.

»Das ist auch ein Beweis, oder?«, fragt Silke. »Die muss doch jemand ausgesetzt haben.«

»Oder sie kamen über die Kanalisation«, sagt Dengler.

»Und dann ins Treppenhaus?«, fragt Silke skeptisch.

»Wir sind jetzt da«, sagt Olga. »Georg ist Privatermittler. Wir werden rausfinden, was hier los war. Und wir werden uns diesen Kröger schnappen. Der soll zahlen, aber richtig.«

»Echt? Das würdet ihr machen?«

Dengler sagt: »Wegen des Honorars kannst du ...«

In diesem Augenblick klingelt Silkes Handy. Sie nimmt ab und hört konzentriert zu.

»Im Nachbarblock ist was los. Wir sollen sofort runterkommen.« Sie nimmt vorsichtig das schlafende Baby auf den Arm.

Berlin-Kreuzberg, vor dem Nachbarblock

Vor einem der Eingänge stehen etwa zwanzig aufgebrachte Nachbarn. Sie reden auf eine Gruppe von Handwerkern ein, die etwas ratlos vor der Eingangstür stehen. Drei Lkws mit der Aufschrift »Schwaben Handwerk« parken auf der Straße, einer davon mit einer Hebebühne – dieser Lkw ist mit vier ausgeklappten Stützen gesichert: Die Arbeitsbühne ist aktiviert, der Bühnenkorb aber noch nicht besetzt.

Silke geht mit dem Baby auf dem Arm auf einen der Umstehenden zu. Lena ist aufgewacht und reibt sich die Äuglein mit der gesunden Hand. Der Arm mit der verbundenen Hand hängt an ihr herunter, als wäre er nur lose an dem kleinen Körper befestigt.

»Sie wollen die Fenster austauschen. Silke, stell dir das mal vor! Jetzt, mitten im Januar«, sagt der Mann.

»Das habt ihr davon, wenn ihr euch nicht wehrt«, sagt Silke.

»Bei mir bleiben die Fenster drin, das kannst du mir glauben.«

Dengler bahnt sich einen Weg durch die aufgewühlte Menge und tritt auf einen der Handwerker zu. Er ist der Größte von ihnen und strahlt eine gewisse Autorität aus.

»Sind Sie der Chef der Firma Schwaben Handwerk?«, fragt Dengler.

»Ich bin der Vorarbeiter«, bestätigt der Mann mit polnischem Akzent.

»Sie wollen die Fenster auswechseln. Wo haben Sie denn die neuen Fenster? Ich sehe keine.«

»Erst mal machen wir alte Fenster raus. Neue Fenster kommen später.«

»Später? Wann ist bei Ihnen später?«

Der Mann zuckt mit den Schultern und zeigt Dengler ein Blatt Papier.

»Auftrag ist erst mal: Fenster raus.«

»Sie können doch nicht bei dieser Kälte den Leuten die Fenster aus den Wohnungen ausbauen – und keine neuen einbauen!«

»Doch, können wir«, sagt der Mann und hebt die Hand.

Surrend hebt der hydraulische Mechanismus die Arbeitsbühne mit zwei Männern nach oben.

»Aufhören!«, schreit Silke.

Lena beginnt zu weinen.

»Aufhören, aufhören!« Nun rufen alle im Rhythmus.

Der Korb hält im fünften Stock vor einem Fenster. Einer der beiden Männer klebt eine Folie auf die Scheibe. Der andere schlägt mit einem Gegenstand dagegen. Kurz danach steht das Fenster auf. Wenige Handgriffe genügen, und die beiden stellen das ausgehebelte Fenster mit der zerbrochenen Glasscheibe in den Korb.

»Aufhören, aufhören!«

Dengler bahnt sich einen Weg zu dem Lkw.

Der Vorarbeiter stellt sich ihm in den Weg.

»Du bleibst besser stehen.«

Die Arbeitsbühne schwenkt zu einem anderen Fenster. Einer der beiden Männer hebt die Folie hoch. Da wird mit einem Ruck das Fenster aufgerissen. Eine Frau steht mit hochrotem Kopf im Rahmen und brüllt die beiden Handwerker an. Einer von ihnen lacht und greift unter das geöffnete Fenster, um es auszuheben. Plötzlich hat die Frau einen Eimer in den Händen. Ein Schwall Wasser trifft die beiden. Sie fluchen. Beide sind tropfnass. Einer will nach der Frau greifen. Doch sie hat einen weiteren Eimer in der Hand und hebt ihn drohend hoch.

Der Vorarbeiter, der eben noch Dengler angestarrt hat, dreht sich um und gibt dem Fahrer des Lkws ein Handzeichen. Mit einem schnurrenden Geräusch senkt sich die Arbeitsbühne zurück auf den Boden.

Die Nachbarn klatschen, als die beiden Männer aus dem Bühnenkorb steigen. Die Hydraulik zieht die Arbeitsbühne zurück auf die Ladefläche. Die Stimmung unter den Nachbarn hat sich gewandelt. Eine Frau umarmt Silke. Ein lachender Mann schlägt Dengler auf die Schulter. Olga blinzelt ihm zu.

»Mein Fenster! Ich will mein Fenster zurück«, brüllt plötzlich jemand. Ein Mann läuft auf den Lkw zu. Der Vorarbeiter schwingt sich auf den Wagen, als wolle er vor ihm flüchten. Dann zieht er das kaputte Fenster aus dem Bühnenkorb und übergibt es ihm.

Die Männer von Schwaben Handwerk bauen ihr Gerät ab. Die Arbeitsbühne wird in den Transporthalterungen arretiert. Schließlich heben sich die Stützen und rasten unterhalb des Fahrzeugrahmens ein. Kurze Zeit danach sind die drei Lkws verschwunden.

»Glaubt ihr mir jetzt?«, fragt Silke, als sie zehn Minuten später in ihrer Küche sitzen. »Wer im Januar bei den Mietern die Fenster ausbauen lässt, der setzt auch Ratten aus.«

Dengler kratzt sich am Kopf.

»Wir sollten mit diesem Kröger reden«, sagt er.

Berlin-Kreuzberg, Silkes Wohnung

»Ein bisschen merkwürdig ist diese Website schon«, sagt Olga.

Zu dritt sitzen sie auf Silkes Couch und haben die Homepage der Kröger Immobilien AG aufgerufen. Das erste Bild, das sich aufbaut, zeigt Kröger selbst. Das Kinn hochgereckt, volle dunkle Haare, nach hinten gegelt und im Kragen einen Zentimeter zu lang für einen seriösen Geschäftsmann. Dieses Selbstbewusstsein wird überlagert von etwas anderem, und es dauert einen Augenblick, bis Dengler es erkennt: Krögers Blick ist – trotzig.

Olga scheint zu einem ähnlichen Schluss gekommen zu sein. »Auf dem Bild sagt er ohne Worte: Niemand hat es mir zugetraut, aber jetzt bin ich eine große Nummer. Und ihr könnt mich alle mal«, sagt sie.

»Diese Sau ist schuld, dass meinem Baby die Fingerkuppe fehlt. Dieser Scheißkerl hat uns die Ratten geschickt«, sagt Silke.

»Unsympathisch wirkt er nicht«, sagt Dengler.

Silke winkt ab. »Photoshop, alles Photoshop.«

Berlin, Ernst-Reuter-Platz,
Kröger Immobilien AG

»Die reinste Marmorhölle ...«, sagt Olga.

Die Zentrale der Kröger Immobilien AG liegt in der Nähe des Ernst-Reuter-Platzes. Über dem Eingang spannt sich ein großes Transparent, auf dem in roten Buchstaben steht: *Wir sind alle Kröger.* Georg Dengler und Olga sitzen auf schwarzen Ledercouches in einer weitläufigen Lobby, in deren Boden sich das Licht spiegelt. Er wirkt so glatt, als könnte man darauf Schlittschuh laufen. In einer Vitrine dreht sich ein beleuchteter goldener Fußballschuh. Dengler steht auf und sieht ihn sich an. Mit schwarzem Filzstift hat *Vedad Ibišević* sein Autogramm darauf hinterlassen, ein Spieler von Hertha BSC.

»Jetzt schießt er ein Tor nach dem anderen. Beim VfB Stuttgart war er auch nicht schlecht, aber hier in Berlin legt er so richtig los«, sagt Dengler.

Olga zuckt mit der Schulter. »Ging das nicht vielen Spielern so? Blühen auf, wenn sie nicht mehr in Stuttgart sind?«

Dengler nickt. »Ich sage nur: Timo Werner.«

In die Wände der Lobby sind Bildschirme eingelassen, auf denen Ansichten verschiedener Bauprojekte aufpoppen, dazwischen Baupläne, Modelle, und immer wieder lächelt ihnen trotzig und selbstbewusst Sebastian Kröger mit hochgerecktem Kinn entgegen, gefolgt von dem Spruch *Wir sind alle Kröger.* Dann weitere Fotos: Kröger mit dem Oberbürgermeister, Kröger mit Helm auf einer Baustelle, Kröger Arm in Arm mit Ibišević in der Lounge von Kröger Immobilien im Berliner Olympiastadion.

»Da ist jemand sehr von sich überzeugt«, sagt Dengler.

»Wenn jemand etwas so dringend beweisen muss, versucht er meist das Gegenteil davon zu verbergen«, sagt Olga.

Dengler kommt nicht mehr dazu, über diesen Satz nachzudenken, weil eine junge Frau sie begrüßt.

»Mein Name ist Myriam Jung. Herr Kröger ist heute nicht im Haus. Ich bin seine Assistentin. Vielleicht können Sie mir Ihr Anliegen mitteilen?«

Sie hält Denglers Visitenkarte in der Hand und schaut stirnrunzelnd drauf.

»Sie sind … Privatermittler?«

»Herr Kröger sollte mit uns sprechen, bevor wir die Presse einschalten. Jemand hat Ratten in einem Wohnblock ausgesetzt, der von Kröger Immobilien gekauft wurde. Wir nehmen an, dass dies eine neue Methode ist, die Mieter zu vertreiben. Nun hat eine Ratte allerdings ein Baby angegriffen und ihm die Fingerkuppe angefressen … Schauen sie sich bitte einmal diese Fotos an.«

Dengler steht auf und zeigt ihr einige Fotos auf seinem Mobiltelefon.

Myriam Jung hebt schützend die Hand vor den Mund. »Das ist ja schrecklich!«

»Allerdings, noch schrecklicher wäre es, wenn dies auf Anweisung Ihres Chefs geschehen wäre.«

»Bestimmt nicht. Ich bin seine Assistentin. Ich kenne alle seine …«

»Am Schrecklichsten für Herrn Kröger wäre es bestimmt, wenn die Presse von dieser Sache Wind bekäme und Ihr Unternehmen für diesen Anschlag verantwortlich machen würde.«

»Die Presse?« Myriam Jung zögert einen Augenblick. Dann sagt sie:»Wie gesagt, Herr Kröger ist heute nicht im Haus. Doch warten Sie bitte einen Augenblick.«

Sie verschwindet und kommt nach einigen Minuten zurück.

»Dr. Wenzel, unser Justiziar, empfängt Sie. Wenn Sie mir bitte folgen würden ...«

*

Der Justiziar ist überraschend jung. Dengler schätzt Dr. Wenzel auf Anfang dreißig, vielleicht Mitte dreißig. Der graue Maßanzug und das weiße Hemd können seine kräftige Statur nicht verbergen. Eine mutig gestreifte Krawatte in Rot und Blau. Ein breites, waches Gesicht zeigt eine tiefe Narbe auf der linken Seite, die sich vom Wangenknochen fast bis zum Mundwinkel zieht. Dünne hellbraune Haare, sorgfältig nach hinten gekämmt, um die kahlen Stellen auf dem Hinterkopf zu verdecken. Große schwarze, viereckige Brille.

Wenzel schiebt Denglers Visitenkarte von einer Hand in die andere, als könne er nichts damit anfangen.

»Servus! Ein Privatermittler! Das sind Sie?«, sagt Wenzel.»Ich bin mir nicht sicher, ob ich Ihnen weiterhelfen kann.«

»Das können Sie ganz sicher«, sagt Dengler.»Wir möchten Herrn Kröger sprechen.«

»In welcher Angelegenheit?«

Olga sagt:»Das hat Ihnen Frau Jung sicher verraten, aber wir wiederholen es gern: Jemand hat in der Nacht Ratten in einem Plattenbau in Kreuzberg ausgesetzt. Das Haus gehört Herrn Kröger.«

Wenzel überlegt und kontert:»Herr Kröger befasst sich sicherlich nicht mit der Befolgung der hygienischen Vorschriften durch die Mieter seiner Immobilien. Aber ich kann Ihnen gerne die Telefonnummer der zuständigen Hausverwaltung raussuchen lassen.«

»Eine Ratte hat ein Kind verletzt. Das Kind einer guten Freundin.«

Wenzel sieht kurz auf. »Das ist sicherlich schlimm. Aber Herr Kröger …«, er zuckt mit den Schultern, »er … er kann sich nicht mit jeder Kleinigkeit befassen, die in seinen Immobilien geschieht …«

»Und sei sie noch so unangenehm«, schiebt er schnell hinterher.

»Vielleicht wird sich Herr Kröger die Mühe machen und sich mit dieser Kleinigkeit befassen, wenn sie in der Zeitung steht«, sagt Dengler. »Wenn wir nämlich hier und jetzt keinen Termin bekommen, werden wir die Öffentlichkeit über diese Kleinigkeit informieren. Ich sehe die Schlagzeile schon vor mir: Immobilienkonzern setzt Ratten aus, um Mieter zu vertreiben. Kleinkind verstümmelt.«

Auf Wenzels Gesicht erscheint ein seltsames Lächeln, das wie eingefroren wirkt. Denglers Visitenkarte wandert noch schneller von einer Hand in die andere.

Dengler steht auf. »Gut, Sie wollen es nicht anders.«

»Warten Sie! Okay, okay. Ich helfe natürlich, wo ich kann.«

Wenzel legt die Visitenkarte vor sich auf den Schreibtisch und tippt auf der Tastatur eines Laptops.

»Ich sehe gerade: Da wäre noch ein Zeitfenster. In zwei Tagen. Um 14:00 Uhr? Passt das bei Ihnen? Hier bei uns.«

»Geht doch«, murmelt Olga.

»Perfekt!«, sagt Dengler und steht auf.

Als Dengler die Bürotür des Justiziars hinter sich geschlossen hat, gibt er Olga ein Zeichen, sie solle stehen bleiben. Dann zählt er bis zehn und drückt die Tür zu Wenzels Büro mit einem schnellen Ruck auf.

Der Justiziar steht hinter seinem Schreibtisch und sieht zum Fenster hinaus, ein Telefon am Ohr.

»Ja, Dengler heißt er. Privatermittler. Aus Stuttgart«, hört er Wenzel sagen.

Der Justiziar dreht sich um und erstarrt mitten in der Bewegung.

»Ja, was gibt es noch?«, sagt er.

»Ich wollte nur sicher sein, dass unser Gespräch Ihnen wichtig genug war, es sofort Herrn Kröger zu melden«, sagt Dengler, schließt die Tür und geht.

Berlin, Ernst-Reuter-Platz

»Hundertprozent«, sagt Olga, als sie auf die Straße treten, »die haben Dreck am Stecken.«

»Ein Schuldeingeständnis werden wir wohl nicht bekommen.«

»Mmh, aber dann sollen sie Schadensersatz zahlen. Und Lenas Ausbildung, das wäre das Mindeste.«

»Das werden sie als großartige Geste verkaufen. Ich seh diesen Wetzel schon vor mir ...«

»Wenzel.«

»Was?«

»Er heißt Wenzel.«

»Auch recht. Ich seh diesen Wenzel schon vor mir: Es ist unsere Verantwortung ... blah, blah, blah, für das Wohl unserer Mieter blah, blah, blah.«

»Scheißegal«, sagt Olga. »Hauptsache, es hilft Lena.«

»Ich weiß nicht.«

»Laufen wir ein Stück?«

»Gern.«

Berlin-Kreuzberg, vor dem Plattenbau

Vor dem Plattenbau, in dem Silke wohnt, erwartet sie eine Überraschung. Zwei Übertragungswagen haben auf der Straße geparkt. Eine Gruppe von Journalisten steht vor der Haustür. Eine Bewohnerin wird gerade interviewt.

»... hat sich eines dieser Monsterviecher in meinem Besen verbissen. Und überall im Flur wuselten sie in Panik hin und her. Ich rief meinen Mann, und der kam mit einem Hammer.«

»Mit einem Hammer?«, fragt der Journalist skeptisch.

»Damit konnte er natürlich nichts ausrichten. Die waren viel zu schnell. Also holte er einen Schrubber. Damit haben wir die ekligen Viecher aus der Haustüre rausgefegt. Wie die quiekten!«

»Und was denken Sie? Wo kamen die Ratten her?«

»Na, das ist doch klar. Die hat uns der Kröger hier reingesetzt. Der will doch, dass wir alle von hier verschwinden.«

»Übertreiben Sie nicht ein bisschen? Das klingt doch sehr nach Verschwörungstheorie …«

Eine mittelalte Frau in beigem Mantel drängt sich vor.

»Verschwörungstheorie?«, schreit sie den Journalisten an. »Ich wohne dort drüben. Kröger wollte uns die Fenster ausbauen. Im Januar. Sie haben keine Ahnung davon, wozu der alles fähig ist!«

Olga und Dengler schieben sich an der Gruppe vorbei und nehmen den Aufzug zu Silkes Wohnung.

Berlin-Kreuzberg, Silkes Wohnung

Silke öffnet ihnen mit verdrießlichem Gesicht.

»Kommt rein«, sagt sie.

Noch im Flur sagt Olga: »Wir haben eine Verabredung mit diesem Kröger. In zwei Tagen. Wir werden herausfinden, ob er hinter der Aktion mit den Ratten steckt. Wenn ja, wird er nicht ungeschoren davonkommen. Das verspreche ich dir.«

Sie betreten das Wohnzimmer. Auf der Couch sitzt ein junger Mann und sieht genauso schlecht gelaunt aus wie Silke.

»Ich bin der Matthias«, stellt er sich vor. »Ich bin Silkes Freund.«

Silke setzt sich auf den von ihm am weitesten entfernten Stuhl.

Schweigen.

»Geht es Lena gut?«, fragt Dengler.

Silke nickt.

Schweigen.

»Dicke Luft?«, fragt Olga. »Stören wir?«

Silke schüttelt den Kopf.

Matthias wendet sich an Olga. »Ich kann das nicht verstehen. Die ganze Geschichte ... Lena verletzt. Silke fährt mit ihr ins Krankenhaus. Horror überall. Und sie ruft mich nicht an. Nicht ein einziges Mal! Ich versteh's nicht. Ich versteh es einfach nicht. Kannst du mir erklären, warum sie so ist?«

Weil sie dich für einen Langweiler hält, denkt Dengler. Der junge Mann tut ihm leid. Er hat keine Chance und weiß es nicht. Er betrachtet Silkes verschlossenes Gesicht.

»Warum? Silke, warum?«, fragt Matthias. »Ich will doch helfen. Ich hätte doch ...«

»Was hättest du gemacht?«, fährt Silke ihn an. »Was? Hättest du was besser gemacht als ich?«

Matthias Schultern fallen resigniert nach vorn. Er bewegt seine Lippen, als wolle er etwas sagen. Aber einen Ton bekommt er nicht heraus. Dengler sieht ihm an, dass er abwägt: Wenn ich etwas sage, dann reize ich Silke noch mehr. Sage ich nichts, dann steigt ihre Verachtung.

Er greift in seine Tasche, zieht eine blaue Metalldose hervor und stellt sie auf den Tisch, öffnet sie, entnimmt einen Beutel Schwarzer Krauser, kramt dann Zigarettenblättchen und ein Silberpapier-Päckchen heraus. Drei der Blättchen legt er auf den Tisch, befeuchtet sie mit der Zunge und klebt sie zu einer großen Fläche zusammen, um dann Tabak darauf zu bröseln. Dann zieht er das Silberpapier auseinander. Ein daumengroßer Brocken, dunkel und matt, kommt zum Vorschein.

»Schwarzer Afghane«, sagt er. »Beste Qualität.«

Silke sieht ihm ausdruckslos zu, wie er mit dem Feuerzeug den Stoff anwärmt und dann in den Tabak krümelt. Er rollt den Joint, verzwirbelt die Spitze und steckt ihn dann an, nimmt einen Zug und reicht den Joint Silke über den Tisch. Olgas Freundin nimmt drei tiefe Züge und will die Tüte an Dengler weitergeben, der den Kopf schüttelt. Auch Olga hebt abwehrend die Hände. Silke schließt die Augen und nimmt noch zwei tiefe Züge, bevor sie den Joint an Matthias zurückreicht.

»Gleich kommen zwei Journalisten«, sagt Silke mit geschlossenen Augen. »Von der *Berliner Tagespost*. Und vom Radio. Die wollen alles über Lena und die Ratten vom Kröger wissen.«

Matthias kichert: »Jetzt sind wir ja gut vorbereitet« und drückt den Joint aus.

»Woher wissen die Journalisten so schnell Bescheid?«, fragt Olga. Silke zuckt mit der Schulter. »Keine Ahnung.«

»Das ist schlecht«, sagt Dengler. »Die Presse war unser Druckmittel, um den Kröger zum Sprechen zu bringen.«

»Der kriegt jetzt Druck, glaub mir«, sagt Silke.

»Hast du die Presse informiert?«, fragt Dengler.

Silke schüttelt den Kopf, immer noch mit geschlossenen Augen.

»Von uns im Haus hier war's keiner«, sagt sie. »Wir sind selbst überrascht.«

Es klingelt.

»Das sind bestimmt die Journalisten«, sagt Silke. »Matthias, lässt du sie herein? Ich hole Lena.«

Sie steht auf und dreht sich noch einmal um. »Und räum den Joint weg, verdammt.«

Dengler steht auf. »Dann gibt es für uns nicht mehr viel zu tun.«

Auch Olga steht auf. Sie quetschen sich an den zwei Besuchern vorbei, als diese die Wohnung betreten.

Berlin, Oranienstraße

Olga und Dengler schlendern an der Sankt-Michael-Kirche vorbei zurück zur Oranienstraße. Sie finden ein kleines türkisches Restaurant namens *Hasir* und bestellen einen Teller mit Humus, Falafel und Salat. Olga lässt sich türkischen Tee bringen. Dengler probiert einen frisch gepressten Rote-Bete-Saft.

Danach steigen sie am Kottbusser Tor in die U1 und fahren bis Uhlandstraße. Als sie den Kurfürstendamm überqueren, klingelt Denglers Handy.

Eine unbekannte Nummer. Dengler nimmt an.

»Wenzel hier. Herr Dengler, das war's dann wohl mit Ihrem Termin bei Herrn Kröger.«

»Wovon reden Sie? In zwei Tagen sind wir bei Ihnen.«

»Vergessen Sie's, Dengler. Die Sache mit den Ratten läuft gerade auf allen Sendern. Die *Berliner Tagespost* hat bereits einen Artikel online. Sie haben gesagt, Sie würden die Presse nicht informieren bis zu Ihrem Gesprächstermin mit unserem Chef.«

»Ich habe niemanden informiert – weder die Presse noch sonst wen.«

»Nicht sehr glaubhaft. Also, kein Termin. Wir arbeiten nur mit seriösen Partnern zusammen. Auf Wiederhören.«

»Arschloch.« Dengler steckt das Handy in die Gesäßtasche seiner Jeans.

»Wir haben ein Problem«, sagt er zu Olga.

3. Kapitel: Rückblende Deutsche Eigentum AG, vier Monate vorher

Deutsche Eigentum AG, Konferenzzimmer

»Well«, sagt Susan Miller, runzelt die Stirn und reibt sich mit zwei Fingern nachdenklich an der Nase.

Sie lässt ihren Blick über den Tisch schweifen und fixiert dann Dr. Peter Deister, den Vorstandsvorsitzenden, der ihr gegenüber am anderen Tischende sitzt.

Die anderen Vorstände, fünf Männer, zwei in grauen und drei in blauen Anzügen, senken den Blick und starren auf ihre Unterlagen. Michael Bertram, mit 35 Jahren der jüngste von ihnen, schaut sich lauernd um. Jede Wette, dass seine Kollegen die Luft anhalten. Es kommt ihm ein bisschen so vor wie früher am Karls-Gymnasium, als sich jeder so unauffällig wie möglich verhielt, um beim alten Röder im Matheunterricht nicht aufgerufen zu werden. Er weiß genau: Trotz der gesenkten Köpfe und der halb geschlossenen Lider sind sie hellwach. Sie wollen nicht verpassen, wen es nun erwischt. Susan hat ihre ungeteilte Aufmerksamkeit.

Mit einer Hand greift die Amerikanerin nach dem silbernen Kugelschreiber, den sie vorher genau waagerecht vor sich ausgerichtet hat, und mit der anderen hebt sie das Memo leicht an. Jetzt rutscht der silberne Stift an den Zahlenkolonnen abwärts. Bertram sieht zu, wie ihre Stirn krauszieht.

Sitzungsdramaturgie, denkt er: Wenn die Amerikaner irgendetwas können, dann ist es das – die Inszenierung eines Dramas mitten im Konferenzzimmer. Selbst dann, wenn es keinen Grund dafür gibt.

»Well«, wiederholt Susan und legt das Memo zurück. Der Kugelschreiber klopft einen Dreivierteltakt auf die Tischplatte. »The numbers«, sagt sie und wartet einen Augenblick. »Die Zahlen sind sehr schlecht.«

Du blöde Kuh, denkt Bertram, so gute Zahlen hast du von uns noch nie bekommen.

»Berlin macht uns nur Kummer«, sagt sie und steht auf.

Susan Miller streicht ihren Rock glatt, tritt an das Panoramafenster und blickt über die Stadt.

Warum müssen Amerikanerinnen immer diese kreischenden Stimmen haben, fragt sich Bertram. Als müssten sie sich extra Gehör verschaffen.

»Nur Kummer«, wiederholt Susan Miller und streicht sich mit einer oft erprobten Geste eine Haarsträhne aus dem Gesicht.

Dann dreht sie sich um und mustert die Männer vor ihr. Der gesamte Vorstand der Deutsche Eigentum AG hat sich zu der Besprechung mit der Vertreterin des größten Einzelaktionärs eingefunden. Bertram denkt: Hier sitzen gut und gern acht Millionen Jahresgehalt am Tisch, und alle ducken sich wie Schulbuben. Nur Michaela Nassos, die in der zweiten Reihe hinter ihm sitzt, hält den Kopf nicht gesenkt, sondern schaut Susan interessiert an. Kein Wunder, ihr wird auch nicht gleich der Hals umgedreht. Sie ist einfach gespannt, wen von uns die nächste Kugel trifft. Bertram hatte die Nassos vor drei Jahren von der Pressestelle der Senatsverwaltung für Stadtentwicklung abgeworben. Nun leitet sie die Unternehmenskommunikation und sitzt an der Nahtstelle des Vorstands zu Politik und Verwaltung.

Es gab ein bisschen Gegrummel damals wegen dieses Wechsels. Die *Berliner Tagespost* druckte im Wirtschaftsteil einen unfreundlichen Artikel. Aber das war's. Bertram ist froh, dass er die robuste und muntere Michaela an seiner Seite hat. Und gut sieht sie auch noch aus. Hat wahrscheinlich mehr Mumm als alle seine Kollegen im Vorstand zusammen.

»I have a vision of Berlin«, sagt Susan Miller. »Und die Frage ist, ob das auch Ihre Vision ist.«

Wieder schaut sie aus dem Panoramafenster. Mit einer weit ausholenden Bewegung deutet sie auf die Stadt.

»Hier sehen wir Zehntausende Wohnungen. Schließen Sie bitte die Augen und stellen Sie sich vor: An der Zimmerdecke in jedem Wohnzimmer, direkt neben der Lampe, hängt ein Schlauch. Durch diesen Schlauch fließt einmal im Monat die Miete. Ein Ende dieses Schlauchs ist in vielen dieser Wohnungen. Aber wo ist das andere Ende? Ich meine: Wohin fließt die Miete am Monatsanfang? Denken Sie über diese Frage nach. Warum ist das andere Ende dieses Schlauchs oft nicht in dieser Company, bei der Deutsche Eigentum AG? Und die zweite Frage: Warum fließt in Berlin immer noch so wenig Geld am Monatsanfang durch diesen Schlauch?«

Sie mustert nacheinander die Männer, die um den Tisch sitzen. Ein tödliches Schweigen liegt im Raum. Bertram sieht, dass nun sogar Michaela konzentriert auf die Spitzen ihrer High Heels starrt. Ein Bild schießt ihm durch den Kopf: Er sieht Susan Miller in schwarzen Strapsen und der Haube einer Krankenschwester auf dem Kopf – und in der erhobenen Hand prüft sie die Giftspritze.

»Well, denken sie intensiv über diese beiden Fragen nach, Gentlemen. Wir machen eine kurze Pause. In zwanzig Minuten treffen wir uns alle wieder hier.«

Der Konferenzraum leert sich schlagartig. Die Vorstände zupfen ihre Smartphones aus der Tasche und verlassen den Raum. Einige fast fluchtartig.

»Kaffee mit Schuss für zwei?«, fragt die Nassos. Bertram nickt. Warum nicht? Stärkung tut not. Sie verlassen das Konferenzzimmer als Letzte.

Zwanzig Minuten später sitzen alle wieder auf ihren Stühlen. Nur Susan Miller und Dr. Deister fehlen. Wahrscheinlich konferieren sie in Deisters Büro, denkt Bertram. Das kann dauern. Aber da fliegt die Tür auf, und Susan stolziert herein. Sie setzt sich ans Tischende und mustert die Männer.

»Well«, sagt sie. »Dr. Deister wird nicht mehr teilnehmen an dieser Konferenz.« Sie macht eine kurze Pause, in der sie den Blick noch einmal durch die Runde schweifen lässt. »Er ist überhaupt nicht mehr in charge für diese Company.« Erneute Pause. »Es ist zu wenig Geld in den Schläuchen. Blackhill hat nicht mehr das Vertrauen, dass Deister das ändern kann. Dr. Bertram?«

Überrascht hebt Bertram den Kopf.

»Nehmen Sie Platz am Kopfende. Der Aufsichtsrat hat Sie mit sofortiger Wirkung zum kommissarischen Chief Executive Officer ernannt. Und ich gebe Ihnen allen mit auf den Weg: Blackhill will mehr Schläuche und dickere Schläuche. Sie müssen am Monatsanfang mehr Money pumpen in diese Company. Und der große Schlauch von Deutsche Eigentum Berlin zu Blackhill muss prall gefüllt sein.«

Sie gibt ihm mit einer ausholenden Armbewegung ein Zeichen. Michael Bertram steht auf. Locker sein, denkt er. Ich muss jetzt locker sein, aber nicht überheblich. Ganz ruhig. Ich muss mich total normal verhalten. Aus den Augenwinkeln sieht er, wie Michaela ihm zuzwinkert.

Das ging ja schneller, als ich dachte.

Er stützt sich mit einer Hand auf dem Tisch ab, reckt langsam 1,92 Meter blauen Anzug in die Höhe, zieht seinen Bauch ein und geht dann mit wenigen zügigen Schritten zum verwaisten Platz am Kopfende. Er setzt sich, und mit einer beiläufigen Handbewegung schiebt er die erkaltete Kaffeetasse seines Vorgängers zur Seite.

Volta, Kalifornien

Susan Miller mag die Deutschen nicht. Diese steifen Assholes, die vor ihr sitzen und den Blick senken und hoffen, dass der Zorn des allmächtigen Gottes Blackhill sie nicht trifft. Hinter diesen gesenkten Blicken vermutet sie immer etwas Lauerndes, etwas Gefährliches, etwas unterdrückt Aggressives. Wahrscheinlich verspüren sie gerade wieder den Drang, in Polen einzumarschieren, denkt sie. Nichts Offenes ist an ihnen. Kein Rock 'n' Roll. Keiner ist cool. Nur der Jüngste, der ist ihr aufgefallen. Er wirkt einerseits teigig aufgeschwemmt und gleichzeitig unangenehm brutal. Wenn er angespannt ist, werden seine beiden oberen Schneidezähne sichtbar und ruhen dann auf seiner dicken Unterlippe. Das sieht eklig aus. Alles an diesem Mann stößt sie ab. Trotzdem hat sie ihn ausgewählt. Seine Rücksichtslosigkeit, denkt sie, ist genau das Richtige, genau das, was Blackhill jetzt braucht, um die Deutsche Eigentum auf die nächste Stufe ihrer Entwicklung zu katapultieren. Michael Bertram soll der neue CEO in diesem Laden werden. Er muss dafür sorgen, dass in Berlin endlich der Rubel rollt. Susan Miller lächelt über diesen Gedanken. Der Dollar, verbessert sie sich selbst. Der Dollar muss endlich rollen in Berlin.

Große Änderungen sind erforderlich. Der Rücksichtlose hat es begriffen. Jetzt ist sie sicher: Bertram ist ihr Mann. Sie wird ihm ein paar Monate geben. Dann wird man weitersehen. Vorerst wird sie in dieser kalten Stadt bleiben. Sie schüttelt sich innerlich, und plötzlich muss sie an Volta denken, das gottverlassene Kaff in der kalifornischen Einöde, weit weg vom Pazifik, weit weg von Beach Boys, Strand, Surfen und weit weg vom California Dreaming, das sie nur aus Songs wie den von *The Mamas & The Papas* kannte. Ihr gottverlassenes Heimatdorf. Die größte Attraktion war der Highway 5, der in der Nähe verlief und mit dem konstanten Brummen der Trucks schon früh ihr Sehnsuchtsziel gewesen war. Sie wohnte mit ihrer

Mutter in dem kleinen blau gestrichenen Holzhaus in der 2. Straße. Ihre Mutter hatte das Haus von ihrem Vater geerbt, der für einen Hersteller von Tomatensoße, dem einzigen größeren Arbeitgeber im Ort, die Trucks be- und entlud. Er hatte sein Leben lang hart geschuftet und war entsprechend früh gestorben. Sie erinnerte sich nur noch ungenau an ihn: einen dicken Mann mit rauen Händen und einem Schnauzbart, auf den jedes Walross stolz gewesen wäre. Ich habe ihn gemocht. Die Erinnerung an den Großvater ist undeutlich. Aber ich habe ihn gemocht, beschließt sie.

Die Mutter war Künstlerin. Sie malt noch heute. Doch weil sie selten ein Bild verkauft, übermalt sie die immer gleichen Leinwände wieder und wieder. Bis die getrockneten Farbbrocken abfallen. Malen – das war ihre Flucht. Weit ist sie nicht gekommen. Sie wohnt noch immer in dem blauen Holzhaus im kalifornischen Staub. Susans Vater floh aus Volta, vor ihrer Mutter und vielleicht auch vor ihr, als sie fünf Jahre alt war. Auch er ein Künstler. Seine Spezialität waren Mobiles, die er aus Treibholz zusammenfügte, das er bei langen Ausflügen zum Pazifik sammelte. Diese Ein-, manchmal Zweitagesreisen gehören zum Schatz ihrer Erinnerungen an die Kindheit. Sie liefen stundenlang über die leeren Strände, und sie rannte vor und zurück, suchte Holzstücke für seine Mobiles. Zwei hängen immer noch in Mutters Atelier. Der Vater verschwand nach Sausalito. Mit seinen monatlichen Schecks wurden die abblätternde blaue Farbe an den Außenwänden des Hauses erneuert, Susans Frühstücks-Kelloggs, ihre Schulbücher und Mutters italienische Espressomaschine bezahlt. Der Rest ihrer Kindheit war eine langweilige, sich endlos dehnende Zeit an der Elementary School in Volta und eine schlimme Zeit an der Los Banos Adventist School.

Ihre Unschuld verlor sie mit fünfzehn auf dem Rücksitz eines alten Fords. Joseph war ein cooler Junge aus Los Banos, mit engen schwarzen Jeans, schwarzen Cowboystiefeln aus Schlangenleder (angeblich: schwarze Mamba; in Wirklichkeit war es ein Imitat aus Kuhleder, aber das erfuhr sie erst später) und konkreten Fluchtideen nach San Francisco. Sie war ein antriebsloses, schwabbeliges Geschöpf, und sie konnte sich nicht erklären, was ein Typ von ihr wollte, dem die halbe Schule hinterherlechzte. Der erste Sex war nicht spektakulär, aber das hatte sie auch nicht erwartet. Immerhin tat es weniger weh, als sie befürchtet hatte. Doch der Geruch in dem Ford war schrecklich. Als es vorbei war, kurbelte sie das Fenster herunter und fragte ihn, warum in Gottes Namen es in diesem Auto so fürchterlich stank. Joseph grinste verlegen und deutete auf die Decke auf dem Rücksitz. Da lägen sonst immer die beiden Terrier seines Vaters. Für einen Augenblick starrte sie ihn fassungslos an. Dann entdeckte sie die stinkenden kurzen, harten Haare der Hunde zwischen ihren eigenen. Etwas knetete ihren Magen, ihr wurde schlecht, sogar schwindelig, und heute noch denkt sie mit großer Genugtuung daran, dass sie ihm auf den nackten, schlappen Schwanz kotzte.

Die heilsamste Wirkung ihrer Entjungferung war jedoch, dass ihr unmissverständlich klar wurde: Sie musste weg aus Volta, sie musste weg aus Los Banos und all der schrecklichen Ödnis ihres Lebens. Am nächsten Tag schrieb sie ihrem Vater einen Brief, und nur drei Tage später fuhr er in einem schicken Honda vor und nahm sie mit nach Sausalito.

Sie hatte gedacht, ihr Vater sei ein hungernder Künstler, ein Hippieverschnitt wie ihre Mutter, dünn, mit langen, selten gewaschenen Haaren. So ähnlich hatte sie ihn jedenfalls in Erinnerung und so sah er auf den Fotos ihrer Mutter aus, die im Wohnzimmer hingen. Doch sie hatte sich getäuscht. Jeff Miller war immer noch im Strandgutbusiness, doch mittlerweile stellte er Särge her.

Ihr Vater wohnte in einem schicken kleinen Bungalow in der Turney Street. Wenn sie auf der leicht abschüssigen Straße stand, konnte sie das Meer sehen. In wenigen Minuten waren sie im Lighthouse Café, wo ihr Vater jeden Morgen frühstückte und einen Cappuccino trank.

»Ich habe in Sausalito mehr Mobiles verkauft als in Volta oder

Los Banos«, erzählte er ihr auf der Fahrt. »Aber hier war alles so viel teurer, sodass ich genauso wenig Geld hatte wie vorher, nämlich keines. Eine Zeit lang versuchte ich es mit Schnitzereien und behauptete, das sei Navajo-Kunst. Indianische Kunst aus Treibholz. Das lief schon besser, und ich konnte einen kleinen Laden aufmachen. Eines Tages stand ein Mann in meinem Laden. Gut angezogen. Schon älter. Hellgelb gefärbte Brillengläser. Grauer Bart und so. Er kam mir irgendwie bekannt vor, aber ich wusste nicht, woher. Die Frau seines Freundes sei gestorben, und sie habe verfügt, dass sie in einem Sarg aus Treibholz begraben werden wollte. Ob ich so einen Sarg bauen könnte. Yes, Sir, sagte ich. Es ist nur eine Frage des Geldes. Und geht das auch schnell, fragte er. Auch das, antworte ich ihm, ist nur eine Frage des Geldes. Die Frau seines Freundes war in ihrer Jugend eine berühmte Schauspielerin gewesen, und ihr Mann hatte eine große Künstleragentur in Los Angeles. Ich mietete einen Pick-up, fuhr die Strände ab, sammelte angeschwemmte Bäume, ließ Bretter daraus schneiden, schuftete zwei Nächte und zwei Tage, baute den Sarg, so gut ich konnte, stopfte den Boden und die Lücken zwischen den Brettern mit Moos aus und verdiente zum ersten Mal in meinem Leben richtig viel Geld. Ich war stolz, deiner Mutter einen fetten Scheck schicken zu können.«

»Ich glaube, sie hat dann diese italienische Espressomaschine gekauft.«

»Das hat sie gut gemacht.«

»Und dann bist du ins Sarggeschäft eingestiegen?«

»Yep. Ich schaltete kleine Anzeigen. In der *Bay City News*, im *California Crusader Newspaper* und sogar im *San Fransisco Chronicle*. Es kam der zweite Auftrag von einem Künstlerpaar; der Vater der Frau war gestorben. Er hatte sie enterbt. Sie hassten ihn, und ihre Rache bestand darin, ihn in einem Treibholzsarg unter die Erde zu bringen.«

Sie lachten, und Susan griff nach der Hand ihres Vaters. Er war so lustig und so ganz anders, als wenn Mutter dabei war. Er roch gut, kein Vergleich mit Joseph und dessen stinkender Hundedecke.

»Dann schlug die Welle der Nachhaltigkeit unerbittlich zu, und reiche Leute fanden es schick, ihre Angehörigen in Särgen aus Treibholz zu begraben. Es kamen massenhaft Leute aus den neuen Computerfirmen, die ihre Eltern, die sich nichts mehr als einen glänzenden, lackierten Sarg aus Eiche gewünscht hätten, nun in coolem Treibholz begruben.«

Er lachte fröhlich.

»Weißt du, was dann das Problem war?«

Sie schüttelte den Kopf.

»Überleg mal.«

Sie dachte angestrengt nach, doch ihr fiel nichts ein. Sie kam sich plötzlich dumm vor.

»Na, dann sag ich's dir. Ich fand bald nicht mehr genug Treibholz für all die Aufträge.«

Susans Vater nahm sie mit in seine Werkstatt. Drei Mexikaner rührten in einem Kessel irgendeine Brühe an. Es roch nicht gut.

»Bleichmittel«, sagte ihr Vater. »Riecht du es?«

»Allerdings«, sagte sie und kräuselte die Nase.

»Wir legen neue Bretter hinein, und zwei Tage später sehen sie so aus, als hätte der Pazifik sie drei Jahre lang in der Mangel gehabt. Perfekt gebleicht.«

»Dad, betrügst du deine Kunden?!«

Er schüttelte unwillig den Kopf. »Wasserstoffperoxid heißt das Wundermittel. Einfach anzuwenden, keine Rückstände. Nach zwei Tagen verwandeln sich die Rückstände in Sauerstoff. Alles öko und so weiter.«

»Dad, du betrügst!«

»Mach dir keine Sorgen. In jedem Sarg steckt immer ein Stück von angeschwemmtem Holz. Mal ist ein Ast verarbeitet, mal die Scheibe eines Stamms, mal irgendetwas anderes. Immer kommt es vom Strand. Magst du mit mir auf Suche gehen?«

Sie fuhren auf dem Highway 1 südwärts und parkten am *Rockaway Beach*. Nur ein paar Spaziergänger liefen am Strand entlang, meist allein, manchmal begleitet von einem Hund. Jeff ging mit schnellen Schritten und hochgestelltem Kragen zu einem Strandcafé. Im Schaufenster sah sie ein Schild. »Wir kaufen Ihnen Ihr Treibholz ab und fertigen Särge daraus. Geben Sie es hier ab. Jeff Miller Flotsam Funeral Handicraft.« Es folgte Jeffs Telefonnummer. Ihr Vater flüsterte ihr ins Ohr: »Natürlich bringt hier nur ganz selten jemand Treibholz vorbei. Aber die Leute erfahren auf diese Weise, dass man solche Särge bei mir kaufen kann. Es ist Werbung.«

Sie fuhren weiter, stoppten an Restaurants und Cafés, Jeff sprach mit den Besitzern, manchmal wechselte ein Geldschein verstohlen den Besitzer. Am Abend übernachteten sie in San Gregorio und fuhren am nächsten Tag weiter nach Monterey. Sie verbrachten einen Tag in dem riesigen Aquarium. Ein Haifisch schwamm auf sie zu, und Susan fühlte sich trotz der dicken Glasplatte unbehaglich, weil der Mörderfisch sie nicht aus dem Auge ließ.

Am nächsten Tag fuhren sie schon um halb acht los und stoppten nach ein paar Kilometern an einer Holzhütte am *Elkhorn Slough*. Jeff mietete ein Kajak. Den Rest des Tages paddelten sie in einem Naturschutzgebiet zwischen neugierigen Seelöwen, auf dem Rücken schwimmenden Ottern und majestätischen, mit riesigen ausgebreiteten Flügeln landenden Pelikanen. Als sie spät in der Nacht wieder in Sausalito ankamen, wusste Susan: Sie hatte gerade die glücklichsten Tage ihres Lebens verbracht.

»Lieber Jesus, mach, dass ich nie wieder zurück nach Volta muss«, betete sie am Abend. Dann fielen ihr die Augen zu.

Ein paar Tage später fuhr sie mit ihrem Vater nach Westen. Im Nebel überquerten sie erst die *Golden Gate*, dann die *Bay Bridge*, fuhren durch South Berkeley und stoppten in einer Seitenstraße am Rande des Uni-Campus. Jeff stieg aus, schlug die Tür hinter sich zu und ging, ohne auf Susan zu achten, auf einem leicht ansteigenden asphaltierten Weg zu einem der flachen Gebäude. Sie rannte hinter ihm her und registrierte, dass eine merkwürdige Veränderung mit ihrem Vater vor sich ging.

»Hier sind die Wirtschaftswissenschaften«, erklärte er ihr. »Dort drüben werden die Juristen ausgebildet.«

Er hastete weiter. Auf Grünflächen saßen Studenten und unterhielten sich. Irgendwo zupfte jemand auf einer Gitarre. Sie sah nur coole junge Leute. Sie durchquerten einen kleinen Hain mit Eukalyptusbäumen. Dann blieb Jeff endlich stehen und drehte sich zu ihr um. Er deutete auf eines der Collegegebäude.

»Der große, nein, der größte Traum meines Lebens war, hier Kunst zu studieren.« Er zuckte mit den Schultern und sah ihr dann fest in die Augen. »Es hat nicht geklappt. Meine Eltern, klar, hatten die Kohle nicht für die Studiengebühren. Also blieb nur ein Stipendium. Ich hab's nicht geschafft. Die nötige Punktzahl knapp verfehlt. Aber ... knapp daneben ist auch vorbei.«

Er kniff den Mund zusammen und ließ die Schultern hängen. Ihr Vater starrte auf den Asphalt, als hätte er dort etwas Wichtiges verloren. Er verströmte eine solch unendliche Traurigkeit und Müdigkeit, dass Susan seine Hand nahm, ihn zu sich zog und ihn umarmte. Jeff seufzte tief und sagte: »Vorbei. Ausgeträumt. Jetzt mache ich in Särgen.«

Dann: »Komm, ich zeig dir noch etwas anderes.«

Er zog sie weiter den Hügel hinauf.

»Das ist die Direktion«, sagte er. »Schau mal, erkennst du was?« Er deutete auf einen Parkstreifen vor dem Verwaltungsgebäude.

»Ich sehe leere Parkplätze. Nur ein alter Toyota steht da, der mal durch die Waschanlage sollte.«

»Dann schau mal dahin«, sagte er und deutete auf ein rotes Schild mit weißer Schrift.

»Diese Parkplätze sind reserviert für Nobelpreisträger«, las sie laut. »Hey, das ist cool.«

In diesem Augenblick kam ein älterer Mann aus dem Gebäude. Er hatte flatternde Cord-Jeans an und ein blau kariertes Hemd, dessen linker Ärmel aufgekrempelt war. Die grauen, lose nach hinten gekämmten Haare waren etwas zu lang. Der Mann ging leicht vornübergebeugt und schloss den Toyota auf. Nicht mit einem Funkschlüssel, sondern mit so einem altmodischen Ding, das man tatsächlich noch in ein Schlüsselloch stecken musste, wie in einem alten Film.

»Cool«, sagte sie und sah ihren Vater an.

In diesem Augenblick geschah etwas. Später hat sie oft versucht zu ergründen, was genau passiert war. Vielleicht lag es daran, dass ihr schlagartig klar wurde, dass schwarze Mambastiefel aus falschem Kuhleder nicht wirklich das Coolste auf der Welt sind. Als sie Jahre später bei Dr. Kempner auf der Couch lag, besprach sie mit ihm, ob sich hier vielleicht der Wunsch des Vaters zu studieren auf sie übertrug.

Schwer zu sagen.

Doch es war ein Wendepunkt. Sie focht einen harten Kampf mit der Mutter aus und blieb in Sausalito. Ihre Schulnoten besserten sich. Sie trieb Sport. Sie studierte in Berkeley. Ihr Vater war stolz, die Gebühren zahlen zu können. Sie war so gut, dass Goldman Sachs sie nach dem Examen vom Campus wegengagierte. Das Traineeprogramm war eine harte Schule, doch sie war Jeff unendlich dankbar. Ihre Bachelorarbeit in Berkeley hatte sie über seine Firma und seine Geschäftsidee geschrieben. *Small businesses with limited resources*, lautete der Titel. *Using the example of an alternative coffin production.* Ihr Vater hatte zunächst den Kopf geschüttelt. »Das machst du nicht. Mein Geschäftsgeheimnis muss gewahrt bleiben.« Aber dann hatte er gelacht. »Schreib, was du willst. Meine Kunden lesen keine Diplomarbeiten aus Berkeley.«

Sausalito, Kalifornien

Ihr Vater pflegte eine Zeit lang eine erfrischende, hippieartige Aversion gegen das große Geld. Vielleicht verstärkte sich diese Abneigung, weil er in seinem Sarggeschäft hin und wieder mit einigen sehr, sehr reichen Leuten aus dem Silicon Valley zu tun hatte. Er kam, finanziell gesehen, mittlerweile gut zurecht, das Geschäft mit dem Tod anderer Leute bezahlte die laufenden Kosten für sein Haus, ernährte ihn redlich, erlaubte ihm eine Vorliebe für schottischen Whisky und finanzierte zusätzlich noch Susans Studium sowie die kleine Wohnung, die er ihr in der Nähe des Campus kaufte. Trotzdem: Es ging schon morgens los mit seinen antikapitalistischen Tiraden.

»Das Dove-Haarshampoo, das du benutzt, stammt von Unilever. Der größte Anteilseigener von Unilever ist die Blackhill Group, eine schlimme Firma, die ...«

»Susan, deine Colgate-Zahncreme gehört auch zu Blackhill ...«

»Guten Appetit, mein Schatz, ich hoffe, dir schmecken deine Cornflakes. Du weißt, zusammen mit Vanguard und State Street gehört Blackhill zu den größten Eigentümern von Kellogg's ...«

»Dir auch einen guten Appetit, Paps«, sagte sie und gähnte.

»Deine neue Levi's macht einen knackigen Po. Du weißt ...«

Sie drehte sich vor dem großen Spiegel im Flur und sah, dass er recht hatte. Sie gähnte demonstrativ und sagte: »Vermutlich ist Blackhill der größte Anteilseigner von Levi's.«

»Jepp«, antworte er grinsend. »Und deine schicken Adidas-Sneaker, da hat ...«

»... Blackhill vermutlich auch die Finger drin?«

»So wie bei dem schicken Ralph-Lauren-Shirt.«

So ging das zwei Monate lang.

Wenn er Pakete von Amazon bekam, redete er auf den Postboten ein. »Blackhill und Vanguard besitzen mehr Amazon-Aktien als Jeff Bezos. Wussten Sie das?«

Susan war es peinlich, weil der arme Paketbote, ein mexikanischer Einwanderer, der nervös von einem Fuß auf den anderen trat, es eilig hatte.

Dann erlosch Jeffs manisches Interesse an Blackhill, als hätte jemand einen unsichtbaren Schalter umgelegt, und er entwickelte stattdessen eine nahezu kindliche Begeisterung für das Fliegenfischen.

»Ich nehme an: Blackhill ist noch nicht ins Angelgeschäft eingestiegen?«, fragte sie ihn, um ihn zu necken.

Er brummte etwas vor sich hin und winkte ab. Seine Blackhill-Phobie war vorbei, als hätte sie jemand gelöscht.

Nicht so bei Susan.

Irgendwie hatte ihr Jeff einen Floh ins Ohr gesetzt. Sie fragte sich, wie es sein konnte, dass diese Firma offenbar überall in ihrem Leben eine Rolle spielte, es jedoch nur eine äußerst magere Berichterstattung darüber gab. Also setzte sie sich in den großen Lesesaal und las alles, was sie über Blackhill finden konnte.

Im Gegensatz zu ihrem Vater war sie fasziniert.

Blackhill verwaltete mehr als sechs Billionen Dollar. Sie nahm ein Blatt Papier und schrieb diese Zahl auf:

6 000 000 000 000 $

Sie versuchte sich diese Summe vorzustellen.

Es gelang ihr nicht. So viel Geld entzog sich der menschlichen Vorstellungskraft.

Sie rechnete und teilte die Summe durch die Anzahl der Menschen auf dem Erdball. Demnach müsste jeder Bewohner, vom gerade Neugeborenen in Berkeley bis zum Hundertjährigen in Tibet, 800 Dollar bei Blackhill eingezahlt haben.

Wahnsinn …

Sie beschloss, ihre Masterarbeit über Blackhill zu schreiben, und setzte einen ausführlichen Fragenkatalog auf, den sie an die Firmenzentrale in New York schickte.

Die Antwort war eine Einladung zu einem Vorstellungsgespräch.

Ein Jahr später schickte Blackhill sie nach Deutschland, um die dortigen Beteiligungen an den neu entstandenen Immobilienkonzernen zu optimieren. Dieser Job, das war ihr klar, war eine Bewährungsprobe. Der erste Deutsche, den sie traf, war Holger May, der Aufsichtsratsvorsitzende von Blackhill in Deutschland, ein früherer Politiker. Sie mochte ihn nicht. So wie er sprach und ging, wie er sich in allem verhielt, erinnerte er sie an einen schneidigen Kolonialoffizier. Blackhill hatte ihn rekrutiert, weil der Konzern ein Auge auf die milliardenschwere deutsche Rentenversicherung geworfen hatte. Wenn es gelänge, das deutschen Rentensystem auf Aktien umzustellen, würden die Umsätze und Gewinne von Blackhill in Europa explodieren. Dieses Projekt voranzutreiben, war Mays Aufgabe. Doch je mehr sie May aus der Nähe beobachten konnte, desto mehr glaubte sie, dass er ein Versager war. Die Zeit der Kolonialoffiziere war schon lange vorbei, und so haftete May trotz seines schneidigen Auftretens immer auch der traurige Geruch des Verlierers an.

Wie auch immer: Nun saß sie in Berlin und hatte einen rücksichtslosen Geschäftsführer auf Trab zu bringen. Sie dachte an die staubige Straße von Volta und sagte sich, dass sie schon schwierigere Aufgaben in ihrem Leben gelöst hatte.

4. Kapitel: Ermittlungen

Berlin, Fasanenstraße, Hotel Savoy

Um halb acht steht Dengler auf, schlaftrunken und nackt taumelt er aus dem Schlafzimmer in den Wohnraum. Gestern Abend hat er dort eine Kaffeemaschine entdeckt. Jetzt legt er den Schalter auf der Rückseite um, öffnet den Deckel, versucht die Maschine zu verstehen, hantiert eine Weile, bis er die Kapsel richtig eingelegt hat, denkt kurz über die damit verbundene Müllproduktion nach, drückt den Knopf mit der Aufschrift »Espresso« zweimal, stellt eine der Tassen, die neben der Maschine aufgereiht sind, unter den Hahn, kurz danach faucht die Maschine einen doppelten Espresso hinein. Er gießt etwas von der bereitstehenden Kaffeesahne dazu und probiert. Erstaunlicherweise schmeckt der Kaffee gut. Er trinkt den Rest und spürt, wie seine Lebensgeister erwachen. Noch drei Kapseln liegen bereit. Er wiederholt die Prozedur, füllt seine Tasse mit einem zweiten Espresso, füllt Sahne nach und trinkt ihn in zwei Schlucken. Danach ist er wach.

Vor der Couch liegt ein Teppich. Dengler legt sich auf den Bauch und beginnt mit seinen morgendlichen Liegestützen. Nach der 35. bleibt er erschöpft liegen. 35? Ist das eine Krise? Früher hat er 60 geschafft. Er beschließt, nicht zum ersten Mal, wieder mehr Sport zu treiben, ruht sich kurz aus und stemmt sich zur zweiten Runde hoch. Diesmal ist bei 31 Schluss. Bevor er erneut einen Vorsatz fassen kann, spürt er eine sanfte Berührung auf seinem Hintern. Er fährt herum.

»Was für ein schöner Anblick: ein nackter, verschwitzter Mann noch vor dem Frühstück«, sagt Olga.

Dengler setzt sich auf. »Einer, der ein bisschen aus der Form geraten ist.«

»Findest du?«

»Leider.« Er steht auf, hantiert an der Espressomaschine und bringt Olga einen Kaffee.

»Ein gutes Hotel«, sagt sie.

Dengler nickt. »Es leben Frankfurt und die Internationale Automobil-Ausstellung!«

Olga lacht. »Mit der IAA hast du viel Geld verdient.«

»So viel wie noch nie, seit ich Privatermittler bin.«

Am 2. September war vormittags eine Lady in sein Büro gerauscht. Sportliche Erscheinung, teure, nein – sehr teure, enge Jeans, großes D&G-Logo als Gürtelschnalle, interessante Fingernägel mit breitem blütenweißem Rand, eine enge Bluse, die Dengler für einen Augenblick grübeln ließ, ob sich darunter ein Push-up-BH oder das Ergebnis einer gelungenen Operation befand, hohe, sehr hohe Absätze, auf denen sie sich so sicher bewegte, als trüge sie Turnschuhe. Dunkle Haare, leicht getönte, straffe Haut. Nur die Flecken auf dem Handrücken konnten nicht verbergen, dass diese Frau nicht ganz so jugendlich war, wie sie auf den ersten Eindruck wirkte.

Sie sah sich in seinem Büro um, kräuselte etwas die Nase, atmete einmal tief ein und aus und sagte dann: »Ich bin es leid.«

Dengler nickte verständnisvoll, obwohl er nicht die leiseste Ahnung hatte, wovon sie sprach.

»Ich bin es verdammt noch mal leid«, wiederholte sie.

Ihr Gärtner, ihr Ehemann, ein Klempner, der Liebhaber – jeder von ihnen konnte ihren Ärger auf sich gezogen haben.

Dengler fixierte sie, dachte kurz nach und entschied sich dann. »Ihr Mann?«, sagte er und bemühte sich, einen mitfühlenden Unterton in seine Stimme zu legen.

»Dieses Arschloch«, sagte sie.

»Einen Espresso? Oder brauchen Sie etwas Stärkeres?«

»Espresso wäre gut. Schwarz und stark.«

»Es ist so«, sagte sie, als sie den ersten Schluck getrunken hatte, »mein Mann betrügt mich nach Strich und Faden. Ständig. Und ich bin es leid.«

»Das tut mir leid. Völlig unverständlich – bei einer so gut aussehenden Frau.«

Sie nahm den Kopf zurück und betrachtete ihn so intensiv, als wäre er ein interessantes biologisches Phänomen.

»Das ist ein etwas schmieriges Kompliment«, sagte sie und trank den Kaffee aus. »Aber Sie sind ja auch ein Privatdetektiv.«

Da musste Dengler lachen. Sie sah ihn irritiert an und fiel dann in sein Lachen ein. Danach war das Eis zwischen ihnen gebrochen. Sie beugte sich zu ihm vor.

»In zwei Wochen ist die Internationale Automobil-Ausstellung in Frankfurt«, sagte sie in verschwörerischem Ton. »Ich möchte gerne wissen, was mein Gerhard da so treibt.«

»Das kann ich herausfinden.«

»Was wird mich das kosten?«

Dengler fixierte sie mit einem schnellen Blick und multiplizierte seinen Stundensatz mit drei.

»Das ist viel Geld«, sagte die Frau und wirkte dabei nicht besonders beeindruckt.

»Vielleicht haben Sie noch eine Freundin, die ein ähnliches Problem plagt? Da könnte ich …«

Sie beugte sich noch weiter zu ihm vor und sah ihm kühl in die Augen.

»Sie bringen mich auf eine Idee. Alle meine Freundinnen aus der Laufgruppe und alle aus der Yogagruppe hassen oder fürchten die IAA.«

»Das klingt nach einem ordentlichen Mengenrabatt.«

Wenige Tage später hatte die Detektei Dengler 22 neue zahlungskräftige Kundinnen.

Es wurden zehn harte Arbeitstage. Jedes Jahr zur großen Internationalen Automobil-Ausstellung verwandelt sich Frankfurt in einen riesigen Puff.

Mehr als einmal saß er in einem Taxi und sagte zu dem Fahrer: »Folgen Sie dem Kollegen vor Ihnen.« »Der fährt ins *Avalon*«, sagte der Mann. »Ich bin froh. Endlich ist Automobilausstellung. Da haben wir was zu tun. Nächsten Monat ist Buchmesse, da ist ja nichts los. Im Vergleich dazu jedenfalls.«

Dengler hatte Olga, seinen Freund Mario und den Nachbarn Martin Klein mitgenommen. Sie fotografierten das Ankommen ganzer Männerrudel vor dem *Fantasy*, dem *Candy* oder dem *Love Lust*. Sie knipsten mit versteckten Kameras, wie junge Frauen an Hotelzimmern klopften oder Schlüssel an der Rezeption abholten. Als Dengler merkte, dass der Beifang riesengroß war, änderten sie die Taktik. Sie blieben in den Hotels, beobachteten und fotografierten, Olga knackte die Rechner und notierte die Namen der großen, mittleren und kleineren Automanager. Petra Wolff, seine Assistentin, machte vom Stuttgarter Büro aus »Kaltakquise«, wie sie es nannte: Sie rief die Ehefrauen an und fragte sie, ob Interesse an Informationen darüber bestand, was der Gemahl in Frankfurt trieb. Fast immer bestand Interesse. Petra Wolff schickte erst den Vertrag, dann die Fotos.

Sie arbeiteten meist nachts und schliefen, wenn die Manager tagsüber auf ihren Ausstellungsständen und in den Meetings wichtige Gesichter machten. Die *Fridays-for-Future*-Bewegung erleichterte ihre Arbeit, indem sie mit ihren Protestaktionen die Haupteingänge blockierte, und die Zielgruppe nach Messeschluss nur durch ein paar Seiteneingänge herausschleichen konnte. Dann nahmen sie die Verfolgung auf. Sie fühlten sich wie Haie in einem Heringsschwarm.

Am Ende der Automobil-Ausstellung gab es nicht nur in Stuttgart jede Menge Ehekrisen – und Denglers Konto war prall gefüllt. Von den anfangs 22 Kundinnen reichten 13 die Scheidung ein.

Die Lady mit den weißen Fingernägeln nahm die Fotos ihres Mannes in Denglers Büro entgegen. Er hatte während der gesamten Messe keine einzige Nacht allein verbracht. Die Kosten für unterschiedliche Escort-Agenturen schätzte Dengler auf 10 000 Euro. Sie zündete sich eine Zigarette an und blies den Rauch durch ihre geblähten Nasenlöcher in sein Büro, während sie die Fotos durchblätterte.

»Sieh mal an«, sagte sie, »so aktiv kann mein Gerhard sein.«

Dann warf sie die Fotos in Denglers Papierkorb.

»Was werden Sie jetzt tun?«, fragte er.

Sie nahm noch einen tiefen Zug und schenkte ihm einen langen Blick aus tiefbraunen Augen.

»Das Gleiche wie vorher. Ich gebe sein Geld aus. Doch ab jetzt ohne ihn.«

Denglers Rechnung beglich sie noch am selben Tag.

Nun kann er sich das *Savoy* in Berlin leisten und bewohnt mit Olga eine Suite mit zwei Zimmern und einer ausgezeichneten Espressomaschine.

Lang lebe die Internationale Automobil-Ausstellung.

Eine Stunde später frühstücken sie im Café des Literaturhauses in der Fasanenstraße. Dengler verdrückt genüsslich zwei Kartoffelpuffer mit Apfelkompott, Olga hat sich einen veganen Gemüse-Bagel bestellt.

»Ich habe einen Plan«, sagt Dengler.

Berlin, Olympiastadion

Eisig heult der Ostwind durch das riesige Parkhaus. Sie sind mit der S-Bahn zum Olympiastadion gefahren – Dengler im blauen Anzug, mit weißem Hemd, offenem Kragen und ohne Krawatte, Olga in einem roten Abendkleid, etwas wackelig auf hohen Absätzen – und die Rampe zum Parkhaus hinaufgelaufen.

»Suchen Sie Ihren Wagen?«, hatte einer der Wachmänner gefragt.

»Alles gut«, antwortete Dengler. »Wir suchen ein befreundetes Paar, das wir aus den Augen verloren haben.«

Polizisten und Leute vom Sicherheitspersonal achten auf Kleidung. Teure Kleidung signalisiert Zahlungsfähigkeit, und man hat Respekt vor zahlungsfähigen Personen. Deshalb kommen sie in dieser Verkleidung ohne weitere Probleme in den VIP-Bereich des Parkhauses, der von zivilen Hilfssheriffs bewacht wird. Dengler winkt einmal lässig, schon sind sie drin.

Sie beobachten einen schwarzen 7er-BMW, dessen Fahrer Mühe hat, ohne Blechschaden auf einen der Parkplätze zu rangieren, die für Gäste der Ehrenhalle reserviert sind. Ein älterer Herr mit welligen weißen Haaren und eine etwas füllige Frau im silberfarbenen Kleid mit darübergeworfener Stola steigen aus.

»Entschuldigen Sie«, sagt Georg Dengler zu dem Mann. »Wir wissen nicht mehr, wo wir unser Auto geparkt haben, einen silbernen Mercedes.«

Der Mann dreht sich um. Ein silberner Mercedes steht neben dem anderen.

»Das wird nicht einfach«, sagt er. »Sie müssen wohl nach dem Nummernschild schauen.«

Olga stöckelt heran. »Es reicht!«, kreischt sie Dengler an. »Danke für die Zumutung. Ich kann in diesen Schuhen nicht mehr durch dieses schreckliche Parkhaus laufen.«

Sie knickt um. Der Mann mit den weißen Haaren fängt sie auf.

»Vielen Dank! Sie haben mich vor einem Sturz bewahrt.«

»Keine Ursache. Es war mir eine Freude.« Schmieriges Lächeln. Misstrauischer Blick der Ehefrau.

»Viel Spaß beim Spiel.«

»Ihnen alles Gute. Hoffentlich finden Sie Ihr Auto.«

»Und?«, fragt Dengler, nachdem sie einige Schritte gegangen sind.

»Alles klar«, sagt Olga. »Wir haben nun erstklassige Tickets.«

»Im Anzug zum Fußball. Perverser geht's nicht.«

»Doch«, sagt Olga.

In einiger Entfernung zieht ein Trupp Hertha-Fans zum Stadion. Fans, fast ausschließlich Männer um die dreißig. Sie laufen in gedrängten Zehnerreihen, und ihr Auftritt hat eindeutig etwas Militärisches. Sie erinnern Dengler an eine Kompanie Soldaten in Gefechtsbereitschaft. Es geht eine ungesunde Energie von diesem Trupp aus, passend zu dem Club in grauer Gestalt, wie die *Frankfurter Allgemeine Sonntagszeitung* Hertha einmal genannt hat. Polizei in Kampfausrüstung mit Helmen, Knie- und Beinschutz, Schildern und Schlagstöcken laufen neben dem Trupp her. »Hertha, Hertha«, klingt es aus heiseren Kehlen.

*

An der Kontrolle des VIP-Eingangs zeigt Olga die gestohlenen Tickets vor. Mit einer kleinen Verbeugung und einem widerwillig geknurrten »Willkommen« wird ihnen von zwei schwarz gekleideten Securitymännern der Weg gezeigt. Und so stehen sie kurz danach bei den anderen Anzugträgern. Ihre Tarnung funktioniert. Sie fallen nicht auf. Jemand reicht ihnen zwei Gläser Champagner.

Ganz leise, wie Begleitmusik aus einem heruntergedrehten Radio, hören sie die Sprechchöre aus der Ostkurve. Verstehen können sie nichts, bis auf die immer wieder aufflackernden »Hertha, Hertha«-Rufe der Fans. Die gedämpften Gespräche werden davon jedenfalls nicht gestört. Das Plopp eines Champagnerkorkens wird hier mehr beachtet als die Ansagen des Stadionsprechers.

Dengler stößt Olga leicht mit dem Arm an und deutet auf ein Schild. Ein Pfeil weist zu den Lounges, unter anderem zu der von Kröger Immobilien.

Durch ein Fenster sieht Dengler, wie die Spieler sich aufwärmen. Heute ist Bayern München im Olympiastadion. Die Begeisterung für Jürgen Klinsmann, den neuen Hertha-Trainer, ist bereits merklich abgeflaut. Heute bekommen wir was auf die Mütze, hört Dengler einen Mann im grauen Anzug sagen. Lässig schlendern sie die Gänge entlang.

»Nie wieder ziehe ich solche Schuhe an«, flüstert Olga ihm zu.

»Ich auch nicht«, sagt Dengler und wirft einen Blick auf die neuen schwarzen Lederschuhe. »Ich massiere dir später die Füße.«

»Versprochen?«

»Großes Dengler-Ehrenwort.«

»Was soll das denn sein? Großes Dengler-Ehrenwort? Hast du ja noch nie gesagt.«

»Steigerungsform des Indianer-Ehrenworts.«

»Na gut«, sagt Olga, »aber ich bin's leid.« Sie streift ihre Pumps ab, nimmt sie in die rechte Hand und geht auf Strümpfen weiter.

Vor der Lounge von Kröger Immobilien stehen zwei Muskelprotze in schwarzen Anzügen und kontrollieren den Einlass. Dengler zeigt seine Tickets vor.

»Die Ehrenhalle ist dort«, sagt einer von ihnen und weist in die Richtung, aus der sie gerade kommen. »Dies ist die Lounge der Kröger Immobilien AG.«

»Wir möchten Herrn Kröger sprechen.«

Durch die Glasscheibe sehen sie Sebastian Kröger Hof halten. Eine Gruppe von Männern steht um ihn herum, und sie lachen über irgendetwas, das Kröger gerade gesagt hat. Nur eine Frau gehört zu der Runde, eine junge Frau, die Dengler auf Mitte zwanzig schätzt.

»Mit diesen Tickets darf ich Sie nicht einlassen.«

»Wir müssen ihm etwas Wichtiges mitteilen«, sagt Olga.

»Tut mir leid«, sagt einer der Muskelprotze und stellt sich vor die Tür.

Olga bückt sich, nimmt einen ihrer hochhackigen Schuhe, holt aus und schlägt dem Mann mit dem spitzen Absatz auf den Fuß.

Die Wirkung ist verblüffend. Der Mann springt hoch und schreit. Für einen Moment gibt er die Tür frei.

»Schlüpf rein«, zischt Olga Dengler zu.

Doch Dengler ist zu verblüfft von ihrer Aktion. Die Chance ist Sekunden später schon vertan. Er stellt sich mit ausgebreiteten Armen vor sie, bereit sie zu schützen, falls einer der Securitytypen jetzt handgreiflich werden sollte.

Doch der Angegriffene hält sich den Fuß mit beiden Händen und flucht. Der andere baut sich vor Dengler auf, die Hände zu Fäusten geballt. »Gehen Sie jetzt sofort! Sonst helfe ich nach.«

Drinnen blickt die junge Frau auf und bemerkt die Unruhe vor der Tür. Sie zieht die Tür auf und fragt: »Kann ich helfen?«

»Wir wollten ein paar Worte mit Herrn Kröger wechseln«, sagt Dengler, greift in seine Hosentasche, zieht eine Visitenkarte hervor und reicht sie der Frau.

»Die haben keine Einladung«, keucht der Türsteher und lässt seinen Fuß los.

»Privatermittler?«, fragt die junge Frau stirnrunzelnd.

»Sagen Sie Ihrem Chef bitte: Wir möchten ihn wegen der Ratten sprechen, die er in einem Wohnblock in Kreuzberg ausgesetzt hat und die ein Kind verstümmelt haben.«

Die junge Frau sieht ihn überrascht an.

»Mein Chef, wie Sie sagen, ist mein Vater. Und wir setzen keine Ratten in Wohnblocks aus.«

Sie überlegt einen Augenblick.

»Bitte, kommen Sie rein.«

Sie wartet, bis Olga und Dengler die Lounge der Firma Kröger Immobilien AG betreten haben.

Draußen pfeift der Schiedsrichter das Spiel an.

»Bitte, meine Herren«, ruft Kröger mit lauter Stimme. »Gehen wir hinaus. Gewärmte Sitze warten auf uns.«

Er zieht eine Glastür auf, die zu den reservierten Sonderplätzen führt.

»Paps!«

Kröger dreht sich um.

»Komm doch mal, bitte. Da ist jemand, der dich sprechen möchte.«

Kröger lässt seine Gäste nach draußen treten, zieht die Glastür wieder zu und kommt auf sie zu.

»Ja?«

»Das sind zwei Privatermittler. Sie wollen mit dir über die Ratten reden, die in Kreuzberg ausgesetzt wurden.«

Sofort schnellt Krögers Kopf hoch. »Ach, diese Scheiße«, sagt er laut. »Was wollen Sie?«

»Wir kommen im Auftrag eines Opfers dieser Aktion. Einem Baby wurde von den Ratten der Finger angefressen.«

Kröger nickt, weist dann mit einer herrischen Geste auf einen Tisch und zieht einen Stuhl heran. Seine Tochter setzt sich neben ihn. Dengler und Olga nehmen die Stühle auf der anderen Seite.

»Ich muss mich da draußen beim Spiel sehen lassen«, sagt Kröger. »Wir haben ja den Klinsmann engagiert. Und heute spielen wir gegen die Bayern. Wenn er die nicht umhaut, sieht's schlecht für ihn aus.«

»Wir wollen Ihnen das Spiel nicht verderben. Wir ermitteln in Sachen der ausgesetzten Ratten, die in einem Ihrer Häuser ein Baby schwer verletzt haben.«

»Ich sag Ihnen mal was«, sagt Kröger grob. »Das war ich nicht.«

Seine Tochter schiebt ihm Denglers Visitenkarte über den Tisch. Kröger nimmt sie in die Hand und studiert sie.

Dengler betrachtet sein Gegenüber. Kröger trägt den offiziellen Businesslook: blauer Anzug, allerdings im Unterschied zu manch anderem hier gut sitzend, hellblaues Hemd, blaue Krawatte mit vielen kleinen weißen Punkten. Er ist ein großer Mann, Dengler schätzt ihn auf 1,85 Meter. Alter? Wohl knapp über fünfzig. Seine breiten Schultern deuten auf regelmäßiges Krafttraining hin. Dunkle, nur an den Schläfen ergraute Haare, nach hinten gekämmt und mit Gel fixiert. Das Auffälligste an seinem Gesicht ist der volle Mund mit den ausgeprägten Lippen, darüber eine kräftige, gerade

Nase, über der ihn zwei wache blaue Augen anschauen. Die buschigen Augenbrauen unterstreichen den kantigen Ausdruck dieses Gesichtes, das zugleich Energie und einen festen Willen ausstrahlt. Um die Mundwinkel zwei kräftige Falten, die sich bis zum Kinn ziehen. Dengler muss lächeln: Eine seiner Tanten, eine Hobbypsychologin und Heilpraktikerin, nannte diese Falten um den Mundwinkel Onaniefalten. Jedes Mal, wenn sie einen Mann mit solchen Falten sah, zeigte ihr Gesicht Empörung und Widerwillen.

Trotzdem, keine Frage: Sebastian Kröger ist ein attraktiver Mann. Seine aufrechte Haltung, die durchgestreckte Brust, der feste Blick, die wachen Augen signalisieren ein ausgeprägtes Selbstbewusstsein.

Sorgsam legt er Denglers Visitenkarte zurück auf den Tisch.

»Privatermittler«, sagt er leise.

Dann sieht er Dengler offen ins Gesicht. »Diese Rattenscheiße ... das Internet ist voll davon. Das Radio dudelt den ganzen Tag die Beschuldigungen der Mutter von diesem armen Kind durch den Äther. Die Bausenatorin quatscht meine Mailbox voll. Morgen früh sollte ich besser keine Zeitung lesen.«

»Der Fluch der bösen Tat«, sagt Olga.

Kröger wendet den Kopf und sieht sie an, als würde er sie erst jetzt wahrnehmen. Dabei legt er die Stirn in Falten. Dengler kann zusehen, wie sich ein umgedrehtes V über seiner Nasenwurzel bildet, und plötzlich sieht Kröger aus wie ein Dackel, der zu verstehen versucht, wo das Herrchen die Wurst versteckt hat.

»Meine Firma und ich persönlich haben mit dieser schrecklichen Sache nichts zu tun.«

»Ach ja«, sagt Olga. »Und die Fenster im Plattenbau gegenüber haben Sie auch nicht ausbauen lassen. Im Januar!«

»Doch«, sagt Kröger völlig ruhig. »Klar, das waren wir.«

»Sie wollten die Mieter ohne Fenster wohnen lassen? In der Kälte?«

»Wir brauchen in diesen beiden Blocks höhere Renditen. Deutlich höhere Erträge erzielen wir nur durch neue Mietverträge. Neue

Mietverträge erfordern in der Regel neue Mieter. Auf Deutsch: Die bisherigen Mieter müssen raus. Manchmal muss man die Ernsthaftigkeit seiner Absichten etwas unterstreichen.«

»Zum Beispiel, indem Sie die Fenster aushängen lassen?«

»Nur für eine Woche. Als Zeichen, dass wir es ernst meinen.«

»Und das finden Sie okay?«

Kröger sieht überrascht auf.

»Ja, sicher! Das machen doch alle so.«

»Und Ratten in den Häusern sind wohl auch als deutliches Zeichen gemeint?«

»Nein. Ich versichere Ihnen: Damit haben wir nichts zu tun.«

»Sehr glaubwürdig.«

»Ob Sie mich für glaubwürdig halten ... was meinen Sie, interessiert mich das? Glauben Sie, was Sie wollen.«

Eine Weile herrscht eisiges Schweigen am Tisch. Draußen jubeln die Fans.

»Wissen Sie«, sagt Kröger leise. »Seit einigen Monaten passieren merkwürdige Dinge. Maschinen verschwinden auf meinen Baustellen. Subunternehmer sagen Aufträge ab. Um ehrlich zu sein: Ich habe gewisse Schwierigkeiten.«

Seine Tochter sieht Olga an. »Bitte sagen Sie der jungen Frau: Wir haben mit dieser schrecklichen Sache nichts zu tun. Es ist so, wie mein Vater sagt. Mit dieser Rattensache will jemand unseren Ruf zerstören.«

Olga sagt: »Und Sie glauben, da gibt es noch viel zu zerstören?«

Kröger nimmt Denglers Karte noch einmal in die Hand, studiert sie, legt sie auf den Tisch zurück und streicht sie mit dem Handrücken glatt.

»Sie sind Privatermittler.« Kröger hebt den Kopf und schaut Dengler mit meerblauen Augen an. Er zieht seine eigene Visitenkarte aus der Jacke und schiebt sie Dengler zu.

»Ich habe eine Idee«, sagt er.

Berlin, U-Bahn

Der Waggon der S9 ruckelt ein wenig, als sie in Richtung Zoologischen Garten fahren. Dengler schweigt und wartet auf Olgas Kommentare, doch sie schaut stur geradeaus und schweigt. Auch als sie am Zoo in die U12 umgestiegen sind, sagt sie kein Wort. Dann eben nicht, denkt Dengler und sieht zum Fenster hinaus.

Als sie am Nollendorfplatz halten, hält Dengler es nicht länger aus.

»Du denkst, es ist keine gute Idee?«, fragt er sie.

»Ich glaube nicht.«

»Warum?«

»Ratten aussetzen ist so ... eklig, dass ich nichts mit solchen Leuten zu tun haben möchte.«

»Er sagt, er war's nicht.«

»Kröger ist so was von sich überzeugt. Er denkt, mit Geld kann er alles und jeden kaufen.«

»Stimmt«, sagt Dengler. »Das denkt er. Andererseits, die Frauen der Automanager, die wir in den Puff verfolgt und fotografiert haben, waren auch keine Sympathiebolzen. Wenn ich nur für sympathische Leute arbeite, verhungere ich.«

»Mmh.«

»Aber weißt du, was das Entscheidende ist?«

»Wirst es mir gleich sagen.«

»Wenn ich Krögers Angebot annehme und für ihn arbeite, bleibe ich in seiner Nähe. Ich habe Gelegenheit, ihm in die Karten zu schauen und herauszufinden, ob er für die Attacke auf die kleine Lena verantwortlich ist – oder nicht.«

»Das ist das erste gute Argument, das ich höre.«

»Ich nehme Krögers Angebot nur an, wenn du einverstanden bist.«

Die U-Bahn hält am Halleschen Tor.

77

Als sie wieder anfährt, küsst Olga ihn und sagt:»Gut, lass dich mit dem Teufel ein.«

Dengler nickt und wählt Krögers Nummer.

Berlin, Kottbusser Tor

Als sie am Kottbusser Tor aussteigen, drängt sich eine offensichtlich gut gelaunte Menschenmenge auf dem Bahnsteig. Einige Gruppen halten Transparente in die Höhe: We love Kotti steht auf den einen, Wohnraum ist keine Ware auf anderen. Eine heitere Atmosphäre trotz der unübersichtlichen Menge, die die Treppen hinab zum Kottbusser Tor strömt. Hier ist immer viel los, aber nun gibt es kaum ein Durchkommen.

Olga wählt Silkes Nummer. Sie spricht kurz mit ihr.

Dann hakt sie sich wieder bei Georg ein.»Das hier ist eine Demo der Mieterinitiativen«, sagt sie.»Motto: Genug ist genug. Es geht wohl auch um die Ratten, die ausgehängten Fenster und all das. Wir treffen Silke auf der anderen Straßenseite an der Gecekondu-Hütte.«

»An der was?«

»Der Gecekondu-Hütte. Bleib einfach bei mir«, ruft Olga. Dann laufen sie mit vielen anderen die Stufen hinab. Auf der Skalitzer Straße fährt kein Auto mehr. Stattdessen drängen sich überall Menschen, junge und alte, Familien mit Kindern, türkische Männer und Frauen, Punks: Ganz Kreuzberg scheint auf den Beinen zu sein. Olga bahnt sich zielstrebig einen Weg durch das Getümmel. Schließlich stehen sie vor einer Art Blockhütte, die über und über mit Plakaten beklebt ist. Silke erwartet sie bereits.

»Wo ist Lena?«, fragt Olga.

»Matthias passt auf sie auf«, sagt Silke und deutet dann auf die Blockhütte.»Das ist das Wahrzeichen von Kreuzberg«, sagt sie und lacht.»Unsere Protesthütte.«

Die Tür der Hütte geht auf, und eine junge Frau mit beeindruckend langen dunklen Locken kommt heraus. Enge blaue Jeans umspannen eine gute Figur. Ihre Füße stecken in kniehohen dunkelbraunen Lederstiefeln. Am Rand des rechten Stiefels ist mit einer silbernen Spange eine Sprühdose mit Pfefferspray befestigt. Bei jedem Schritt wippt die Dose leicht und erinnert an eine offen getragene Schusswaffe.

Die dunkel gelockte Frau sieht verdammt cool aus. Das muss Dengler zugeben. Als sie Silke sieht, lacht sie und öffnet weit die Arme.

»Sind das deine Freunde aus der süddeutschen Provinz?«

Dengler ärgert sich sofort. Er hasst das herablassende Metropolengetue der Berliner. Er beschließt, diese Frau nicht zu mögen.

»Das ist Hatice, meine Freundin. Superaktivistin bei der Initiative Kotti & Co.«, stellt Silke die junge Frau vor. Dengler streckt widerwillig die Hand aus. Wenn jetzt schon junge Türkinnen den preußischen Hochmut übernommen haben, dann steht es schlecht um Berlin.

Einem plötzlichen Einfall folgend wendet er sich an Hatice. Er hat das dringende Bedürfnis, diese hauptstadttrunkenen Berliner zurechtzustutzen. »Wir haben in Stuttgart auch eine Art Protesthütte. Sie steht direkt am Bahnhof. Die Leute von der Bewegung gegen Stuttgart 21 haben dort eine Infostelle aufgebaut. Sie ist rund um die Uhr besetzt.«

»Rund um die Uhr«, sagt Hatice heiter. »Na, das haben wir hier noch nicht geschafft. Kommt ihr mit zur Kundgebung?«

»Klar«, sagt Olga.

Dengler beruhigt sich langsam wieder und nickt.

»Meine Eltern stammen aus Anatolien«, sagt Hatice zu ihm. »Sie haben aber die meiste Zeit ihres Lebens hier in Kreuzberg verbracht. Als sie hierherkamen, gab man ihnen eine Meldekarte, in der die Bezirke standen, in denen sie wohnen durften. Man schickte sie in die Stadtteile, in denen die Deutschen nicht wohnen wollten: nach Kreuzberg und Neukölln.«

Sie deutet auf einige große Wohnblöcke. »Dort wohnen sie. Immer noch. Früher gehörten die Häuser der Stadt Berlin. Heute sind sie im Besitz der Deutschen Eigentum AG. Meine Eltern sind alt, mein Vater ist krank, Diabetes. Ihr ganzes Leben lang haben sie für die Deutschen die Drecksarbeit gemacht, und jetzt sollen sie aus ihren Wohnungen raus. Kreuzberg ist mit den Jahren immer attraktiver geworden und jetzt total hip«, sagt sie grimmig.

Silke nickt.

Hatice fährt fort: »Sie haben ihr Leben lang geschuftet wie verrückt. Trotzdem haben sie es mit anderen Kiezbewohnern, Leuten aus Griechenland und Jugoslawien, geschafft, aus dem heruntergekommenen, verwahrlosten Kreuzberg einen einzigartigen Stadtteil zu machen. Mit einer besonderen Atmosphäre, einer besonderen Freiheit. Mit einem positiven Ruf weit über Berlin hinaus. Die Migrantengemeinschaft hat etwas Einmaliges geschaffen, gerade hier am Kotti. Und nun, da wir Kreuzberg bewohnbar und sogar berühmt gemacht haben, werden sie wieder rausgeschmissen. Aber wir lassen uns nichts mehr gefallen. Wir haben die erste Phase der Unterdrückung überstanden, als man uns nur die elendesten Quartiere zuwies. Durch Gemeinschaft und Zusammenschluss haben wir etwas daraus gemacht. Daher gilt es, nun die zweite Phase der Unterdrückung zu beenden, unsere Vertreibung. Deshalb gibt es die *Gecekondu*-Hütte.«

»*Gecekondu?*«, fragt Dengler.

»Das ist türkisch«, erklärt Hatice ernst. »Es heißt so viel wie ›über Nacht gebaut‹. Nach türkischem Gewohnheitsrecht werden Häuser, die einmal errichtet worden sind, nicht abgerissen. Deshalb haben die Leute über Nacht schnell vier Säulen und ein Dach gebaut.«

Sie wirft die Haare zurück und lacht: »Halb Istanbul ist so entstanden.«

Silke sagt: »Heute ist das *Gecekondu* unser Treffpunkt. Und unser Symbol. Wir sind stolz darauf.«

Auf dem Platz hat sich eine große Menschenmenge versammelt.

Ein junger Mann springt auf die Bühne. Er spricht über eine neue Phase des Kampfes. Es genüge nicht, nur zu fordern, Wohnungen zurück in die kommunale Hand zu nehmen, man müsse aktiv dafür kämpfen. Daher schlage er vor, einen Volksentscheid anzustreben, einen Volksentscheid, und nun stockt die Stimme des jungen Mannes, als fürchte er sich für einen Augenblick vor seiner eigenen Kühnheit, einen Volksentscheid zur Enteignung von Deutsche Eigentum, Kröger und Co.

Der Jubel ist befreiend, laut und unbeschreiblich.

Silke spring in die Luft, lacht und schlägt die Hände zusammen.

Dann liegt sie sich mit Hatice in den Armen.

»Wir stimmen ab. Wer ist für die Einleitung eines Volksbegehrens?«

Tausende Hände fliegen in die Luft.

Dann füllt donnernder Applaus die Straße bis zum Kottbusser Tor.

5. Kapitel: Rückblende
Organisation Fuhrmann

Kloster Maria Laach

Ist es Ehrgeiz?

Ist es dieses süße Gefühl, Macht auszuüben?

Große Macht.

Ist es der Nervenkitzel, all dies im Verborgenen zu tun?

Richtet es sein Ego auf, dass er die Richtung des ganzen Landes mit seiner Gruppe verschworener Mitstreiter bestimmt?

Dr. Karl Fuhrmann stellt sich diese Fragen einmal im Jahr, und er beantwortet sie sich, so ehrlich er kann. Innere Einkehr nennt er die beiden Wochen, die er jedes Jahr in der dunklen Jahreszeit schweigend im Kloster Maria Laach verbringt. Dann kniet er jeden Abend auf dem Boden des kleinen Gästezimmers und prüft sich selbst. Ist es Ehrgeiz? Ist es sein Ego? Ist es etwas Hässliches, etwas Schmutziges, das ihn antreibt?

Er grübelt.

Er betet.

Er prüft seine Seele.

Denn er weiß: Die Lüge ist immer um ihn.

Er muss schlimme Dinge tun.

Er hat schlimme Dinge getan.

Tat er sie wegen seines Ehrgeizes?

Wegen seines Egos?

Wegen des Nervenkitzels?

Jeden Abend in diesen beiden Wochen kniet er vor dem Bett, legt die Ellbogen auf den harten Stoff und das Gesicht in seine Hände und befragt sich selbst.

Jeden Abend.

Ist es das süße Gefühl der Macht?

Der Ehrgeiz?

Das Ego?

Das Erhebende an seinen Exerzitien ist die Reinheit, mit der er zurück nach Berlin fährt. Die Klarheit in Seele und Verstand, die ihm die Kraft und die nötige Entschiedenheit gibt, das zu tun, was er tun muss. Wenn sein Fahrer ihn am Ende seiner vierzehntägigen inneren Einkehr vor dem Kloster abholt, spürt er eine solche Kraft und Gewissheit, dass es das Richtige ist, was er tut, dass er weinen könnte vor Freude. Dann ist er ganz weich, ganz durchdrungen, man könnte fast sagen: erleuchtet von seinem Auftrag, von der Sache, die größer ist als er selbst. Einer Sache, der er sein Leben gewidmet hat.

Er kann nicht leben ohne diese beiden Wochen im Kloster.

Jedes Jahr im Winter.

Danach weiß er:

Es ist nicht das Ego.

Es ist nicht der Ehrgeiz.

Es ist überhaupt nichts Hässliches und Schmutziges.

Es ist rein.

Es ist Verantwortung.

Er trägt diese Verantwortung wie eine schwere Last. Doch er nimmt die Herausforderung an.

Nicht für sich selbst.

Nicht wegen kleinlicher oder persönlicher Dinge.

Er tut, was er tut, aus Verantwortung für das Land. Für Deutschland.

Das gefällt ihm. Das ist sein Lebensmotto: Verantwortung für Deutschland.

Dann reckt er den Hals und zieht den Krawattenknoten zurecht.

Verantwortung für Deutschland.

Zwei Minuten, nachdem am Kottbusser Tor beschlossen wurde, Unterschriften für einen Volksentscheid zur Enteignung der großen Immobilienkonzerne zu sammeln, klingelt sein Handy, und er wird über jedes Detail dieser Versammlung informiert. Und er weiß: Jetzt ist es Zeit, Verantwortung zu übernehmen.

6. Kapitel: Ermittlungen (2)

Berlin-Kreuzberg, SO36

»Erzähl doch noch mal genau, Silke«, sagt Dengler, als sie nach der Kundgebung im SO36 sitzen und ein Bier bestellt haben, »wie das mit der Ratte war.«

Silke sieht ihn ausdruckslos an. »Das hab ich dir doch schon alles ... Ich hab den Schrei von Lena gehört und bin sofort zu ihr gelaufen. Und da saß das fette Ding ... über Lena ... mit dieser blutverschmierten Fresse ... Und ich denk, ich seh nicht recht, und Lena schreit und schreit, und ich sofort ...«

Sie wischt sich Tränen aus den Augen. »So einen Horror habe ich noch nie erlebt.«

»Aber wie kam das Tier in die Wohnung? Stand ein Fenster auf?«

»Nein«, sagt Silke.

Olga schüttelt den Kopf. »Die Nachbarn haben im Flur weitere Ratten gesehen. Sie muss durch die Tür in deine Wohnung gekommen sein.«

»Die Tür ist bei mir immer zu.«

»Gibt es offene Lüftungs- oder Kabelschächte vom Hausflur in die Wohnung?«

»Nicht, dass ich wüsste. Meines Wissens gibt es nur die Tür.«

Dengler sagt: »Dann musst du sie aus Versehen offen gelassen haben.«

»Niemals. Das würde ich nie tun.«

Silke starrt plötzlich intensiv auf den Tisch.

»Woran denkst du?«, fragt Olga.

»Matthias. Wir hatten uns gestritten. Ein bisschen. Na ja, ich hab ihn rausgeekelt. Mehr oder weniger.«

Dengler blickt auf. »Wann ist er gegangen?«

»Irgendwann in der Nacht.«

»Erinnerst du dich, ob er die Tür hinter sich geschlossen hat?«

Silke schüttelt den Kopf. »Ich war todmüde. Hab nichts mitbekommen.«

Olga fragt: »Erinnerst du dich, ob die Tür offen stand, als Lena schrie?«

»Keine Ahnung, wirklich nicht. Ich war in Panik. Lena schrie wie am Spieß. Ich sofort ins Kinderzimmer. Sehe diese Ratte. Lenas Finger. Hab das Vieh weggejagt. Notarzt gerufen. In die Charité gedüst.«

Dengler fragt: »Wohin ist die Ratte geflohen? Hast du sie irgendwo in der Wohnung gesehen?«

Silke schüttelt den Kopf. »Nachdem ich mit Lena und euch aus dem Krankenhaus zurückgekommen war, haben wir ja das Kinderzimmer untersucht. Später habe ich die ganze Wohnung von oben bis unten auf den Kopf gestellt. Das kann ich mit Gewissheit sagen: Ich hab in jeden Winkel geschaut. Da war keine Ratte mehr.«

Olga sagt: »Wir müssen mit Matthias reden.«

Dengler: »War euer Streit so heftig, dass Matthias die Ratte absichtlich reingelassen hat?«

Silkes Gesicht wirkt plötzlich ganz unsicher. »Nee«, sagt sie gedehnt, »das kann ich mir nicht vorstellen.«

Dengler: »Aber zu hundert Prozent sicher bist du nicht?«

Silkes Stimme klingt jetzt hart: »Lasst uns gehen. Wir fragen ihn.«

Berlin-Kreuzberg, Silkes Wohnung

Als Silke ihre Wohnung aufschließt, ist es kurz nach 21:00 Uhr. Matthias sitzt im Wohnzimmer auf der Couch, die kleine Lena auf dem Schoß. Die reckt ihrer Mutter fröhlich die Hände entgegen. »Matthias«, sagt Silke streng. »Warum ist Lena noch nicht im Bett?«

»Sie ist noch nicht müde.«

Mit einem Ruck entzieht Silke ihrem Freund das Kind und trägt es in schnellen Schritten ins Kinderzimmer. Sofort weint Lena. Silke dreht noch einmal den Kopf um und sagt: »Sie ist total übermüdet.«

Dengler nimmt sich einen Stuhl und setzt sich Matthias direkt gegenüber.

»Ich muss dich etwas Wichtiges fragen: Als du in dieser Nacht gegangen bist, hast du da die Wohnungstür fest hinter dir zugezogen?«

Der junge Mann schaut nach rechts, schaut nach links. Wie eine Maus im Schuhkarton, denkt Dengler, die verzweifelt einen Ausweg sucht.

Matthias greift in die Jackentasche und zieht die blaue Tabakdose hervor.

»Lass mal«, sagt Dengler. »Es ist wirklich wichtig. Hast du die Tür hinter dir zugezogen?«

Mit gehetztem Blick sagt Matthias: »Jetzt gibt sie mir die Schuld. Jetzt bin ich auf einmal schuld, dass diese Scheißratte hier in die Wohnung kam.«

»Es geht nicht um Schuld. Ich will nur herausfinden, wie die Ratte vom Flur in die Wohnung gekommen ist. Da die Nachbarn frühmorgens mehrere Tiere im Flur entdeckt haben, ist es mehr als wahrscheinlich, dass auch dieses Vieh vom Flur aus in die Wohnung kam. Das geht nur, wenn die Tür offen war.«

»Ich bin hier echt der letzte Arsch. Was ich mache, mache ich falsch. In Silkes Augen jedenfalls. Ich häng mich richtig rein. Für alles hier.«

Er öffnet die Dose.

»Rauch jetzt mal nicht. Hast du die Tür offen stehen lassen? Oder hast du gespürt, wie etwas zwischen deinen Beinen hindurchgehuscht ist, als du rausgingst? Hast du Ratten im Flur gesehen, als du gingst?«

»Jetzt bin ich schuld, dass Lena verletzt ist«, sagt er leise und schüttelt den Kopf.

Seine Augen werden nass. Aus dem Kinderzimmer klingt Silkes Stimme herüber, die Lena in den Schlaf singt.

»Ich muss jetzt was rauchen.«

»Als du gegangen bist, hast du im Treppenhaus das Licht angeknipst?«

Matthias überlegt kurz. »Im Treppenhaus schon, im Wohnungsflur nicht, weil ich Lena nicht wecken wollte.«

»Du hättest das Rattenvieh also gesehen, wenn es im Treppenhaus gesessen hätte?«

»Da war nichts.«

»Du bist durchs erleuchtete Treppenhaus zum Eingang gegangen?«

»Ja.«

»Keine Ratten?«

»Keine Ratten.«

»Hast du einen Schlüssel zu Silkes Wohnung?«

»Manchmal. Wenn ich einkaufe oder so, dann gibt sie mir den Zweitschlüssel.«

»Hattest du an diesem Abend einen Schlüssel?«

»Nein, der war in der Wohnung. Hing am Schlüsselbrett.«

»Du hast die Tür also hinter dir ins Schloss gezogen?«

»Ja, ich denke schon.«

»Du erinnerst dich nicht?«

»Ich weiß noch, dass wir uns gestritten hatten und dass ich deshalb ziemlich fertig war. Und ich weiß noch, dass ich mich leise angezogen und mich auch leise verdünnisiert habe. Wahrscheinlich habe ich die Tür vorsichtig hinter mir geschlossen.«

Silke steht hinter ihnen, an den Türrahmen gelehnt.

»Also Matthias, wenn du die Scheißratte reingelassen hast, brauchst du hier nicht mehr aufzukreuzen.«

Der junge Mann steht auf und steckt die blaue Tabakdose ein.

An Dengler gewandt sagt er: »Das ist die Frau – der Mensch, den ich mehr als alles auf der Welt liebe.«

Er drängt sich an Silke vorbei, ohne sie anzusehen, und verschwindet im Treppenhaus.

7. Kapitel: Rückblende
Michael Bertram

Stuttgart, Halbhöhenlage

Geld ist:

Knete. Kohle. Kröten. Lappen. Kies. Mäuse. Zaster. Moos. Bares. Eier. Bimbes. Penunze. Moneten. Heu. Flocken. Asche. Peseten. Piepen. Pulver. Schotter. Steine. Zaster. Rubel. Mammon.

Geld ist:

Banknote. Bargeld. Geldstück. Hartgeld. Kleingeld. Wechselgeld. Buchgeld. Barschaft. Nötli. Klingende Münze. Fünfer. Zwanziger. Hunderter. Fünfhunderter.

Geld ist:

Scheck. Wechsel. Aktiva. Passiva. Anlagevermögen. Umlaufvermögen. Steuern. Forderungen. Giralgeld. Kredit. Zins. Stundung. Darlehen. Dispo.

Geld ist:

Besitz. Haben. Eigentum. Wert. Güter. Erbe. Vermögen. Substanz. Kapital. Schatz. Hab und Gut.

Geld ist:

Wohlstand. Einkommen. Ausgesorgt haben. Reich sein.

Geld ist:

Ansehen. Bewunderung. Anerkennung. Ehrerbietung. Respekt. Hochachtung. Wertschätzung. Bestätigung.

Geld ist:

Sex.

Geld ist:

Macht.

Geld ist:

Alles.

Obwohl die Christen schon lange nicht mehr die Mehrheit der Bevölkerung stellen, ist die Mentalität Stuttgarts zutiefst protestantisch, in Teilen sogar pietistisch, also radikal-evangelisch. In Michael Bertrams Klasse im Karls-Gymnasium saßen Kaya und Tarik zwei Bänke hinter ihm, zwei muslimische Mitschüler, die sich ganz selbstverständlich mit dem üblichen »Schaff's gut« nach der Schule von ihm verabschiedeten, als hätte man ihnen das protestantische Arbeitsethos schon mit der Muttermilch eingeflößt. Vielleicht kam sich Bertram deshalb in seiner Schulzeit immer so vor, als gehöre er einer Minderheit an. Seine Eltern waren katholisch. Sie waren nicht gerade fleißige Kirchgänger, das nicht, aber an Weihnachten, Ostern und hin und wieder mitten im Jahr besuchte die Familie den Gottesdienst in der Domkirche St. Eberhard. Als Kind mochte Michael den Geruch des Weihrauchs. Und wenn er die Messdiener die silbernen Weihrauchfässer schwenken sah, die weiße Schwaden in die Kirche entließen, dann wollte er einer von ihnen sein.

Er erinnert sich genau an seine erste heilige Kommunion.

Der Pfarrer, aber auch sein Vater, seine Mutter, alle hatten ihm gesagt, das werde der glücklichste Tag seines Lebens sein.

Das wurde es nicht.

Ein großes Fest wurde es. Das schon. Sein Onkel und die lustige Tante Elms aus Trier kamen, die Großeltern, sogar Kaya mit seinen Eltern, die zwei gut gehende türkische Restaurants in der Innenstadt betrieben, und viele Kollegen des Vaters mit ihren Familien.

Doch nicht er stand im Mittelpunkt.

Sein Papa war der strahlende Held an dem Tag, der sein glücklichster Tag sein sollte. Vor einigen Monaten war er Partner in der größten Kanzlei der Stadt geworden, die Bank gewährte ihm einen großzügigen und günstigen Kredit, von dem er das Haus mit Garten am Killesberg kaufte. Vermutlich bezahlte er auch die Schaukel davon, die der größte Stolz Michaels und das beste Geschenk seiner Eltern zu seiner Kommunion war. Onkel Hans kam mit einem Glas Wein in der Hand und bestaunte sie, Tante Elms lobte sie, aber er merkte genau, dass sie alle gleich wieder zurück zu den Erwachsenen wollten, vor allem zu seinem Vater, der die Besucher stolz durch das neu erworbene Haus führte, ihnen das Wohnzimmer, die Gästezimmer und zum Schluss den mit Bordeauxweinen gut gefüllten Keller zeigte.

Diese unerwartete und unverschämte Übernahme seines angeblich schönsten Tages traf ihn bis ins Mark, und er wusste, dass er diesen Tag nie vergessen würde, wenn auch aus ganz anderen Gründen als jenen, die der Pfarrer, die Mutter und alle anderen Erwachsenen ihm versuchten weiszumachen.

So schubste er Kaya von seiner neuen Schaukel und schwang allein auf ihr vor und zurück. Doch als er am Abend in seinem Kinderbett lag, weinte er erst wegen dieses schrecklichen Tages, dann wegen des Verrats seiner Eltern und schließlich wegen der Schmach, die sie ihm alle zugefügt hatten. Dann, als er mit dem Handrücken über die nassen Augen fuhr, offenbarte sich ihm das wahre Geheimnis des Tages: Es war das Geld, das sein Vater nun so offenkundig vorzeigte, nicht in Münzen und Scheinen, sondern in Form des Hauses, der Möbel, der Gardinen und des Weines im Keller. Das war es, wonach alle Erwachsenen sich ausrichteten wie Metallspäne an einem Magneten. Wenn er die Aufmerksamkeit aller besitzen wollte, dann musste er wie sein Papa nur möglichst viel davon besitzen. Dann erst würde auch er den schönsten Tag seines Lebens erleben.

Stuttgart, Halbhöhenlage

Sein Vater war nicht nur ein bekannter Anwalt in Stuttgart und Partner in der größten Kanzlei, sondern auch ein geschätzter Kunstliebhaber, ein gern gesehener Gast in den Galerien und den Ateliers der Künstler, Vorstandsmitglied des Freundeskreises der Staatsgalerie, Mitglied in der Tübinger Hölderlin-Gesellschaft, seit einem Jahr Präsident seines rotarischen Clubs und natürlich Mitglied der CDU, wenngleich eher ein passives, aber doch den dreifachen Beitrag zahlendes. Daher war er gern gesehen, wenn er sich, selten genug, zu Parteiversammlungen in den muffigen Ratskeller begab. Außerdem war sein Vater ein großer Verehrer von Hölderlin und hatte immer ein Zitat des Dichters parat.

Oft nahm er seinen Sohn mit zu den Spielen des VfB oder zu Tennisspielen am Weißenhof, und Michael gefiel die devote Haltung, mit der andere Männer seinen Vater im Stadion begrüßten. Der vorgebeugte Körper, der Abstand, den sie einhielten, die seitlich geneigten Köpfe, die Blicke, die nie direkt die Augen des Vaters trafen – all das erschien ihm bald so selbstverständlich und normal, dass er nicht mehr darüber nachdachte.

Umso mehr überraschte es ihn, als er seinen Vater eines Tages in dieser unterwürfigen Haltung einem anderen Mann die Hand reichen sah. Es war der Vorstandschef eines der beiden Automobilhersteller der Stadt, den sie während eines Damentennisturniers in der Lounge der Porsche-Arena trafen. Plötzlich senkte sich der Vaterkopf auf diese kaum merkliche Art, während der andere seine aufrechte Haltung nicht veränderte – plötzlich klang die Vaterstimme etwas höher als sonst – plötzlich war sein Vater ein anderer. Staunend begriff er, dass es in der Welt der Erwachsenen eine Rangfolge gab, in der sein Vater hoch stand, aber offenbar doch nicht ganz oben. Diesen Augenblick würde er nie wieder vergessen. Zum ersten Mal schämte er sich; er schämte sich für seinen Vater.

Merkwürdigerweise schämte er sich für seine Mutter nie. Sie war immer da, immer bereit, etwas zu tun, wenn der Vater es wollte. Er fügte seinen Wünschen, die wie Befehle klangen, häufig noch ein »Husch, husch!« hinzu. Es gab da eine lustige Familiengeschichte, die der Vater gerne erzählte und über die alle lachten, sogar die Mama. Der Vater hatte chinesische Geschäftsfreunde eingeladen und die Mutter hatte aufwendig für alle gekocht. Luxus-Maultaschen vom Böhm als Vorspeise, Rostbraten als Hauptgang, sehr schwäbisch, aber alles in der edlen Variante. Der Vater kommandierte immer den nächsten Gang herbei: Jetzt Marie, husch, husch, die Hauptspeise. Husch, husch, noch ein Fläschle vom Grand Cru und so weiter. Als die Chinesen sich verabschiedeten, bedankten sie sich bei »Frau Husch, husch« für ihre vorzügliche Küche.

Als Baby war Michael Bertram normalgewichtig gewesen, aber dann entwickelte er sich zu einem kräftigen Kind. Die stattliche Statur behielt er bei, als er älter wurde und begann, sich für Mädchen zu interessieren. Er war nicht direkt dick, das sicherlich nicht, aber sein Gesicht hatte doch eindeutig eine viereckige Form, mit glänzenden Backen, und schon früh hatte er ein Doppelkinn. Er trieb Sport, spielte Hockey und später auch Tennis, legte sich Muskeln zu, aber zu seinem Leidwesen änderte das an seiner Gesamterscheinung nichts. Ein Mädchenschwarm würde er wohl nie werden. Später, als er mit ein paar Kumpels in Discos ging, wurde ihm klar, dass er immer einer auf die Nerven gehen, sie belästigen oder betrunken machen musste, bevor er einmal eine Hand in einen BH schieben oder auf einem Oberschenkel aufwärtsbewegen durfte.

Das änderte sich erst, als er diese wunderbaren K.-o.-Tropfen kennenlernte.

8. Kapitel: Ermittlungen (3)

Berlin, U-Bahn

Dengler und Olga sind froh, als sie endlich in der U-Bahn sitzen. »Also, ich fühle mich bei dem Beziehungsknatsch zwischen Silke und Matthias nicht wohl«, sagt Dengler. »Sollen wir nicht einfach nach Stuttgart zurückfahren? Da ist es zwar auch Januar, aber nicht so schrecklich grau und kalt wie hier.«

»Ich hätte nie gedacht, dass Silke so zusammenbricht. Ich hatte angenommen, sie wäre froh, dass Matthias endlich gegangen war.«

»Schlecht genug behandelt sie ihn ja.«

»Wenn er da ist. Sie quält ihn ständig, wenn er da ist. Aber wenn er weg ist, dann vermisst sie ihn.«

Dengler summt eine Melodie.

»Was ist das für ein Song?«

»BB King. Er hatte wohl auch mal so eine Frau.«

Dengler singt leise: »You're evil when I'm with you / and you are jealous when we're apart.«

»Stimmt, wenn er da ist, behandelt sie ihn wie einen Straßenhund. Ist er weg, schwärmt sie von ihm.«

Dengler sagt: »Matthias ist ein Verdächtiger. Er hat mit ziemlicher Sicherheit die Ratte in die Wohnung gelassen.«

»Absichtlich?«

»Keine Ahnung. Als Motiv kommt Rache für schlechte Behandlung infrage.«

Olga sagt: »Er wollte ihr einen Schreck einjagen und ahnte vielleicht nicht, dass das Biest die kleine Lena angreift.«

Dengler sagt: »Könnte sein. Wir müssen herausfinden, ob er in Krögers Auftrag gehandelt hat.«

Dann summt er den BB-King-Song weiter:

»How blue can you get, baby? / The answer's is right here in my heart.«

Olga sagt: »Trotzdem, wir sollten bei ihr bleiben. Sie braucht uns. Wir sollten dem Kröger die Ratten nicht durchgehen lassen.«

»Er bestreitet, dass er die Viecher ausgesetzt hat.«

»Meinst du, er würde es zugeben, wenn er es getan hätte?«

»Sicher nicht.«

»Ist er also vertrauenswürdig?«

»Nein, ganz im Gegenteil.«

»Siehst du, das denke ich auch. Wie geht es in dem Song weiter? Wie löst BB King sein Beziehungsproblem?«

Dengler lacht. »Mit Humor. Er singt, dass er ihr einen brandneuen Ford geschenkt hat, und sie sagt, sie will lieber einen Cadillac. Er lädt sie zu einem teuren Abendessen ein, und sie sagt: Danke für den Snack. Er lässt sie in seinem Penthouse wohnen. Sie sagt, es sei nur eine Hütte. Dann: Ich habe dir sieben Kinder geschenkt. Und jetzt willst du sie mir zurückgeben.«

Olga lacht. Dengler ist glücklich.

Wie immer, wenn er sie zum Lachen bringt.

Sie legt ihre Hand auf sein Knie. »Wir helfen ihr. Versprich's mir.«

Er nickt. »Das heißt, ich werde übermorgen meinen neuen Job bei der Kröger Immobilien AG antreten.«

Sie küsst ihn. »Nagele ihn ans Kreuz. Wirf ihn den Löw..., nein: den Ratten vor.«

Berlin-Kreuzberg, Wohnung Arthur Meißner

Arthur Meißner nimmt den Zipfel der Bettdecke in die Hand und versucht, sie zurückzuziehen. Sie ist so schwer, als wäre sie aus Eisen. Erneut greift er mit Daumen und Mittelfinger nach der Decke. Er kann sie nicht packen. Es dauert eine Weile, bis er begreift, dass seine Hände zu stark zittern. Wie kleine, unruhige Vögelchen flattern sie hin und her. Erschöpft sinkt er zurück.

Er muss es doch sagen! Er muss Silke sagen, was er in dieser Nacht gesehen hat. Der Mann mit der großen Box! Da waren bestimmt die Ratten drin. Er muss es Silke doch sagen. Dieser Gedanke beherrscht ihn so vollständig, dass er die Kraft gewinnt, den Oberkörper aufzurichten und sich mit dem Ellbogen abzustützen. Er amtet heftig durch den geöffneten Mund. Da spürt er, wie aus den Tiefen seiner Lunge der nächste Hustenfall aufsteigt, bereit, seine Brust zu stechen und seine Kehle zu schmirgeln. Nicht schon wieder! Er schließt den Mund, versucht durch die Nase zu atmen, doch vergebens. Kläffend bricht sich der Husten Bahn, wirft seinen Oberkörper zurück aufs Kissen. Er hebt die Hand vor den Mund. Die Brust brennt. Der Hals kratzt. Er ringt um Luft, doch der Husten hört nicht auf.

Seine Tochter stürzt ins Zimmer. »Geht es wieder los?«, sagt sie. Sie beugt sich über ihn und schlägt ihm auf den Rücken. Hustend schüttelt er den Kopf. Doch sie schlägt ihm weiter auf den Rücken. Es tut weh. Doch der größte Schmerz ist die Lieblosigkeit, die Gleichgültigkeit, mit der sie all das tut. Nicht einmal die Enkel hat sie mitgebracht.

Er wendet den Kopf. »Ich muss dringend ... Silke ...« Da steigt ein neuer Hustenanfall auf. Seine Tochter drückt ihn aufs Bett zurück. Er drückt dagegen, doch sie ist stärker.

»Nichts musst du. Ausruhen musst du dich. Bleib jetzt liegen.«

Da gibt er auf.

Berlin, Fasanenstraße, Literaturhaus

Am Morgen frühstücken Dengler und Olga im Literaturhaus in der Fasanenstraße. Vom Zeitungsständer holen sie die Wochenendausgaben der Tagespresse. Die *Berliner Tagespost* bringt auf der ersten Seite: *Rattenattacke auf Baby – Im Auftrag eines Immobilienhais?* Im Lokalteil finden sie ein Foto von Silke und Lena. Das Kind, von Silke auf dem Arm gehalten, streckt dem Fotografen die verbundene Hand entgegen. Ein Kommentar prangert die Wildwest-Methoden der Entmietung in Berlin an, unabhängig davon, ob die Vorwürfe gegen die Kröger Immobilien AG berechtigt seien oder nicht. Auch die überregionale Presse, die *FAZ*, die *Süddeutsche* und die *Frankfurter Rundschau* bringen kleinere Artikel. Die *taz* bringt eine ganze Seite mit Fotos und Interviews mit den Nachbarn. Sie druckt auch ein Bild von Kröger, der ausgesprochen selbstbewusst, ja schon arrogant in die Kamera schaut.

»Dein neuer Auftraggeber hat gerade eine schlechte Presse«, sagt Olga und blättert die Seite um.

Ihr Telefon brummt. Sie nimmt es hoch, wirft einen Blick auf das Display und sagt: »Guten Morgen, Silke. Wie geht es Lena?«

Sie legt ihre Stirn in Falten und hört aufmerksam zu.

»Er soll dableiben, bis wir kommen ... ja ... verstehe ... Wir nehmen ein Taxi.«

Sie legt das Handy auf den Tisch und sagt: »Wir haben einen Zeugen.«

Berlin-Kreuzberg, Silkes Wohnung

Auf Silkes Couch sitzt ein kleines Männlein, das einem Märchen der Gebrüder Grimm entsprungen zu sein scheint, und hustet. Es trägt eine viel zu große blaue Jeans aus grobem Stoff. Silke läuft mit der weinenden Lena im Wohnzimmer auf und ab und summt ein Kinderlied.

»Das ist Arthur, ein Nachbar. Er wohnt über der alten Frau, die ich versorge. Arthur ist eine Stütze unseres Komitees, wenn er nicht gerade hustet.«

Dengler wartet ab, bis der Mann zu Ende gehustet hat, und stellt sich dann vor. Olga nimmt Silke Lena ab. Das Baby greift mit großen Augen in Olgas rotes Haar und zieht daran.

»Hast du vielleicht eine Fluppe für mich?«, fragt Arthur.

»Hier wird nicht geraucht«, sagt Silke.

»Auch nicht auf dem Balkon?«

»Auch nicht auf dem Balkon«, sagt Silke. »Vor allem nicht deine stinkenden Ostzigaretten.«

»Sie haben etwas beobachtet?«, fragt Dengler.

Arthur nickt. »Ich hab in der Nacht einen Typen gesehen. Der ging mit einem Behälter, so einem dunklen Kasten, zwischen den Blocks durch.«

»Um wie viel Uhr war das?«, fragt Dengler.

Arthur Meißner: »So gegen halb vier.«

»Warum waren Sie wach um diese Zeit?«

»War auf dem Balkon und habe eine geraucht.«

Das hätte ich mir denken können, sagt sich Dengler.

»Haben Sie das Gesicht des Mannes gesehen?«

»Dazu war es zu dunkel. War aber ein kräftiger Mann. Breite Schultern. Größer als ich.«

Dengler unterdrückt ein Lachen.

»Kam er zu Fuß?«

Meißner hustet wieder. Er schüttelt den Kopf. »Hatte so eine Art Sportwagen. Ganz flach. Westauto. Vielleicht ein Porsche oder so.«

»Wo hat er ihn geparkt?«

Arthur Meißner stockt und wirkt plötzlich verunsichert.

»Ich krieg den Scheißhusten nicht los«, sagt er. »Egal, was ich mache.«

»Weniger rauchen würde helfen«, sagt Silke.

»Wenn Sie das Auto gesehen haben, müssen sie doch gesehen haben, wo der Mann geparkt hat.«

»Schon, ja, hab ich.«

Dengler und Olga wechseln einen Blick.

Alle sehen Arthur an, der auf der Couch herumrutscht.

»An der Kita«, sagt er.

»Die Kita«, erläutert Silke, »hat zwei Parkplätze fürs Personal.« Meißner nickt.

»Sahen Sie den Mann auch wieder wegfahren?«

Meißner wird noch unruhiger. Er nickt. »Keine Fluppe?«

»Keine Fluppe«, sagt Silke.

»Wie groß war der Behälter?«, fragt Dengler, um das Thema zu wechseln. Aus irgendeinem Grund will Meißner nicht die wirkliche Geschichte erzählen. Aber warum?

Arthur Meißner hebt die Hand einen halben Meter über den Teppich. »So ungefähr.«

»Und den hat er in dieses Haus geschleppt?«

»Der Typ ging zwischen den beiden Häusern hindurch auf die Vorderseite. Da kann ich nicht runtersehen, weil der Eingang so einen Vorbau hat. Ich habe nur gesehen, wie er auf der Rückseite geparkt hat, dieses Ding aus dem Auto gezogen hat und dann bis zu dem Durchgang gelaufen ist. Normalerweise denkt man sich nichts dabei. Aber als ich das mit Lena gehört habe … Da dachte ich, es gibt vielleicht einen Zusammenhang.«

Dengler nickt. »Das ist völlig richtig.« Er will jetzt wieder auf den Punkt zusteuern, der Meißner aus unerklärlichen Gründen unangenehm ist.

»Als der Typ zurückkam, hatte er da den Behälter dabei?«

Meißner denkt kurz nach und hustet. »Ich glaube schon.«

»Was passierte dann?«

»Wie meinst du das?«

»Na, das ist doch eine klare Frage: Was passierte dann? Packte er den Behälter wieder in seinen Sportwagen und fuhr ganz normal weg?«

»Ich müsste jetzt mal echt 'ne Fluppe qualmen.«

»Kann ich mit zu Ihnen kommen? Mir mal angucken, was Sie gesehen haben? Dann können Sie in aller Ruhe eine Zigarette rauchen.«

Meißner zuckt mit den Schultern. »Warum nicht.«

Berlin-Kreuzberg, Wohnung Arthur Meißner

»Siehst du da drüben? Das ist die Kita. Der Parkplatz ist davor. Die Bäume tragen jetzt keine Blätter. Kann man gut sehen.«

Arthur steht wie ein Feldherr mit ausgestrecktem Arm auf seinem Balkon und zeigt Georg Dengler die Straße, die Parkplätze, das Nachbarhaus, die Kita mit dem Gebüsch, in Blickachse die Sankt-Michael-Kirche.

»Konnten Sie das Nummernschild erkennen?«

»Zu weit weg.«

»Er stieg also ganz normal in seine Karre und fuhr davon?«

Arthur Meißner hustet.

»Arthur – was war da los?«

Meißner nimmt einen tiefen Zug und drückt die Zigarette dann aus. »Ja, also … Wie soll ich sagen … Sein Auto brannte.«

»Sein Auto brannte? Der Sportwagen?«

Meißner sieht auf. »Jo, der brannte.«

»Und dann?«

»Da kam jemand aus dem Nachbarhaus mit einem Feuerlöscher und sprühte das Feuer aus.«

»Und dann? Mensch, Arthur, lassen Sie sich doch nicht jedes Wort aus der Nase ziehen. Das sind wichtige Informationen!«

»Nix ›und dann‹. Der Nachbar löschte, und danach fuhr der Typ weg.«

Berlin-Kreuzberg, Wohnung Patrick Böhmer

Klinken putzen.

Gute altmodische Polizeiarbeit.

In diesem Falle noch nicht einmal so schwer, weil Sonntagmittag die meisten Leute zu Hause sind. Dengler nimmt an, dass der Mann, der den Brand an dem Auto bemerkt hat, eher in den unteren Stockwerken wohnt. Schließlich muss er die Treppen hinabgelaufen und trotzdem rechtzeitig am Brandherd gewesen sein.

»Guten Tag, mein Name ist Georg Dengler. Ich bin Privatermittler und helfe bei der Suche nach den Tätern, die die Ratten bei Ihren Nachbarn ausgesetzt haben. Haben Sie in der Nacht geholfen, ein brennendes Auto zu löschen?«

Wohnungsbefragungen bieten einen guten Einblick in die verschiedensten Lebensentwürfe. Ungewöhnliche, unkonventionelle, aber auch ganz traditionelle Lebensmuster. Der Klassiker wird ihm gleich im ersten Stock geboten: Eine Frau, die offenbar gerade kocht, öffnet die Tür. Kittelschürze, sogar noch einen Kochlöffel in der Hand, als wolle sie das Klischee übererfüllen. Misstrauischer Blick. Dengler sagt sein Sprüchlein auf. Ohne ihn aus den Augen zu lassen, wendet sie halb den Kopf und brüllt mit einer Stimme, die jeden Feldwebel neidisch gemacht hätte, in die Tiefe des Flurs: »Gerhard, kommst du mal gleich. Da ist ein Mann, der will wissen, ob es bei uns gebrannt hat.«

Schlurfende Schritte künden den Auftritt von Gerhard an. »Was gibt's denn?«, sagt dieser ungeduldig, als sei er gerade bei einer extrem wichtigen Arbeit und nicht beim Nickerchen auf dem Sofa gestört worden. Dengler sagt erneut seinen Spruch auf.

»Ne, ne, wir wissen nichts.«

Danke und entschuldigen Sie die Störung. Nächste Wohnung.

Im dritten Stock findet er den Mann, den er sucht. »Patrick Böhmer/Annika Peters« steht an der Klingel. Ein Mann, knapp über dreißig, öffnet die Tür. Schwarze Jeans, dunkelgrünes T-Shirt, eckige Brille, offener, interessierter Blick.

»Ja, klar«, sagt er, nachdem Dengler seinen Spruch aufgesagt hat, »das war ich. Kommen Sie doch rein.«

Sie gehen in eine aufgeräumte Küche.

»Kaffee?«

»Gern, wenn er stark ist.«

Der Mann lacht und hantiert an einem Kaffeeautomaten. Wenig später rührt Dengler in einem dampfenden Espresso. Patrick Böhmer setzt sich ihm gegenüber.

»Also, das war schon *strange*. Ich war in dieser Nacht allein zu Haus. Annika, meine ...«, er sucht einen Augenblick nach dem passenden Wort, »... meine Partnerin, war geschäftlich unterwegs. Sie macht den Vertrieb für einen Brillenhersteller aus Köln. In Berlin, Brandenburg und Vorpommern. Ich kann nie so gut schlafen, wenn sie unterwegs ist.«

Er macht eine kurze Pause, als überlege er, warum das wohl so ist. Dengler rührt im Kaffee und wartet.

»Jedenfalls wache ich in der Nacht auf. Unser Schlafzimmer ist auf der ruhigen Seite, zur Kita hin. Da kommt so ein flackerndes Licht durch die Ritzen der Jalousie. Ungewöhnlich. Also: Ich stehe auf, gucke nach und denke, mich tritt ein Pferd: Da steht ein Auto auf dem Parkplatz vor der Kita und brennt. Also nicht lichterloh, sondern ein gemütliches kleines Lagerfeuer auf dem linken Vorderrad. Ich sofort hellwach. Ich denke, das gibt's doch gar nicht. Nachher fliegt die Karre noch in die Luft. Ich Handy eingesteckt und sofort raus aus der Wohnung in den Hausflur gesaust, den Feuerlöscher aus der Halterung gerissen und dann in Pantoffeln und im Schlafzug über die Straße gerannt. Ist der Espresso okay?«

»Perfekt. Weckt Tote auf. Wie ich ihn mag.«

»Ich hab den Brand gelöscht. Ich hatte vorher noch nie einen Feuerlöscher in der Hand gehabt. Musste also erst mal gucken, wie's funktioniert. Ging aber ganz intuitiv. Sicherungsstift ziehen. Auf einen Knopf drücken – und dann passierte erst mal nichts.«

»Der Feuerlöscher muss erst Druck aufbauen.«

»Sie kennen sich aus, was? Nach zwei, drei Sekunden sprühte das Ding ganz großartig. Die Flammen waren nicht so groß, Gott sei Dank.«

»Haben Sie Personen am Brandherd gesehen?«

Sie trinken beide einen Schluck Kaffee.

Patrick Böhmer scheint sich seine Antwort gut zu überlegen.

»Sie helfen der Mieterinitiative im Nachbarhaus?«

»Korrekt.«

»Uns wollen sie ja auch hier raushaben. Aber Annika und ich wollen hier wohnen bleiben. Wir haben den Kröger-Leuten schon geschrieben, dass wir auch eine höhere Miete zahlen können.«

»Viele können das nicht.«

»Das ist ja auch alles schon *strange*. Das ist jetzt der dritte Eigentümerwechsel in zwei Jahren. Und jedes Mal gab es *Trouble* mit den neuen Eigentümern. Jedes Mal wurde die Miete erhöht. Wollen Sie einen Schluck Wasser?«

»Alles gut. Sie haben also Personen bei dem brennenden Fahrzeug gesehen?«

Böhmer blickt nachdenklich auf die Tischplatte. »Wir leben im Augenblick in einer komischen Zeit. Alle haben Angst, dass das Haus noch einmal verkauft wird. Jeder weiß aber, dass das wahrscheinlich so kommen wird. Früher hatte man einen Mietvertrag, und dann war Ruhe. Jetzt ist Aufregung angesagt. Bei allem. Im Job. Wegen der Wohnung. Überall Unruhe. Alles ändert sich. Man weiß nicht, wohin, aber sicher ist, es ist die falsche Richtung. Alles geht viel schneller als früher. So als würde die Zeit zusammengepresst.«

Dengler nickt. »Ja, unruhige Zeiten. Und dann brennt vor dem Haus in der Nacht ein Auto. Sie haben gesehen, wer's war?«

Patrick Böhmer nickt. »Zwei Männer, zwei jüngere Männer. Dunkle Jeans. Kapuzenshirts. Die Kapuzen tief in die Stirn gezogen. Ein bisschen wie im Film. Es gibt doch diese Serie über Berlin. Kennen Sie die?«

Dengler kennt *4 Blocks*. Ronald Zehrfeld, sein deutscher Lieblingsschauspieler, spielt darin den total tätowierten Gangster Rainer »Ruffi« Ruff. Doch Dengler will mit Böhmer nicht über Filme reden.

»Können wir uns den Tatort mal anschauen?«

Böhmer schaut überrascht auf. »Ja klar.«

*

»Also das Auto, ein schwarzer Ferrari 488 GTB, Superkiste natürlich, steht so da. Mit dem Heck zum Tor der Kita, Schnauze zur Straße. Die beiden Typen mit ihren Kapuzenpullovern stehen hier. Vor dem Vorderrad. Unter dem Blech züngeln blaue Flammen. Schon während ich über die Straße laufe, ziele ich mit dem Schlauch des Feuerlöschers auf die Flammen.«

»Und die beiden Kapuzenpullover?«

»Laufen weg, als ich komme.«

»Sie haben sie nicht verfolgt?«

Patrick Böhmer runzelt ärgerlich die Stirn. »Wie sollte das denn gehen? Ich hab doch den Brand gelöscht. Ein anderer Typ lief hinter ihnen her. Der Fahrer.«

»Der Fahrer? Aus welcher Richtung kam er?«

Böhmer weist auf den Plattenbau, in dem Silke und Lena wohnen. Dengler sieht nach oben. Klare Blickachse zu Arthur Meißners Balkon. Meißner muss die beiden Brandstifter gesehen haben. Warum deckt er sie?

»Alles total *strange*. Der Fahrer kommt also angerannt, schreit, als er seine Karre brennen sieht. Rennt dann hinter den Kapuzen her und erwischt einen. Vermöbelt ihn. Ich hab das Feuer gelöscht. Dann das Handy genommen und den Notruf alarmiert. Kurz danach kommt der Fahrer wieder zurück und zieht einen von den beiden Übeltätern hinter sich her. *Strange.* Ich so zu ihm: Sie brauchen die Polizei nicht anzurufen, das hab ich gerade schon erledigt.«

»Und dann?«

»*Superstrange.* Der Typ schaut mich an, als käme ich vom Mond. Überraschung. Er lässt den Brandstifter los. Springt sofort in seine Karre und fährt los, als müsste er 'ne Rallye gewinnen.«

»Haben Sie sich das Kennzeichen gemerkt?«

»Nee. Das hat die Polizei auch gefragt, als sie endlich anrauschte. Aber da hab ich tatsächlich nicht dran gedacht.«

»Wie sah der Fahrer aus?«

»Mmh. Also nicht wie ein typischer Ferrari- oder Maseratifahrer. Also kein Typ 60 plus mit weißem Haar, Bauch und so. Eher so ein Lederjackentyp, viel Sportstudio, dunkle Haare und – jetzt fällt es mir wieder ein – lange Koteletten. Trägt doch heute keiner mehr.«

»Und er kam hier auf dem Bürgersteig angerannt?«

»Genau. Ich denke, es war so: Als ich mit dem Feuerlöscher aus dem Haus rannte, sah der Kotelettentyp sein Auto brennen. Er stieß einen Schrei aus, warf etwas weg und rannte los. Bis er hier an seinem Auto stand, dann ...«

»Er warf etwas weg?«

»Ich glaube ... ja. Da ging alles so schnell. Ich war ja auf das Feuer konzentriert.«

»Zeigen Sie mir bitte die Stelle, wo der Typ etwas weggeworfen hat.«

Sie gehen an dem Gebüsch entlang in Richtung von Silkes Plattenbau.

»Hier muss es gewesen sein. Ungefähr.«

Dengler bleibt stehen. Dann schiebt er die Zweige der mannshohen Schneebeerensträucher beiseite. Die nahezu runden Blätter sind alle gelb und fallen sofort zu Boden. Die dicht zusammenhängenden weißen Beeren erinnern Dengler an seine Kindheit. Knallerbsen hatten sie diese Beeren genannt. Mit voller Kraft hatten sie auf dem Schulweg diese Beeren auf den Bürgersteig geschleudert, wo sie mit einem Knall auseinanderbarsten. Lange her.

Er sucht den Boden ab.

Nichts zu sehen.

Er hört ein krächzendes Geräusch, und es dauert eine Weile, bis er begreift, dass es Arthur Meißners Stimme ist. Dengler sieht hoch zum Haus. Der alte Mann steht auf seinem Balkon und winkt mit der Hand: Näher zu mir! Dengler geht einen Meter zurück. Meißner winkt weiter. Noch einen Meter. Meißner reckt den Daumen in die Höhe. Dengler schiebt erneut die Zweige der Schneebeerenbüsche auseinander. Dann sieht er etwas Graues dort liegen. Er tritt näher und zieht einen schweren Metallkäfig hoch.

Auf dem Boden liegt mit geöffnetem Maul eine tote Ratte.

Berlin-Kreuzberg, Arthur Meißners Balkon

»Arthur, Arthur – Sie haben mir nicht die Wahrheit erzählt.«

»Ich hab nicht gelogen«, sagt Arthur Meißner und nimmt einen tiefen Zug aus seiner Zigarette. Dabei ziehen sich alle erdenklichen Gesichtsmuskeln zusammen, sodass es aussieht, als stemme er gerade ein zu schweres Gewicht.

Sie sitzen auf dem Balkon. Meißner hat Tee aufgebrüht und zwei Tassen aus der Küche angeschleppt, keuchend, als wären sie schwer wie Hanteln. Eine Halterung aus eloxiertem Metall umschließt die eigentliche Tasse, einen Glasbehälter, auf dessen Rand kleine Rauten eingraviert sind. Dengler kann den Schriftzug *Mitropa* entziffern.

Neben Georg Dengler steht ein großer blauer Müllsack, den Patrick Böhmer aus seiner Küche geholt hat und in dem jetzt der Käfig mit der toten Ratte steckt.

»Ich glaube doch«, sagt Dengler.

»Nicht gelogen«, sagt Meißner und zündet mit dem Stummel der alten Zigarette eine neue an.

Dann sagt er: »Hab gehört, neuerdings sagt man, Rauchen soll ungesund sein«, und ergibt sich einem Hustenanfall.

»Gerüchte«, sagt Dengler.

Meißners Husten verbindet sich mit einem Lachen. Es hört sich nicht schön an.

»In meinem Alter ist es sowieso egal«, sagt er.

»Kommen wir zur Wahrheit zurück«, sagt Dengler.

»Die Wahrheit! Was ist Wahrheit?«, sagt Arthur sinnierend. »Ein großes Wort.«

»Nicht in diesem Fall. Sie müssen mehr gesehen haben, als Sie mir erzählt haben. Zwei Typen mit Kapuzenpullover, zum Beispiel, die ein teures Auto anzünden.«

»Ich bin mein ganzes Leben lang angelogen worden. Es hat 'ne Weile gedauert, aber dann habe ich es begriffen. Früher, in der DDR, gab es nicht nur die Wahrheit, sondern sogar die *objektive Wahrheit*. Und das Zentralkomitee kannte sie immer als Erstes. Klar, jeder wusste, mehr oder weniger, die Wahlergebnisse waren gefälscht, die Erfüllung und Übererfüllung der Pläne waren gefälscht; schließlich wussten wir, wie es in den Betrieben zugeht, kurz, diese ganze Fortschrittspropaganda – alles Lügen. Niemand hat die Absicht, eine Mauer zu bauen, und so weiter. Wir wurden von Anfang bis Ende belogen.«

Meißner drückt die Zigarette aus, greift zur Schachtel, legt sie dann wieder zurück.

»Deshalb glaubten wir auch nicht die Geschichten, die das Zentralkomitee über den Kapitalismus verkündete. Die Geschichten von der Ausbeutung und dem Wolfscharakter des Kapitalismus. Das war, so dachten wir, genauso eine objektive Wahrheit wie der der Rest der Lügengeschichten, die sie uns erzählten.«

Er hebt die Stimme und kräht: »*Wenn die D-Mark nicht zu uns kommt, kommen wir zur D-Mark* – hab ich auch gerufen. Nicht umsonst stand 1989 auf den Plakaten der Montagsdemonstranten: *Gegen das Wahrheitsmonopol der SED*. Wir sehnten uns nach der Wahrheit. Wir waren ausgehungert nach ihr. Aber weißt du was?«

»Nein, keine Ahnung«, sagt Dengler leise.

»Wir haben die Geschichten über den Kapitalismus nicht geglaubt. Im Westfernsehen sah das alles anders aus. Langweile ich dich?«

»Überhaupt nicht.«

»Ich war zwanzig Jahre Hausmeister im Haus der Gewerkschaft, der Zentrale des FDGB. Ein Vorteil davon war, dass meine Frau und ich, meine damalige Frau und ich, diese Wohnung bekamen. In dieser Wohnung ist meine Tochter aufgewachsen. Meine Tochter, die sich jetzt in dieser Wohnung ekelt. Und vor mir – auch eine Wahrheit. Jetzt lerne ich, dass die SED an einem Punkt, nur an einem einzigen Punkt, ausnahmsweise nicht gelogen hat: Die Geschichte mit dem Wolfscharakter des Kapitalismus stimmt. Jetzt wollen sie mir diese Wohnung nehmen. Ich werde in Berlin keine andere bezahlen können.«

Sie schweigen.

»Das mit ... als ich Hausmeister war: die DDR. Ihre Lügen. Das ist alles lang her. Wie in einem anderen Leben.«

Dengler nickt.

»Was meinst du? Wie viele andere Leben hat man wohl?«

Dengler zuckt mit der Schulter. »Keine Ahnung. Ich hatte schon einige.«

»Ich will keines mehr. Ich will das behalten, das ich gerade habe. Ich will in dieser Wohnung sterben. Wird sicher nicht mehr lange dauern.«

Dengler schweigt. Alte Männer wollen nicht unterbrochen werden, wenn sie über ihre Lebenserkenntnisse reden.

»Wir brauchen hier Hilfe, um mit diesen Krögers fertigzuwerden. Jeder, der hilft, ist ein guter Mann.«

»Verstehe.«

»Bin mir nicht sicher, ob du verstehst. Jedenfalls sage ich dir nicht, wer die beiden waren, die den Wagen angezündet haben.«

»Arthur«, Dengler beugt sich vor, »es wäre wichtig, mit ihnen zu reden. Ich suche den Mann, der die Ratten hier ausgesetzt hat. Sie könnten mir Hinweise geben. Möglicherweise.«

Meißner lehnt sich zurück, zieht eine Zigarette aus der Schachtel, steckt sie mit zittriger Hand an, nimmt einen tiefen Zug und stößt langsam den Rauch aus seinen Lungen in die kalte Luft.

»Bist ein netter Kerl, Dengler. Was die Wahrheit betrifft – ich glaube dir jedes Wort. Aber ich habe mit der Wahrheit schlechte Erfahrungen gemacht, deshalb: keine Chance.«

9. Kapitel: Organisation Fuhrmann

Berlin-Wannsee, Villa Kunterbunt

Fuhrmann weiß nicht, wer auf die blöde Idee kam, die graue Villa am Wannsee »Villa Kunterbunt« zu nennen. Er findet diese Bezeichnung unangemessen. Geradezu ärgerlich. Empörend sogar. Die Villa ist das »Hauptquartier«. Das ist der richtige Name, verdammt noch mal. Klingt doch wesentlich besser. Aber er ahnt, dass »Villa Kunterbunt« nicht mehr aus den Köpfen herauszubekommen ist. In seiner Gegenwart trauen sich die Kerle nicht, diesen Namen zu verwenden. Er versteht den Witz an der Sache nicht. Wir sind hier doch nicht bei Pippi Langstrumpf. Weiß Gott nicht.

Das schwere Tor öffnet sich, als der Mercedes sich surrend nähert, dann verschwindet der gepanzerte Wagen in der Tiefgarage. Der Fahrer öffnet die hintere Tür. Fuhrmann steigt in den Fahrstuhl und fährt in den dritten Stock. Es gibt viel zu tun.

Frau Ernst bringt ihm den Früchtetee, kaum dass er hinter seinem Schreibtisch sitzt. Hagebutte. Großartig. Mit drei Zuckerstücken. Das hat sie nicht vergessen, während er in Maria Laach war. Die gute Seele! Was würde er ohne sie anfangen? Er ist froh, dass er sie vor zwölf Jahren beim Bundesamt abgeworben hat. Alle Sicherheitsüberprüfungen mit Bravour bestanden. Unverheiratet. Keine Kinder. Lebt für ihren Job. Schlecht bezahlt und trotzdem absolut zuverlässig. Und, was noch wichtiger ist – verschwiegen. Absolut verschwiegen. Wie alle im Hauptquartier.

Rückblende:
Die Geschichte der Organisation Fuhrmann

»Organisation Fuhrmann« heißt ihre Gruppe. Einziger Wermutstropfen dabei: Die Organisation ist nicht nach ihm benannt, sondern nach seinem Vater. Sein Vater war der erste Chef. Er ist sein Nachfolger, und er weiß genau, dass manche sagen, er sei *nur* der Nachfolger. Das sagen sie nicht laut und nicht offen, das weiß er genau, aber das macht die Sache für ihn umso schwieriger, weil er immer und überall dieses Misstrauen gegen seine Person spürt. Aber er passt auf.

Sein Vater war eine Legende in den 1950er- und 1960er-Jahren. Ein großer Mann. In jeder Beziehung. Hochgewachsen. Klarer Blick aus blauen Augen. Offen. Geradeaus. Früher ein schneidiger SS-Offizier in der Abteilung Fremde Heere Ost.

Nach dem Krieg war es zunächst nicht einfach für ihn. Ein paar Monate hockte er auf einem Bauernhof bei Verwandten in Niederbayern, half ihnen beim Vieh und bei der Ernte und war kreuzunglücklich. Doch dann meldeten sich Kameraden. Freunde. Männer, auf die er sich verlassen konnte. Sie holten ihn wie so viele andere nach Bonn ins Innenministerium. Zwei Jahre mussten sie sich ducken, als der friedensbewegte Heinemann Innenminister war. Doch danach begann die große Zeit des Vaters.

Zwei Drittel der leitenden Positionen im Innenministerium waren mit alten, zuverlässigen Kameraden besetzt, ehemalige Parteigenossen, denen man vertrauen konnte. Die Kameraden von der SA stellten die Mehrheit der Beamten in den unteren Diensträngen. Sein Vater hatte ihm erzählt, wie sie mithilfe des § 131 des Grundgesetzes erreicht hatten, dass sogenannte »unbelastete« Beamte mit dem Argument verdrängt wurden, sie hätten keine Verwaltungserfahrung. Bald war man wieder unter sich.

Fast wie früher, hatte der Vater einmal gesagt.

Sein Vater war ein Mann mit Überzeugungen. Unbeugsam in seiner Haltung. Er lehnte das Parlament ab. Parlamentarismus sei eine englisch-amerikanische Angelegenheit, die für die Deutschen nicht passe. Das deutsche System sei Gefolgschaft.

Er erinnerte sich, wie der Vater beim Mittagstisch oft die Geschichte des preußischen Königs Friedrich Wilhelm IV. erzählt hatte. Der Pöbel hatte sich 1848 in Deutschland erhoben und in Frankfurt ein Parlament gebildet. Nun boten sie ihm die Krone an, wenn er die Rechte des Parlaments und sogenannte Grundrechte des Pöbels achten würde.

»Der König machte das einzig Richtige. Er wählte die einzige Sprache, die die Gosse versteht. Er lehnte die Krone ab, weil an ihr ›der Ludergeruch der Revolution‹ hänge. Dann schickte er Soldaten und beendete den Aufstand.«

Von seinem Vater übernahm Karl Fuhrmann die Verachtung für Politiker. Sie säßen nur im Parlament oder in der Regierung »wegen einer unvorhersehbaren Laune eines Parteitages«. Die Arbeit würden allein sie machen, die Beamten des Ministeriums: »Wir schreiben die Gesetze, wir schreiben ihnen ihre staatsmännischen Reden und diktieren ihre Briefe.« Politiker seien anfällig für die Stimmungen des Pöbels; das mache sie schwach und gefährlich.

Sein Vater war frohen Mutes, als er 1956 in eine kleine Arbeitsgruppe berufen wurde, die eine neue Verfassung ausarbeiten sollte. Adenauer selbst hatte das Projekt genehmigt. Es sollte zunächst eine gesamtdeutsche Verfassung werden, aber falls es mit der Wiedervereinigung noch dauern würde, sollte sie auch für den Westen geeignet sein.

Wie viele Hoffnungen hatte sein Vater in diese Arbeitsgruppe gesetzt! Wie hatte er gearbeitet, diskutiert, überzeugt! Welch hervorragendes Ergebnis kam mit seiner Hilfe zustande! Karl Fuhrmann hielt das Ergebnis ihrer Arbeit auch heute noch für den Entwurf einer wirklich modernen und zeitgemäßen Verfassung.

Der Bundestag sollte entmachtet werden. In Zukunft sollten

die Abgeordneten nur dreimal im Jahr tagen, und währenddessen sollte ein Hauptausschuss aus wenigen Abgeordneten regieren. Verfassungsbeschwerden würden abgeschafft. Alles, was dem Pöbel Einfluss und Stimme geben konnte – weg damit! Grundrechte? Einschränken. Der Vater schlug vor, sie komplett zu streichen und durch »Grundpflichten« zu ersetzen. Auch seinen Vorschlag für den Namen des wiedervereinigten Deutschenland nahm die Arbeitsgruppe an. Es sollte nicht mehr »Republik« heißen, sondern »Reich«. Es sollte das vierte in der deutschen Geschichte sein. Die Kollegen im Innenministerium hielten das Papier für einen großen Entwurf.

Doch dann wurde nichts daraus. Sie fanden keine mutigen Politiker, die ihre Ideen unterstützten. Die neue Verfassung Deutschlands verschwand in den Archiven und wurde nicht wieder hervorgeholt, bis sich eine Historikerkommission über sie beugte.

Es war die größte Niederlage des Vaters. Doch, das machte den Sohn stolz, er verbitterte nicht. Seine größte Niederlage war zugleich die Geburtsstunde der Organisation Fuhrmann. Es musste etwas getan werden, um die Ideen, den Geist der neuen Verfassung in Deutschland zu verbreiten. Man traf sich. Man sprach miteinander. Gedacht wurde an einen geheimen Zusammenschluss von absolut deutsch gesinnten und zuverlässigen Kräften. Sie sollten ausschließlich aus den Sicherheitskräften kommen, dem Innenministerium, den Geheimdiensten mit Ausnahme anfänglich des BND, den sich die Amerikaner zu Diensten gemacht hatten, gewissen treuen Kräften im BKA und eventuell aus der Bundeswehr. Aus diesen Treffen entwickelte sich die Organisation bald zu dem eigentlichen Zentrum, Sprachrohr und Steuerungsgremium der deutschen Sicherheitskräfte.

Fuhrmann senior erzog seinen Sohn systematisch zu seinem Nachfolger. Jurastudium in Bonn (wie Karl Marx, sagte der Vater, wenn er ihn necken wollte), dann Laufbahn im Innenministerium. Der Junior fing als einfacher Referatsleiter im Bereich Öffentliche Sicherheit an, es folgten Verwendungen bei verschiedenen

Diensten, er stieg auf zum Abteilungsleiter und wurde schließlich Ministerialdirigent. Schließlich übergab der Vater ihm das Zepter der Organisation Fuhrmann.

Er hat die Organisation modernisiert und den neuen Zeiten angepasst. Vor allem: Er hat dafür gesorgt, dass sie handlungsfähig ist. Das Ziel ist es immer noch, Deutschland vor dem Abgleiten nach links zu bewahren. Nach dem Beitritt der DDR experimentierte man in Thüringen und Sachsen. Doch jetzt gibt es größere Ziele. Massenbewegungen auf die Beine zu stellen. Den Einfluss in der AfD-Führung zu sichern und auszubauen.

Es gibt unglaublich viel zu tun.

Und nun, ausgerechnet jetzt in dieser Phase der Expansion gibt es eine Verschwörung gegen ihn: Verräter wollen ihn loswerden! Sie wollen Harry Nopper als seinen Nachfolger aufbauen.

Doch ein Fuhrmann gibt niemals auf.

Niemals.

Er bittet Frau Ernst, ihm noch einen Früchtetee zu bringen. Als sie die Tasse auf seinem Schreibtisch abstellt und dann die Tür leise hinter sich zuzieht, schließt Fuhrmann die Augen. Jetzt hat er Zeit nachzudenken.

Nopper ist gefährlich. Er ist schlau. Gebildet sogar. Er ist ein gefährlicherer Feind, als es der eitle Meesen jemals war. Du musst dir klarmachen, sagt Fuhrmann zu sich selbst, das ist der wichtigste, aber auch gefährlichste Kampf deines mit so vielen Kämpfen erfüllten Lebens.

Ein Kampf auf Leben und Tod.

Und plötzlich verselbstständigen sich seine Gesichtszüge. Er lächelt, ohne dass er dies beabsichtigt hat.

Auf Leben und Tod, denkt er.

Und Tod, denkt er.

Tod, denkt er. Warum eigentlich nicht.

Die Gelegenheit, Nopper zu beseitigen, wird sich finden.

Erfrischt beugt er sich vor und greift zum Früchtetee.

10. Kapitel: Ermittlungen (4)

Berlin, Ernst-Reuter-Platz,
Kröger Immobilien AG

Um halb acht meldet sich Georg Dengler in der monströsen Eingangshalle der Kröger Immobilien AG am Empfang, einem großen Marmorblock, hinter dem zwei Frauen vor zahlreichen Monitoren und bunt leuchtenden Kontrolllampen sitzen. Eine der beiden, eine Frau in einem hellblauen Kostüm und mit strenger, weit vorn auf der Nase sitzender Lesebrille, mustert ihn misstrauisch. Sie legt ihre Stirn in Falten, als Dengler ihr erklärt, heute sei sein erster Arbeitstag. Sie studiert ergebnislos eine Tabelle im Computer, bis Dengler ihr erklärt, Herr Kröger persönlich habe ihn eingestellt. Sie lächelt und bittet ihn, auf der schwarzen Ledercouch zu warten. Dann telefoniert sie.

Okay, jetzt ist er Undercover-Agent. Er hat ein klares Ziel. Er wird Kröger ins Gefängnis bringen. Er wird Beweise sammeln. Er wird nachweisen, dass Kröger den Auftrag gab, die Ratten auszusetzen, von denen eine die kleine Lena verstümmelt hat. Es ist eine glückliche Fügung, dass Kröger den Fehler begangen hat, ihn zu engagieren. Wahrscheinlich wollte Kröger nicht, dass ein Privatermittler für seine rebellierenden Mieter ermittelt. Deshalb hat er ihn für sich gekauft. Wie einen zu guten Stürmer des konkurrierenden Fußballvereins. Vielleicht erwartet Kröger aber auch, dass er irgendeinen anderen findet, dem man die Sache in die Schuhe schieben kann oder dass er zumindest einen anderen Verdächtigen herbeischafft. Man wird sehen.

Kröger ist zu weit gegangen. Olga hat recht: Damit darf er nicht durchkommen.

Dengler sieht auf die Uhr. Eine Viertelstunde sitzt er jetzt schon hier. Er geht zurück an die Rezeption.

»Würden Sie Herrn Kröger bitte noch einmal ausrichten, dass ich eingetroffen bin?«

Sie sieht ihn mit einem Lächeln an, das eine Spur von genervter Ungeduld aufweist, das sie wohl für lästige Angestellte reserviert hat. Sie greift erneut zum Hörer.

Nach einigen Minuten eilt Myriam Jung mit großen Schritten auf ihn zu.

»Herr Dengler, guten Morgen! Habe ich das richtig verstanden? Sie wollen heute bei uns anfangen zu arbeiten?«

»Ihr Chef hat mich engagiert. Ich soll den Übeltäter ermitteln, der die Ratten in dem Plattenbau in Kreuzberg ausgesetzt hat.«

»Der Chef hat Sie …?« Sie verzieht ungläubig das Gesicht.

»Ja, beim Spiel am Samstag, das Hertha gegen Bayern verloren hat. Ich war in seiner Lounge im Stadion.«

»Davon weiß hier niemand etwas. Herr Kröger hat mir nichts mitgeteilt.«

Sie schüttelt den Kopf und zieht dann ein Handy hervor. »Ich rufe den Chef an. Er ist noch beim Sport. Anschließend hat er einen vollen Terminplan, unter anderem eine Besprechung mit der Bausenatorin.«

»Er fährt zur Bausenatorin? Wegen der Ratten?«

Myriam Jung nickt. »Wegen der Ratten. Besser gesagt: wegen des Medienrummels.«

Sie geht einige Schritte, zieht ihr Handy hervor und wählt. Dengler versucht mitzuhören, doch er kann nicht verstehen, was sie mit Kröger bespricht.

Dann kommt sie zu ihm zurück. »Es tut Herrn Kröger leid, aber er sagt, es sei nicht mehr nötig, dass Sie für ihn in dieser Sache ermitteln. Bei dem Treffen mit der Bausenatorin will er die Sache persönlich klären. Also ...«, sie hebt die Schultern und lässt sie wieder fallen, »vielen Dank für Ihr Interesse. Ich bringe Sie zum Ausgang.«

*

Dengler steht auf der Straße. Das war's mit dem Undercover-Agenten. Sein Kopf fühlt sich unangenehm leer an. Was soll er machen? Für diese Situation hat er keinen Plan. Er geht einige Schritte in Richtung Hotel. Dann dreht er um und geht mit schnellen Schritten zurück in die Eingangshalle.

Er sagt zu der Frau im hellblauen Kleid: »Mein Gedächtnis wird immer schlechter. Eben hat Frau Jung mir erklärt, wo ich Herrn Kröger beim Sport treffen soll. Könnten Sie sie bitte noch einmal fragen, wie ich dort hinkomme?«

Die Frau lächelt ihn an. »Dazu brauche ich nicht zu telefonieren. Montagmorgens läuft der Chef immer die Treppen im Berliner Kreisel hoch. In Steglitz.«

Dengler strahlt zurück. »Natürlich. Der Berliner Kreisel.«

Flughafen Lahr, Startbahn

Der Tag hatte schon beschissen begonnen. Sein Privatjet konnte wegen des Nebels nicht pünktlich vom Airport Lahr abfliegen. Sie mussten mehr als eine Stunde warten, bis der Tower die Starterlaubnis gab. Kröger saß in seinem Ledersitz und starrte hinaus in das Grau. Etwas Unangenehmes kroch in ihm vom Bauch in die Seele, und er kramte in seinem Hirn nach einem positiven Gedanken, der ihn aufmuntern konnte. Ihm fiel keiner ein. Er atmete dreimal tief ein, um die nötige innere Energie zu mobilisieren, und zog dann die Mundwinkel nach oben. Erstaunlich, wie anstrengend das immer wieder ist. Wenn Sie die Mundwinkel nach oben ziehen, als ob Sie lächeln würden, stellt sich die Heiterkeit des Moments von allein ein, hatte Dr. Glowalla zu ihm gesagt. Kröger saß da und sah in der Spieglung des Flugzeugfensters sein verzerrtes Gesicht. Dann zog er sein Mobiltelefon aus der Tasche und las die unverschämte SMS noch einmal.

Herr Kröger, ich erwarte Sie am Montag um 11 Uhr in meinem Büro. Das mit den Ratten war zu viel. Ellen Roller

Was denkt die blöde Fotze sich, ihn so herzuzitieren? Was erlaubt die sich, so einen Ton anzuschlagen? Nicht *Lieber Sebastian* wie sonst. Nicht *Deine Ellen* wie sonst. Er war in Ungnade gefallen. Sein Unterkiefer reckte sich vor. Seine Hände krampften sich in die Lehnen. Aber dann kam Gott sei Dank die Starterlaubnis.

Sein ganzer Tagesablauf war durch den späten Start durcheinandergeraten. Das hasste er. Noch während die Maschine irgendwo über Hessen flog, rief ihn Myriam an. Ob sie den Sport im Berliner Kreisel absagen solle. Er überlegte einen Augenblick. Wegen der Bausenatorin? Auf keinen Fall. »Verschieb die Vorstandssitzung auf den Abend«, sagte er.

Als der Jet sich bereits zum Landeanflug leicht nach vorne gesenkt hatte, rief sie noch einmal an. Ein Privatermittler sei da, sagte sie, behaupte, er sei am Samstag in der Lounge des Olympiastadions von ihm engagiert worden. Wegen dieses Ungeziefers in Kreuzberg, sagte sie.

»Wimmel ihn ab. Ich hab keinen Nerv für den Kerl heute. Ich bring die Sache nachher bei der Bausenatorin selbst in Ordnung.«

Er reckt das Kinn. So wird er es machen. Sein Kampfgeist kommt zurück. Die Schatten im Inneren und der Nebel draußen haben sich verzogen.

Krögers Montagssport ist eine schweißtreibende Angelegenheit, auf die er nicht verzichten will. Für ihn ist der Sport die ideale Vorbereitung auf die Arbeitswoche, zumal, wenn diese mit einem Krisengespräch bei der Bausenatorin startet. Er rennt jeden Montag die 643 Stufen des Turms hinauf; vom Eingang bis zum obersten Stockwerk. Sein Ehrgeiz besteht darin, die Strecke in unter fünf Minuten zu schaffen. Bisher hat es noch nicht geklappt. Aber er ist nahe dran. Am vergangenen Montag lag er bei 5:12 Minuten. Heute könnte er es schaffen. Dann wird er der Senatorin den Marsch blasen. Er reckt das Kinn. Wollen wir mal sehen, wer das Sagen hat.

Sosehr er den Montagssport liebt, wird die Aktion bei seinen Mitarbeitern nicht gleichermaßen geschätzt. Es gibt ein kleines Team, das Montagsteam, das seinen Sport vorbereitet. Frau Steiner, die stellvertretende Leiterin des Controlling, muss jeden Montagmorgen um fünf Uhr in dem kleinen Raum am Eingang, der eigentlich als Aufenthaltsraum für die Pförtner gedacht ist, die Heizung aufdrehen und Krögers kurze Sporthose, die teuren Sneaker, die Socken, das atmungsaktive Shirt und nun in der kälteren Jahreszeit den leichten Pullunder, ebenfalls aus atmungsaktivem Material und farblich abgestimmt auf das T-Shirt, auf einem Schemel bereitlegen, selbstverständlich in der Reihenfolge, in der Kröger sie anziehen wird.

Zuvor war diese Aufgabe an eine Praktikantin delegiert worden, die ihr aber nur murrend nachkam. Ständig maulte sie, dies sei für eine angehende Architektin nicht angemessen, aber alle waren froh, dass man eine Dumme gefunden hatte, die diesen Job erledigte. Aus Wut sprühte sie eines Montags Pfefferspray in den Schritt der Sporthose, was Kröger einen Wutanfall, erhebliche Schmerzen, eine versaute Woche, der Praktikantin die Kündigung und eine Klage wegen Körperverletzung und den Mitarbeitern bis heute gute Laune einbrachte, wenn sie die Geschichte hinter vorgehaltener Hand im Büro oder bei Abendessen im Freundeskreis erzählten.

Kröger wiederum erzählt die Geschichte ebenfalls häufig, aber er hat das Ganze mittlerweile mächtig aufgebauscht und stellt die Vorgänge im Kreisel als einen gefährlichen Anschlag der alternativen Szene dar, die ihn ohnehin inbrünstig hasst. Noch immer sind seine Anwälte hinter der ehemaligen Praktikantin her. Im Augenblick führen sie Beschwerde bei der Staatsanwaltschaft, weil der Fall wegen Geringfügigkeit eingestellt wurde.

Ein Mitarbeiter im Erdgeschoss zählt den Start mit einem Countdown ein – er spricht dabei in sein Handy, das den Countdown an den Kollegen überträgt, der unter dem Dach am letzten Treppenabsatz mit der Stoppuhr-App Position bezogen hat. Während des Runterzählens ab 20 vollzieht Kröger letzte Dehnübungen und spannt seinen Körper, um dann bei null mit einem lauten Schrei loszurennen. Der junge Mann oben mit der Stoppuhr-App, der für die Social-Media-Abteilung des Unternehmens eingestellt worden ist und der allein den Instagram-Auftritt der Kröger Immobilien AG verantwortet, hasst diesen extrem frühen montäglichen Job. Nach vier Wochen drückte er die Stoppuhr drei Sekunden eher, bevor der Kollege die Null erreichte, nach sechs Wochen waren es fünf Sekunden, mittlerweile drückte er schon zehn Sekunden vorher auf die Stoppuhrtaste seines iPhones. Er hatte sich vorgenommen, dass Kröger niemals die Fünf-Minuten-Grenze unterschreiten würde. Jedenfalls nicht, solange er die Zeit stoppt.

Auf den Stockwerken zwei, drei und acht haben drei weitere Angestellte Aufstellung genommen. Ihre Aufgabe besteht darin, Kröger auf Video aufzunehmen: wie er die Treppe hinaufkommt, kurz in die Kamera winkt, grinst und den nächsten Absatz hinaufläuft. Diese Videos werden noch am Vormittag geschnitten und zu einem Film zusammengefügt, den Kröger sich bereits zum Mittagessen ansehen kann.

»Superzeit, Herr Kröger«, schreit der junge Social-Media-Mann, als Kröger sich keuchend auf den letzten Treppenabsatz sinken lässt. »Sie werden immer besser.«

»Wie viel?«, fragt Kröger schwer atmend.

»Fünf Minuten und zehn Sekunden«, sagt der junge Mann und freut sich, als sich Krögers Mundwinkel nach unten ziehen.

*

Eine Assistentin hat ihm einen dicken Wollmantel um die Schulter geworfen. Als Kröger aus dem Haus kommt und zu seinem Wagen geht, tritt ihm eine Gestalt entgegen.

»Guten Morgen, Herr Kröger! Erinnern Sie sich an mich? Mein Name ist Dengler, Georg Dengler. Sie haben mich ...«

Kröger bleibt stehen und mustert ihn kalt. »Ach ja, die Ratten. Ich brauch Sie nicht mehr. Ich erledige das selbst.«

Er geht weiter. Sein Fahrer öffnet die hintere Tür. Kröger lässt sich auf den Rücksitz fallen.

»Sie wissen schon, dass Sie überwacht werden?«

Der Fahrer wirft die Tür zu. Surrend senkt sich die Fensterscheibe.

»Überwacht? Ich?«

»Wissen Sie das nicht?« Dengler beugt sich zu ihm hinunter und deutet auf die gegenüberliegende Straßenseite. Ein dunkler Passat löst sich vom Parkstreifen und fädelt sich, ohne zu blinken, in den Verkehr ein und fährt zügig davon.

»Merken Sie sich dieses Auto. Es wird bald hinter Ihnen herfahren.«

Dengler ist erstaunt, wie schnell und glaubhaft ihm diese Lüge über die Lippen kommt.

Krögers Stirn legt sich in Falten, und wieder erinnert ihn der Mann an einen ratlosen Dackel.

»Steigen Sie ein«, sagt Kröger.

Berlin, Ernst-Reuter-Platz,
Kröger Immobilien AG

»Ich musste etwas improvisieren«, sagt Myriam Jung. »Es geschieht nicht so oft, dass der Chef seine Meinung ändert. Sie können vorläufig dieses Büro hier benutzen. Der Kollege arbeitet für einige Wochen in unserer Filiale in Chicago. Hier«, sie reicht ihm ein Blatt Papier, »da stehen alle notwendigen Passwörter für den Computer, das Internet und so weiter drauf.«

»Danke. Wann ist der Termin bei der Bausenatorin?«

»Um 11:00 Uhr. Ich glaube nicht, dass er Sie dazu mitnimmt.«

»Das wird er. Ich bin jetzt für seine Sicherheit zuständig.«

Myriam Jung lächelt. »Die Bausenatorin wird ihn sicher nicht umbringen.«

»Ich muss herausfinden, in welchem Intervall er beschattet wird. Wir brauchen eine Schwachstellenanalyse. Dazu muss ich in seiner Nähe sein.«

»Schwachstellenanalyse. Hm. Ich werde mit ihm reden. Bislang werden ihn seine Tochter und Dr. Wenzel begleiten.«

»Der Justiziar?«

»Sie haben ihn bereits kennengelernt.«

Dengler setzt sich hinter seinen Schreibtisch.

»Sagen Sie, Frau Jung – wie lange arbeiten Sie schon für Herrn Kröger?«

»Achtzehn Monate.«

»Sie haben sich also ein gewisses Bild von ihm machen können.«

»Ich bin sehr nahe am Chef. Auch wenn er nicht in Berlin in der Zentrale ist. An seinen E-Mail-Verläufen sehe ich, wann er aktiv ist und wann nicht. Deshalb weiß ich, dass er arbeitet wie niemand sonst in dieser Firma. Er hat vier bis sechs Stunden Schlaf, dann arbeitet er weiter. Er macht nie Feierabend. Außer am Sonntag. Der Sonntag ist tabu. Da ist er bei seiner Familie im Schwarzwald. Aber sonst – immer arbeiten, nie ruhen.«

»Das meine ich nicht. Würde Herr Kröger den Auftrag geben, Ratten in Wohnungen auszusetzen, um die Mieter zu vertreiben? Geht er so weit?«

»Sie arbeiten jetzt für ihn.«

»Stimmt.«

Sie setzt sich auf den Stuhl vor seinem Schreibtisch. »Er erwartet, dass Sie ihn schützen.«

Sie macht eine kleine Pause. »Ich erwarte das auch.«

»Ein Kind wurde erheblich verletzt. Wenn er solche Dinge macht, kann ich mir die Zeit sparen und gleich wieder gehen.«

»Ich weiß nicht. Diese Branche ist …« Sie sieht ihn an.

»Hart?«, schlägt Dengler vor. »Brutal?«

»Auf welcher Seite stehen Sie?«

»Auf meiner eigenen und dann auf der meiner Auftraggeber.«

Ihre Mundwinkel zucken, als habe sie diese Antwort enttäuscht. Sie steht auf. »Gehen Sie mit dem Chef zur Bausenatorin.«

»Das werde ich.«

»Der Fahrer steht um 10:30 Uhr in der Tiefgarage bereit.«

Dann verlässt sie sein Büro und hinterlässt den Duft eines interessanten Parfüms.

Berlin, Württembergische Straße, Senatsverwaltung für Stadtentwicklung und Wohnen

Das Hochhaus der Senatsverwaltung für Stadtentwicklung und Wohnen, nicht gerade ein architektonisches Highlight Berlins, liegt in der Württembergischen Straße, direkt gegenüber dem Preußenpark in Wilmersdorf. Krögers Fahrer Richard Vogel chauffiert die

Mercedes-S-Klasse wie ein königlicher Kutscher ruhig und souverän durch dichten Verkehr. Drinnen gibt Kröger die Strategie für das Gespräch mit der Senatorin vor: »Ich will nie wieder so vorgeladen werden wie ein Bittsteller. Nach dem Gespräch muss ihr klar sein, dass sie sich im Ton vergriffen hat. Wir haben schließlich geholfen, diese Stadt zu verändern. Kröger Immobilien hat eine Spur durch Berlin gezogen. Ich habe 4.000 Wohnungen gebaut, 3.000 sind noch im Bau. 6.000 habe ich gekauft. Die werden modernisiert. Da setz ich doch keine Ratten rein. Das verbitte ich mir. Sie soll sich entschuldigen. Das habe ich nicht nötig, mir von so einer Linken ...«

»SPD«, wirft Dr. Wenzel ein.

»Sag ich doch«, brüllt Kröger. »Wir leisten wertvolle Arbeit. Für diese Stadt. Natürlich auch für die Aktionäre. Wenn sie sich nicht entschuldigt für diese Frechheit, gehen wir zum Regierenden Bürgermeister. Der wird sie dann schon ...«

Der Mercedes hält. »Wir sind da«, sagt Richard Vogel.

*

Wie ein Squad-Team kreuzt die Delegation der Kröger Immobilien AG die Vorhalle. Kröger, wütend, mit ausholenden Schritten, bildet die Speerspitze, links hinter ihm folgt ihm Dr. Wenzel, eine schmale schwarze Aktentasche unter dem Arm geklemmt, rechts von ihm versucht Krögers blasse Tochter Schritt zu halten. Hinter ihnen geht Georg Dengler, aufrecht und neugierig, gewissermaßen den Rückzug deckend. Im Aufzug herrscht Schweigen. Kröger mahlt mit den Backenknochen. Seine Tochter legt ihm beruhigend die Hand auf den Arm.

Als sie im Vorzimmer der Senatorin ankommen, öffnet ihnen die Sekretärin sofort die schwere Holztür.

Kröger dreht sich noch einmal um, fixiert Dengler und sagt: »Sie warten hier. Lange wird es nicht dauern.« Dann rauscht er ins

Büro der Senatorin, strahlt übers ganze Gesicht und öffnet weit die Arme. »Ah, eine neue Frisur. Steht Ihnen hervorragend ...«

Die Tür schließt sich, und Dengler steht unschlüssig im Vorzimmer.

»Nehmen Sie doch Platz«, sagt die Sekretärin. »Das dauert nicht lange. Die Senatorin muss etwas Dampf ablassen.«

»Da ist sie nicht die Einzige«, sagt Dengler.

In diesem Augenblick klingelt sein Telefon.

Berlin-Kleinmachnow, Tierklinik

Olga sitzt im Wartezimmer der Kleintierklinik, die die Freie Universität in Kleinmachnow unterhält.

Dr. Nea Schweizer hat die Ratte, die Olga in einem Müllbeutel durch Berlin geschleppt hat, auf einen metallenen Seziertisch gelegt. Sie hat dem toten Tier Blut und Gewebe entnommen, beides unter dem Mikroskop betrachtet. Nun sieht sie Olga an.

»Das ist eine Wanderratte. Eine ganz normale Wanderratte. Es gibt in Berlin Millionen davon, doch wir sehen sie nur sehr selten. Sie sind scheu. Sehr schlau. Diese Tiere haben einen ausgeprägten Fluchtreflex. Es ist ausgeschlossen, dass sie Menschen angreifen. Ein Baby, sagten Sie?«

Sie fährt sich mit einem Kugelschreiber durch die Haare und kratzt sich damit hinterm Ohr.

»Diese Ratte hat keine Krankheit. Ich habe keine Leptospiren gefunden. Sie hat keine Tollwut. Wenn das Baby sich bewegt oder sogar geschrien hat, müsste das Tier geflohen sein.«

»Die Mutter fand eine Ratte auf dem Bettchen des brüllenden Babys sitzen. Mit blutverschmiertem Maul. Wahrscheinlich gehörte diese Ratte hier zu dem gleichen ... wie sagt man? Rudel?«

Dr. Schweizer nickt.

Olga fragt: »Sie haben keine Erklärung für die Aggressivität der Ratte? Kann es sein, dass jemand der Ratte vorher etwas gegeben hat, das sie so aggressiv gemacht hat? Etwas im Futter? Eine Spritze?«

Dr. Schweizer sieht Olga nachdenklich an. »Wir werden sicherheitshalber den Kadaver zu einem spezialisierten Institut schicken. Aber ich bin sicher, das Ergebnis wird das gleiche sein.«

»Bitte rufen Sie mich gleich an«, sagt Olga. »Ich schreibe Ihnen meine Telefonnummer auf.«

Vor der Tierklinik ruft Olga Dengler an. »Du hattest recht. Ratten sind scheu. Sie greifen keine Menschen an. Doch diese eine hat es getan. Aber niemand weiß, warum. Etwas stimmt nicht. Ich glaube, wir müssen noch einmal sehr ernsthaft mit Matthias reden.«

»Oder mit Silke«, antwortet Dengler.

»Red keinen Unsinn. Ihre Geschichte stimmt. Warum war dieses Tier so ungewöhnlich aggressiv? Das müssen wir herausfinden.«

»Herr Dengler«, ruft die Sekretärin. »Sie sollen bitte ins Büro der Senatorin kommen.«

11. Kapitel: Rückblende Michael Bertram

Stuttgart, Halbhöhenlage

Ein Schauspieler werde ich sicher nicht, sagte Michael Bertram manchmal zu sich selbst, als er mit fünfzehn vor dem Spiegel stand. Ich bin ein wenig zu dick. Das war – er wusste es genau – etwas schmeichlerisch formuliert. Realistisch gesehen war er feist.

Er hätte gerne Locken gehabt. Zumindest eine; eine schwarze Locke, die ihm kühn in die Stirn gefallen wäre. Das wäre eine gute Sache gewesen. Aber da waren nur die traurig in die Stirn hängenden braun-blond-irgendwasfarbigen Haare, die zweifellos zügig grau werden würden – wie die des Vaters.

Er hätte sich außerdem ein nachdenkliches und schmal geschnittenes Gesicht gewünscht. Doch was zeigte der unerbittliche Spiegel? Pausbacken. Fette, hängende rote Pausbacken.

Hamsterbacke, wie ihn die Mädchen in der Schule riefen.

Er hasste sie.

Sie waren gefährlich. Wenn er einer von ihnen eine reinhauen wollte, dann schrien sie im Chor:»Der Michael haut Mädchen. Der Michael haut Mädchen.« Die anderen Jungs lachten dann.

Und er konnte nur flüchten.

Einmal passte er eine von ihnen auf dem Nachhauseweg ab und verdrosch sie. Natürlich petzte sie, und es gab einen Riesenärger mit dem Vater. Er musste an einem warmen Samstagnachmittag zu ihrer Wohnung gehen, klingeln, die Eltern höflich fragen, ob ihre Tochter zu Hause sei, und sich dann in ihrem Beisein entschuldigen. Seine Stimme war leise und heiser, und er schwor Rache. Immerhin fiel ihm das Lernen nicht schwer. Die Mutter lernte gern mit ihm, und der Vater nahm ihn oft mit in die Kanzlei. Die Sekretärinnen freuten sich, wenn er zu ihnen kam, und stopften ihn mit Süßigkeiten voll. Herrlich – ein Kind, das immer essen kann, sagte eine.

Sein Vater meldete ihn bei der Jungen Union an. Anfangs war er mit großem Engagement dabei, klebte Plakate mit dem Foto von Erwin Teufel und verteilte Werbeprospekte in unzählige Hausbrief-kästen, doch er merkte schnell, dass etwas nicht stimmte. Selbst bei dieser Truppe, in deren innerer Hierarchie sich jeder und jede nahezu automatisch nach dem Einkommen der Eltern einsortierte, hielten die Mädchen Abstand zu ihm – selbst die Tussis, deren Väter bloß Lehrer waren oder irgendwelche kleinen Ingenieure beim Daimler. Wenn er eine von ihnen mal berührte, quietschte sie auf, drehte sich weg, schob seine Hand beiseite, und eine von ihnen schlug ihm ins Gesicht, obwohl ihre Eltern nur in einer Miet-wohnung im Heusteigviertel lebten. Die Empörung über diese Schmach ließ ihn die ganze Nacht wach liegen und Rachepläne schmieden. Irgendetwas lief falsch, aber selbst stundenlanges Grü-beln half nicht zu begreifen, was es war.

So war er froh, als er endlich das Abitur bestanden hatte. Selbst-verständlich erhielt er auf der Abschlussfeier eine Belobigung. Die Rektorin hatte ein Buch eines gewissen Hans Jonas für ihn aus-gesucht. Im Titel stand irgendetwas mit »Verantwortung« und »Ethik«. Ein Sachbuch offenbar, das er ins Regal stellte und vergaß.

Erst plante er mit zwei Freunden, ein Jahr nach Neuseeland zu gehen, um ein halbes Jahr auf einer Schaffarm zu arbeiten und im zweiten Halbjahr durchs Land zu reisen. Aber der Vater bestand darauf, dass er sich sofort in Tübingen für Jura einschrieb. So wie er selbst es auch gemacht hatte. Wirtschaftsrecht, sagte sein Vater. Wirtschaftsrecht wird dich weit bringen. Er musste es wissen. Das Studium fiel ihm deutlich schwerer als die Schule. Er musste seine Zeit nun selbst einteilen – diese Freiheit kannte er nicht und fühlte sich nicht wohl damit. Er hatte in der Tübinger Altstadt bei einer mit den Eltern befreundeten Familie ein Zimmer bezogen, nahe dem Neckar und dem Hölderlinturm, doch er kam morgens kaum aus dem Bett, schlief bis in den Mittag, wenn er vorlesungsfrei hatte, und er spürte, dass sein Unglück nicht verschwand, sondern nur andere Formen annahm. Dies änderte sich erst, als er mit seinem Tübinger Kommilitonen Janos nach Genf ging, um dort für zwei Auslandssemester internationales Wirtschaftsrecht zu studieren.

Zunächst fühlte er sich einsam in dieser lebensprallen Stadt, mit dem Seeufer, dem Jazzfestival in Montreux, den fantastischen Skigebieten und den vielen Bars und Lokalen. In Janos, der aus Linz stammte, fand er einen Freund, mit dem er gerne ausging, und mit dem er lange im *La Clemence* soff und der ihm ein gutes Gefühl gab, weil er ähnlich feist war wie er, allerdings viel lustiger und lebendiger.

»Guck dir mal die Weiber an«, sagte Janos eines Abends, als sie wieder einmal eine ordentliche Rechnung im *La Clemence* vorbereiteten, und deutete auf eine Gruppe von jungen Frauen, die drei Tische weiter saßen, sich offenbar gut unterhielten und gerade laut lachten.

»Welche soll ich heute Nacht ficken?«, fragte Janos.

Michael lächelte gequält. Diese super aussehenden und absolut selbstbewusst wirkenden Frauen lagen weit außerhalb ihrer Reichweite. Unerreichbar weit. Das stand fest.

»Mach schon!«, drängte Janos. »Zeig auf irgendeine, und ich bumse sie heute Nacht.«

Er fand es komisch, aber auch peinlich, dass Janos so hartnäckig war.

»Ich wette mit dir um hundert Euro«, sagte Janos.

»Die verlierst du – so sicher wie das Amen in der Kirche.«

»Dann schlag ein.«

Er hielt ihm seine fette Pranke hin, und Michael schlug ein. Michael deutete auf eine lebhafte Brünette, die offenbar so eine Art Anführerin war.

»Okay. Gute Wahl«, sagte Janos, stand auf und schlenderte an den Nachbartisch.

Er stellte sich neben die Brünette und sagte irgendetwas, was Michael nicht verstand. Die Blicke der Frauen konnte er jedoch sofort deuten. Sie sahen Janos irritiert an und fühlten sich offenbar gestört. Wie gut Michael das kannte. Doch Janos ließ sich davon nicht stören. Er zog einen Stuhl heran und setzte sich neben die Brünette und redete auf sie ein. Es dauerte nicht lange, da machten sie ihm mit wütenden Gesichtern klar, dass sie sich gerne weiter unterhalten wollten – ohne ihn. Er sah, wie Janos aufstand, lächelnd mit der Schulter zuckte und an Michaels Tisch zurückkam.

»Kannst mir die hundert Euro gleich geben«, sagte er.

»Warte es einfach ab«, sagte Janos und bestellte noch zwei Gläser Wein. »Das erste Ziel ist erreicht. Sie denken jetzt, ich habe gerade meinen Abschluss als Arzt gemacht.«

Bertram zuckte mit den Schultern und hob das Glas.

Eine Viertelstunde später gab es Unruhe am Nebentisch. Die Brünette hatte einen Arm und den Kopf auf den Tisch gelegt. Manchmal hob sie den Kopf und sah mit starrem Blick in die Runde. Die anderen Frauen redeten auf sie ein. Sie versuchten sie aufzurichten, doch dabei rutschte sie fast vom Stuhl.

»Die Stunde des Mörders«, sagte Janos und stand auf.

★

Am anderen Morgen rief ihn sein Freund Janos an.

»Mein Herr«, sagte er mit übertrieben österreichischem Akzent. »Sie schulden mir hundert Euro.«

Bertram lachte. »Du hast sie ins Krankenhaus gefahren. Darum haben wir nicht gewettet.«

»Ich hab sie nicht ins Krankenhaus gefahren. Ich musste erst ihre blöde Freundinnen loswerden, dann hab ich sie in ihre Wohnung gebracht und bis zum frühen Morgen gebumst. Komm ins *Viverra*, und ich zeige dir Fotos von ihrem hinreißenden Körper und ein Beweisvideo.«

»Aber die ist doch komplett bewusstlos«, sagte Bertram, als er das Video gesehen hatte.

»Stimmt, aber wir haben nicht gewettet, dass sie freiwillig mitmacht.«

»Da hast du recht«, sagte Bertram und zog seinen Geldbeutel. »Wie hast du das gemacht?«

»K.-o.-Tropfen. Gib mir zweihundert, und ich erkläre dir, wie's funktioniert.«

Seither hatte Bertram vierzehn Frauen gehabt. Erst in Genf, dann in Tübingen oder Stuttgart. Keine davon war bei Bewusstsein gewesen.

*

Er genoss es.

Das Beste war, wenn sie morgens aufwachten.

Er war dann schon wach und lauerte.

Manche reckten sich, andere stöhnten, weil die Tropfen enorme Kopfschmerzen verursachten. Sie erinnerten sich an nichts mehr.

Geil war, wie sie im Chaos seines Zimmers umherblickten und keine Ahnung hatten, wo sie waren. Manche rissen die Augen auf, wenn sie merkten, dass sie nackt waren, andere wollten es nicht glauben und fuhren sich kontrollierend mit der flachen Hand zwischen Beine oder über die Brüste.

Die meisten wurden dann hektisch.

Panisch.

Es war herrlich.

Dann sahen sie ihn.

Die meisten erinnerten sich nicht an ihn.

An den netten Kerl, der ihnen einen Drink spendiert hatte, der mit dem Mai Tai zu ihnen an die Tanzfläche gekommen war und mit dem sie ein paar belanglose Sätze gewechselt hatten. Sie erinnerten sich nicht mehr an den harmlosen Typen, von dem sie den Drink angenommen hatten, weil sie gecheckt hatten, dass sie ihn mit einem einfachen »Danke« schneller wieder loswerden würden.

Doch ihn wurde man nicht wieder los. Er hatte sie beobachtet. Er wusste, dass sie ohne Freundin oder Freund unterwegs waren. Er bekam mit der Zeit einen guten Blick für seine Opfer.

Keine erinnerte sich, wie er sie gestützt hatte, als ihr schlecht wurde, wie liebevoll er sie zu seinem Wagen gebracht und ihr beim Einsteigen geholfen hatte. Sie erinnerten sich nicht mehr, wie er vor seinem Haus gehalten und ihr die Tür aufgehalten hatte.

Jetzt, am Morgen, nackt und zerschunden, gepeinigt von rasendem Kopfweh, sahen sie ihn mit zugekniffenen Augen an und versuchten zu verstehen, was passiert war.

Eine sagte: »Wer bist denn du?«, doch die meisten fragten sich, wo sie waren. Oder: »Was ist passiert?«

Er lächelte sie immer mit aller Freundlichkeit an, zu der er in der Lage war, und sagte: »Guten Morgen, Schatz, du bist ja eine Granate im Bett.«

Oder, nach dem er eine gewisse Routine erworben hatte: »Hey, du bist die geilste Schlampe, die ich jemals gebumst habe.«

Der köstlichste Augenblick war, wenn sie verstanden und irgendetwas in ihnen zerbrach. Sie rafften ihre Sachen zusammen und flohen. Sie würden ihn nicht vergessen. Das wusste er. Ihr ganzes Leben nicht.

Einmal kotzte eine in sein Bett. Nun ja, Kollateralschaden.

Zwei gingen zur Polizei.

*

Sein Vater haute ihn vor Gericht raus. Nach sechs Stunden kann man Gott sei Dank die Tropfen nicht mehr nachweisen. Und er achtete darauf, dass sie nicht vorzeitig seine Wohnung verließen. »Was wollen Sie? Mein Sohn hatte einvernehmlichen sexuellen Kontakt mit dieser Dame. Offensichtlich tat es ihr hinterher leid. Meinem Sohn übrigens auch.« Und so weiter.

Viele Tränen im Zeugenstand.

Unangenehme Sache.

Aussage gegen Aussage.

Kein Beweis.

Also Freispruch.

Dann sah er Ania.

★

Sie war ein Schmetterling, der unbekümmert von einer Blüte zur anderen flatterte, der eindeutige Mittelpunkt einer Gruppe von jungen Leuten, die im Außenbereich des Italieners an der Charlottenstraße saßen, aßen, tranken und laut, gut gelaunt und bisschen trunken durcheinanderredeten, viel lachten und immer wieder die Gläser hoben. Sie schwirrte von einem zur anderen, sie sprach mit jedem am Tisch, sie zog die Augenbrauen hoch, wenn sie etwas zu interessieren schien, lachte mit dem ganzen Gesicht und so laut, dass er sie deutlich aus der Gruppe heraushören konnte. Die Augen aller anderen, egal ob Männer und Frauen, folgten ihr. »Sagen Sie mir ein freundlich Wort, und Sie sollen sehen, wie ich verwandelt bin« – dieser vom Vater oft zitierte Satz aus einem Brief Hölderlins an Schiller fiel ihm ein, als er ihr zusah, wie sie an dem Tisch bald dem einen, bald der anderen ein paar Worte, einen Blick, ein Lachen oder eine kurze Berührung schenkte. Sie verzauberte alle.

Auch ihn.

Er registrierte, wie sein Atem schneller und flacher wurde. Er hatte sich auf den ersten Blick in sie verliebt. Jedenfalls war ihm sofort klar: Diese Frau würde einen besonderen Platz in seinem Leben einnehmen. Er ahnte damals nicht, wie recht er mit dieser Annahme haben sollte.

Und da kroch er in ihm hervor, der Wunsch, diese Frau zu besitzen. Seine Hand schob sich in die Jackentasche – er fühlte das beruhigende Glas des kleinen Fläschchens.

*

Er folgte ihr.

Sie wohnte mit ihrem Freund im Stuttgarter Westen.

Sie wurde seine Obsession.

Er schnappte ihren Vornamen auf: Ania.

Er taumelte wie besessen durch Stuttgart und stammelte diesen wunderbaren Namen: Ania, Ania, Ania, Ania. Er stellte sie sich nackt und bewusstlos vor und wurde scharf wie noch nie in seinem Leben.

Er sollte abnehmen. Vielleicht würde er ihr dann sogar gefallen. Er begann zu joggen. Tatsächlich, ihm gelang es, eine Runde um die Bärenseen zu laufen. Er musste ab und zu stehen bleiben, aber immerhin, in einer Stunde war er um die drei Seen gerannt.

Das alles geschah, als er schon an seiner Doktorarbeit schrieb. Er fragte sich damals manchmal, ob alles mit ihm okay sei. Er hatte immer nur Sex mit bewusstlosen Frauen gehabt, und es gefiel ihm so. Lag es daran, dass er nichts anderes kannte? Er spielte sogar mit dem Gedanken, sich in therapeutische Behandlung zu begeben. Aber, so überlegte er, das war vielleicht übertrieben. Schließlich war er doch nicht der Einzige, der mit K.-o.-Tropfen operierte. In den Clubs sprach es sich langsam herum, und manche Mädels wachten argwöhnisch über ihre Drinks. Natürlich nicht alle, Gott sei Dank.

Trotzdem: In ihm war manchmal so eine komische Sehnsucht. Eine Sehnsucht nach irgendetwas anderem. Er konnte es gedanklich schlecht fassen. War mit ihm etwas nicht in Ordnung? Lief etwas falsch? Doch was sollte das sein? Er hatte sein Studium mit erstklassigen Zensuren hinter sich gebracht, und es gab keinen Zweifel daran, dass er auch das zweite Staatsexamen mit Bravour bestehen würde. Es war klar, dass er in die Kanzlei seines Vaters eintreten würde. Es war klar, dass er eine überschaubare Zeit lang hart arbeiten und dann Partner werden würde. Rotarier. Ein Ehrenamt im Förderverein der Oper, hatte Papa schon vorgeschlagen. Nicht dumm, da saßen zwei Prüfer drin. Alles war klar. Alles war gut.

Und trotzdem ...

War das normal, dass er die Frauen bewusstlos machte?

Und dass er solche Freude empfand, wenn sie kaputtgingen? Eine solche wahrhaftige, tief empfundene Freude, die sich mit nichts vergleichen ließ?

Doch die Phasen, in denen er in eine abgrundtiefe Traurigkeit versank, wiederholten sich in immer kürzeren Abständen.

Was war falsch an ihm?

Sollte er beim psychologischen Dienst der Uni vorbeigehen?

Vielleicht wäre es gut, mit irgendjemanden zu reden.

*

Es war an einem sonnigen Frühlingstag, als er erschöpft, aber zufrieden in einem leichten Trabtempo um den letzten der drei Bärenseen rannte. Zum ersten Mal war es ihm gelungen, die gesamte Strecke zu joggen, ohne ein einziges Mal stehen zu bleiben, als ihn ein heftig platschendes Geräusch im Wasser dann doch anhielt. Direkt vor ihm, unmittelbar am Ufer, drehte sich ein fetter Barsch mehrmals schnell um die eigene Achse, direkt an der Wasseroberfläche. Bertram konnte die silbern blitzende Unterseite des Fisches sehen, der dicht am Ufer entlangschwamm und sich dann mit dem Kopf an einem in den See ragenden Ast kratzte, davon abließ und sich erneut direkt am Ufer schnell mehrmals um die eigene Achse drehte.

Bertram ging in die Knie und beobachtete das seltsame Verhalten des Fisches. War er verrückt geworden? Der Barsch schien außer sich, war komplett durchgeknallt. Bertram hätte ihn mit der bloßen Hand aus dem Wasser ziehen können.

Jetzt schwamm der Fisch einige Meter in den See hinaus. Dann drehte er um, schwamm in Richtung Ufer zurück, rammte den Kopf erneut gegen den Ast und drehte sich wieder mehrmals um die eigene Achse.

Jetzt erst sah Bertram die fette Kröte, die auf dem Kopf des Barsches saß und sich an ihm festklammerte.

Nie wird Bertram vergessen, was er in diesem Augenblick fühlte.

Alles in ihm jubelte.

Es war erhebend.

Er hatte davon gehört, aber mit eigenen Augen hatte er es noch nie gesehen. Wenn die Krötenmännchen im Frühjahr in ihre angestammten Teiche zurückkehrten, waren sie so geil, dass sie auf alles sprangen, was ihnen gerade über den Weg lief beziehungsweise schwamm, wenn sie kein Krötenweibchen fanden. Manchmal eben auch auf Fische. Sie krallten sich an deren Kopf und Augen, bis die Fische blind und blutig waren.

Kein Zweifel, auf wessen Seite er stand. In ihm jubelte es. Kröte, mach weiter, rief er. Lass dich nicht abwerfen. Bring ihn um.

Er stand äußerlich ruhig am Ufer, aber in ihm tobte ein begeisterter Sturm. Er verstand dieses Krötenmännchen so gut.

Er war genauso.

Geil. Rücksichtslos. Brutal.

So war es in der Natur.

So war seine Natur.

Plötzlich war ihm alles klar.

Nichts war falsch an ihm.

Er konnte alle Zweifel abstreifen.

Die letzten Skrupel ablegen.

Er konnte hart sein.

Brutal.

Rücksichtslos.

Ganz Michael Bertram sein.

Sein Vater hatte ihn dazu erzogen, niemals zu sagen, was er wirklich dachte. Er sollte auf die Gefühle anderer Leute achten, höflich sein, respektvoll, zurückhaltend, vor allem gegenüber älteren und höhergestellten Leuten. Das Jurastudium hatte diese Einstellung verstärkt.

Nun lachte er. Lauthals. Glücklich. Er tanzte neben dem See. Andere Jogger winkten und lachten zurück.

Er war nun einmal so, wie er war.

Er hatte seine wahre Natur gefunden.

Wie diese verfickte Kröte.

Weg mit dem schlechten Gewissen!

Er würde immer so sein.

Und es war gut.

In schnellem Tempo joggte er zurück zum Auto.

Ania, dachte er, jetzt bist du fällig.

Überfällig.

*

Die erste Gelegenheit bot sich überraschend zwei Monate später. *Taj Mahal* spielten im Sudhaus, und Bertram ging mit Janos zu dem Konzert. Sie waren spät dran, weil Janos wie immer ewig mit seinen Gesichtscremes und Tinkturen brauchte. Doch bereits als er den Saal betrat, wusste er: Sie ist da. Er sah sich um und tatsächlich: Da waren ihre langen blonden Haare, die sich im Takt zu dem rauen Blues bewegten.

Bertrams Puls beschleunigte sich.

»Komm mit«, sagte er zu Janos und zwängte sich durch die Menge.

Als er den letzten störenden Konzertbesucher beiseiteschob, wandte sie sich um.

Doch sie schaute nicht zu ihm.

Sie küsste einen jungen Mann.

Bertram erkannte ihn. Ihr Freund! Sie war mit ihrem Freund da. Eine Welle des Hasses stieg in ihm auf und machte ihn für einen Augenblick so schwindelig, dass er befürchtete, das Bewusstsein zu verlieren. Er hielt sich kurz an Janos fest, atmete tief durch und ging hinaus an die frische Luft.

In der Pause entdeckte er Anias Freund in der Schlange vor der Bar. Bertram stellte sich hinter ihn. Als der Freund mit zwei Bechern Bier in der Hand sich umdrehte, stieß Bertram ihn an: Bier schwappte über die Hose des anderen. Bertram entschuldigte sich wortreich, bot ihm eines seiner frisch gebügelten Taschentücher an und hielt so lange die beiden Becher. Als der Kerl sich bückte und mit dem Taschentuch über seine Jeans fuhr, ließ Bertram einige K.-o.-Tropfen in einen der Becher fallen.

Er wartete.

Es war der falsche Becher gewesen.

Bertram beobachtete, wie der junge Mann nach einer halben Stunde zur Toilette taumelte. Danach führte ihn Ania an der Schulter stützend zu einem VW Golf. Bertram, ganz Gentleman, bot seine Hilfe an. Auch Janos half. Zu dritt zwängten sie ihren bereits halb bewusstlosen Freund auf den Beifahrersitz, Janos gurtete ihn an und Bertram nutzte die Gelegenheit und stellte sich ihr vor. Sie nickte, nahm ihn kaum wahr und fuhr davon.

Der nächste Versuch klappte.

★

Doch sie versaute es von Anfang an.

Ania wurde das größte Fiasko seines Lebens.

Als sie wach wurde, war es schon hell. Sie presste die Augenlider zusammen, weil das helle Tageslicht wohl in ihren Augen schmerzte. Sie blinzelte ihn an.

»Wer bist denn du?«

»Sag nicht, du weißt nicht mehr, mit wem du es heute Nacht stundenlang ...«

»Hä?« Sie schüttelte langsam den Kopf und sah ihn dann mit geöffneten Augen an. »Mit so einem wie dir würde ich nie ins Bett gehen.«

Wohl weil sie einen Schmerz fühlte, führte sie die rechte Hand unter die Bettdecke, zog sie wieder hervor und betrachtete das Blut darauf.

Bertram sah ihr beim Nachdenken zu.

Er wusste, was die Weiber dachten, wenn sie zu sich kamen. Mein Gott, was hab ich gemacht? Hab ich mich so besoffen, dass ich nichts mehr weiß, was ich getan habe?

Sie hatten Schuldgefühle.

Wie konnte ich nur?

Das dachten sie. Und dann machten sie, dass sie davonkamen.

Es war köstlich.

So wertvoll.

Diese Sekunden, in denen irgendetwas in ihnen zerbrach, lohnten den ganzen Aufwand zuvor.

Doch Ania sagte: »Du Arsch hast mir was in den Wein gekippt.«

Sie stand auf, nackt, aufrecht, selbstbewusst, und starrte ihn hasserfüllt an. »Das wirst du bedauern, das verspreche ich dir!«

Sie raffte ihre Kleider auf und verschwand.

Das war misslungen. Wütend stand er auf.

Drei Stunden später durchwühlte eine Horde Bullen seine Wohnung. Sie suchten seine Zaubertropfen. Sie rissen Schubladen auf, kippten das Besteck auf den Boden, zogen die Matratze vom Bett, rissen die Bezüge vom Kopfkissen.

Hausdurchsuchung.

Die blöde Kuh war schnurstracks ins Krankenhaus gefahren. Dort alarmierten sie die Polizei. Als sie bei ihm klingelten, war er immerhin noch so geistesgegenwärtig gewesen und hatte das Fläschchen im Regal mit den juristischen Büchern versteckt; direkt hinter dem Bürgerlichen Gesetzbuch. Sie fanden es nicht. Gott sei Dank.

Der Prozess war eine unvorstellbare Tortur. Es war schrecklich, wie Ania sich im Zeugenstand umdrehte und mit dem ausgestreckten Finger auf ihn wies. »Das ist ein perverser Sadist«, rief sie, und die Leute von der Lokalpresse schrieben alles mit.

Sein Vater verteidigte ihn. Er hatte diesmal ein ganzes Team von erfahrenen Strafverteidigern zusammengestellt.

Freispruch.

Natürlich.

Die Wundertropfen konnten im Krankenhaus nicht mehr nachgewiesen werden. Immerhin. Ania musste genäht werden. Es waren keine schönen Fotos, die in nicht öffentlicher Sitzung im Gericht gezeigt wurden. Doch er war auch ein bisschen stolz.

Das alles hatte er gemacht.

Das Schlimme war, dass sie sich mit seinem Freispruch nicht abfand. Ania setzte einen Aufruf in die Welt, in dem sie nach anderen Frauen fahndete, die von ihm »missbraucht« worden waren.

Es war ein Albtraum. Zwei weitere Strafverfahren mussten mit großem Aufwand niedergeschlagen werden.

»Ich habe dir bis jetzt geholfen«, sagte sein Vater und hob die Hände. »Du musst dich nicht bedanken. Du bist mein Sohn. Aber jetzt schaden deine Eskapaden mir. Du gefährdest meinen Ruf.«

Bertram senkte den Kopf. »Papa, es tut mir leid. Aber ... das war nicht absehbar. Ich ... ich weiß auch nicht, was ich ...«

»Ich weiß es. Du verlässt die Stadt. Sobald du deine Promotion abgeschlossen hast, arbeitest du. Ich besorge dir einen Job. Danach kannst du nicht mehr auf mich zählen.«

Schweigen.

»Hast du mich verstanden?«

Bertram nickte.

Seine Wut auf Ania war überschäumend.

*

Als Bertram Monate später seine Habseligkeiten zusammenpackte und dabei den dicken Einband des Bürgerlichen Gesetzbuches des C. H. Beck Verlages aus dem Regal zog, rollte ihm die dunkle Flasche mit den K.-o.-Tropfen entgegen. Shit, hatte er tatsächlich vergessen, dass er die hier versteckt hatte! Er legte das Buch langsam in den großen Umzugskarton, hielt die Flasche gegen das Licht der Nachmittagssonne und schüttelte sie. Unvermittelt überfiel ihn Wehmut.

Mein Gott, was er damit alles angestellt hatte.

Plötzlich war sie wieder da, die Lust, in einen Club zu gehen, lässig an der Bar zu lehnen, den Mädels auf der Tanzfläche zuzusehen, wie sie ihre Körper streckten und sich wanden, sie abzuchecken, ein Opfer auszuwählen, sich neben sie zu stellen, eine Bemerkung zu machen, den ablehnenden Blick zu registrieren oder eine blöde Antwort zu kassieren, dabei geheimnisvoll zu lächeln, weil er im Gegensatz zu dem blöden Loch wusste, wie die Jagd enden würde.

Er schüttelte den Kopf. Schluss. Vorbei. Das war ein anderes Leben gewesen. Jetzt kam ein neues. Die Zeit der K.-o.-Tropfen war vorüber. Die Jugend war vorbei. Ab jetzt konnte er sich keine Gerichtsverhandlungen wegen Vergewaltigung mehr leisten; Freispruch hin oder her. Er seufzte und ging hinüber ins Bad, schraubte den Verschluss der Flasche auf und sah zu, wie die Flüssigkeit Tropfen für Tropfen ins Waschbecken platschte. Als er zum Wasserhahn griff, musste er richtig viel Kraft aufwenden, ihn aufzudrehen, alles sträubte sich in ihm. Wütend wurde er, als die klare Flüssigkeit weggeschwemmt wurde wie ein Teil seines Lebens.

Was für eine Verschwendung, dachte er und warf die leere Flasche in den Mülleimer.

★

Die Vertragsabteilung der Deutsche Eigentum AG, deren Chef er in Berlin wurde, entpuppte sich als die traurigste und vor allem langweiligste Veranstaltung, die er sich vorstellen konnte. Die Enttäuschung war riesengroß. Ein Schock. Praxisschock, so nannte man das vermutlich. Wenn das seine berufliche Zukunft sein sollte, konnte er sich gleich die Kugel geben. Er verwaltete Mietverträge. Keine spannenden Verträge, die große Projekte betrafen, keine sich hinziehenden Verhandlungen mit fantastischen Stundenhonoraren, sondern standardisierte Massenmietverträge. Zehntausende. Leute zogen aus. Andere konnten nicht mehr zahlen. Alte Mietverträge wurden gekündigt, neue abgeschlossen. Alle waren nur gültig, wenn er sie unterschrieb. Routine. In den ersten Tagen gefiel ihm das. Jeden Nachmittag schleppte Frau Klausmann mehrere prall gefüllte, fette Postmappen in sein Büro und dann unterschrieb er Mietverträge. Schwungvoll in den ersten Wochen mit zwei tollen Kurven, die das ›B‹ seines Nachnamens richtig sexy machten.

Nach drei Wochen wurde das Unterschreiben langweilig. Nach vier Wochen ließ er seinen Vornamen weg. Nach fünf Wochen dachte er an Kündigung. Nach sechs Wochen war seine Unterschrift ein unleserliches Gekritzel.

Nach sieben Wochen erkannte er seine Chance.

★

Sieben Wochen! Er konnte es nicht fassen. Er hatte sieben Wochen gebraucht, bis er begriff, dass Dr. Deister, der Vorstandschef, der die Abteilungsleiterkonferenz jeden Dienstagmorgen leitete, keinen Plan hatte. Er redete und redete, aber er hatte absolut keine Ahnung. Die Deutsche Eigentum verlor Geld. Jeden Monat. Jeden Tag. Sehr viel Geld. Sie konnte aus den Mieteinnahmen den Kaufpreis der Immobilien nicht einspielen.

Deister versteckte seine Ahnungslosigkeit gut. Er war Banker. Ein erfahrener Banker, das schon, zwanzig Jahre Management-Erfahrung bei der Deutschlandbank in unterschiedlichen Shareholder-Strukturen, einschließlich des Private-Equity- und des börsennotierten Sektors. So oder so ähnlich stand es in seinem Lebenslauf. Ein Zahlenfuchs, wie er im Buche steht. Aber er hatte offenbar keine Ahnung, wie er die Deutsche Eigentum in die Gewinnzone bringen konnte.

Deshalb war Bertrams Überlegung tollkühn und einfach zugleich. Eine Idee, so tollkühn, wie er selbst nun mal war, und so einfach, wie geniale Gedanken nun mal sind. Er musste nur einen Weg finden, wie die Deutsche Eigentum Geld verdienen konnte. Den gordischen Knoten zerschlagen. Das war seine Chance. Als Gegenleistung würde er einen Sitz im Vorstand verlangen. Man darf nicht zu klein denken. Er malte sich das alles genau aus, wenn er spätabends in sein Apartment kam, er malte es sich aus, wenn er frühmorgens durch den Tiergarten joggte.

Dumm war nur, dass er noch viel weniger vom Immobiliengeschäft verstand als Deister.

Er lieh sich in der Bibliothek ein paar Fachbücher aus, nahm sie mit nach Hause, und wenn er abends mit einem Whiskey auf seiner neuen Couch saß, blätterte er lustlos darin und wusste bald, dass er die Antwort in ihnen nicht finden würde.

Der Berliner Senat hatte in der »Arm, aber sexy«-Phase unter dem damaligen Oberbürgermeister Wowereit (»Sparen, bis es quietscht«) nicht nur riesige Wohnungsbestände verkauft, sondern gleich komplette städtische Wohnungsbaugesellschaften. Nach dem Beitritt der DDR hatte Berlin elf Wohnimmobiliengesellschaften aus dem Osten zu den sieben hinzubekommen, die im Westen bestanden. Der Trick bestand dann darin, dass die verschiedenen Gesellschaften sich untereinander kauften und den Erlös dem Senat zur Verfügung stellten, während die kommunalen Gesellschaften durch die Kaufpreise plötzlich riesige Schuldenberge auftürmten.

Schon damals, so munkelt man, hatte Deister seine Hand im Spiel.

Er war der Mastermind hinter dem großen Plan.

Sein größtes Schurkenstück, das musste der Neid ihm lassen, war die Privatisierung der GSW, der Gemeinnützigen Siedlungs- und Wohnungsbaugesellschaft. Der damalige rot-rote Senat beschloss im Mai 2004 den Verkauf von 65 700 Wohnungen und Gewerbeeinheiten für die lächerliche Summe von 405 Millionen Euro an einen Hedgefonds, ein Konsortium der Investmentbank Goldman Sachs und der Investmentgesellschaft Cerberus.

Viele Kanzleien arbeiteten an den Verträgen, auch Bertrams Vater war beteiligt. Ohne ihn und seine Kontakte aus dieser Zeit hätte Bertram den Job bei Deutsche Eigentum nie bekommen. Sein Vater war stolz, dass er seinen Sohn dort untergebracht hatte. Schließlich sah Bertram senior in den Verträgen zwischen dem Berliner Senat und dem Konsortium auch so etwas wie sein persönliches Meisterstück. Es wurde vereinbart, dass der Vertrag geheim blieb und die neuen Eigentümer freie Hand hatten.

Sie wollten ohnehin nichts anderes, als die vielen Wohnungen, die sie zum Schnäppchenpreis gekauft hatten, mit einem Millionenaufschlag so schnell wie möglich wieder zu veräußern.

Die Deutschlandbank kaufte, fügte ihren Bestand an Wohnungen in Hessen und Rheinland-Pfalz hinzu und gründete eine Aktiengesellschaft, brachte sie gewinnbringend an die Börse – voilà, die Deutsche Eigentum AG war da.

Deister hatte Geschick bei den komplizierten Verhandlungen bewiesen. Dank ihm war auch der Börsengang für die Deutschlandbank hervorragend gelaufen. Es war selbstverständlich, dass er Vorstandschef wurde. Doch nun stand er vor der Aufgabe, aus diesem Wohnungsbestand möglichst viel Geld herauszupressen.

Doch er wusste nicht, wie.

Die Verträge garantierten den Mietern Bestandsschutz. Außerdem lebten in den Wohnungen am Kottbusser Tor und in anderen Vierteln keine vermögenden Leute. Viele von ihnen bezogen Hartz IV. Das Amt überwies die Miete. Das war ein Vorteil, weil es keine Zahlungsausfälle gab. Das Geld kam pünktlich, aber man konnte die Mieten nicht in die Höhe treiben.

Deister überlegte, aber er fand keine Lösung.

Bertram fand sie.

Er nannte sein Konzept »NoInvest«. Es wurde der erste Teil seines späteren Vier-Säulen-Geschäftsmodells, das ihm den Vorstandsjob einbrachte und mit dem er letztlich auch Deister in die Wüste schickte.

Er erinnert sich genau, wie er seine Idee erstmals dem Vorstand vortrug.

»Wenn wir die Erträge nicht steigern, müssen wir die Kosten senken.« So hatte er seinen Vortrag begonnen.

»Wie originell«, sagte Jürgen Armbruster, der im Vorstand den lächerlichen Titel *Chief Development Officer* trug und für die Bereiche *Property Development & Technical Maintenance* verantwortlich war. Jahrgangsbester beim Studium an der Deutschen Immobilien-Akademie in Freiburg und im Vorstand der Alumni-Vereinigung der Einrichtung.

Er hob demonstrativ die Hand vor den Mund und tat so, als gähne er.

Bertram lächelte und beschloss, ihn von nun an nur noch Jürgen Armleuchter zu nennen. Der Erste auf seiner Liste von den Leuten, die er feuern würde, wenn er die Macht dazu hatte.

»Vielen Dank für den Hinweis, Jürgen«, sagte er. »Mein Vorschlag ist: Wir stellen ab sofort jede – und ich meine wirklich jede – Zahlung im Bereich Unterhalt und Service ein. Keinen Cent mehr in Ihren Bereich, Jürgen. Und schon schreiben wir schwarze Zahlen.«

Jürgen Armleuchter stützte sich mit den Händen auf den Armlehnen seines Sessels auf, als wolle er aufstehen.

»Sie sollten besser weiterhin Ihre Mietverträge unterschreiben und sich nicht um Dinge kümmern, von denen Sie offensichtlich nicht die geringste Ahnung haben. Zum Beispiel die Existenz von fast tausend Hausmeistern«, sagte er, als er in das fragende Gesicht von Bertram sah.

Er stand auf und blickte Deister an. »Entschuldige, ich muss einige dringende E-Mails …«

»Fantastisch«, sagte Bertram und lehnte sich zurück. »Wir feuern sie alle.«

»Großer Gott«, sagte Jürgen Armleuchter und ging zur Tür. »Wer schraubt im Treppenhaus eine neue Glühbirne ein?«

»Keine Ahnung«, sagte Bertram. »Wir nicht.«

»Sorry, das ist mir echt zu blöd hier.«

Armleuchter öffnete die Tür.

»Setzen Sie sich wieder«, sagte Deister und sah Bertram lächelnd an. »Wie nennen Sie Ihr Programm?«

»Keinen Cent mehr für Instandhaltung. NoInvest.«

Bertrams Idee führte zur Kündigung der Hausmeister und der Einrichtung von sogenannten »Service Points«. Bertrams Vorgabe war, dass jeder Mitarbeiter für mindestens 1.200 Wohnungen zuständig war. Die Gewinne explodierten.

*

Natürlich hatte er hoch gepokert.

Tollkühn war er schon gewesen.

Es war ein ähnliches Gefühl gewesen wie damals, als er den Weibern die Tropfen in den Drink kippte.

Hohes Risiko. Alles auf eine Karte gesetzt. Und gewonnen.

Er hatte Deister den Strohhalm geliefert, den dieser brauchte, um seinen Job zu behalten.

Die Personalabteilung löste nach und nach die Verträge mit den Hausmeistern auf. Die Mieter bekamen eine Telefonnummer, bei der sie sich melden sollten, wenn sie irgendetwas brauchten. Bertram sorgte dafür, dass diese Nummer ständig besetzt oder nur selten erreichbar war.

»Wir werden schlechte Presse bekommen«, warnte er Deister.

»Das halten wir aus. Das bin ich als Banker gewöhnt«, antwortete dieser und klopfte ihm auf die Schulter. »Hauptsache, die Zahlen stimmen.«

Das Tolle war, dass die Leute Sturm laufen und sich beschweren konnten, so viel sie wollten. Es interessierte niemanden. Sie konnten nicht einmal mit Mietminderung drohen. Das Jobcenter überwies die Miete. Und die Leute vom Jobcenter befassten sich nicht mit defekten Aufzügen, undichten Fenstern oder ausgefallenen Reinigungsdiensten.

Die Presseberichte wurden erwartungsgemäß rauer. Der Gipfel war eine Reportage im *Berliner Morgenspiegel* über eine Rentnerin, die drei Monate in ihrer Wohnung gefangen saß, weil der Aufzug nicht repariert wurde und sie die vielen Treppen nicht bewältigen konnte. Bertram las den Artikel begierig. Die Nachbarn kauften für die alte Dame ein, besorgten sogar die Rezepte vom Hausarzt.

Na bitte, dachte Bertram, geht doch.

In einer Reportage des ZDF wurden vom Schimmel befallene Wohnungen gezeigt. In einigen Häusern im Osten leckten die Dächer. Es gab Berichte über defekte Klingelanlagen, ausgefallene Heizungen, Ratten im Flur. »Hat die Verwahrlosung System?«, fragte der *Berliner Morgenspiegel* in einem Kommentar. Bertram streckte sich genüsslich bei der Lektüre solcher Artikel. Die Miete kam vom Amt. Pünktlich am Monatsanfang. Die Zahlen wurden immer besser.

Deister bot ihm Armleuchters Platz im Vorstand an. Und das kollegiale »Du«.

Der Aktienkurs stieg. Und die Deutschlandbank verkaufte ein großes Aktienpaket an Blackhill.

Alle waren glücklich.

Er war ein Genie.

Er war angesehen. Die *FAZ* druckte ein großes Porträt von ihm.

Hin und wieder redete er als Experte im Fernsehen.

Es wurde Zeit, zu neuen Ufern aufzubrechen.

Das Vier-Säulen-Geschäftsmodell

Der nächste Schritt bestand darin, das komplette Geschäftsmodell der Deutschen Eigentum neu zu konzipieren.

Warum nicht?

Schließlich war er ein Genie. Dass dies zutraf, dachte Bertram öfter. Er lachte manchmal still in sich hinein, wenn er diesen Gedanken in seinem Kopf putzte und polierte wie ein Juwel. Ich bin ein Genie. *A very stable genius*, so wie der US-amerikanische Präsident es von sich behauptet hatte.

So weit gehe ich nicht, auf keinen Fall werde ich es laut sagen. Der Unterschied zwischen Trump und mir ist, dass ich wirklich ein Genie bin. Gemeinsam ist uns, dass wir beide ziemlich tollkühn sind. Wir sind beide der Meinung, dass wir alles besser können als andere, obwohl wir oft keine Ahnung haben, wovon wir gerade reden.

Nur – bei mir klappt's.

So schwer war das Immobiliengeschäft nicht zu verstehen.

Wie in jedem Geschäft kam es darauf an, dass das eingesetzte Kapital möglichst hoch verzinst wurde. So weit, so gut.

Für die nächste Stufe seines Geschäftsmodells war jedoch eine andere Entwicklung entscheidend. Zwar waren nach der Finanzkrise die Mieten alles in allem erfreulich gestiegen. Von 2008 bis 2018 stiegen sie in Deutschland um 15 Prozent, überdurchschnittlich in Berlin um 32 Prozent und in Hamburg um 23 Prozent. Doch das waren nicht die Zahlen, die ihn elektrisierten. Viel wichtiger war, dass die Mietpreise bei Neuvermietung deutlich stärker stiegen. Bei Neuvermietungen kletterten die Mietpreise in den fünf größten deutschen Städten um durchschnittlich 50 Prozent, in Hamburg 49 Prozent, in Köln 30 Prozent, in Frankfurt 42 Prozent, in Stuttgart 38 Prozent, in München 61 Prozent – und in Berlin um sagenhafte 104 Prozent.

Bertram beugte sich über diese Zahlen, und in seinem Kopf formte sich ein doppelter Plan. Auf der Lücke zwischen den Mieten von bestehenden Verträgen und Neuvermietungen würde er seine neue Strategie aufbauen.

Sie würde sehr viel Geld in die Kassen der Deutschen Eigentum spülen.

Und ihm würde diese geniale Idee helfen, Deister zu schlachten.

Er würde Vorstandschef werden.

Und dann?

Dann würde er Susan Miller bei Blackhill killen.

Und dann …

Dann würde er weitersehen.

Nach oben gab es keine Grenzen.

Nicht für ihn.

Aber zunächst musste er sein Konzept ausarbeiten, und er musste Susan Miller dafür gewinnen.

Die Zahlen sprachen eine vollkommen klare Sprache. In Berlin konnte man bei Neuvermietung bestehender Wohnungen den Mietpreis um 70 Prozent erhöhen.

70 Prozent!

Bertram schnalzte mit der Zunge.

Er arbeitete wie ein Tier, wühlte sich durch Statistiken und Gesetze. Er stellte Michaela Nassos ein, die ihm half, die Präsentation für den Vorstand zu entwerfen, und endlich war es so weit. An dem Abend, als Bertram die neue Strategie fertig ausgearbeitet hatte, gönnte er sich eine seiner feinsten Zigarren und eine Lady vom teuersten Escortservice.

Er stellte sein Konzept im kleinen Kreis vor. Nur Susan Miller, Deister, Michaela Nassos und er. Sie saßen im kleinen Besprechungsraum des Vorstandes. Deister legte seine Hände auf den Bauch und wartete. Susan Miller hatte den Kopf erhoben, ihr Kugelschreiber tickte in gleichmäßigem Rhythmus auf die Tischplatte. Das machte ihn nervös. Wenn das hier schiefging, darüber machte er sich keine Illusionen, würde Deister ihn feuern. Wahrscheinlich hatte er bereits begriffen, dass es hier auch um seinen Job ging. Bertram stand auf und ging zur Projektionswand. Er gab Nassos ein Zeichen, und die erste Folie erschien auf der Leinwand.

Dr. Michael Betram, Deutsche Eigentum AG Vorstand

Das Vier-Säulen-Geschäftsmodell

Eine Erläuterung unserer neuen strategischen Ausrichutng

»Ich schlage vor, den Konzern streng auf die folgenden vier Geschäftsfelder auszurichten«, sagte Bertram und nickte Michaela Nassos zu, die die nächste Folie aufrief.

Unsere vier
Geschäftsfelder

• NoInvest
• Neuvermietungsgewinn
• Kaufen und Verkaufen
• Abriss und Neubau

Dr. Michael Betram, Deutsche Eigentum AG Vorstand

»Diese vier Geschäftsfelder werden der Deutschen Eigentum AG enorme Gewinne sichern, wenn das Konzept unverzüglich und exakt umgesetzt wird«, erklärte er.

»Die Geschäftssäule NoInvest ist bereits weitgehend umgesetzt«, sagte er. »Sie hat bewiesen, dass die Deutsche Eigentum AG in der Lage ist, auch aus Wohnungsbeständen mit Mietern mit geringem Einkommen deutliche Gewinne zu erzielen.«

Michaela Nassos drückte auf die Leertaste ihres Laptops, und die nächste Folie erschien.

Geschäftsfeld 1
NoInvest:

• Wohnungsbestände mit Mietern mit niedrigen Einkommen
• Miete kommt von der Sozialbehörde
• Sofortiger Stopp JEDER Kosten.

Dr. Michael Betram, Deutsche Eigentum AG Vorstand

»Die große Zukunft unseres Unternehmens besteht jedoch darin, Gewinne durch Neuvermietungen unseres Wohnungsbestandes zu erzielen«, sagte Bertram und nickte Nassos zu.

Geschäftsfeld 2
Neuvermietungsgewinn

Berlin: Neuvermietungen ermöglichen den höchsten Gewinn

70 % Mietsteigerung bei Neuvermietung

Nur 32 % Mietsteigerungen bei bestehenden Mietverträgen

Dr. Michael Betram, Deutsche Eigentum AG Vorstand

»Dieses Geschäftsfeld bietet uns die größten Gewinnerwartungen. Wir wollen unseren gesamten Wohnungsbestand so schnell wie möglich und so oft wie möglich neu vermieten, bis sich diese lukrative Lücke zwischen den bestehenden Mietverträgen und den höheren Mieten bei Neuvermietung geschlossen hat. Da jedoch nach der Finanzkrise immer neue wohnungssuchende Personen, vor allem aus Ost- und Südeuropa, nach Berlin strömen, werden Neumieten auf absehbare Zeit weiter steigen. Davon wollen wir profitieren. Es muss dazu ein ständiger Prozess organisiert werden, bei dem eine Wohnung wieder und wieder zu neuer, erhöhter Miete an neue Mieter vergeben wird. Wir brauchen ein Managementsystem, das uns automatisch die Wohnungen vorschlägt, deren Mieten sich unterhalb des Neuvermietungsniveaus befinden.«

»Wie wollen Sie das erreichen? Den bestehenden Mietern wird dieser Plan nicht gefallen«, sagte Deister.

»Bestehende Mieter müssen deutlich höhere Mieten bezahlen – oder ausziehen.«

»Das bringt viel Unruhe in die Stadt«, sagte Susan Miller.

»Man kann das neue Konzept nicht mit einem Schlag durchsetzen«, gab Bertram zu, »das wird unnötig schlechte Presse provozieren und größere Unruhe bringen, als für unsere Pläne gut ist. Doch wenn man die Wohnung innerhalb kurzer Zeit zwei- oder dreimal vermietet, werden traumhafte Renditen erzielt. Es gibt eine Lösung für dieses Dilemma.« Er nickte Michaela Nassos zu.

Modernisierung – der
Schlüssel zu
Neuvermietungsgewinnen

• Um bestehende Wohnungen zu entmieten, verwenden wir die Strategie „Modernisierung".

• Modernisierungen werden grundsätzlich vom Mieter bezahlt; wir können legal die Kosten der Modernisierung auf die Mieter übertragen.

• Wir treiben die Modernisierungsumlage so hoch, dass die bestehenden Mieter „freiwillig" kündigen.

• Dann können wir mit erhöhten Mieten neu vermieten.

Dr. Michael Betram, Deutsche Eigentum AG Vorstand

»Wie Sie wissen, werden im Unterschied zu Instandsetzungsmaßnahmen, bei denen die vorhandene Ausstattung nur repariert oder ersetzt wird, bei Modernisierung der Wohnungen die entstehenden Kosten auf die Miete aufgeschlagen – und zwar bis zu acht Prozent im Jahr. Diese Modernisierungsumlage wird also dauerhaft auf die Nettokaltmiete aufgeschlagen. Der Mieter muss dem zustimmen – er kann nicht ablehnen. Diese Modernisierungsumlage ist unser entscheidender Hebel.

Glauben Sie mir: Es ist ein bombensicherer Plan. Der Mieter bezahlt die Modernisierung aus eigener Tasche. Nach 12,5 Jahren ist sie abgezahlt, und selbstverständlich wird die Miete dann nicht mehr gesenkt.«

Er rechnete Susan Miller und Deister vor: Wenn die Deutsche

Eigentum eine neue Heizung für 7.800 Euro in eine 65 Quadratmeter große Wohnung einbaut, kann die Miete um 624 Euro erhöht werden. Das entspricht einer Mieterhöhung von 52 Euro pro Monat.

»Vielleicht«, erklärte er, »oder sogar wahrscheinlich, kann der Mieter diese Mieterhöhung bezahlen. Doch wenn wir nicht nur die Heizung erneuern, sondern auch die Bäder sanieren, die Fenster austauschen oder gar einen neuen Aufzug einbauen, die Klingelanlage auswechseln oder etwas richtig Teures mit dem Dach veranstalten, dann werden die Mieter die Modernisierungsumlage nicht tragen können, obwohl sie vom Gesetz dazu verpflichtet sind.« Er lachte. »Sie ziehen aus. Wir vermieten die Wohnung dann zu dem marktüblichen höheren Preis.«

»70 Prozent Unterschied«, sagte Deister leise, fast andächtig.

»Wir fahren zwei scheinbar entgegengesetzte Strategien«, erläuterte Bertram. Seine Stimme vibrierte vor lauter Begeisterung über sich selbst. »Dort, wo wir nicht auf eine weitere Vermietung hoffen können, lassen wir die Wohnungen ... nun ja ...«

»... verrotten«, schlug Susan Miller mit ihrer unschlagbaren Offenheit vor.

Deister nickte wie in Trance.

»Alle anderen modernisieren wir, was das Zeug hält. Es geht nicht darum, ob etwas Neues wirklich nötig ist, sondern darum, dass wir an neue Mieter kommen, die bereit sind, einen deutlich höheren Mietpreis zu bezahlen.«

»Wir graben Berlin um«, sagte Deister.

»Schluss mit dieser Kiezseligkeit«, sagte Bertram und sah Susan Miller zu, die eifrig auf dem Taschenrechner ihres Mobiltelefons tippte.

»Dieses laute, ungewaschene Berlin«, sagte Deister mit seinem leichten hessischen Akzent. »Wir schmeißen es raus.«

»Kaufen und Verkaufen« war die nächste Säule. Weil die Preise für Neuvermietungen unaufhörlich stiegen, stieg auch der Verkaufswert der Häuser. Man brauchte eigentlich nichts zu tun: Der Wert der Wohnungen, die der Senat ihnen, na ja, fast geschenkt hatte, stieg und stieg, und ohne etwas zu tun, stieg auch der Wert der Deutschen Eigentum.

Man musste Wohnungen nicht einmal vermieten. Man konnte sie leer stehen lassen, dann stieg ihr Wert noch schneller. Potenzielle Käufer bevorzugten unvermietete Wohnungen. Sie mussten dann nicht selbst den Mietern kündigen und zahlungsfähigere Neumieter suchen.

Die vierte Säule schließlich hieß »Abriss und Neubau«.

Bertram kam zum Schluss seines Vortrags. »Bei allen vier Säulen unseres Geschäftsmodells stoßen wir immer auf das gleiche Hindernis: die bestehenden Mieter. Es gilt daher, ein besonderes Augenmerk auf die Entmietungspolitik unseres Hauses zu werfen. Meine Abteilung hat den Standardmietvertrag unseres Konzerns überarbeitet. Wir haben beim Abschluss eines Mietvertrages bereits einkalkuliert, dass wir die Mieter nach einer bestimmten Zeit und bei entsprechender Marktentwicklung wieder loswerden wollen, um die Wohnung lukrativer neu vermieten zu können. Deshalb haben wir in dem neuen Formular die Pflichten des Mieters sehr weit ausgedehnt. Wir haben zum Beispiel festgelegt, dass der Mieter viermal am Tag zu lüften hat, jedoch nicht länger als für fünf oder zehn Minuten. Lüftung durch gekippte Fenster haben wir untersagt. Wir haben in die Verträge hineingeschrieben, dass Türen zwischen beheizten und unbeheizten Zimmern immer geschlossen bleiben müssen. Vorhänge und Stores dürfen nicht mehr in die Zimmerecken gehängt werden. Und so weiter und so fort. Einen Verstoß des Mieters gegen seine Pflichten können wir nun sehr leicht nachweisen. Unter uns gesagt: Es wird unseren künftigen Mietern kaum möglich sein, alle ihre neuen Verpflichtungen im Auge zu behalten. Daher wird es für uns sehr viel leichter möglich

sein, Kündigungen auszusprechen und vor den Gerichten durchzusetzen. Der neue Standardmietvertrag« – er hielt ein Bündel Papier
hoch – »umfasst nun 36 Seiten Kleingedrucktes. Doch um Unruhe
und schlechte Presse zu vermeiden, schlage ich vor, diesen sensib-
len Teil unseres Geschäftes an externe Dienstleister auszulagern.
Es gibt ein spezialisiertes Unternehmen, das ...«

12. Kapitel: Ermittlungen (5)

Berlin, Württembergische Straße, Senatsverwaltung für Stadtentwicklung und Wohnen

Dengler beendet das Gespräch mit Olga und folgt der Sekretärin ins Büro. Am Besprechungstisch sitzt auf der linken Seite die Bausenatorin, eine Frau Mitte fünfzig, kräftige Statur, volles Gesicht, wache Augen, braune Haare mit einem schmalen grauen Ansatz. Sie hat sich in ihrem Sessel zurückgelehnt, einen Arm locker auf der Lehne ihres Stuhles. Neben ihr ein jüngerer Mann, ihr Referent vermutlich, an dem alles grau ist – der Anzug, die Krawatte, die Haare, die Gesichtsfarbe. Er blättert geschäftig in einer Akte. Erstaunlich ist die Veränderung, die Kröger durchlaufen hat. Ein dünner Schweißfilm liegt auf seiner Nase und den Wangen, außerdem hat sich eine seiner streng nach hinten gegelten Haarsträhnen befreit und fällt ihm in die Stirn. Seine Tochter sitzt mit gesenktem Kopf neben ihm, die Haare verdecken fast ihr Gesicht, doch Dengler sieht, wie sie sich auf die Unterlippe beißt. Nur der Justiziar scheint nicht unter Stress zu stehen. Wie die Senatorin hat er sich zurückgelehnt und beobachtet die Szene, als ginge sie ihn nichts an.

Kröger springt auf, als Dengler den Raum betritt.

»Das ist der Mann, den wir engagiert haben. Natürlich einer der Besten. Er hat in der Sicherheitsbranche einen Ruf wie Donnerhall. Setzen Sie sich, setzen Sie sich, lieber Herr ...«

»Dengler, Georg Dengler. Privatermittler aus Stuttgart.«

Der Mund der Bausenatorin verzieht sich zu einem spöttischen Lächeln.

»Herr Dengler«, sagt sie. »Ich bin froh, dass Sie hier sind. Herr Kröger hat uns eben erzählt, dass er Sie engagiert hat, um zu beweisen, dass er nicht schuld ist an der dramatischen Sache mit dem Kleinkind aus Kreuzberg.«

Sie deutet auf den Sessel neben sich, und Dengler setzt sich.

»Ich werde den Täter und den Verantwortlichen finden«, sagt er.

»Das ist gut«, sagt die Senatorin. »Meinen Segen haben Sie. Und Sie«, sie wendet sich schroff an Kröger, »von Ihnen erwarte ich, dass Sie sich der Diskussion mit den aufgebrachten Mietern an der Sankt-Michael-Kirche stellen.«

»Das bringt doch nichts, die suchen einen Schuldigen. Da können wir nichts gewinnen«, stößt Krögers Tochter hervor und reckt dabei den Kopf.

»Ich fürchte mich nicht vor diesen Leuten«, sagt Kröger. »Ich werde mit ihnen reden.«

Seine Tochter schickt ihm vergiftete Blicke.

»Dann sind wir uns ja einig«, sagt die Senatorin und steht auf. »Also verkacken Sie es nicht.«

Berlin, im Mercedes

»Du wirst dich nicht vor diesen Pöbel stellen«, sagt Krögers Tochter, als sie wieder hinter den schwarz getönten Scheiben des Mercedes verschwunden sind.

»Doch, Charlotte, genau das werde ich tun«, sagt Kröger und reckt das Kinn. »Ich werde das regeln. Ich sorge dafür, dass wir die gegenwärtigen Probleme umwandeln in eine Offensive für die Kröger Immobilien AG. Ich habe nämlich das Recht, in dieser Stadt

Häuser zu bauen und Häuser zu vermieten. Dieses Recht werde ich mir von niemandem ...«

»Du bist zu impulsiv, Papa. Du wirst dich um Kopf und Kragen reden.«

»Ich mach das schon. Man muss an sich glauben, Charlotte. Das ist das Wichtigste. Wenn du an dich selbst glaubst, dann öffnen sich alle Wege. Rechts und links – alle Hindernisse auf deinem Weg verschwinden. So habe ich das mein ganzes Leben lang gemacht. Ohne diesen Glauben hätten wir heute nicht dieses Unternehmen – die Kröger Immobilien AG. Ohne den Glauben ...«

»Die Leute sind wütend, Papa. Sie müssen aus der Wohnung ziehen, in der sie sehr, sehr lange gelebt haben, weil sie die höhere Miete nicht bezahlen können, die wir von ihnen verlangen. Sie werden irgendwohin ins Umland ziehen müssen und endlos lange Fahrzeiten zur Arbeit haben. Die sind nicht gut auf dich zu sprechen, glaub mir.«

»Die einfachste Lösung wäre, die Mieterhöhungen rückgängig zu machen«, sagte Dengler vom Rücksitz aus.

Kröger dreht sich zu ihm um und sieht ihn an, als habe Dengler einen Dachschaden.

»Erklär du es ihm, Charlotte«, sagt er.

»Wir können nicht«, sagt sie. »Wir müssen den Kaufpreis wieder reinholen. Die Häuser haben in den letzten Jahren sechsmal den Besitzer gewechselt. Bei jedem Verkauf stieg der Preis erheblich. Das ist nicht weiter schlimm, wenn wir neue Verträge mit neuen, höheren Mieten abschließen. Neue Verträge bedeuten aber auch neue Mieter. Da gibt es am Anfang immer etwas Unruhe. Aber so schlimm wie diesmal war es noch nie.«

Kröger sagt: »Jetzt sammeln sie überall Unterschriften, dass ich enteignet werden soll.« Er reckt das Kinn vor. »Aber das werden sie nicht schaffen. Sie bringen die Unterschriften für ein Volksbegehren nicht zusammen.«

»Da bin ich mir nicht so sicher«, sagt Charlotte Kröger.

Sie wendet sich an Dengler. »Die Bausenatorin hat uns ziemlich klar gesagt: Wenn die Mieterinitiativen Erfolg mit ihrem Volksbegehren haben, muss die Regierung einen Mietendeckel verhängen, um den Leuten den Wind aus den Segeln zu nehmen.«

»Einen Mietendeckel«, brüllt Kröger. »Wir leben in einer Marktwirtschaft. Was denkt die blöde F...?«

»Papa«, sagt Charlotte scharf.

Kröger brummelt etwas vor sich hin. Dengler glaubt »Angebot und Nachfrage« zu verstehen.

»Durch diese Rattensache ist die Stimmung gerade etwas hochgepuscht«, sagt Charlotte Kröger. »Deshalb hängt im Augenblick sehr viel an Ihnen, Herr Dengler. Wir müssen Ruhe in die Sache bringen. Dringend.«

»Dringend?«

»Ein Mietendeckel würde uns zwingen, die Häuser wieder zu verkaufen. Vielleicht sogar zu einem niedrigeren Preis als dem, zu dem wir sie gekauft haben. Wir würden eine Menge Geld verlieren.«

Aber Silke und Lena, Arthur und alle anderen würden in ihren Wohnungen bleiben können, denkt Dengler.

»Ich rede mit den Leuten«, sagt Kröger plötzlich laut.

»Das wirst du nicht.«

»Doch.«

»Wir sind da«, sagt der Fahrer und hält vor dem Hauptportal der Firma.

Kröger stößt wütend die Wagentür auf und stürmt zum Eingang. Seine Tochter blickt Dengler an und zuckt mit den Achseln, als wolle sie sagen: Sorry für die Starrköpfigkeit meines Vaters.

Plötzlich reißt Kröger die Wagentür wieder auf. »Ist uns wieder jemand gefolgt?«, schreit er Dengler an. »Dieser Passat?«

»Ich fürchte – ja.«

Kröger knallt die Tür zu.

Mit einem Seufzer drückt seine Tochter die Tür des schweren Mercedes auf und folgt ihm.

*

Berlin, Kröger Immobilien AG, Denglers Büro

Sein neues Büro ist nichts als ein schmaler Schlauch. Vor dem Fenster steht ein Schreibtisch aus grauem Kunststoff, der ihn an sein früheres Zimmer im Bundeskriminalamt erinnert. Ein Bildschirm, ein Telefon, eine Tastatur, eine Maus auf einem roten Plastikpad und ein Blatt Papier mit einigen Passwörtern – mehr liegt nicht auf der Schreibfläche. An den Wänden hängen drei gerahmte Fotografien von Häusern, vermutlich Projekte von Kröger; eines davon ist der hässliche Berliner Kreisel. Der Stuhl ist ebenfalls grau. Nun gut, denkt Dengler, ich werde ohnehin nicht oft in diesem Zimmer sein. Er setzt sich auf den Stuhl, legt die Arme auf die Lehnen und denkt nach.

Was sagt sein Gefühl? Traut er Kröger die Geschichte mit den Ratten zu? Ja. Er ist in der Bauwirtschaft tätig. Das ist ohnehin eine mehr oder weniger kriminelle Branche. Oder ist das ein Vorurteil? Was weiß er über deren Geschäftsmodelle? Zu wenig, beschließt er. Dengler zieht sein schwarzes Notizbuch aus der Tasche und schreibt auf eine leere Seite:

Wie funktioniert Krögers Geschäft?

Doch die entscheidende Frage hat er umgangen. Ist Kröger so niederträchtig, bissige Ratten in einem Wohnhaus auszusetzen? Der Hinweis, dass die ganze Branche kriminell ist, nützt wenig. Also schreibt er:

Was für einen Charakter hat Kröger? Was treibt ihn an?

Dann gibt es noch eine Spur. Er weiß, wie der Typ aussieht, der die Ratten angeschleppt hat. Dengler schließt die Augen und ruft sich noch einmal Arthurs Aussage ins Gedächtnis. In seinem Kopf entsteht das Bild eines Anabolikajunkies: muskelbepackte Oberarme, Kopf ohne Ansatz auf den extrabreiten Schultern, reichlich Tattoos. Doch wieso kann sich so ein Typ einen Ferrari leisten? Jemand, der einen solch schmutzigen Job macht, bekommt dafür eher kleines Geld.

Wo treffen sich in Berlin Typen wie der Rattenausträger?
Fällt so ein Typ in einem Ferrari auf?

Der Vorderreifen des Sportwagens hat gebrannt. Vermutlich ist das Blech beschädigt, ganz sicher aber der Lack.

Welche Ferrari-Werkstatt hat Lackschäden über dem linken Vorderrad behoben?

Diese Frage müsste am leichtesten zu klären sein. Ein paar Stunden Telefonarbeit, wenn er noch Polizist wäre. Doch als Privatschnüffler müsste er alle Werkstätten abfahren, persönlich mit den Leuten reden, sich ein bisschen umschauen, schnüffeln eben. Er drückt den Startknopf des Computers und fährt den Rechner hoch, gibt das Passwort *kroeger2020* ein und das Kennwort *dengler01*, das Myriam Jung aufgeschrieben hat. Er startet den Browser und gibt *Ferrari Berlin Werkstatt* ein. Google meldet: 551 000 Einträge. Verärgert schließt er den Browser wieder.

Also muss er eine andere Frage zuerst bearbeiten. Wo treffen sich Typen wie der Anabolikajunkie? Er überlegt, wen er fragen kann, und wählt dann die Nummer von Hauptkommissar Weber im Landeskriminalamt Berlin. Es entsteht eine kurze, verblüffte Pause, als Dengler seinen Namen nennt. Weber und er haben bei seinem letzten großen Fall zusammengearbeitet. Jeder von ihnen dachte, er habe im anderen einen neuen guten Freund gefunden, sie versprachen sich und glaubten daran, den Kontakt nicht abreißen zu lassen, aber es geschah, wie es im Polizeiberuf und vielleicht auch im Leben normaler Menschen eben passiert: Alle Vorsätze nutzten nichts; sie hatten seit dem Fall nur zweimal miteinander telefoniert. Ihre Verbindung war tot. Deshalb versteht Dengler die kurze Pause gut, die Weber einlegt. Für einen Augenblick spürt er bei Weber das Gleiche, was auch er in diesem Augenblick empfindet, einen Anflug von Selbstbefragung und schlechtem Gewissen.

Doch nach wenigen Sätzen finden sie zurück in den vertrauten Modus, der ihre Zusammenarbeit damals ausgezeichnet hat. Dengler erzählt ihm, dass er an dem Fall der ausgesetzten Ratten in Kreuzberg arbeite und einen bestimmten Typen suche. Vielleicht könne er ihm helfen. Dann beschreibt er den Typ, der vermutlich die Ratten ausgesetzt hat: Bodybuildingfigur, ca. 1,80 groß, kurze schwarze Haare, schwarze Lederjacke; kurzum: Schlägertyp.

»Davon gibt es in Berlin mehrere Tausend. Wenn deine Zeugen drei Wochen Zeit haben, zeige ich ihnen ein paar Fotoalben«, sagt Weber.

»Das Auffälligste ist sein Wagen. Er fährt einen schwarzen Ferrari 488 GTB. Mir ist nicht klar, wie dieser Anabolikajunkie sich so einen Wagen leisten kann. Für den Transportjob bekommt er sicher nicht viel Geld.«

»Es gibt eine Szene, die passen könnte. Die mieten sich häufig einen Supersportwagen für ein, zwei Tage, vielleicht sogar eine Woche, und fahren dann irgendwo vor, um blondierten Tussis aus Russland zu imponieren.«

»Wo ist irgendwo?«

»Schau mal in Charlottenburg. In der Knesebeckstraße. Café *Espresso*. Da treffen sich so Typen, wie du sie beschreibst.«

»Ich danke dir.«

»Halt mich auf dem Laufenden. Das mit den Ratten ist übel. Das mit den Mieten auch. Viele Kollegen können die wahnsinnigen Mietsteigerungen nicht mehr bezahlen. Ich wohne längst außerhalb des S-Bahn-Rings. Innendrin kriegst du als normaler Bulle keine bezahlbare Wohnung mehr. Die Stadt wandelt sich. Nicht zum Besten. Lass uns mal ein Bier trinken gehen.«

»Unbedingt! Das müssen wir auf jeden Fall machen.«

Elende Lügen.

Berlin, Kröger Immobilien AG, Charlotte Krögers Büro

»Sie können da nicht rein. Sie brauchen einen Termin«, sagt Myriam Jung, als Dengler in ihrem Büro steht und Charlotte Kröger sprechen will.

»Brauche ich nicht«, sagt er und geht auf die Tür zu.

»Stopp, stopp, so läuft das hier nicht«, ruft Myriam Jung und springt auf. Doch Dengler hat die Tür bereits geöffnet.

Charlotte Kröger sitzt mit zwei jüngeren Mitarbeitern an einem Besprechungstisch, der vor einem Panoramafenster steht. Dahinter befindet sich ein großer, schlanker Schreibtisch, der nur aus zwei grauen Stützen und einer großen Glasplatte besteht. Ein kleinerer Tisch mit Bildschirm und Telefon steht daneben. An den Wänden hängt moderne Kunst, drei abstrakte Gemälde in zurückhaltenden Farben, Grau, Grün und Weiß, die mit ausholenden Pinselstrichen aufgetragen wurden.

»Sorry«, sagt Frau Jung, die im Türrahmen stehen geblieben ist. »Er ist einfach …«

Charlotte Kröger sieht Dengler an.

»Schon gut«, sagt sie und zu den beiden Mitarbeitern: »Wir machen morgen weiter.«

Die beiden nicken, raffen ihre Unterlagen zusammen und verschwinden.

Charlotte Kröger weist mit einer Geste auf einen der frei gewordenen Sessel. Dengler setzt sich und betrachtet die junge Frau. Charlotte Kröger trägt ein Kleid aus einem zwetschgenblauen, fließenden Stoff, darunter eine schwarze Hose. Das Kleid sieht teuer aus, sehr teuer sogar. Weit entfernt von den Businessuniformen, die man bei Boss kaufen kann. Silberne Kreolen als Ohrringe. Mehrere Bänder zieren den Arm, braunes Leder und Silber. Drei Ringe auf schmalen Fingern. Hellblonde, schulterlange Haare, stufig geschnitten und so geföhnt, dass sie wie auf einer Welle zum Kinn fließen, umrahmen ein schmales, blasses Gesicht. Auf einer erstaunlich langen, schmalen Nase sitzt eine runde Brille aus dunkelbraunem Horn, hinter der ihn große, wache braune Augen interessiert anschauen. Sie war früher sicher die Klassenbeste. Liebling aller Lehrer. Eine Streberin. Jemand, der die Banknachbarin nicht abschreiben ließ. Sie sieht gut aus, aber es gibt etwas, für das Dengler noch keinen Namen findet, das ihn irritiert. Unauffällig mustert er ihren Busen, der sich unter dem Kleid abzeichnet. Und trotzdem … Etwas fehlt. Etwas irritiert ihn. Er überlegt. Dann kommt er darauf, und er findet sogar eine Bezeichnung dafür. Es ist die Abwesenheit jeglicher erotischer Ausstrahlung. Er betrachtet sie noch einmal, das Gesicht, die Augen, die schmalen Lippen, den Busen – nichts. Auf dieser körperlichen Ebene erreicht ihn kein Signal. Sein Blick sucht ihre Augen. Sie schauen ihn an, wach – und von einer Kälte, als wolle sie einen Vulkan einfrieren.

»Wenn nicht Ihr Vater für die Ratten verantwortlich ist, wer könnte es dann gewesen sein?«, fragt Dengler.

»Wir haben seit einiger Zeit Probleme mit unseren Projekten. Eigentümliche, unspezifische Probleme. Betonmischmaschinen sind plötzlich beschädigt. Und zwar nur solche, deren Ausfall zu Terminschwierigkeiten führt. Wir mussten deshalb einige Konventionalstrafen bezahlen.«

»Hohe Summen?«

»Sehr hohe Summen. Summen, die wir nicht einkalkuliert haben. Wir verkraften das. Noch. Aber es schadet unserem Ruf. Und diese Rattengeschichte ... Presse, das Fernsehen. Das alles schadet unserem Ruf erst recht ... Das kann unabsehbare Folgen haben.«

»Ihr Ruf, Frau Kröger? Ist es nicht so, dass die Leute in der Immobilienbranche ohnehin nur Verbrecher vermuten?«

Ihr Mund verzieht sich zu einem schmerzhaften Lächeln. »Wir leiden unter einem schlechten Ruf. In der Öffentlichkeit. Das ist wahr. Aber die Kröger Immobilien AG hat einen hervorragenden Ruf bei Investoren und Geldgebern. *Dieser* Ruf ist entscheidend. Wird er zerstört, fehlen uns die Investoren; dann können wir unsere Projekte nicht mehr angemessen finanzieren ...«

Sie sieht ihn mit einem klaren Blick an. »Dann wird es ernst, und in genau diesem Stadium befinden wir uns. Deshalb hat mein Vater Sie engagiert. Ich habe mich über Sie erkundigt. Sie haben einen gewissen Ruf. Unkonventionell. Aber effektiv. Die nächste Frage.«

»Können Sie mir einmal Ihr genaues Geschäftsmodell schildern?« Jetzt huscht ein leichtes Lächeln über ihr Gesicht. Sie bewegt sich wieder auf sicherem Terrain. Ihr Stimme festigt sich.

»Die Kröger Immobilien AG hat zwei Geschäftsbereiche. Eigentlich sind wir ein Bauunternehmen. Wir bauen Wohnungen ...«

»Luxuswohnungen.«

Sie zieht die Mundwinkel verächtlich zusammen. »Luxus! Was ist schon Luxus? Was für den einen Luxus ist, ist für den anderen armselig. Aber, wenn Sie so wollen, wir sind tatsächlich eher im hochpreisigen Segment unterwegs. Meinethalben also Luxuswohnungen. Wir bauen sie und verkaufen sie oder neuerdings vermieten wir sie auch. Vor vier Jahren sind wir in den Markt mit Bestandswohnungen eingestiegen ...«

»Sie meinen – Mietwohnungen?«

»Ja. Dieser Markt ist sehr interessant geworden. Wir wollen dabei sein und kaufen Objekte, sanieren sie und vermieten sie weiter. Unsere beiden Geschäftsbereiche funktionieren nach ähnlichen Regeln. Von daher passt das gut zusammen.«

»Aber das bringt Ihnen erheblichen Ärger ein …«

Sie lächelt nachsichtig. »Sie haben keine Ahnung vom Wohnungsmarkt, nicht wahr?«

»Deshalb sitze ich vor Ihnen. Betrachten Sie mich als interessiert und lernwillig.«

Sie überlegt einen kurzen Augenblick. »Kennen Sie den ältesten Begriff für Mietwohnungen?«

Dengler schüttelt den Kopf.

»Im Mittelalter nannte man Mietwohnungen ›Zinshäuser‹. Das beschreibt ganz gut, worum es auf dem Wohnungsmarkt geht.«

»Es geht um Zins? Im Ernst? Nicht um Steine, Beton, diese Dinge?«

»Darum geht es auch. Aber erst in zweiter Linie.« Sie lehnt sich in ihrem Sessel zurück. »Versuchen Sie sich mal in den Kopf eines Investors zu versetzen. Sie haben ein paar Millionen flüssig und wollen sie investieren. Wie gehen Sie vor?«

»In einer solchen Situation war ich leider noch nie.«

»Dann sage ich es Ihnen. Sie überlegen sich: Kaufe ich Aktien, mach ich was mit Schiffscontainern? Lege ich's aufs Sparbuch? Letzteres wäre natürlich äußerst unklug.«

»Natürlich«, sagt Dengler und denkt, dass es schön wäre, wenn er ein gut gefülltes Sparbuch hätte.

Sie beugt sich vor. »In den Wohnungsmarkt werden Sie das Geld erst dann stecken, wenn Ihre Millionen Ihnen dort eine höhere Rendite erwirtschaften als andere Geldanlagen. Schließlich ist Ihr schönes Geld dann erst mal eine Zeit lang in Steinen, Beton und diesen Dingen gebunden. Häuser haben eine lange Produktionszeit. Erst wenn die durchschnittliche Verzinsung höher ist als bei anderen Anlagemöglichkeiten wie Aktien, erst dann lohnt sich für Sie die Investition in den Wohnungsmarkt. Logisch, oder?«

»Wenn ich eine oder mehrere Millionen hätte, würde ich möglicherweise so denken«, gibt Dengler zu.

»So denken Investoren, glauben Sie mir.«

»Okay, verstehe, Sie nehmen Ihre Millionen und bauen damit Häuser und Wohnungen, die Sie dann ...«

»Falsch«, sagt Charlotte Kröger.

»Falsch?«

»Komplett falsch. Mit Eigenmitteln können wir die Projekte gar nicht stemmen, die wir durchführen. Ein wesentlicher Teil meiner Arbeit besteht darin, Investoren zu finden und Geld aufzutreiben.«

Charlotte Kröger streicht sich mit einer schnellen Bewegung eine Strähne aus dem Gesicht.

»Wir besorgen Geld von Investoren. Dann bauen wir. Wohnungen und Häuser. Wir garantieren den Investoren eine erhöhte Gewinnmarge. Das ist unsere eigentliche Arbeit. Wir verkaufen die Häuser und Wohnungen wieder oder vermieten sie und zahlen den Investoren Rendite auf ihr eingesetztes Kapital. Wir müssen in der Lage sein, eine höhere Rendite als in anderen Bereichen zu erwirtschaften, denn Investitionen in den Wohnungsbau konkurrieren immer mit anderen Anlagemöglichkeiten.«

»Sie meinen ... was Sie hier tun ... es ist eine reine Geldsache?«

»Was glauben Sie, warum wir das machen? Um Architekturpreise zu gewinnen? Wohnungsbau funktioniert nur, wenn die Rendite über der anderer Anlagemöglichkeiten liegt. Sonst würden Sie uns Ihre Millionen nicht anvertrauen.«

»Mmh, ich bin aber nun mal nicht jemand, der ein paar Millionen auf dem Konto hat. Nehmen wir mal an, ich wäre eine Krankenschwester; zum Beispiel die junge Frau, deren Baby dank einer gefräßigen Ratte eine verkrüppelte Fingerkuppe hat. Nehmen wir an, ich bin jemand, der einfach eine preiswerte Wohnung braucht. So wie die Mieter Ihrer Häuser in Kreuzberg. Könnte ich in einem der Häuser, die Sie bauen, eine Wohnung mieten?«

Charlotte Kröger lehnt sich in ihrem Schreibtischsessel zurück, lächelt ihn an und sagt:»Nein, natürlich nicht.«

»Warum nicht?«

»Wir bauen nur im Hochpreissegment. Wir verkaufen die Wohnungen, die wir bauen, ab 9.000 Euro pro Quadratmeter aufwärts.«

»Sie bauen keine Wohnungen für Normalsterbliche? Warum nicht? Die Nachfrage ist riesengroß. Es wäre ein Bombengeschäft.«

»Die Erträge in unserem Segment sind deutlich höher.«

»Okay. Aber andere Firmen machen das ... hoffentlich.«

»Nein.«

»Was heißt ›nein‹? Jemand muss doch ...«

»Kein rational agierender Akteur im Wohnungsmarkt wird sich in dem Segment von ..., wie haben Sie das noch einmal genannt?«

»Preiswerte Wohnungen für Normalsterbliche!«

»... in diesem Segment engagieren.«

»Niemand?«

»Es gibt kein Beispiel dafür, dass ein privater Marktteilnehmer preiswerte Wohnungen baut.«

»Aber es gibt die Normalsterblichen. Fahren Sie U- oder S-Bahn?«

»Selten.«

»Bei diesen seltenen Gelegenheiten müssen sie Ihnen doch aufgefallen sein. Normale Menschen mit normalen Einkommen. Diese Leute wohnen doch auch irgendwo.«

Sie schüttelt sich leicht. »Herr Dengler, Sie scheinen eine wohltätige Ader zu haben. Das ehrt Sie. Mein Vater macht ja auch ständig diese Sachen. Gebt den Kindern eine Chance und so weiter. Doch private Marktteilnehmer bauen keine Wohnungen für die Leute, die Sie in S- und U-Bahn sehen. Diese Leute tun sich in Genossenschaften zusammen. Oder diese Art von Wohnungen werden durch staatliche Förderprogramme ermöglicht. Oder von irgendwelchen kleinen Hausbesitzern, die ein, zwei Einheiten für ihre finanzielle Absicherung im Alter gekauft haben. Oder durch kommunalen Wohnungsbau. Nicht von uns. Nicht von den relevanten Bau- und Immobilienunternehmen. Und zwar ausnahmslos.«

»Ihre Arbeit in dem Unternehmen hat also mehr mit Geld als mit Steinen zu tun?«

Sie lacht lustlos. »So kann man es sagen. Mein Vater ist der perfekte Bauunternehmer. Er hat es von der Pike auf gelernt. Er weiß alles über Fugen, Statik und den ganzen Kram. Mich hat er nicht ohne Grund Betriebs- und Volkswirtschaft studieren lassen. Wir ergänzen uns perfekt. Es gibt kein besseres Team als uns beide.«

»Wenn das so ist, warum bleiben Sie nicht bei diesem Geschäft? Warum kaufen Sie jetzt auch noch Häuser, in denen bereits Leute wohnen?«

Die Tür fliegt auf. Sie hebt unwillig den Blick, aber dann huscht ein Lächeln über ihr Gesicht. »Hallo, Papa«, sagt sie.

»Dengler, hier sind Sie also. Ich suche Sie wegen der Sache mit dem Passat. Also das beunruhigt mich wirklich. Ich will wissen, wer da dahintersteckt. Sie müssen herausfinden, wer mich verfolgt.«

Georg Dengler steht auf. »Ich brauche dazu Ihren Terminplan. Ich brauche einen eigenen Wagen. Ich brauche ...«

»Sagen Sie Myriam, was Sie brauchen. Sie bekommen es. Außerdem ...« Kröger zögert einen Augenblick. »Kommen Sie morgen mit. Ich werde zu den Mietern sprechen ...«

»Papa, noch mal, das ist wirklich keine gute Idee.«

»Charlotte, wir müssen in die Offensive gehen. Dringend müssen wir in die Offensive.«

Kröger wirft die Tür hinter sich zu.

Berlin-Kreuzberg, vor den Plattenbauten

Vor dem Plattenbau haben Handwerker ein Podest aufgebaut. Einer von ihnen, ein Arbeiter mit gelbem Helm, zieht gerade die letzten Schrauben fest. Ein großes Transparent spannt sich von rechts nach links über die gesamte Länge der Bühne. »Wir sind alle Kröger«, steht in großen roten Lettern darauf. Zwei Fernsehteams kontrollieren ihre Kameras, die genau gegenüber aufgebaut sind.

Ein Tontechniker brüllt: »Eins, eins, eins, Test, Test« in ein Mikrofon, als Dengler und Olga dazukommen. Einige der Bewohner stehen bereits vor dem Podium, andere strömen gerade aus ihren Wohnungen. Silke steht neben Matthias, auf der Hüfte das Baby, das die verbundene Hand in die Luft streckt und sich neugierig umschaut. Georg Dengler erkennt Hatice, die mit Kugelschreiber und Unterschriftenlisten in der Hand Patrick Böhmer anspricht. Dengler schaut auf ihre Stiefel. Es sind diesmal andere, graue Stiefeletten, aber die Dose mit dem Pfefferspray ist mit der gleichen großen Spange daran festgehakt. Böhmer hört Hatice mit gesenktem Kopf konzentriert zu, einmal nickt er, aber als sie ihm das Brett mit der Unterschriftenliste hinhält, schüttelt er den Kopf und geht weiter. Hatice schaut ihm nach und spricht den nächsten Nachbarn an.

Olga stößt ihn leicht mit dem Ellbogen und deutet in Richtung Sankt-Michael-Kirche. Auf dem Grünstreifen stehen zwei Streifenwagen. Jeweils zwei Polizisten sitzen darin und beobachten die Versammlung der Bewohner.

Arthur Meißner tritt zu ihnen. »Die Obrigkeit bewacht ihre unzufriedenen Bürger«, sagt er und seufzt. »Das kenne ich mein ganzes Leben lang.«

Dengler will ihm etwas entgegnen, doch da rauschen drei schwere Mercedes-Limousinen den Engeldamm hinauf. Die Polizisten verlassen ihre Streifenwagen und kommen näher. Eine S-Klasse hält neben ihnen. Kröger steigt aus und geht mit ausgestreckten Armen auf die verblüfften Polizisten zu.

»Guten Tag«, ruft er laut, »es tut mir leid, dass Sie meinetwegen Überstunden schieben müssen.« Und schüttelt ihre Hände.

»Na, dann wollen wir mal.« Kröger läuft durch die umstehenden Bewohner auf das Podest zu. Er reckt die Arme und winkt ihnen zu, als sei er der König von Kreuzberg. Aus dem zweiten Wagen steigen Charlotte Kröger und Dr. Jan Wenzel, der Justiziar. Sie eilen ihm hinterher. Aus dem dritten Wagen steigen drei Männer in schwarzen Anzügen und Sonnenbrillen. Sie gehen ohne Regung durch die Menge zu dem Podest, bleiben davor stehen, drehen sich um und kreuzen die Hände vor dem Körper.

»Was fehlt denen?«, fragt Meißner.

»Maschinenpistolen«, sagt Olga. »Die würden ihnen gut stehen.«

Kröger steigt die kleine Treppe hinauf zum Podest. Mit wenigen schnellen Schritten erreicht er das Mikrofon und klopft mit dem Zeigefinger dagegen. Die Lautsprecher vervielfachen das knackende Geräusch.

Kröger weist auf das Transparent hinter ihm. »Wir sind alle Kröger«, sagt er laut. »Was will uns das sagen?«

»Nichts«, ruft jemand. Einige Leute lachen.

»Ich sage es euch«, fährt Kröger fort, »das heißt, dass wir alle Teil einer großen Familie sind. Der Kröger-Familie. Dazu gehören auch Sie, die Mieter dieser beiden Häuser. Dazu gehöre ich. Meine Aufgabe ist es, mich um Sie zu sorgen.«

»Indem du uns Ratten schickst?«, ruft jemand.

»Ich weiß, Sie hatten einen schlimmen Vorfall in einem Haus, das zu Kröger gehört. Wir sind alle Kröger. Ich kümmere mich. Ich sorge mich. Ich möchte auch wissen, wer für diesen skandalösen Zwischenfall verantwortlich ist.«

»Du«, ruft jemand dazwischen.

»Ich, ich, ich«, sagt Olga leise zu Dengler. »Dieser Mann ist unglaublich. Er kann nur von sich selbst reden. Immer nur: ich, ich, ich. Wie hat der es so weit gebracht?«

»Wahrscheinlich genau deshalb«, sagt Dengler.

»Nein.« Kröger schüttelt den Kopf. »Doch ich habe auf eigene Kosten jemanden engagiert, der herausfinden wird, wer der kleinen ...« – er überlegt einen Augenblick –». ... dem kleinen Kind das angetan hat. Ich habe gesucht und den besten Ermittler gefunden, der auf dem Markt zu haben ist.«

Nun hat er die Aufmerksamkeit der Zuhörer.

»Ich habe zu ihm gesagt, er solle sofort zu uns kommen. Er ist extra aus Stuttgart angereist«, sagt Kröger und hebt die Hände wie ein Wanderprediger.

»Ach du große Scheiße«, sagt Dengler.

Nun herrscht eine gespannte Aufmerksamkeit auf dem Platz. Olga greift nach seiner Hand. Meißner reckt den Kopf. In der Menge sieht er Hatice, die das Klemmbrett mit den Unterschriftenlisten sinken lässt.

»Ich bitte Sie: Reden Sie mit ihm. Unterstützen Sie ihn bei seinen Nachforschungen. Ich bin überzeugt, mit seiner Hilfe werde ich die Verantwortlichen finden und zur Rechenschaft ziehen.«

Applaus.

Kröger sieht überrascht ins Publikum.

Er hebt die Hände.

»Ich lasse nicht zu, dass uns irgendjemand bösartig angreift.«

Stärkerer Applaus.

»Wir lassen uns nicht beleidigen.«

Noch stärkerer Applaus.

»Jetzt fühlt sich dieses Arschloch wie ein römischer Tribun«, zischt Meißner.

»Wir alle sind Kröger.«

Kein Applaus.

Verwirrung auf Krögers Gesicht.

»Jetzt komm hier rauf, Dengler. Die Leute wollen dich sehen.«

»Das hast du davon«, sagt Olga und gibt ihm einen ermutigenden Klaps auf den Arm.

Meißner tritt ihm in den Weg. »Du arbeitest für *den*?«

Er schüttelt den Kopf und spuckt Dengler vor die Füße.

Aus einiger Entfernung sieht er Silkes fassungsloses Gesicht.

Er drängt sich durch die Menge und steigt auf das Podium.

13. Kapitel: Organisation Fuhrmann (2)

Berlin-Wannsee, Villa Kunterbunt

Dem Politbüro liegen die neuesten Berichte des Berliner Verfassungsschutzes vor. Die Einschätzung der dortigen Kollegen ist eindeutig. Die Unterschriftenkampagne der Bürgerinitiativen wird aus deren Sicht ein voller Erfolg werden. Holger Carsten Ebersheim, der stellvertretende Chef des Berliner Landesamtes für Verfassungsschutz, gibt einen kurzen Überblick: »Wir haben einzelne Unterschriftensammler überwacht und die Zahl der Leute, die unterschreiben, hochgerechnet. Wir gehen davon aus, dass die Extremisten innerhalb von drei Wochen genügend Unterschriften zusammenhaben, um ein Volksbegehren in ihrem Sinn durchzusetzen.«

Fuhrmann lehnt sich in seinem Stuhl zurück und schließt die Augen. Der Ebersheim trägt keine Brille, denkt er. Der hatte doch immer so ein dickes Horngestell auf der Nase. Hat er heute nicht auf. Trägt er jetzt Kontaktlinsen? Hat er sich die Augen lasern lassen? Scheint eitel zu sein, der Ebersheim. Er wird sich diesen Charakterzug merken. Falls Ebersheim die Sache mit Harry Nopper unterstützt, wird diese Beobachtung vielleicht nützlich sein.

Dann sagt er mit geschlossenen Augen. »Wir müssen diese Geschichte richtig einordnen. In der gesamten Geschichte Deutschlands gab es seit 1926, als die Kommunisten die Fürsten enteignen wollten, nichts Vergleichbares. Ein Volksbegehren für Enteignung!

Ein klassisch kommunistisches Programm. Enteignung! Das muss man sich mal vorstellen! Und es wird von der irregeleiteten Bevölkerung in Berlin unterstützt. Es ist eine der größten Herausforderungen, vor der wir je standen.«

»Sie wollen nur die Immobilienkonzerne enteignen«, wirft Nikolaus Abt ein, der stellvertretende Chef der Koordinationsstelle für Geheimdienste im Kanzleramt.

»Was heißt ›nur‹?«, sagt Fuhrmann leise und gefährlich.

Er öffnet die Augen und fixiert Abt. Der klingt schon wieder so nasal. Kriegt der seine Erkältungen eigentlich nie in den Griff? Jetzt greift er zu seinem Taschentuch und schnäuzt sich, als hätte er Fuhrmanns Gedanken gelesen.

Fuhrmann sagt: »Wenn die Extremisten mit dem Volksbegehren durchkommen, setzen sie den Senat unter Druck. Der wird dann einen Mietendeckel verhängen, um den Extremisten den Wind aus den Segeln zu nehmen. Und schon haben sich die politischen Koordinaten in Deutschland wieder nach links verschoben.«

»Wir wissen von ähnlichen Bestrebungen in München«, näselt Abt vor sich hin.

»Wir müssen die Sache unterbinden. Und zwar schnell«, sagt Lutz Koch, der Verbindungsmann zum Bundesnachrichtendienst. Fuhrmann schätzt ihn wegen seines messerscharfen Verstandes. Außerdem ist das Politbüro bei Operationen einer gewissen Größe auf die Unterstützung des BND angewiesen. Wenn es irgendwann einmal einen Nachfolger geben wird, dann wäre Koch der geeignete Mann. Er kennt den Betrieb der Geheimdienste und ist innerlich gefestigt und entschlossen genug, Schaden von Deutschland abzuwenden. Seine einzige Charakterschwäche: Er ist Kettenraucher.

»Das wird nicht einfach«, sagt Ebersheim. »Wir haben bis jetzt immer noch kein Gegenmittel für die *Fridays-for-Future*-Kids gefunden. Unsere Hoffnung, dass sich das totläuft, hat sich bis jetzt noch nicht erfüllt.«

Fuhrmann sagt:»Die sind gefährlich. Das stimmt. Aber sie stellen keine Forderung nach Enteignung. Was da in Kreuzberg aufflackert, kann schnell ein Steppenbrand werden.«

»Wir müssen es austreten. Schnell und gründlich«, sagt Koch, der kluge Analytiker.

»Ich stimme zu«, sagt Abt und putzt sich die Nase.

»Wie?«, fragt Heinz Scherben vom Bundesamt. »Neuauflage der Operation Breitscheidplatz?«

Koch schüttelt den Kopf. »Wir müssen uns hier etwas ganz anderes einfallen lassen.«

Plötzlich ärgert sich Fuhrmann. Verhält sich Koch jetzt schon so, als wäre er der Chef?

»Wir müssen das genauer analysieren«, sagt er. »Ich mache auf der nächsten Sitzung des Direktoriums einen Vorschlag.«

»Ich helfe Ihnen dabei«, sagt Koch.

Wut steigt in Fuhrmann auf. Was bildet der sich eigentlich ein? Der will meinen Job. Daraus wird nichts, Freundchen!

Er sagt:»Kommen wir zum nächsten Punkt der Tagesordnung. Es liegt ein Antrag mit drei Bürgschaften vor. Es betrifft die Aufnahme von Harry Nopper ins Direktorium und seine Ernennung als mein Stellvertreter.«

Abt meldet sich sofort.

Natürlich, das hätte er sich denken können.

Berlin-Wannsee, Organisation Fuhrmann, Kollege Meesen

Die Finanzierung der Arbeitsgruppe Fuhrmann wird durch verschiedene Mittel sichergestellt, die aus dem Haushaltstitel 0415 des Bundeskanzleramts abgezweigt werden. Ein anderer Teil stammt aus dem Einzelplan 06 und wird dort in verschiedenen Titeln versteckt. Bislang gab es kein Problem, die Gelder vor dem Haushaltsausschuss des Bundestages und vor allem vor der Öffentlichkeit zu verbergen. Es kommt die vergleichsweise bescheidene Summe von jährlich 35,4 Millionen Euro zusammen. Das reicht für den Unterhalt der Villa am Wannsee, in der offiziell eine Pensionskasse der Polizei untergebracht ist, sowie für drei konspirative Häuser in Berlin, eines in Hamburg, zwei in München und eines in der Stuttgarter Haußmannstraße.

Die Arbeitsgruppe Fuhrmann ist geheim. Streng geheim. So geheim, dass es sie eigentlich gar nicht gibt. Sie taucht in keinem Gesetz auf, in keinem Regierungsbeschluss, keinem Zeitungsartikel, keiner Fernsehnachricht, keinem Budget. Sie legt niemandem Rechenschaft ab außer sich selbst. Niemand gibt ihr Weisungen oder Befehle. Man wird in dieses Gremium nicht gewählt. Man wird berufen. Drei Mitglieder des erweiterten Direktoriums müssen für den Neuberufenen bürgen.

Es ist noch nie vorgekommen, dass es eine undichte Stelle gab. Doch nun ist Karl Fuhrmann nicht mehr so sicher. Er hat im Grunde genommen zwei Probleme zu lösen, und er wird sie lösen. Beide Probleme haben Namen: Harry Nopper und Hans-Peter Meesen.

Es gibt Kräfte im Direktorium und in der Arbeitsgruppe, die Nopper als seinen Nachfolger installieren wollen. Fuhrmann weiß genau, wer die treibenden Kräfte bei seiner Ablösung sind. Sie haben es schon einmal versucht und sind gescheitert. Gott sei Dank, muss man wohl sagen. Damals wollten sie den Kollegen Meesen zu seinem Nachfolger machen.

Fuhrmann kratzt sich am Kinn. Nicht auszudenken, wenn sie damit durchgekommen wären. Doch statt sich nach ihrem schweren Fehler bei ihm zu entschuldigen, was wohl angemessen gewesen wäre, versuchen sie es jetzt mit Harry Nopper erneut.

Der Kollege Meesen: Mein Gott, was für eine Katastrophe wäre das geworden, wenn der sein Nachfolger geworden wäre. Heute steht Meesen im Licht der Öffentlichkeit wie noch nie ein Mitglied der Arbeitsgruppe zuvor. Manchmal scheint er zu vergessen, dass er zur Gruppe gehört. Am meisten Sorge macht Fuhrmann, dass Meesen so wahnsinnig eitel ist – weit über das normale Maß hinaus. Sein Verhalten beunruhigt im Augenblick alle Mitglieder des Direktoriums. Man wird sich heute mit ihm beschäftigen müssen. Das gab es auch noch nie. Aber welche Konsequenz wäre zu ziehen? Aus der Arbeitsgruppe Fuhrmann kann man nicht austreten. Nur der Tod beendet die Mitgliedschaft. Meesen ist erst 59 Jahre alt. Und noch nie gab es einen Exekutionsbeschluss gegen ein eigenes Mitglied.

Doch irgendwann ist immer das erste Mal.

Meesen wurde für die Arbeitsgruppe rekrutiert, als er noch stinknormaler Referatsleiter im Innenministerium war. Das war 2001. Otto Schily war Innenminister, ein überschätzter Mann, der in Besprechungen Beamte mit Aktenordnern bewarf, aber ansonsten, wenn man seinem aufgeblähten Ego schmeichelte, sich von diesen gut führen ließ. Fuhrmann hatte das Husarenstück des Beamten Meesen beobachtet. Er war damit beauftragt herauszufinden, wie man dem im US-Gefangenenlager Guantánamo festgehaltenen Murat Kurnaz die Einreise nach Deutschland verweigern könne. Der türkischstämmige junge Mann war von den amerikanischen Freunden in Pakistan entführt und von Januar 2002 bis August 2006 im Lager Guantánamo auf Kuba ohne Anklage festgehalten worden. Die Amerikaner wollten ihn loswerden, da sie Kurnaz nichts nachweisen konnten. Sie hatten einen Fehler gemacht. Der Mann war unschuldig und in keinerlei illegale oder gar terroristische Aktionen verwickelt. Da er in Bremen geboren und aufgewachsen war, stand ihm von Rechts wegen lebenslanges Aufenthaltsrecht in Deutschland zu. Es gab, rein juristisch gesehen, keine Möglichkeit, ihm die Rückkehr zu verweigern.

Alle waren gespannt, wie Meesen diese Aufgabe lösen würde.

Fuhrmann, damals noch Beamter im Kanzleramt, hatte Meesen seinerzeit schon auf der Rekrutierungsliste, wollte aber abwarten, wie er diesen gordischen Knoten durchschlagen würde. Meesen galt als intelligent, in Besprechungen konnte Fuhrmann sich von dessen schneller Auffassungsgabe überzeugen. Er teilte die Verachtung für gewählte Politiker. Ein guter Mann. Fuhrmann wollte sich zurücklehnen und sehen, was er aus dem Fall Kurnaz machen würde.

Meesen löste die Aufgabe mit Bravour.

Seine Argumentation war so perfekt, so skrupellos, so brillant und so bösartig, dass sie ihm stehend applaudierten.

Meesen schrieb in einem Gutachten, Kurnaz habe als türkischer Staatsbürger das unbegrenzte Aufenthaltsrecht in Deutschland verwirkt, da er mehr als sechs Monate außer Landes gewesen sei und sich in dieser Zeit nicht bei den zuständigen Behörden gemeldet habe. Dass er in diesen »mehr als sechs Monaten« illegal inhaftiert worden war, tue der Sache keinen Abbruch. Aufgrund Meesens Rechtsgutachten, das der damalige Bremer Innensenator Röwekamp (CDU) sich zu eigen machte, schmorte Kurnaz noch ein paar Jahre länger auf der schönen Insel – und Meesen galt als Held, zumindest in Fuhrmanns Kreisen.

Jedem war klar, dass diese Argumentation vor den hyperlegalistischen deutschen Gerichten keine Chancen hatte, und tatsächlich entschied das Bremer Verwaltungsgericht später, dass der Deutschtürke seine unbefristete Aufenthaltserlaubnis nicht verwirkt habe, da er nicht freiwillig »ausgereist«, sondern gekidnappt worden sei. Aber bis dahin war genügend Zeit vergangen, und die Sache wurde in der Öffentlichkeit eher auf kleiner Flamme behandelt.

Doch Fuhrmann wusste nun: Meesen war sein Mann. Er bugsierte ihn in den Stab für Terrorismusbekämpfung in der Abteilung Öffentliche Sicherheit. Dann führte er das Anwerbungsgespräch, das angenehm unkompliziert war.

Fuhrmann zog weitere Fäden und erreichte, dass Meesen zum Präsidenten des Bundesamtes für Verfassungsschutz ernannt wurde.

Der Rest ist Zeitgeschichte.

Doch nun turnt er in der Öffentlichkeit herum, und niemand im Direktorium denkt mehr, dass Meesen ein möglicher Nachfolger für ihn sein könne. Man ist sich nicht sicher, ob sein Ehrgeiz nach einem politischen Amt nicht größer ist als seine Loyalität zu der gemeinsamen Sache.

Meesen sollte vorsichtiger sein.

Jetzt wollen sie also Harry Nopper zu seinem Nachfolger machen. Noch eine Personalangelegenheit, die Fuhrmann nicht gefällt. Ein guter Mann, sicher. Er kommt aus dem Stall des hessischen Verfassungsschutzes. Enge Anbindung an den BND. Nach der Wende ging er nach Erfurt und wurde Vizechef des thüringischen Landesamts für Verfassungsschutz. Zusammen mit dem Kölner Bundesamt baute er die dortige Naziszene als Gegengewicht zum linken Mainstream in Deutschland auf. Ein guter Mann, wie gesagt. Nachdem dann in Thüringen die Richtung geändert wurde, das Wohnmobil in Eisenach-Stregda brannte und die beiden Idioten gefunden wurden, brach der Verfassungsschutz in Thüringen zusammen.[1] Nopper musste gehen. Fuhrmann erinnert sich, wie er Nopper in seiner Kanzlei in Weimar besuchte, wo er sich nach seinem Rauswurf als Anwalt niedergelassen hatte. Die große Stars-and-Stripes-Flagge hinter seinem Schreibtisch. Die Amerikaner haben ihn in dieser Zeit wahrscheinlich über Wasser gehalten. Er müsste mal in Noppers Dossier nachlesen.

Fuhrmann wittert aber noch etwas anderes. Er wittert Verrat, eine Verschwörung. Er weiß, dass einige Leute im erweiterten Direktorium, scherzhaft Zentralkomitee genannt, sich Gedanken über seine Nachfolge machen. Okay, er ist nicht gerade der Jüngste. 72 ist nicht jung. Das kann man nicht wegdiskutieren. Aber er ist fit. Er ist geistig voll auf der Höhe. Er hält die Zügel fest in der Hand. Die Idee gefällt ihm nicht. Nopper als sein Nachfolger. Zu risikoreich. Es ist zu früh, einen Nachfolger aufzubauen. Irgendwann

---

Siehe dazu: Wolfgang Schorlau, Die schützende Hand – Denglers achter Fall

wird das notwendig sein. Wenn es so weit ist, wird er der Letzte sein, der sich dagegen sträubt. Aber gerade jetzt – in dieser komplizierten Lage, in der Deutschland sich befindet – wäre ein Wechsel grundfalsch. Die Mitglieder des »Politbüros« (wie sie das Direktorium nennen) stehen zu ihm. Kein Wunder, er hat sie alle persönlich ausgesucht. Aber im Zentralkomitee regt sich etwas Neues, Unkontrollierbares. Er wird wachsam sein. Er hat viele Stürme überstanden. Er hat viele kommen und gehen gesehen.

Er sah Meesen wachsen, groß und wieder kleiner werden. Fuhrmann ist immer geblieben.

Er braucht eine neue, eine größere Operation, um allen klarzumachen, warum er wichtig ist. Er will diesen Zwergen, diesen Zauderern noch einmal zeigen: Es ist kein Zufall, dass er an der Spitze der Organisation steht. Es muss eine Operation sein, gegen die Noppers Thüringer Aktivitäten wie Kinderkram aussehen. Jeder muss sofort begreifen: Zwischen ihm und Nopper liegen Welten.

Eine neue große Operation! Das ist es.

Karl Fuhrmann trinkt einen Schluck Früchtetee.

Dann studiert er den Bericht über die Berliner Mieterbewegung

Berlin-Wannsee, Organisation Fuhrmann, Harry Nopper

Als Nopper in die Villa Kunterbunt einzieht und das Büro direkt neben ihm in Beschlag nimmt, weiß Fuhrmann, dass es Zeit ist, in den Krieg zu ziehen. Er muss Nopper stoppen, und er wird ihn stoppen.

Eine lebenslange Karriere im Innenministerium hat Fuhrmann perfekt in jeder Art von Intrigen geschult. Er weiß genau, wann er freundlich sein muss, er weiß, wann es besser ist zu schweigen, wann man besser redet, in welcher Dosis die Wahrheit verabreicht werden kann, und natürlich und vor allem ist er ein Meister der Lüge.

Sein Plan ist einfach, aber klar: Er wird Nopper eine Aufgabe übertragen und ihn daran scheitern lassen. Dann ist Nopper erledigt und man wird sehen, was man mit ihm machen wird. Im Direktorium kann Nopper auf keinen Fall bleiben. Nopper verursacht Fuhrmann körperliches Unwohlsein, wenn er ihn in der Zentrale nur sieht.

Außerdem trinkt er keinen Tee. An seinem ersten Arbeitstag baut Nopper eine hypermoderne Kaffeemaschine in der Teeküche auf. Verdammt noch mal, der Raum heißt Teeküche und nicht Scheiß-Nespresso-Kaffeeküche. Fuhrmann ist klar, dass er sich über alles aufregt und dass das nicht das Beste für seinen Kreislauf ist. In gewisser Weise ist es sogar unfair. Aber geht es hier um Fairness? Dieser Mann will seinen Job! Fuhrmann hebt den Kopf und strafft die Brust: niemals. Niemals wird dieser Mann sein Nachfolger werden.

Deshalb ist er bei der ersten Besprechung sehr freundlich, überaus freundlich sogar.

»Übernehmen Sie als erstes Projekt diese Berliner Mieterbewegung«, sagt er und schiebt Nopper einen Ordner mit den wichtigsten Unterlagen über den Tisch. »Erteilen Sie diesen Linksradikalen eine Lehre, von der sie sich nicht mehr erholen. Lassen Sie uns Ihren Plan diskutieren, wenn Sie die ersten Ideen dazu haben. Vielleicht in einer Woche?«

Nopper streckt den Arm aus, tippt mit dem Finger auf die Akte, doch er rührt sie nicht an.

»Ja«, fragt Fuhrmann verärgert, »was ist?«

»Ich kenne die Fakten.«

»Sie sollten die Akte trotzdem gründlich studieren.«

»Wir haben ein größeres Thema.«

»So?«

»Sie wissen es, und ich weiß es. Sie wissen, dass ich weiß, und ich weiß, dass Sie wissen. Wir beide kennen die Einschätzungen des Bundesnachrichtendienstes. Dieses Coronavirus aus China wird in Europa, also auch in Deutschland, zur Anwendung des Infektionsschutzgesetzes führen. Das heißt, unsere Feinde werden weder Schulstreiks noch Mieterdemonstrationen durchführen. Wir sollten überlegen, wie wir die kommende Situation für uns nutzen.«

»Sie haben vollkommen recht, Herr Nopper. Ich arbeite bereits an einem Plan.«

Fuhrmann sieht, wie Nopper tief durchatmet. Er steht kurz vor einer Explosion und hält sich mühsam zurück. Fuhrmann amüsiert sich darüber. Es ist eine gute Situation. Er macht Nopper gerade klar, wer der Chef ist. Noch heißt das hier Organisation Fuhrmann und nicht Organisation Nopper.

Nopper trommelt mit dem Zeigefinger auf der Akte herum. »Darf ich nach Ihrem Plan fragen?«

»Gern, Herr Nopper, ich mache gerade unseren maximalen Einfluss geltend, um die Einschränkungen des Versammlungs- und Demonstrationsrechtes auch nach Aufhebung der kommenden Krise zu verstetigen.«

»Bei allem Respekt, Herr Fuhrmann: Ich weiß, Sie verfügen über eine große, uneinholbare Erfahrung. Doch ich würde anders vorgehen.«

»So? Dann lassen Sie mal hören.« Fuhrmann sieht demonstrativ auf seine Uhr.

»Ich würde mich nicht darauf konzentrieren, Strippen im Innenministerium und im Kanzleramt zu ziehen. Wir erreichen auf diesem Weg doch nur etwas, was uns jedes Verwaltungsgericht wieder zunichtemacht. Wenn es Einschränkungen der sogenannten Grundrechte geben wird, und das Infektionsschutzgesetz sieht dies vor, sollten wir von uns aus dagegen mobilisieren, bevor es die Linken, Grüne und Kommunisten tun, und so unserer Bewegung neue Kräfte zuführen.«

»Welche Kräfte meinen Sie?«

Nopper zieht endlich die Hand von der Akte und beugt sich vor.

»Verunsicherte. Vor allem denke ich an Esoteriker, an anthroposophische Sekten und Impfgegner, die sich jetzt noch eher im anderen Lager tummeln. Wir haben eine historische Chance, diese Kräfte an die nationale Sache heranzuführen. Dahin, wo sie hingehören und wo sie, historisch gesehen, wie schon immer ihren Platz hatten. Wir holen sie zurück.«

Fuhrmann sieht Nopper an. Impfgegner? Von was redet der Nopper? Doch er lässt sich seine Überraschung nicht anmerken. Er steht auf.

»Nopper«, sagt er. »Wir brauchen nicht um den heißen Brei herumzureden. Sie wissen, dass ich weiß, und ich weiß, dass Sie wissen: Ich wollte Sie hier nicht haben. Aber jetzt sind Sie nun mal da. Ich erwarte, dass Sie einfach die Aufgaben erledigen, die ich Ihnen übertrage. Diese Aufgabe steht in der Akte, die vor Ihnen liegt. Beenden Sie diese Mietergeschichte in Berlin. Den Rest überlassen Sie mir.«

Nopper bleibt sitzen und sieht Fuhrmann nachdenklich an.

»Wenn wir gerade dabei sind und Bekenntnisse ablegen, dann will ich das auch tun. Sie haben Verdienste, Fuhrmann. Sie sind eine Legende. Alle bewundern Sie. Sie haben die bewundernswerte Fähigkeit, mit ein, zwei Operationen die öffentliche Meinung komplett in die richtige Richtung zu drehen.«

Nopper lehnt sich in seinem Sessel zurück, kratzt sich an der Stirn und sagt: »Aber jetzt geht es um etwas anderes. Wir können und wir müssen eine Massenbewegung ins Leben rufen. Eine Massenbewegung, die zum ersten Mal nicht links, sondern offen, sehr weit offen für die rechten Kräfte ist. Für uns. Wir holen uns die Esoteriker zurück. Die Sonnenanbeter und Naturfreaks, die Heilpraktiker, die Impfgegner. Dieses ganze Zeug schnappen wir uns. Führen sie der nationalen Bewegung zu. Darum geht es jetzt.«

Fuhrmann: »Ich sage Ihnen, Nopper, worum es geht. Es geht

darum, dass Sie tun, was Ihnen befohlen wird. Machen Sie die Arbeit, die ich Ihnen befehle.«

Dann dreht er sich um und verlässt den Konferenzraum.

Als er sich auf seinen Schreibtischstuhl setzt, rast sein Puls. Fuhrmann öffnet die unterste Schublade und zieht das Gerät heraus. Er krempelt seinen Ärmel auf und legt die Manschette an. Dann misst er seinen Blutdruck: 160:100. Der Nopper treibt seine Werte in die Höhe.

Nicht mehr lange, denkt er. Nicht mehr lange.

Dieser Gedanke beruhigt ihn.

Fuhrmann lehnt sich in seinem Sessel zurück. Er kann regelrecht spüren, wie sich sein Blutdruck normalisiert.

14. Kapitel: Der Absturz

Berlin-Kreuzberg, vor den Plattenbauten

Unbeholfen betritt Dengler die Bühne.

»Komm her, komm her!«, ruft Kröger und winkt ihn zu sich heran. »Die Leute wollen dich sehen.«

»Das war nicht abgemacht«, zischt Dengler ihm zu.

Kröger nickt. »Meine Damen und Herren, liebe Freunde, das ist Georg Dengler, ein grandioser Ermittler. Helfen Sie ihm. Er wird herausfinden, wer das Verbrechen an der kleinen ... äh ...«

»Lena«, sagt Dengler.

»... an der kleinen Lena begangen hat. Er ist auch der Beweis, dass einige Presseorgane sich täuschen, wenn sie diese Schandtat der Kröger Immobilien AG anhängen wollen. Wir sind alle Kröger.«

Er schiebt das Mikrofon zu Dengler hinüber. »Jetzt sag du was.«

Dengler zögert. Dann sagt er: »Ich suche den oder die Verantwortlichen, die die Ratten in diesem Haus ausgesetzt haben.«

Sein Blick sucht Silke, die im Publikum steht und ihn immer noch entgeistert ansieht.

»Ich werde den oder die Verantwortlichen finden.« Er sieht Kröger an. »Ohne Ansehen der Person, wie man so sagt. Wer das zu verantworten hat, wird zur Rechenschaft gezogen. Dafür setze ich mich ein. Ich verspreche es Ihnen.«

Beifall.

Dengler sieht Charlotte Kröger, die ihm erleichtert applaudiert. Sie scheint froh zu sein, dass ihr Vater die Situation gemeistert hat.

»Das war's, meine Damen und Herren«, ruft Kröger und winkt fröhlich in die Menge. »Ihnen allen einen guten Tag.«

Er schiebt Dengler zur Treppe.

»Warum hast du uns allen gekündigt?«, ruft jemand.

»Genau! Warum hast du uns allen gekündigt?«, ein anderer.

Kröger geht mit einigen schnellen Schritten zur Treppe, schiebt Dengler zur Seite.

»Warum, warum«, schreien jetzt mehrere.

Kröger zögert.

»Gib uns eine Antwort«, schreit ein Mann mit einer Stimme, die einen Bären in die Flucht geschlagen hätte.

»Warum! Warum! Warum!« Mittlerweile skandieren fast alle dieses Wort.

Kröger steigt die erste Treppenstufe hinab. Seine Tochter kommt ihm entgegen und reicht ihm die Hand. Er schüttelt sie unwirsch ab.

»Warum? Warum? Warum?« Der Sprechchor ist weit zu hören.

Kröger dreht sich um, steigt wieder aufs Podium und stellt sich ans Mikrofon.

Er hebt die Hände.

Der Chor ebbt ab.

»Ich habe etwas vergessen, liebe Leute.« Er greift in die Innentasche seines Jacketts, zieht einen weißen Umschlag hervor und schwenkt ihn über dem Kopf.

»Hier sind 5.000 Euro drin. Dieses Geld ist für die kleine Lena. Sie soll die beste Behandlung bekommen. Wo ist die Mutter? Ist die Mutter da? Ihr seht, wir sind alle Kröger.«

Silke tritt vor, Lena immer noch auf der Hüfte.

Sie schreit ihn an: »Ich will dein Scheißgeld nicht. Ich will wissen, warum wir alle rausmüssen?«

»Warum? Warum? Warum?«

Kröger hebt die Hände. »Ihr müsst nicht raus. Es ist nur eine

Änderungskündigung. Wir passen die Miete an die Marktentwicklung an. Mehr passiert hier doch nicht. Außerdem modernisieren wir die Wohnungen.«

»Ich kann nicht 90 Euro mehr bezahlen«, schreit Silke. »Ich habe keine 90 Euro extra im Monat.«

»Dann geht es Ihnen so wie mir«, sagt Kröger. »Ich muss den Kaufpreis refinanzieren. Ich brauche Ihre 90 Euro, sonst geht es Kröger schlecht. Dann geht es uns allen schlecht.«

»Dann musst du das nächste Mal mit dem Fahrrad herkommen«, brüllt jemand dazwischen.

Die Leute lachen. Kröger ist irritiert.

»Du bist böse«, schreit eine junge Frau.

Kröger schaut sich verwirrt um.

»Ich bin nicht böse. Ich will bloß Geld verdienen.«

Er erntet schallendes Gelächter.

»Wenn ich die Mieten nicht anpasse, werde ich ...«

»Aufhören!«, brüllt jemand.

»Ich denke nicht daran. Ich höre nicht auf. Ich erkläre Ihnen hier Zusammenhänge, von denen Sie offensichtlich keine Ahnung haben.«

Dengler sieht, wie Charlotte Kröger die Hände vors Gesicht hält.

»Aufhören! Aufhören!«

»Ich höre nicht auf.«

»Aufhören! Aufhören! Aufhören!«

Kröger wird rot wie ein Hahnenkamm. Mit der rechten Hand packt er den Mikrofonständer, als wäre er Freddie Mercury.

»Ich höre nicht auf. Wie blöd seid ihr denn? Glaubt ihr denn, ihr würdet mit eurem Geschrei irgendetwas ausrichten? Ihr zahlt oder verschwindet. So einfach ist das.«

»Aufhören! Aufhören! Aufhören!«

Eine Windel fliegt auf die Bühne und bleibt vor Krögers polierten Schuhen liegen.

Charlotte Kröger hastet auf die Bühne und zieht ihren Vater am Ärmel.

»Lass mich los«, herrscht er sie an. Und zu den Bewohnern: »Was wollt ihr? Ökonomie! Noch nie gehört, oder was?«

Ein Teddybär fliegt im hohen Bogen zur Bühne und trifft ihn an der Schulter.

Vater und Tochter rennen geduckt zur Treppe.

Matthias springt auf die Bühne und reißt das Transparent ab.

»Wir sind nicht mehr Kröger«, schreit er.

Die Bodyguards schaffen den Firmenchef zu den Limousinen.

Dengler sieht, wie Patrick Böhmer mit schnellen Schritten zu Hatice geht und das Volksbegehren zur »Enteignung von Deutsche Eigentum, Kröger und Co.« unterschreibt. Andere treten hinzu, und bald bildet sich eine kleine Schlange vor ihr.

*

Silke steht plötzlich vor ihnen. »Du arbeitest echt für dieses Arschloch?«

Dengler sagt: »Du hast doch gehört, was ich gesagt habe: Ich ermittle ohne Ansehen der Person. Wenn es der Kröger war, liefere ich ihn bei der Polizei ab.«

»Hö, hö«, sagt Matthias. »Hast du nicht gehört, was dein Chef gerade gesagt hat? Wir sind alle Kröger. Gesetz der Ökonomie! Nie gehört, was?«

»Hör mal, Matthias. Ich mache das aus ermittlungstakti…«

Silke sagt: »Olga, du bist meine Freundin und du wirst es immer sein. Aber bring diesen Typen da …«, sie deutet mit dem Zeigefinger auf Dengler, ohne ihn dabei anzusehen, »nie wieder in meine Wohnung. Jedenfalls nicht, solange ich mir sie noch leisten kann.«

Sie dreht sich um und verschwindet, Matthias läuft hinterher, das Baby hebt die verbundene Hand in die Höhe, als wolle es ihnen zum Abschied zuwinken.

Hamburg-Eppendorf,
Wohnung von Fuhrmanns Tochter

Am späten Nachmittag lässt sich Fuhrmann nach Hamburg zu seiner Tochter fahren. Er hat kein gutes Verhältnis zu ihr und leider auch nicht zu seinen beiden Enkelkindern, die als Dreijährige immer noch bei jedem kleinsten Anlass so laut losgeschrien haben, als wären sie über einem Grill gedreht worden. Einmal war ihm »die Hand ausgerutscht«, wie man so sagt, und seine Tochter hatte verlangt, dass er sich entschuldigt. Bei einem dreijährigen Kind! Er hatte das empört verweigert – und daraufhin hatte seine Tochter gesagt, ihr Kind sei zwar klein, aber ein vollwertiger Mensch, und wenn es ihm nicht passe, brauche er sich bei ihr nicht mehr sehen zu lassen.

Dass mit seiner Tochter etwas nicht stimmt, hat er erst spät gemerkt. Eigentlich erst nach dem Studium. Er und seine Frau – sie starb wenige Monate nach dem Examen der Tochter – waren so stolz gewesen, dass sie das Medizinstudium in Hamburg absolviert und danach sogar promoviert hatte. Der Schock und die Erkenntnis kamen erst, als sie ihm mitteilte, sie ginge für *Ärzte ohne Grenzen* für drei Jahre in den Irak, irgendwo ins Kurdengebiet. Dort sei Cholera ausgebrochen. Ärzte würden dringend gebraucht.

»Hab keine Angst«, sagte sie. »*Ärzte ohne Grenzen* ist keine kommunistische Tarnorganisation.«

Doch genau dafür hielt er diese Truppe. Seine Tochter war in das verhasste grün-versiffte Milieu abgeglitten – ihr Verhältnis kühlte merklich ab. Von beiden Seiten. Eigentlich besuchte er sie nur, wenn er Informationen über die Grün-Versifften brauchte.

»Sag mal«, fragt er nach einer kurzen Konversation über das Hamburger Wetter. »Was sind eigentlich Impfgegner?«

Seine Tochter dreht sich überrascht zu ihm um, dann setzt sie sich ihm gegenüber an den Tisch.

»Was weißt du von ... Wieso interessieren dich jetzt ausgerechnet die Impfgegner?«

»Ich hab da so einen neuen Nachbarn«, lügt er. »Der ist ein fanatischer Impfgegner.«

»Kommt der aus Süddeutschland?«

Fuhrmann sieht überrascht auf. »Ja. Ganz genau.«

»Das ist schnell erklärt. Die meisten Impfgegner gibt es in Baden-Württemberg. Nirgendwo ist die Impfquote niedriger als dort.« Sie beugt sich zu ihm vor. »Es ist so: Die Weltgesundheitsorganisation empfiehlt bei Masern eine Impfrate von 95 Prozent. Im Südwesten liegt sie bei 89 Prozent. Das ist unverantwortlich, denn Masern sind eine hochansteckende und gefährliche Krankheit, an der weltweit jährlich mehr als 140 000 Menschen sterben. In den Waldorfschulen in Süddeutschland sind unglaubliche 30 Prozent der Kinder nicht gegen Masern geimpft. An den staatlichen Schulen sind es gerade mal fünf Prozent. Verantwortlich dafür sind anthroposophische Ärzte und ihre sogenannte ergebnisoffene, neutrale und individuelle Beratung der Eltern. Es ist kein Wunder, dass gerade an Waldorfschulen immer wieder die Masern ausbrechen. In der *Medizinischen Wochenzeitschrift* las ich, dass die anthroposophische Medizin immer wieder für Masernausbrüche verantwortlich sei.«

»Du bist also keine Impfgegnerin?«

»Ich war in Gegenden, in denen es kein funktionierendes Gesundheitswesen gibt, also auch keine Impfungen. Da wurde niemand geimpft. Ich sah Kinder an Hirnhautentzündungen sterben, die von Masern verursacht wurden. Ich hielt einige davon im Arm ...«

Sie bricht abrupt ab.

»Das hast du mir nie erzählt«, sagt Fuhrmann leise.

Seine Tochter lacht bitter. »Ich habe dir so vieles nicht erzählt, Papa. Du warst immer gegen alles, was für mich wichtig war. Mein Engagement ... meine Reisen ... Dich hat es nie interessiert, was ich wirklich dachte. Als ich für *Ärzte ohne Grenzen* unterwegs war, hast du mir vorgeworfen, ich würde mich einer kommunistischen Untergrundorganisation anschließen.«

»Vorfeldorganisation, habe ich gesagt.«

Und das glaube ich immer noch, denkt er.

»Du hast so viel mit den Impfgegnern gemein. Dieser Fanatismus, Papa, wo kommt der her? Deine merkwürdigen Ideen waren dir immer wichtiger als ich. Ihnen hast du die Beziehung zu meinen beiden Mädchen geopfert. Warum, Papa, warum? Kannst du es mir erklären? Ich verstehe es nicht.«

Fuhrmann sieht, wie ihre Augen nass werden, und er fühlt sich unangenehm berührt.

»Wie viele von diesen Impfgegnern gibt es?«, fragt er schnell.

»Viele«, sagt sie und wischt sich die Augen trocken. »Sehr viele.«

*

Als er wieder auf dem Rücksitz seines Wagens sitzt, denkt er nur eines: Man darf Nopper nicht unterschätzen; das mit den Impfgegnern habe ich nicht gewusst.

Er war mir in einem Punkt überlegen.

Er ist gefährlich.

Ich muss ihn ausschalten.

So schnell wie möglich.

Berlin-Wannsee, Villa Kunterbunt

Als er am nächsten Tag wieder an seinem Schreibtisch in der Villa Kunterbunt sitzt, recherchiert Fuhrmann über diese Impfgegner, die Harry Nopper so am Herzen liegen. Er bemüht Google und seinen Benutzerausweis der Bibliothek des Innenministeriums, und nach zwei Tagen wird ihm klar, dass er Nopper sträflich unterschätzt hat. Sein Gegenspieler plant mit seinem Vorhaben, die

Impfgegner in die Nationale Bewegung einzureihen, den ganz großen Coup.

Und er, Fuhrmann, hatte es nicht begriffen. Den Feind zu unterschätzen, ist der größtmögliche aller möglichen Fehler – und genau das war ihm passiert. Das darf sich unter keinen Umständen wiederholen.

Er wird ihn die Operation gegen die Berliner Mieterinitiative durchführen lassen. Danach wird es keinen Konkurrenten mehr geben.

Er wird Nopper nicht noch einmal unterschätzen.

Fuhrmann selbst wird dann die Impfgegner zu treuen Wählern der AfD machen.

Infektionen, das wird Fuhrmann bei seiner Recherche schnell klar, sind immer schon ein Quell von Aberglauben aller Art gewesen. Viren sind ein unsichtbarer Feind, sie schlagen scheinbar aus dem Nichts zu, scheinen unerklärlich, und in der vorwissenschaftlichen Zeit haben sie außer Millionen von Toten drei Dinge hervorgebracht: Religionen, Mythen und Sündenböcke. Niemand wusste, dass die Pest von Flöhen übertragen wurde. Stattdessen flehte man Gott an, baute Kirchen und verbrannte Juden.

Verblüffend für Fuhrmann ist jedoch: Selbst als die medizinische Forschung den Ursachen der großen Infektionskrankheiten auf die Spur gekommen und in der Lage war, wirksame Therapien zu entwickeln, mobilisierten manche Menschen enorme Energien, um die alten Vorstellungen fortleben zu lassen: Religionen, Mythen und Sündenböcke.

Ende des 18. Jahrhunderts gelang dem britischen Arzt Edward Jenner und seinen Kollegen der entscheidende Durchbruch im Kampf gegen die tödliche Infektionskrankheit Pocken. Durch die Injektion von harmlosen Kuhpocken konnten Kinder erstmals vor der gefährlichen Infektionskrankheit geschützt werden. Die Pocken waren eine der großen Geißeln der Menschheit. Noch im 19. Jahrhundert fiel ein Fünftel aller Kinder den Pocken zum Opfer –

180 000 Menschen starben in Deutschland zu Beginn des Kaiserreichs an einer solchen Epidemie. Doch trotz des großen Erfolgs
der Forschung stieß die medizinische Revolution zu Beginn der
Aufklärung auf große Skepsis – selbst bei dem Zeitgenossen Im-
manuel Kant, dem großen Philosophen.

Fuhrmann ist verblüfft, als er entdeckt, dass vor allem in
Deutschland bereits in der Kaiserzeit Bündnisse entstanden waren,
die weltanschaulich den heutigen Impfgegnerbünden sehr ähneln.
Als Bismarck das Virus mit einer allgemeinen Impfpflicht besiegen
wollte, sträubten sich viele gegen den Schutz vor Pocken, weil sie
glaubten, die Kuhviren führten zu einer »Vertierung« des Menschen. Ähnlich wie in England, wo die Impfgegner bis zu 100 000
Demonstranten organisierten, versuchte man auch in Deutschland mit Petitionen Druck auf das Parlament auszuüben und mit
internationalen Kongressen die öffentliche Meinung gegen das
Impfen zu beeinflussen.

Die Pocken wurden durch das Impfen besiegt. Auch das Leben
der Kinder der Impfgegner wurde durch die Impfpflicht bei Pocken
geschützt.

Doch darum geht es Fuhrmann nicht. Ihn interessiert, dass der
Plan Noppers offenbar darin besteht, eine neue Allianz zu organisieren, die den Bündnissen in der Kaiserzeit gleicht. Wie der ehemalige SPD-Abgeordnete Wodarg lehnten auch damals einige
sozialdemokratische Gesundheitspolitiker Impfungen als reine
Symptombekämpfung ab. Stattdessen müsse man die eigentlichen
Ursachen der Krankheit in den Blick nehmen, sagten sie: die Armut
und die ungesunden Lebensverhältnisse der Stadtbevölkerung.
Diese Sozialpolitiker waren damals im Bund mit liberalen Impf-
kritikern, die in der Impfpflicht einen Angriff auf die Freiheit
und Mündigkeit der Bürger sahen. Die weitaus stärkste Fraktion
der Impfgegner bildeten aber die Anhänger der Lebensreform-
bewegung, die unter dem Motto »Zurück zur Natur« einen radikalen Bruch mit der Lebensweise der autoritären wilhelminischen

Industriegesellschaft propagierte. Die an Verstädterung, Armutsmigration und Massenkultur »erkrankte« Gesellschaft sollte an und mit der Natur geheilt werden: mit Freikörperkult und Vegetarismus, Gartenstädten und alternativer Medizin. Gesundheit war für die Lebensreformer das Ergebnis von konsequenter Hygiene und körperlicher Ertüchtigung. Die modernen Arzneien hießen Luft, Sonne, Wasser und giftfreie Diät, wie Heinrich Molenaar, der Präsident des Impfgegnerbundes, unter Rückgriff auf lebensreformerische Rezepte schrieb.

Einer der berüchtigtsten Antisemiten und ein wichtiger Vordenker der nationalsozialistischen Rassenlehre, Eugen Dühring, behauptete, das Impfen sei ein Aberglaube, der von jüdischen Ärzten geschürt werde, um sich zu bereichern.

Jetzt sieht Fuhrmann deutlich die Brücke, über die Nopper plant, die Impfgegner in die Arme der AfD zu treiben. Sein Respekt vor ihm steigt.

Er muss ihn unschädlich machen, bevor Nopper es mit ihm tut. Es muss schnell gehen.

Berlin, Kröger Immobilien AG, Myriam Jungs Büro

Als Dengler zu Kröger Immobilien zurückkommt, herrscht eine eigentümliche Stimmung auf den Fluren. Niemand sieht ihn an. Niemand grüßt ihn. Jeder scheint seinen eigenen Gedanken nachzuhängen. Er klopft an Myriam Jungs Büro. Krögers Assistentin hat die Füße auf den Schreibtisch gelegt und raucht.

Sie deutet mit der Zigarette auf den Sessel vor ihrem Schreibtisch.

»War es so schlimm, wie es im Fernsehen ausgesehen hat?«, fragt sie.

»Mindestens.«

»Er hat einen Hit auf Facebook, Twitter, YouTube, Instagram gelandet. ›Ich bin nicht böse. Ich will bloß Geld verdienen.‹ Jemand hat es sogar schon mit Musik unterlegt.«

»Tja, das war …«

»Der Chef ist komplett ausgerastet, was?«

»Kann man sagen.«

»Scheiße.« Sie nimmt einen tiefen Zug. »So etwas gab es in der Firma noch nie. Plötzlich geht alles schief, und niemand weiß, warum. Dabei ist das für mich alles schon schwer genug.«

»Wie meinen Sie das?«

Sie hebt kurz den Kopf, sieht ihn für einen Augenblick mit flackerndem Blick an, senkt den Kopf sofort wieder und sagt: »Ich komme mir manchmal vor wie ein Paria. Wenn ich auf einer Party sage, ich arbeite bei Kröger Immobilien, gibt es blöde Witze, Mitleid, manchmal sogar Wutausbrüche. Ich werde gefragt, ob ich eine sadistische Ader habe oder ob ich so doof bin, dass ich keinen anderen Job finde. Wenn man bei Kröger, Deutsche Eigentum oder bei einem anderen Immobilienkonzern arbeitet, behält man das am besten für sich. Es ist irgendwie … anstößig.«

»Trotzdem machen Sie es.«

»Tja«, sagt sie und streicht sich eine Locke aus dem Gesicht. »Das liebe Geld. Auch ich muss meine Brötchen verdienen.«

»Aber Ihre Freunde haben recht. Sie könnten sicher einen anderen Job bekommen. Warum bleiben Sie bei Kröger?«

Für einen kurzen Augenblick senkt sie den Blick und fährt sich gleichzeitig mit der rechten Hand durchs Haar. Dann hebt sie den Kopf. Dengler sieht, wie ihre Pupillen für einen kurzen Augenblick hin und her rasen, als suchten ihre Augen einen Ausweg.

»Ich bekomme anderswo nicht so viel wie hier«, sagt sie.

»Okay. Lassen wir das. Aber was meinen Sie? Was wird Kröger jetzt tun?«

»Entmieten. Die Leute müssen so schnell wie möglich raus, damit da wieder Ruhe einkehrt.«

»Wieder einmal bissige Ratten aussetzen?«

»Das waren wir nicht. Das würde der Chef nicht erlauben.«

Dengler wird hellhörig.

»Wem nicht erlauben?«

»Der Entmietungsagentur.« Sie beugt sich vor. »Meinen Sie, so etwas würden wir selbst machen? Dafür gibt es Spezialisten. Das macht die schöne Russin.«

»Die schöne Russin?«

Myriam Jung nimmt die Füße vom Schreibtisch, zieht an der Zigarette, tippt irgendwas in den Computer, dann schreibt sie zwei Zeilen auf einen Notizzettel.

»Darf man bei der edlen Kröger Immobilien AG im Büro rauchen?«, fragt Dengler.

Myriam Jung schüttelt den Kopf. »Streng verboten. Unser Chef ist Sport- und Gesundheitsfanatiker. Aber im Augenblick geht hier irgendwie ohnehin alles den Bach runter.«

Sie reicht ihm den Zettel. »Das ist die Adresse der Entmietungsagentur. Die schöne Russin.«

Er liest. »Jana Kusnezowa – klingt vielversprechend.«

»Machen Sie sich keine falschen Hoffnungen. Die sexuelle Orientierung dieser Frau ist mir nie ganz klar geworden.«

Berlin-Wannsee, Villa Kunterbunt

Man kann gegen Nopper einwenden, was man will – er ist fleißig, arbeitet schnell und systematisch, seine Analysefähigkeit beeindruckt das Direktorium, und seine Ideen und Konzepte haben Hand und Fuß. Er versteht es, die verteilten Kräfte sinnvoll einzusetzen, plant den Rückzug ebenso sorgfältig wie die Aktion selbst – Fuhrmann muss zugeben: Nopper ist ein Profi.

Eine Woche, nachdem Kröger sich auf dem Platz vor seinen beiden Plattenbauten bis auf die Knochen blamiert hat, beschließt das
Direktorium auf Antrag Harry Noppers die Exekution von Sebastian Kröger.

15. Kapitel: Die schöne Russin

Berlin-Lichtenberg, Siegfriedstraße

In der Siegfriedstraße in Berlin-Lichtenberg reihen sich Autovermieter, Fahrschulen, ein Abschleppdienst, eine Jet-Tankstelle, ein Blumengroßmarkt und andere lebenswichtige Einrichtungen locker hintereinander. Dengler war mit der S7 bis Lichtenberg gefahren und dann noch drei Stationen mit dem Bus. Die Kusnezowa Service GmbH ist in einem flachen Bau untergebracht, dessen dreckige Fassade einige unerschrockene, aber wenig talentierte Graffitikünstler nicht davon abgehalten hat, hilflose Schnörkel auf den grauen Untergrund zu sprühen.

In der Etage, in der die schöne Russin ihr Büro hat, brennt in zwei Räumen Licht. Es gibt einen abgeschlossenen Hinterhof, in dem ein blauer Honda und ein grauer 911er-Porsche stehen.

Dengler sieht sich um. Für eine Überwachung gibt es wenige Möglichkeiten, wenn man nicht wie sonst üblich in einem Pkw sitzen kann. Kein Café, nicht einmal eine Frittenbude, von der aus Dengler das Haus hätte überwachen können. Also läuft er die Straße hoch und wieder zurück, immer den hässlichen, flachen Bau im Blick. Doch es tut sich nichts.

Um halb fünf verlässt der graue 911er den Hof. Hinter dem Steuer sitzt eine hochgewachsene, gut aussehende blonde Frau mit einem länglichen, wie gemeißelt aussehenden Gesicht. Sie erinnert ihn an die Hauptdarstellerin aus *House of Cards*, die die Frau von

Frank Underwood spielt. Wie heißt sie noch mal? Dengler fällt der Name nicht ein. Doch die Frau, die im Porsche sitzt, strahlt die gleiche eisige Schönheit aus.

In diesem Augenblick summt sein Handy. Jakob schickt ihm eine SMS.

Ich bin zurück in Berlin. Sehen wir uns heute Abend? 20:30?
Ashoka am Savignyplatz.

Dengler sieht dem Porsche nach und schreibt zurück: »Gern. Ich freu mich.«

Da schleicht ein Taxi die Siegfriedstraße hinauf. Das gelbe Dachschild leuchtet. Dengler tritt auf die Straße und winkt. Das Taxi hält, er steigt ein und setzt sich auf die Rückbank.

»Wo soll's denn hingehen, junger Mann?«, fragt der korpulente Fahrer, dessen Sitz sich in den Jahren seiner Figur angepasst zu haben scheint. Er dreht sich um und blickt Dengler unter einer blauen Baseballkappe an.

»Folgen Sie dem grauen Porsche vor Ihnen.«

»Was?«

»Schnell! Folgen Sie dem grauen Porsche.«

»Sind wir hier beim Film – oder was?«

»Fahren Sie los, sonst ist das Auto weg.«

»Steigen Sie aus.«

»Was? Nein, fahren Sie los.«

»Mit meinem Taxi gibt es keine Drogengeschäfte. Raus! Aber schnell!«

»Spinnen Sie? Ich mach keine Drogengeschäfte. Bitte, schnell …«

Der Fahrer seufzt, steigt aus, schiebt die Baseballmütze ins Genick und reißt die hintere Tür auf.

»Raus! Blitzschnelle! Sonst helf ich dir nach.«

Dengler senkt den Kopf. »In dem Wagen sitzt meine Frau«, sagt er leise.

»Ach du Scheiße«, sagt der Mann und wirft die Tür zu. Er setzt sich hinter das Steuer, und mit einem rauen Ton springt der Diesel an.

»Sehen Sie sie?«, fragt Dengler und beugt sich nach vorn.

»Nee«, sagt der Fahrer. »Sie muss in die Herzbergstraße eingebogen sein.« Er setzt den linken Blinker.

»Wie lange geht das bei Ihnen schon so?«, fragt er dann.

»Ich weiß es nicht«, sagt Dengler. »Hab es erst vor drei Tagen rausbekommen.«

Das Taxi biegt ab. Sie schauen beide nach vorne, suchen den grauen Porsche. Der Taxifahrer beschleunigt.

»Bei mir ging das schon an die zwei Jahre«, sagt der Mann und streicht sich durch einen grauen Dreitagebart. »Der Klassiker: Alle wussten es, nur ich nicht.«

»Krass.«

Sie fahren an einem Sportstudio vorbei. Der Taxifahrer muss hinter einer Straßenbahn anhalten. Sie verlieren wichtige Sekunden.

»Meine Schwester hat es mir dann gesagt. Sie hatte meine Olle zufällig gesehen … Hätte sie nichts gesagt, wäre das wahrscheinlich für immer so weitergegangen. Am Wannsee war sie. Geknutscht hat sie. Mit einem Griechen.«

»Haben Sie sie zur Rede gestellt?«

»Klar. War aber ein Fehler. Sie hat sofort alles zugegeben. Und dann war sie weg.«

»Schon lange her?«

»Drei Jahre.«

»Schlimme Zeit?«

»Sehr schlimme Zeit. – Da vorne ist sie.«

Dengler beugt sich vor. Tatsächlich, vier Wagen vor ihnen fährt die schöne Russin in ihrem grauen Porsche.

»Ich bleib dran«, sagt der Taxifahrer. »Wo fährt sie denn hin?«

»Ich vermute … zu *ihrem* Griechen.«

Der Fahrer schüttelt empört den Kopf. »Ich bin Tag und Nacht gefahren, um ihr ein schönes Leben zu bieten. Gab's 'ne Sonderschicht – schon habe ich mich gemeldet. Nicht weil ich gern hinterm Steuer sitzen wollte. Wegen ihr hab ich das gemacht. Verstehen Sie?«

»Ich versteh Sie gut.«

»Dafür einmal in der Woche schön lecker essen gehen. Drei Wochen Teneriffa im Januar, günstig in der Nebensaison und so. Von nix kommt nix.«

»Das stimmt. Fahren Sie nicht zu nah auf.«

»Ich krieg 'ne richtige Wut, wenn ich dran denke.«

»Das ist gut.«

»Was ist gut? Der Abstand?«

»Nein, dass Sie 'ne Wut haben. Kennen Sie die fünf Stufen der Trauer?«

»Ne, ne, Kumpel, ich hab keine Trauer. Nur 'ne Wut. Weil ich so ausgenutzt wurde.«

»Also die Theorie der fünf Stufen sagt, dass Wut eine Stufe der Trauer ist. Es gibt noch andere Stufen. Ich hab nicht alle davon im Kopf, doch die letzte ist die Akzeptanz. Dann ist es vorbei.«

»Ich hab keine Akzeptanz. Ich hab 'ne Wut.«

»Sag ich doch, dass Sie jetzt gerade auf der Wutstufe stehen. Danach kommt die nächste. Irgendwann kommt die Akzeptanz.«

»Ich könnt den Kerl umbringen. Da – sie blinkt.«

Der Porsche biegt links in die Landsberger Allee ein und gibt Gas. Auch der Taxifahrer beschleunigt.

»Deine Olle fährt in den Westen. Lass mich raten: ins schicke Charlottenburg. Wetten?«

»Keine Ahnung.«

Der Taxifahrer schweigt. Gott sei Dank, denkt Dengler.

»Kommt ganz schön was zusammen«, sagt der Fahrer, als sie die Mollstraße entlangfahren, und zeigt auf das Taxameter.

»Die Liebe kennt keine Kosten.«

»Sie sind noch nicht auf dieser Wutstufe angelangt, Kumpel, oder?«

»Passen Sie auf, sie biegt links ab.«

»Auguststraße. Hab ich doch gesagt. Die Dame mag es vornehm.«

Fünfundzwanzig Minuten später halten sie an. Der graue Porsche steht in der zweiten Reihe vor dem Eingang zum Café *Espresso*.

»Vielleicht kann ich helfen, dass Sie auch auf meine Wutstufe kommen«, sagt der Taxifahrer.

»Nur zu.«

»Das Ganze kostet Sie jetzt mal knappe 65 Euro und 50 Cent.«

»Stolzer Preis.«

»War auch 'ne lange Strecke. Hier, nehmen Sie meine Kappe. Dann erkennt die Alte Sie nicht gleich. Kostet nichts extra.«

Berlin-Wannsee, Villa Kunterbunt

»Dieser Mann«, erläutert Nopper dem Direktorium, »ist die aktuelle Hassfigur der sogenannten Berliner Mieterbewegung. Wenn ihm etwas zustößt, wird dies automatisch dieser Szene zugeordnet. Er ist ein erfolgreicher Bauunternehmer, der jetzt das ganz große Rad in Berlin drehen will. Aber dazu fehlen ihm letztlich die Mittel, sowohl finanzieller als auch intellektueller Art. Er ist lange nicht die große Nummer, die er zu sein glaubt.«

Fuhrmann lehnt sich in seinem Stuhl zurück und sieht seinem Konkurrenten zu, wie er das Direktorium überzeugt. Es ist die erste Operation, die Nopper in seiner Funktion plant, aber, das muss Fuhrmann zugeben, er macht seine Sache gut. Sehr gut sogar.

Als Modus Operandi schlägt er vor, Kröger vom Dach des Hauses zu stürzen, vor dem er seine Rede gehalten und von den Radikalen ausgebuht worden war. Unter einem Vorwand würde man

Kröger auf das Dach des Hauses locken. Eine sichere Sache. Ausgeschlossen, dass Kröger den Sturz überlebt.

Nopper präsentiert auch den beziehungsweise die Täter, beziehungsweise die Täterinnen. »In diesen neuen Bewegungen, die wir bekämpfen, sind überproportional viele Frauen vertreten. Es sind Frauen, die diesen Bewegungen Gesichter geben. Häufig junge Frauen, gut ausgebildet, gut aussehend, sympathisches Auftreten, aber radikal deformiert. Wir werden zwei solcher Frauen als Täterinnen präsentieren – und damit eine Debatte über die Gewaltbereitschaft dieser sogenannten emanzipierten Frauen auslösen. Ich habe zwei von ihnen ausgesucht, die an exponierter Stelle in dieser Bewegung aktiv sind. Voilà!«

Er drückt auf eine Taste seines Laptops und auf der Leinwand erscheint ein Video der Mieterversammlung.

»Das ist Silke Herzog, unsere erste Mörderin. Hoch fanatisch, wie man sehen kann.«

Auf dem Video schreit Silke mit hochrotem Kopf: »Ich kann nicht 90 Euro mehr bezahlen. Ich habe keine 90 Euro extra im Monat.«

»Dann geht es Ihnen so wie mir«, antwortet Kröger auf der Bühne. »Ich muss den Kaufpreis refinanzieren. Ich brauche Ihre 90 Euro, sonst geht es Kröger schlecht. Dann geht es uns allen schlecht.«

»Dann musst du das nächste Mal mit dem Fahrrad herkommen«, brüllt jemand dazwischen.

Dann zeigt das Video, wie Silke Herzog eine volle Windel auf die Bühne wirft und Kröger nur knapp verfehlt.

Alle im Raum lachen.

»Damit ist die Gewaltbereitschaft ja wohl bewiesen«, sagt Nopper grinsend.

»Du bist böse«, schreit Silke mit verzerrtem Gesicht. Dann bricht der Film ab.

Nopper lehnt sich in seinem Stuhl zurück. »Leute, ihr lacht, aber für unsere Zwecke ist sie absolut perfekt. Unter einem Vorwand locken wir sie ebenfalls auf das Dach. Am Hauseingang und im Treppenhaus wird sie von mehreren Zeugen gesehen. Keine Stunde später wird sie festgenommen.«

Er beugt sich wieder vor. »Und auf diese Täterin bin ich besonders stolz.«

Erneut flackert ein Film auf der Leinwand auf. Hatice geht Unterschriften sammelnd durch die Menge. Die Kamera folgt ihr bewundernd und verweilt für einen Augenblick auf ihren hin und her schwingenden Hüften.

»Lassen Sie sich nicht ablenken! Schauen Sie auf den rechten Stiefel«, sagt Nopper. »Dort klemmt eine Dose mit Pfefferspray. Besser kann man Gewaltbereitschaft nicht signalisieren. Das ist unsere zweite Täterin.«

Fuhrmann unterbricht ihn. »Wo werden Sie sich während der Operation aufhalten?«

Nopper schaut irritiert auf. »Ich leite das Team von fünf Männern persönlich. Alles unsere Leute. Handverlesen. Die Besten aus Meckenheim.«

Fuhrmann fragt weiter: »Sie werden also während der Aktion auf dem Dach sein?«

»Selbstverständlich«, sagt Nopper. »Ich werde selbst Hand anlegen, wenn die Situation dies erfordert.«

Dann erläutert er die technischen Details der Operation.

*

Nach der Sitzung geht Fuhrmann in sein Büro. Er ist zufrieden. Noppers Planung ist perfekt. Das Direktorium hat das Vorhaben einstimmig genehmigt. Die Kollegen sind beeindruckt. Er selbst hat die Professionalität Noppers gelobt. Er ist sogar so weit gegangen und hat erklärt, er freue sich, dass es gelungen sei, einen solchen Profi für das Hauptquartier zu gewinnen.

Fuhrmann bittet Frau Ernst um einen Hagebuttentee. Als er

den ersten Schluck getrunken hat, schließt er die Augen und denkt nach. Er kennt nun Noppers Plan.

Ein Kampf auf Leben und Tod, denkt er.

Noppers erste Operation wird zugleich seine letzte werden.

Er ruft die Grundrisse der beiden Plattenbauten auf seinem Rechner auf. Wo kann man Scharfschützen positionieren? Wo wird er stehen, um mit eigenen Augen Noppers Ableben zu beobachten? Fuhrmann greift zum Telefon und ruft seinen Verbindungsmann beim Kommando Spezialkräfte in Calw an. Dieser Mann ist stellvertretender KSK-Kommandeur und will schon lange Mitglied im Direktorium werden. Bislang scheiterte er regelmäßig an Fuhrmanns Einspruch.

»Gerd«, sagt Fuhrmann, »du schuldest mir einen Gefallen. Hör mir zu: Ich brauche zwei Scharfschützen mit Nachtsicht-Zielfernrohren. Zuverlässige Leute. Männer unserer Organisation.«

Er erläutert seinen Plan in knappen Worten. Dann verspricht er seinem Verbindungsmann den freiwerdenden Sitz im Direktorium.

Er lächelt, als er auflegt.

Das Kapitel Harry Nopper neigt sich seinem Ende zu. Ich knall den Hund ab, dachte er.

Das Leben kann so schön sein.

16. Kapitel: Ermittlungen (6)

Berlin-Charlottenburg, Café Espresso

Das Café *Espresso* nennt sich *Kleines Grand Café*, wie Dengler der Speisekarte entnimmt, die hier »Special Drink Menu« heißt. Mehrere runde kleine Tische aus einem weißen Material stehen im Raum, zwei mit weißem Leder bezogene Couches am Fenster, andere Sofas sind im Halbrund um Tische gruppiert. Auch sie in Weiß. Teelichter flackern in kleinen Glasbehältern auf den Tischen. Die schöne Russin sitzt mit einer anderen Frau, blond, oder besser gesagt: blondiert, auch sie, an einem Tisch am Fenster.

Sonst sind noch zwei Plätze besetzt. Ein jüngerer Mann in einem engen blauen Nadelstreifenanzug, Dengler schätzt ihn auf Ende zwanzig, sitzt mit zwei halb asiatisch aussehenden jungen Männern und einem Typen, der nach Rockerszene aussieht, in der hinteren Ecke. Der Nadelstreifenkerl ist wenig älter als Jakob. Doch Dengler kann sich seinen Sohn nicht mit eng anliegendem Jackett, weißem Hemd, Einstecktuch, schmaler brauner Ledertasche vorstellen.

Der zweite besetzte Tisch steht links neben der Eingangstür. Ein etwa fünfzigjähriger Kahlkopf im grauen Anzug sitzt neben einem zerknitterten dreißigjährigen Mann in Jeans und Kapuzenshirt aus einem zerzausten Wollstoff. Der Jüngere lässt den Kopf und die Schultern hängen und lauscht dem grauen Anzug andächtig.

Dengler setzt sich an einen Tisch in die Nähe der beiden Frauen.

Er riecht kurz an der Baseballkappe des Fahrers und drückt sie sich in die Stirn. Dann zieht er sein schwarzes Notizbuch heraus und einen Kugelschreiber. Vielleicht kann er unauffällig lauschen, wenn er wie ein Schriftsteller aussieht, der sein neues Buch entwirft und Einfälle notiert. Er legt die Stirn in Falten und beugt sich vor, damit er besser hören kann.

Dummerweise wehen auch von links Gesprächsfetzen von dem Kahlkopf und seinem depressiven Gesprächspartner heran.

Von links:»Mit dem Richter haben wir einfach Pech gehabt.«

Von rechts:»Der Laden ist am Boden. Und der sitzt das einfach aus.«

Links:»Ist ein harter Hund.«

Rechts:»... denkt tatsächlich, ich würde ihn jetzt da raus...«

Links:»Jetzt ist es noch zu früh ... Berufungsverhandlung sieht vielleicht besser ...«

Rechts:»Der macht das so *offensiv*, verstehst du?«

Links leise:»Aber so war es doch gar nicht.«

Rechts:»Irgendwann muss dann auch mal ...«

Links laut:»Unbedingt ... Anzug anziehen. Guten Eindruck ...«

Rechts:»Weihnachten wollten wir im neuen Haus verbringen.«

Links laut zum Kellner:»Haben Sie Serano? Ein Seranobrot vielleicht? Nein?«

Links leise zum Kellner:»Eine Schorle bitte für mich.«

Rechts:»Hast du das Haus in Tübingen verkauft?«

Links:»Richter ... scharfer Hund ...«

Rechts:»Wir haben danach auch ganz wenig gesprochen.«

Links leise:»Gibt's denn Hoffnung, dass ...«

Rechts:»Du, ich hab jetzt noch einen Termin.«

Links leise:»Ich weiß auch nicht, was da mit mir los war.«

Dengler steht auf. Es ist nicht zum Aushalten. Er geht zur Theke und zahlt. Vor der Tür orientiert er sich auf Google Maps, wo er gerade ist. Nähe Kurfürstendamm. Von hier sind es nur ein paar Minuten zum Hotel und auch nur ein paar Minuten zum Savignyplatz, wo er Olga und Jakob treffen wird. Er steckt das Handy in die Tasche.

Da sieht er einen Ferrari in einer Parkbucht stehen. Schwarz. Dengler ist sofort wach. Er geht zu dem Wagen und umkreist ihn, bückt sich, um das Blech über dem linken Vorderrad genauer zu untersuchen. Es ist nichts zu sehen. Kein abgesplitterter oder verbrannter Lack. Auch das Blech über dem Reifen scheint nicht ersetzt worden zu sein. Vorsichtig fährt er mit dem Zeigefinger über den Lack, um mögliche Schweißnähte zu entdecken.

»Suchst du etwas Besonderes?«, fragt eine Stimme hinter ihm.

Dengler dreht langsam den Kopf zur Seite.

Hinter ihm steht der Rocker in schwarzer Jeans und Lederjacke, der vorhin noch bei dem Typen mit dem engen blauen Anzug saß und der ihn nun nicht aus seinen halb zugekniffenen Augen lässt.

Dengler stützt sich mit einer Hand auf der Karosserie ab und steht auf.

»Tolles Auto. Hätte ich auch gern.«

»Deshalb kniest du vor meinem Vorderrad?«

»Wollte mir mal die Reifen und die Felgen genauer angucken. Was hat die Karre gekostet?«

»Verpiss dich. Aber schnell.«

»Wenn ich mit so einer Schleuder bei meiner Lady vorfahren würde, dann bekäme ich sie endlich ins Bett.«

»Geh von meinem Auto weg! So, wie du aussiehst, hast du auch mit Auto keine Chance.«

Aus den Augenwinkeln sieht Dengler, wie der junge Typ im blauen Anzug durch das Fenster zu ihnen hinüberschaut. Er geht auf den Rocker zu.

»Echt. Bin beeindruckt von deinem Ferrari.«

»Tipp vom Fachmann: Du kannst die Kiste auch mieten. Tageweise. Wochenweise.«

»Danke, Kumpel, guter Tipp.«

In diesem Augenblick verlässt die schöne Russin das Café. Sie geht mit schnellen Schritten zu ihrem Porsche. Mit einem satten dunklen Ton geht dessen Türverriegelung auf.

»Sag mal, Kumpel, brauchst du 200 Euro?«, sagt Dengler.

»He, he, wer braucht die nicht?«

»Es muss schnell gehen. Leih mir deinen Wagen. Ich bringe ihn dir sicher zurück. Du kriegst meinen Perso als Pfand. Okay?«

Er zieht seinen Geldbeutel heraus, nimmt vier Fünfzigeuroscheine heraus und zeigt dem Rocker seinen Personalausweis.

»Ne, ne, lass mal stecken. Wenn die Kiste weg ist, hab ich den Ärger.«

Dengler sieht, wie die langen Beine der Russin auf den Fahrersitz schwingen.

»500 Euro«, sagt er.

Die Unterkiefer des Mannes mahlen. Seine Augen wandern von rechts nach links und wieder zurück.

»Kein Risiko für dich.«

Der Motor des Porsche röhrt.

»Was willst denn mit der Karre machen?«

»Nur ein Stück fahren. Jemanden beeindrucken. Dann bring ich sie wieder zurück.«

Die weißen Lichter des Porsche signalisieren, dass Jana Kusnezowa den Rückwärtsgang eingelegt hat.

Der Rocker kratzt sich am Kopf. »500 Euro, sagst du?«

»Wenn du mir jetzt sofort den Schlüssel gibst.«

Der Porsche steht auf der Fahrbahn.

Und fährt los.

Ein weißes Mercedes-Taxi gleitet heran. Der Fahrer stößt die Beifahrertür auf.

»Du hast zu lange gezögert, mein Freund«, sagt Dengler und springt in den Daimler.

»Wir Hirsche müssen zusammenhalten«, sagt der Taxifahrer. Es ist derselbe Mann, der ihn zum Café *Espresso* gefahren hat.

»Hirsche?«

Der Taxifahrer nimmt beide Hände vom Steuer und formt über einem Kopf ein Geweih.

Dengler lacht.

Dann folgen sie dem grauen 911er.

Berlin-Lichtenberg, Siegfriedstraße

»Die Strecke kenn ich schon«, sagt der Fahrer.

»Und ich den Preis«, seufzt Dengler.

»Ihre Olle fährt wieder zurück in die Siegfriedstraße.«

»So sieht es aus.«

Die schöne Russin hat eine Fernbedienung für das Tor zur Einfahrt. Die Gitter schieben sich beiseite, der Porsche fährt in den Hof und parkt vor der Mauer zum Nachbargrundstück. Der Taxifahrer lässt den Wagen einige Meter weiter rollen und hält dann am Seitenstreifen.

»67,50 Euro sind es diesmal.«

Dengler zahlt. »Hier, und da haben Sie Ihre Kappe zurück.«

»Alles Gute, Kumpel. Ein guter Rat zum Schluss: Wenn nicht die, dann eine andere. Obwohl – deine Flamme sieht schon ziemlich gut aus. Normal hätte ein Typ wie du bei so einer keine Chancen. Guck nach einer anderen. Dann überspringst du die Wutphase.«

»Danke für die Ermutigung«, sagt Dengler, wirft die Tür zu und sieht dem abfahrenden Taxi nach.

Er geht auf die gegenüberliegende Straßenseite und späht auf das Grundstück. Die schöne Russin biegt gerade um die Ecke des flachen Gebäudes, als ein vorüberfahrender Lkw ihm die Sicht versperrt. Irgendwo bellen zwei Hunde.

Da schlendert die Russin wieder um die Ecke, geht zu der Eingangstür an der Längsseite des Gebäudes und verschwindet.

Er stellt sich hinter einen Baum und wartet.

In seiner ersten Zeit beim BKA hat er die Observationsjobs gehasst. Das stundenlange Rumsitzen im Auto, die Rückenschmerzen, Pinkeln in leere Colaflaschen, der Kampf gegen den Schlaf, die verspätete Ablösung, das elende Berichteschreiben, darüber, dass stundenlang nichts passiert war.

Nun, Berichte wird er nicht schreiben müssen, aber ansonsten ist es genauso langweilig wie damals. Als er pinkeln muss, schleicht er sich hinter einen Busch in der Einfahrt eines Grundstücks in der Seitenstraße.

Als er zurückkommt, sieht es aus wie zuvor. Er gähnt. Er schaut auf die Uhr. Dann kommt die verdammte Sinnfrage. Sie stellt sich bei jeder Observation irgendwann ein. Warum mache ich den Scheiß? Merkt es jemand, wenn ich einfach abhaue?

Er gibt dem inneren Verlangen nach. Scheiß drauf, ich gehe zur U-Bahn, sagt er sich.

In zwei Stunden wird er Olga und Jakob treffen. Time to go. Außerdem muss er schon wieder pinkeln.

Ciao, schöne Russin.

Da hört er das tieffrequente Gurgeln eines Ferrari.

Schwarz.

Mit einer eigentümlich kantigen Bewegung biegt der Sportwagen von der Straße ab und hält vor dem Tor der Kusnezowa Serviceagentur. Das Tor schwingt auf. Der Ferrari fährt hinein und parkt neben dem Porsche unweit der Mauer. Dengler zieht sein Handy aus der Gesäßtasche. Ein ziemlich feister Typ in schwarzen Jeans und Lederjacke zwängt sich aus dem Auto. Dengler fotografiert ihn. Mit zwei Fingern zoomt er näher heran. Schwarze, kurze Haare, lange Koteletten, der Typ ist eine Kombination von Bierbauch und Anabolika. Mit einem Klacken schließen sich die Türen des Wagens, und der Typ geht zum Eingang.

Dengler überquert die Straße und rüttelt vorsichtig an dem Tor. Es ist verschlossen. Mit einem Sprung erreicht er die obere Querstange und hält sich fest, mit dem rechten Fuß stellt er sich auf den kleinen Vorsprung, den das Schloss bietet. Dann zieht er sich hoch, schwingt sich über das Tor und springt auf der anderen Seite herunter. Er bleibt einen kurzen Augenblick stehen und wartet. Dann geht er auf den schwarzen Wagen zu. Nach wenigen Schritten sieht er, dass der Lack über dem linken Vorderrad Blasen gebildet hat und teilweise abgebröckelt ist.

Bingo!

Er geht in die Hocke und fotografiert das Nummernschild. In diesem Moment hört er das Hecheln. Nicht laut. Eher dezent, aber sehr gefährlich.

Die Pfoten der beiden heranstürmenden Dobermänner machen kein Geräusch auf dem Boden, gerade so, als hätte jemand bei einem Fernseher den Ton abgedreht. Schlimmer noch: Sie bellen nicht. Sie rennen nur mit offenen Mäulern, aus denen die Zungen hin und her pendeln und den Blick auf ihre Zähne freigeben. Dengler springt auf und schätzt die Entfernung zum Tor. Er wird es nicht schaffen, vor den Hunden dort zu sein. Checkt die Entfernung zur Eingangstür. Ist wahrscheinlich abgeschlossen. Es gibt nur eine Möglichkeit.

Mit drei schnellen Schritten ist Dengler um den Wagen herum und springt auf die Kühlerhaube des Ferrari. Da sind die Köter schon da. Der erste bremst, sieht ihn an und springt. Dengler macht einen Schritt rückwärts und klettert auf das Dach des Sportwagens. Der Dobermann schlittert auf der Motorhaube. Er versucht Halt zu finden. Seine Klauen reißen deutliche Kratzer in den Lack. Der zweite Köter läuft um das Auto herum. Beide fixieren ihn mit blutunterlaufenen Augen. Der Hund auf der Motorhaube sieht ihn mit geöffnetem Maul an und rutscht vorwärts bis zur Windschutzscheibe. Richtet sich auf. Knurrt. Die Muskeln spannen sich zum Sprung. Der zweite Hund springt von der linken Seite aus. Seine Pfoten berühren das Dach, die Krallen finden keinen Halt. Er fällt auf den Boden, springt sofort wieder auf, nimmt erneut Anlauf und springt. Diesmal deutlich höher. Die beiden Vorderläufe erreichen das Dach. Er schnappt nach Denglers Bein. Die Hinterläufe bewegen sich strampelnd auf dem linken Fenster. Er will sich abstoßen, um ganz auf das Dach zu kommen.

Was tun?

Dengler bückt sich, holt aus und schlägt dem Hund ansatzlos und fest auf die Nase. Der Kopf fliegt hoch, das Vieh verliert die Balance und fällt zurück auf den Boden. Der Dobermann winselt und schüttelt wie verrückt den Schädel. Dann fixiert er Dengler und nimmt erneut Anlauf.

Der andere Hund arbeitet sich vor. Auch seine Vorderpfoten liegen auf dem Dach. Die Hinterbeine finden keinen Halt auf dem glatten Blech der Motorhaube. Dengler tritt ihm auf die linke Pfote. Das war ein Fehler.

Das Maul schwenkt blitzartig herum und beißt zu. Er fühlt, wie ein Zahn seinen Unterschenkel aufreißt. Das Vieh hat sich in sein Hosenbein verbissen. Eine gewaltige Kraft zieht an ihm. Dengler rudert mit den Armen, um das Gleichgewicht zu halten. Er spürt, dass er gleich stürzen wird. Dengler bückt sich, stützt sich mit der linken Hand auf dem Blech des Autodaches ab, und sticht mit dem rechten Zeigefinger schnell und fest in das Weiße eines der weit aufgerissenen Augen des Hundes. Der lässt nicht los. Dengler verliert das Gleichgewicht und stürzt. Der zweite Hund springt. Schnappt nach ihm. Dengler schlägt mit der Faust auf ein Auge des Hundes.

Da lässt er los. Knurrend rutscht der Dobermann zurück auf die Motorhaube. Stellt sich auf alle viere. Schüttelt sich. Knurrt. Fixiert ihn. Dengler steht wieder auf. Der zweite Hund springt. Es sind drei Schritte Platz auf dem Dach des Ferrari. Nur drei Schritte Anlauf. Dengler springt.

Mit beiden Händen krallt er sich an dem gegenüberliegenden Mauerrand fest. Will sich hochziehen.

Da spürt er einen stechenden Schmerz in der Wade. Und ein Gewicht, groß genug, ihn von der Mauer herunterzuziehen. Mit dem anderen Fuß tritt er dorthin, wo er den Kopf des Hundes vermutet.

Das Gewicht verschwindet. Dengler zieht sich auf die Mauer und fällt auf der anderen Seite herunter. Jetzt bellen die beiden Köter. Er hört, wie eine Tür aufgeht und ein Mann schreit. »Scheiße! Das Auto! Guck dir mal an, was die Scheißköter mit meinem Auto gemacht haben.« Die dunkle Stimme der schönen Russin unterbricht ihn. Sie sagt etwas, was Dengler nicht versteht – außer einem Wort: »Haftpflichtversicherung.« Dengler liegt auf dem Boden, hält sich die stechende Wade und rührt sich nicht.

Dengler steht auf und lehnt sich gegen die Mauer. Vorsichtig zieht er das Hosenbein hoch. Die Zähne des Dobermannes haben tiefe Bisswunden hinterlassen. Ein handtellergroßes Fleischstück ist aufgerissen. Die Wunde blutet stark. Dengler zieht das Hosenbein wieder herunter und setzt vorsichtig den Fuß auf den Boden, belastet ihn. Das Bein knickt ein. Der Schmerz ist überwältigend. Er braucht einen Arzt, sofort, zumindest eine Apotheke.

Auf der anderen Seite der Mauer schreit die Russin die Hunde an. Sie bellen noch immer. Doch dann beruhigen sie sich. Offenbar werden sie in einen weiter entfernten Zwinger gebracht. Eine Tür klappert. Dann ist es still.

Denglers Bein zittert unkontrolliert. Mit beiden Händen muss er den Unterschenkel festhalten, um das Beben seiner Muskeln zu stoppen. Er lehnt sich gegen die Wand und versucht, seine Atmung zu kontrollieren. Was für einen Scheiß macht er hier eigentlich? Silke will ihn in der Wohnung nicht sehen. Arthur spuckt ihm vor die Füße. Diese ganze Mieterkacke kann ihn mal. Kreuzweise. Soll er sich für Leute, die ihn für einen Verräter halten, von zwei Dobermännern zerreißen lassen?

Er zieht das Handy aus der Hosentasche und ruft Olga an. Leise erzählt er ihr, was passiert ist.

Eine halbe Stunde später ist sie da. Es ist schon dunkel, als sie mit Silkes kleinem Renault auf dem Seitenstreifen parkt. Zu Denglers

Ärger steigt auch Silke aus dem Wagen. Sie hat einen kleinen Erste-Hilfe-Koffer dabei. Zunächst will er nicht, dass sie ihn verarztet, doch als er Olgas mahnenden Blick sieht, krempelt er das rechte Hosenbein hoch.

»Nette Fleischwunde. Muss sofort desinfiziert werden«, sagt Silke und klappt den roten Koffer auf.

Sie behandelt die Bissstelle und verbindet die Wunde.

»Und da drin sitzt der Typ, der die Ratten ausgesetzt hat?«, fragt sie.

Dengler nickt. »Nicht hundertprozentig, aber ziemlich wahrscheinlich.«

Er sieht, wie sie blass wird. Ihre Augen werden schmal. Sie zittert.

»Ich geh da rein. Ich mach ihn fertig.«

Sie zieht ein Skalpell aus dem Koffer.

»Stopp, stopp, mach keinen Scheiß. Das ist nur der Handlanger. Die entscheidende Frage ist: Wer hat den Auftrag gegeben? *Das* müssen wir noch rausfinden.«

Silkes Schultern heben und senken sich. Ihre Lippen flattern.

»Es tut mir leid«, sagt sie leise.

»Was tut dir leid? Dass du den Kerl nicht mit deinem Skalpell aufschlitzen kannst?«

Sie schüttelt den Kopf.

»Es tut mir leid, dass ich so scheiße zu dir war.«

Dengler brummelt etwas Unverständliches.

»Ich dachte wirklich, du arbeitest …«

»… für die andere Seite?«

Silke nickt heftig.

»Ich versuche nur rauszubekommen, wer diese Scheißratten …«

»Ich weiß. Es tut mir leid. Aber mein ganzes Leben dreht sich plötzlich wie verrückt im Kreis. Mein Baby wird verstümmelt. Ich verliere ziemlich sicher meine Wohnung und weiß nicht wohin. Ich seh einfach kein Land mehr.«

»Ist schon okay.«

»Wirklich?«

Dengler legt einen Arm um sie. »Ja. Aber bitte, lass uns hier verschwinden.«

Berlin-Charlottenburg, Savignyplatz, Restaurant Ashoka

Am Abend sitzt er mit Olga und Jakob am Savignyplatz im *Ashoka*, einer Mischung zwischen indischem Restaurant und Straßenküche.

Dengler bestellt ein Linsengericht mit Reis, Olga ein Gemüsecurry. Jakob irgendetwas Veganes: Reis mit einer braunen Masse. Die Speisen werden auf Blechtabletts serviert. Olga sticht mit der Gabel in ein Curry mit interessanten Farben.

»Schau nicht so kritisch«, sagt Olga. »Es schmeckt wunderbar. Wie war deine Reise, Jakob?«

»Super.«

»Du musst nicht so in die Details gehen«, sagt Dengler. »Ich würde sie nie verstehen.«

Jakob lacht. »Doch, du würdest es schon verstehen, aber ich glaube nicht, dass es dir gefallen würde.«

»Versuch es doch einfach. Es geht vermutlich mal wieder um den Kapitalismus und wie schrecklich er ist.«

»Nein, es war etwas grundsätzlicher. Wir haben uns mit der Geschichte der Menschheit befasst.«

»Oh«, sagt Olga. »Und wie sind die Aussichten? So schlecht, wie ich vermute?«

»Schlimmer.«

»Der Kapitalismus richtet uns zugrunde«, sagt Dengler, rollt mit den Augen und trinkt einen Schluck Kingfisher-Bier.

»Über manche Dinge kann man mit ihm nicht reden«, sagt Jakob zu Olga. »Aber sonst ist er ganz okay.«

»Halt, halt«, sagt Dengler. »Mit mir kann man über alles reden. Nur die Plattitüden, wie schrecklich der Kapitalismus ist, die kenn ich halt schon.«

»Lieber Vater, du hast doch keine Ahnung, worum es bei dem Seminar ging, und trotzdem bist du dagegen, schon schnappt dein Vorurteil zu.«

»Erzähl es mir«, sagt Olga. »Georg hört dann eben nicht zu.«

»Es war ein Seminar über Wirtschaftsgeschichte«, sagt Jakob. »Von den Anfängen des Homo sapiens bis heute.«

»Es ist doch so«, sagt Dengler, »wenn ich ein reicher Arsch wäre mit einer Fabrik und dickem Konto, dann würdest du nicht so schlecht über den Kapitalismus reden. Du würdest ihn loben und preisen. Aber da ich nur ein Ex-Bulle bin, findest du es ungerecht, wenn andere Leute mehr Geld haben als du. Das hat mit einem Vorurteil nichts zu tun.«

»Papa, mal ganz im Ernst: Wenn ich den Kapitalismus ablehnen würde, weil mein Vater nur ein Ex-Bulle ist, was übrigens nicht der Grund ist, wären deshalb meine Argumente falsch? Nein. Meine Argumente sind richtig oder falsch, völlig unabhängig von deinem Beruf und dem Stand deines Bankkontos.«

Dengler sieht seinen Sohn an. »Du weißt wirklich auf alles eine Antwort. Dazu muss man wahrscheinlich solche Seminare in ... wo warst du noch mal?«

»In Boston. Im schönen Massachusetts.«

»Mein Gott, dazu muss man nach Boston fliegen. Wo bleibt denn die Flugscham, bitte?«

»Die Uni hat als CO_2-Ausgleich für diese Reise ...«

»Geschenkt«, sagt Dengler.

»Herrje«, stöhnt Jakob. »Mit meinem Vater kann man nicht reden. Zumindest ich nicht. Er hört nicht zu und weiß alles besser.«

»Ich höre genau zu. Das ist Teil meines Berufs. Und ich sehe: Unsere Flaschen sind bald leer. Willst du noch ein Bier?«

Jakob nickt. Dengler steht auf und geht an die Theke. Als er mit drei Kingfisher zurückkommt, ist Jakob bereits in ein intensives Gespräch mit Olga vertieft.

»Das ist wirklich interessant«, sagt Olga beeindruckt.

»Der Kapitalismus?«, fragt Dengler.

»Jetzt weißt du, warum ich über ernste Fragen nicht mehr mit ihm rede«, sagt Jakob zu Olga.

»Dein Vater hat sich heute einen heldenhaften Fight mit zwei Kampfhunden geliefert. Er wurde gebissen und ist vielleicht deshalb gerade etwas schlechter Laune.«

»Echt jetzt?«

Dengler berichtet seinem Sohn von den Ratten, von Kröger und den beiden Dobermännern.

Jakob hebt die Bierflasche und stößt mit seinem Vater an.

»Respekt! Ehrlich.«

»Entschuldigung angenommen.«

»Hey, ich habe mich nicht entschuldigt. Wofür auch?«

Sie lachen und trinken.

Denglers Laune steigt. »Und jetzt erzähl mir vom Kapitalismus.«

Jakob wendet sich an Olga. »Er fängt schon wieder an«, sagt er seufzend.

»Nutz die Gelegenheit«, sagt Olga. »Erzähle, bevor die Erinnerung an die Kampfhunde ihn wieder in eine Depression stürzt.«

»Okay«, sagt Jakob und greift nach einer Serviette. »Ich mal es auf. Es ist so …«

Jakob nimmt eine Serviette und malt darauf einen langen Strich.

»Stell dir vor«, sagt er. »Die Geschichte der Menschheit beginnt vor zwei Millionen Jahren in Ostafrika. Es entwickelten sich mehrere aufrecht gehende Menschenarten.«

»Menschenarten?«, fragt Dengler stirnrunzelnd.

Jakob nickt. Er markiert eine Stelle auf der Serviette.

»Was meinst du mit ›Menschenarten‹?«, fragt Dengler.

»Na ja, so wie es verschiedene Affenarten gibt, gab es bis vor 100 000 Jahren auch verschiedene Menschenarten. Unsere Art ist der Homo sapiens. Es gab aber auch andere. Eine, die du bestimmt kennst, ist der Neandertaler. Aber es gab noch weitere. Diese Menschenarten gehören zur Gruppe der Primaten. Wir sind nichts weiter als eine spezielle Art von Säugetieren.«

Dengler öffnet den Mund, um zu widersprechen, aber Olga legt ihm die Hand auf den Arm. Also schweigt er.

»Unsere Art, den Homo sapiens, gibt es seit 200 000 Jahren. Ungefähr.«

Er markiert einen weiteren Punkt auf der Serviette.

»Unsere Vorfahren waren Jäger und Sammler. Viele Jahrtausende lang. Bis sie den großen Fehler machten und sesshaft wurden.«

»Nun«, sagt Dengler, »ich glaube, ich bin ihnen eher dankbar für diese Idee.«

»Sie fingen 12 000 Jahre vor unserer Zeitrechnung damit an, Getreide anzubauen und Vieh zu züchten. Ich rechne die 2.020 Jahre seit Christi Geburt hinzu. Interessant ist Folgendes: Seit 200 000 Jahren gibt es unsere Spezies; 14 000 Jahre davon sind wir sesshaft. 200 000 minus 14 000 gleich 186 000 Jahre waren wir Sammler und Jäger. Das sind 93 Prozent unserer Existenz als Spezies Homo sapiens.«

»Dengler, findest du das nicht interessant?«, fragt Olga.

Wenn Olga ihn »Dengler« nennt, muss er vorsichtig sein. Meist bedeutet dies, dass sie aus irgendeinem Grund unzufrieden mit ihm ist. Er muss nicht immer wissen, warum, aber aus Erfahrung weiß er, dass nun erhöhte Aufmerksamkeit verlangt ist.

»Gut, dass sich jemand auch um diese Fragen kümmert«, knurrt er. Eine perfekte Antwort, findet er. Sie drückt einerseits Skepsis aus; andererseits aber auch eine gewisse Form von Interesse. Eine gute Antwort, weil sie gleichzeitig Olgas aufkommender Unzufriedenheit mit ihm entgegenwirkt und Spurenelemente von dem Stolz zeigt, den er angesichts seines klugen Sohnes empfindet. Stolz darüber, dass Jakob so viel weiß, auch wenn es sinnloses akademisches Zeug ist, das mit dem heutigen Leben nichts zu tun hat.

»Du fragst dich sicher, was das alles für uns heute bedeutet?« Dengler blickt überrascht auf. Er fühlt sich ertappt.

»Allerdings«, knurrt er.

»Was glaubst du? Was hat uns als Menschen mehr geformt: die 93 Prozent als Sammler und Jäger oder die 7 Prozent seit der Sesshaftigkeit?«

»Was mich persönlich betrifft, ich fühle mich in meiner Sesshaftigkeit ziemlich deutlich geformt. Ich bin nicht der Jäger- und Sammlertyp.«

»Aber du kannst dir vorstellen, dass die 93 Prozent oder 186 000 Jahre uns als Menschen maßgeblich geformt haben.«

Dengler knurrt etwas, was man mit etwas gutem Willen als Zustimmung verstehen kann.

»Das Seminar beschäftigte sich mit der Frage, welche Prägungen das sind und welche davon unser heutiges Verhalten immer noch bestimmen.«

»Und?«, fragt Dengler. »Habt ihr etwas gefunden?«

»Allerdings. Unsere angeborenen Gefühle und Reaktionen haben sich über die 186 000 Jahre bewährt, weil sie sich als tauglich für das Leben im Alltag kleiner Jäger- und Sammlergruppen erwiesen haben. Sie wurden genetisch verankert. Wir müssen sie nicht erlernen. Wir haben diese Gefühle und instinktiven Reaktionen seit unserer Geburt. Sie gehören zu uns. Wir sind sie.«

»Konkret?«, fragt Dengler.

»Angeboren ist uns die Liebe zwischen Eltern und Kindern.«

Jakob lächelt. »Sogar, wenn der Vater Bulle war.«

»Oder der Sohn ziemlich theoretisch daherkommt.«

»Sogar dann«, bestätigt Jakob. »Dazu gehört aber auch eine natürliche Moral, die das Miteinander in einer Gruppe ermöglicht. Die Jäger- und Sammlergruppen bestanden aus maximal 100 bis

120 Menschen. Das ist ziemlich genau die Größe der Gruppe, zu der wir heute eine emotionale Beziehung aufbauen können. Familie, Freunde, Nachbarn, Kollegen. Du würdest in einen reißenden Fluss springen, um das Kind eines Freundes zu retten. Du würdest das tun, selbst wenn du in Lebensgefahr geraten würdest. Du würdest vermutlich nicht einmal eine Sekunde über das Risiko nachdenken, das du eingehst. Aber das massenhafte Leid, sagen wir mal, von Flüchtlingen auf der Insel Lesbos, berührt uns im Herzen weniger als ein aufgeschlagenes Knie des eigenen Kindes. Angeboren ist uns aber auch der Sinn für Fairness und die Empörung über Ungerechtigkeit und Ungleichheit. Denn ging es in der Gruppe unserer Vorfahren ungerecht und unfair zu, konnte sie nicht überleben. Der Sinn für Gerechtigkeit und das Bedürfnis nach Gleichheit gehören zur Natur der Menschen. Wir können nicht anders. Wir sind so.«

»Ich kenne einige Personen, auf die das nicht zutrifft.«

»Damit wären wir beim Kapitalismus.«

Dengler seufzt. »Das wurde jetzt aber auch Zeit.«

Jakob setzt den letzten Punkt auf die Serviette. »Der Kapitalismus begann sich ab etwa 1750 zu entwickeln. Seit den großen Revolutionen in Europa ist er die vorherrschende Wirtschaftsform. Wenn wir großzügig rechnen, gibt es ihn seit 270 Jahren.«

»Okay. Was willst du damit sagen?«

»Der Homo sapiens, also wir, ist seit 200 000 Jahren auf der Erde. 270 Jahre davon in kapitalistischen Gesellschaften. Ich habe es ausgerechnet: Das sind 0,135 Prozent unserer Lebenszeit als Gattung.«

»Ich versteh immer noch nicht, was du damit sagen willst.«

Olga sagt: »Ich schon. Jakob fragt, ob 0,1 Prozent ausreichen, um uns unser eigentliches Wesen auszutreiben, das in 186 000 Jahren als Sammler und Jäger entstanden ist und uns geprägt hat. Unser Bedürfnis nach Fairness, Verbundenheit, Kooperation und Solidarität mit anderen.«

»Und Verbundenheit mit der Natur«, sagt Jakob.

»Deshalb bist du nach Berlin zum Studieren? Wegen der Verbundenheit mit der Natur?«, fragt Dengler sarkastisch.

»Bevor der Kapitalismus sich breitmachte, waren Landwirtschaft, tierische und menschliche Zug- sowie Windkraft 6.000 Jahre lang die vorherrschende Energie- und Antriebsform. Der Kapitalismus wiederum beruht auf der Verbrennung von fossilen Energieträgern. Damit hat er die Menschheit in kürzester Zeit, gemessen an der Lebensspanne unserer Spezies, an den Rand des Abgrundes gebracht. Seine beste Zeit ist um.«

Jakob lehnt sich zurück. »Noch jemand ein Kingfisher?«

Dengler und Olga nicken. Jakob steht auf und kommt mit drei Flaschen Bier zurück. Sie stoßen an.

»Zurück zum Kapitalismus«, sagt Dengler. »Deine letzten Worte waren, seine besten Zeiten seien vorbei.«

Jakob sagt: »Jede Gesellschaftsform beruht auf einer bestimmten technischen Grundlage. Der Feudalismus mit seinen Königen, Kaisern, Herzögen und dem ganzen Gottesgnadentum beruhte auf Menschen-, Tier- und Windkraft. Der Kapitalismus begann mit der Erfindung der Dampfmaschine, also mit der Verbrennung von Kohle. In einer Kohleregion.«

»England. Manchester …«, sagt Olga.

Jakob nickt. »Zur Kohle gesellte sich das Erdöl. Dessen Verbrennungsrückstände werden in Unmengen in die Luft geblasen. Am Erdöl hängt das Plastik, das die Meere versaut. Am Erdöl hängen das Auto, die Kosmetik. Alle wesentlichen Industrien verbrennen und nutzen Kohle und vor allem Öl. Die Folge ist die dramatische Erderwärmung. Die Menschheit muss sich entscheiden: Schluss mit Kohle und Öl – oder langsam verschmoren. Ihr beide werdet es noch mitbekommen, für mich wird es in euerm Alter die Hölle sein; falls ich mal Kinder haben sollte, werden sie es nicht überleben. In nur 270 Jahren hat der Kapitalismus den Globus ruiniert, weil …«

»Du demonstrierst mit diesen *Fridays-for-Future*-Kids?«, fragt Dengler misstrauisch.

»Klar. Du etwa nicht?«

Olga kichert.

»Ich finde, der Kapitalismus sitzt noch ziemlich fest im Sattel«, sagt Dengler und überlegt, ob er seinem Sohn von Sebastian Kröger erzählen soll.

»Das täuscht«, sagt Jakob.

Olga fragt: »Glaubst du nicht, dass der Kapitalismus in der Lage sein wird, Kohle und Öl zu ersetzen durch ... Sonnenenergie, was weiß ich.«

Jakob zuckt mit den Schultern. »Ich glaube nicht. Sie werden daran festhalten, solange es geht. Aber wir leben in einer Zeit, in der sich alles ändern muss, weil es mit dem Homo sapiens sonst vorbei ist. Ich finde es eigentlich ziemlich spannend, ob die Menschheit das hinkriegt. An seine Religion glaubt ohnehin kaum jemand mehr.«

»Der Kapitalismus hat eine Religion?«, fragt Dengler und runzelt die Stirn.

Jakob nickt. »Der Religionsstifter heißt Adam Smith, ein schottischer Philosoph. Er veröffentlichte 1776 das Buch ›Der Wohlstand der Nationen‹. Das ist im Grunde bis heute die Bibel des Kapitalismus. Er sagt, grob zusammengefasst: Wenn jeder Kapitalist nur egoistisch genug ist und allein seinen eigenen Vorteil sucht, fügt sich das als Ganzes zu einer perfekten Gesellschaft, die allen zugutekommt. Wenn der einzelne Kapitalist nur an seinen eigenen Profit denkt und alles dafür tut, dann investiert er den Gewinn wieder, seine Fabrik wird größer, und er wird mehr Arbeiter einstellen. Allen ist geholfen. Adam Smith beschreibt die Marktwirtschaft als eine unsichtbare Hand, die den Egoismus des Kapitalisten umwandelt in Nutzen für die gesamte Gesellschaft. Das ist die Religion des Geldes bis heute. Geht es der Wirtschaft, sprich den Reichen, gut, hilft das allen.«

»Und?«, fragt Dengler. »Ist das so falsch?«

»Frag den Ausfahrer, der dir ein Paket von Amazon bringt, und frag den Banker, der die Gewinne dieser Leute nicht investiert, sondern nach Panama oder auf die Kaimaninseln transferiert.«

Olga: »Du willst außerdem sagen, dass der Egoismus dieses Adam Smith dem natürlichen Instinkt des Menschen widerspricht, den wir in all den Jahrtausenden als Sammler und Jäger entwickelt haben. Du willst vermutlich sagen, dass die Religion des Kapitalismus unseren natürlichen Empfindungen widerspricht.«

Jakob lehnt sich zurück und sieht seinen Vater an. »Olga hat's begriffen. Jetzt, da der Kapitalismus durch die Verbrennung fossiler Rohstoffe seinem wohlverdienten Ende entgegengeht, können wir eine Gesellschaft und eine Wirtschaft planen, die unser eigentliches Menschsein in den Mittelpunkt stellt. Was uns als Menschen ausmacht, ist, mit Menschen und für Menschen zu leben. Rücksicht, Miteinander, Behutsamkeit gegenüber der Natur, diese Dinge. Es wird etwas Neues kommen. Oder wir verschmoren. Ob das Neue gut oder schlecht wird, hängt auch von unserem Engagement ab.«

»Ich kapiere langsam, wie du denkst«, sagt Dengler. »Aber bitte, warum sind die Sesshaftwerdung, Ackerbau und Viehzucht in deinen Augen so schlimm?«

Jakob beugt sich vor. Er wirft einen unsicheren Blick zu seinem Vater, als prüfe er, ob dessen Interesse echt ist.

Dann sagt er: »Einige der Nachteile sind: Es entstehen Eigentum und Staat; die Ernährung wird schlechter, Infektionen führen zum Massensterben.«

Dengler antwortet: »Aber du willst nicht ernsthaft, dass wir wieder mit Pfeil und Bogen durch den Dschungel streifen?«

Jakob seufzt. »Natürlich nicht. Aber wenn es wahr ist, dass wir vor etwas Neuem stehen, dann kann es nicht schaden, sich darauf zu besinnen und zu überlegen, was wir Menschen eigentlich sind.«

»Sicher nicht«, gibt Dengler zu. »Du glaubst, dass die Ernährung durch Ackerbau und Viehzucht schlechter geworden ist? Das erscheint mir unlogisch.«

Jakob schüttelt den Kopf. »Wir wissen, dass unsere Vorfahren sich abwechslungsreicher ernährten, denn sie folgten einer Vielzahl natürlicher Rhythmen. Sie wussten, wann das Wild seine Wanderungen beginnt, und so jagten sie Rotwild, Gazelle, Antilope und Schwein. Sie beobachteten die jahreszeitlichen Vogelzüge, fingen Wasservögel an ihren Rast- und Nistplätzen. Sie wussten, dass Lachse stromauf und stromab wanderten. Sie kannten den Reifungszyklus von Früchten und Nüssen, die sie sammeln mussten, bevor sie verdarben oder die Tiere sie fressen konnten. Sie wussten genau, wann Wild und Fisch erscheinen, wann Schildkröten an Land kommen oder Pilze sprießen, die rasch verarbeitet werden müssen.

Es müssen kluge Leute gewesen sein. Sie kannten sich in den unterschiedlichsten Gebieten aus, sie wussten, welche Nahrungsmittel sie in Feuchtgebieten finden, welche der Wald liefert, welche in Savannen oder Trockengebieten zu finden sind. Sie kannten die natürlichen Standorte von Weizen-, Gerste- und Hafersorten. Sie wussten, wo und wann sie Nüsse und Früchte finden, wo Eicheln, Bucheckern und verschiedene Beeren wachsen und wann sie reif sind. Sie konnten fischen, zogen Schalentiere, Aale, Heringe aus dem Wasser und wussten, wann und wo und wie man sie am besten fangen kann. Sie jagten Gazellen und andere große Tiere, die ihren Proteinbedarf deckten. Sie konnten Fleisch durch Trocknen, Pökeln oder Einlegen haltbar machen. Sie beobachteten und erforschten die Natur und sammelten ein wahrhaft enzyklopädisches Wissen über ihre Umwelt, das in der mündlichen Überlieferung der Gruppe bewahrt wurde. Die Ernährung der späteren Bauern bestand im Wesentlichen aus einem einzigen dominanten Getreide, Weizen, in Asien Reis. Die sesshaften Bauern mussten viel mehr Zeit aufbringen, um die benötigten Lebensmittel herzustellen, als die umherziehenden Vorfahren. Sie mussten härter arbeiten, und ob die Ernte gelang, war niemals gewiss.«

»Eine Frage«, sagt Dengler. »Warum gaben unsere Vorfahren ihre Idylle auf?«

Jakob zuckt mit den Schultern. »Man weiß es nicht genau. Möglichweise lagen dem dramatische Klimaveränderungen zugrunde. Das Sesshaftwerden dauerte etwa 5.000 Jahre. Eine lange Zeit, wenn du dir vorstellst, dass seit dem Anfang unserer Zeitrechnung erst ...«

»2.020 Jahre«, sagt Dengler.

Jakob: »Genau, gut 2.000 Jahre vergangen sind. In diesen 5.000 Jahren entstand das Haus, in dem Tiere und Menschen wohnten. Einige bestellten Felder, andere waren jahrtausendelang weiter Jäger und Sammler. Interessant ist, dass in dieser Zeit die Zahl der Menschen nicht anstieg, obwohl vermutlich mehr Lebensmittel durch die Feldarbeit zur Verfügung standen.«

Dengler: »Du weißt bestimmt, warum?«

Jakob lächelt. »Allerdings. Infektionen. Zum ersten Mal lebten Tiere und Menschen unter einem Dach. Schweine und Ziegen wurden domestiziert; aus Wölfen wurden Hunde, aus Büffeln wurden Rinder. Dann kamen die ungerufenen Hausgenossen dazu: Spatzen, Ratten, Flöhe. Da der Mensch auch nur eine besondere Gattung Säugetier ist, teilen wir eine enorme Menge an Krankheiten mit ihnen. Einzelne Krankheiten der Tiere sprangen in der neuen Enge vom Tier auf den Menschen über, der gegen diese neuen Krankheiten allerdings noch keine Antikörper gebildet hatte. Die Sesshaftigkeit hat daher riesige Epidemien unter den Menschen ausgelöst. Massensterben vermutlich. Ausrottung ganzer Dörfer und Orte. Deshalb wuchs die Menschheit in diesen fünf Jahrtausenden nicht. Vielleicht war es so, dass die sesshaften Völker zuerst immun gegen die neuen Krankheiten wurden, die umherziehenden Gruppen dagegen nicht. Sie wurden von den Viren ausgerottet. Bis auf wenige Völker, die isoliert in Afrika oder Südamerika lebten. 5.000 Jahre sind eine lange Zeit.«

»In China tobt jetzt auch gerade ein neues Virus«, sagt Olga.

»Das ist schon in Europa angekommen«, sagt Jakob.

»Einzelfälle«, sagt Dengler. »Mal nicht den Teufel an die Wand.«

»Eigentlich«, sagt Jakob, »ist es verwunderlich, dass es nicht mehr Epidemien gibt. Meist springen die Viren von den Tieren auf den

Menschen: Schweinepest, Vogelgrippe. Früher, während der Sesshaftwerdung, hatten die Viren es leicht, weil sich alles unter einem Dach drängte. Heute haben wir den Lebensraum der Tiere so zusammengedrängt, dass es den Viren erneut leichtfällt, auf Menschen überzuspringen.«

»Nicht zu vergessen – die Massentierhaltung«, sagt Olga.

»Viren kann man kaum stoppen«, sagt Jakob. »Früher brauchte die Pest lang. Sie reiste auf dem Kamel, dem Maultier oder dem Segelschiff. Moderne Viren reisen mit dem Flugzeug oder dem Auto. Sie sind Stunden später in einem anderen Land oder auf einem anderen Kontinent.«

»So schlimm wie in China wird's bei uns bestimmt nicht werden«, sagt Dengler.

»Das wird sich noch zeigen«, sagt Jakob und nippt an seinem Bier. »Jetzt mal zu euch: Was macht ihr hier in Berlin?«

»Es ist ein seltsamer Fall«, sagt Dengler. »Hat auch mit Tieren zu tun.«

Dann berichtet er.

»Zu den Miethaien kann ich dir auch eine Geschichte erzählen. Das ist sogar eine wahre Geschichte, die unserer WG zugestoßen ist«, sagt Jakob. »Aber ich warne dich. Vermutlich hat sie auch etwas mit dem Kapitalismus zu tun.«

»Das ist mir klar«, sagt Dengler.

»Als ich in den USA war, haben meine Mitbewohner entdeckt, dass unsere Wohnung auf der Website des Eigentümers zum Verkauf angeboten wird. Auf dem Grundriss, der dort abgebildet war, ist unsere Wohnung sehr gut zu erkennen – allerdings völlig anders gestaltet und aufgeteilt.«

»Wurdet ihr gekündigt?«, fragt Dengler.

»Keine Spur. Wir haben einen gültigen Mietvertrag, und der ist eigentlich unbefristet. Er ist ausgestellt auf meinen Kumpel und gilt seit fünf Jahren.«

»Das ist sicher ein Missverständnis«, sagt Dengler.

»Das ist sicher kein Missverständnis«, sagt Jakob. »Unser Haus wurde in den letzten drei Jahren fünfmal hintereinander verkauft. Vermutlich hat bei jedem Deal der Verkäufer ordentlich verdient. Mit anderen Worten: Das Haus hat eine enorme Wertsteigerung erlebt. Wir armen Studenten zahlen vermutlich zu wenig Miete, um dem jetzigen Eigentümer den Kaufpreis wieder reinzuholen. Mit anderen Worten: Sie werden uns raussetzen.«

»Und was macht ihr dagegen?«, fragt Olga.

»Gehört das Haus dem Kröger?«, fragt Dengler gleichzeitig.

Jakob schüttelt den Kopf. »Ne, zuletzt gehörte das Haus einer Bank aus Singapur. Die haben es jetzt an die Deutsche Eigentum verkauft.«

»Habt ihr mit denen gesprochen?«

Jakob grinst. »Allerdings. Danach sind wir sofort zur Mieterinitiative in unserem Kiez marschiert und haben uns Beratung geholt. Wir verlangen über einen Anwalt die Löschung dieses Eintrags auf der Website.«

Dengler richtet sich auf. »Gut. Ich finde ein solches Verhalten empörend. Es widerspricht allen guten Sitten.«

»Alle bis auf ein älteres Ehepaar haben sich in unserem Haus der Initiative für die Enteignung von Deutsche Eigentum, Kröger und Co. angeschlossen. Wir sammeln Unterschriften für ein Volksbegehren dazu. Es läuft super.«

»Enteignung«, sagt Dengler. »Ich weiß nicht … ziemlich drastisch, oder?«

Jakob legt ihm die Hand auf den Arm.

»Papa«, sagt er. »Als ich ein Kind war, warst du mein Held und Vorbild. Als du Laura, Cem, Simon und mich aus dem brennenden Putenstall gerettet hast,[2] erinnerst du dich, warst du es umso mehr. Ich wollte immer so werden wie du. Du bist der anständigste Mensch auf der ganzen Welt, den ich kenne …«

---

2 Siehe dazu: Wolfgang Schorlau, Am 12. Tag – Denglers siebter Fall

Dengler sieht auf den Tisch und spürt plötzlich, wie seine Augen feucht werden. Mit einer schnellen Bewegung fährt er sich mit dem Ärmel über die Augen.

Jakob: »Ich habe das irgendwie immer gemerkt ... Du wolltest ein guter Mensch sein. Selbst in den vielen Streitereien mit Mama ... Für mich waren sie schrecklich, aber ich konnte spüren, wie du darum gerungen hast, anständig zu sein. Niemandem wehzutun. Selbst als Mama dich angeschrien hat wie verrückt. Und ich hab immer gespürt, dass du mich beschützen wolltest. Ich habe das als Kind wahnsinnig bewundert. So wollte ich auch werden.«

Dengler rutscht auf dem Stuhl hin und her. Aus Verlegenheit greift er zur Bierflasche und hebt sie an den Mund, doch sie ist leer. Er kratzt sich am Hinterkopf.

Olga lächelt. »Du hast deinen Vater gut beschrieben.«

Plötzlich wird Jakob ernst. »Doch ich möchte dir heute eines sagen: Es reicht nicht mehr, ein anständiger Mensch zu sein. Wenn wir die Erderwärmung nicht stoppen, ist Schluss mit dem Homo sapiens und mit vielen anderen Lebewesen auch. Es reicht nicht mehr, persönlich anständig durchs Leben zu gehen. Heute muss sich ein guter Mensch einmischen. Die Katastrophe verhindern. Aktiv sein. Das Böse sehen. Das Böse bekämpfen. Demonstrieren. Ich weiß nicht – verstehst du, was ich meine?«

Schweigen.

Dengler sieht seinem Sohn in die Augen. »Ich habe mehr mit dem Kampf gegen das Böse zu tun, als du glaubst«, sagt Dengler und legt beide Arme um ihn.

17. Kapitel: Am Boden

Berlin-Kreuzberg, Wohnung Arthur Meißner

Es ist schon zweimal vorgekommen, dass Arthur von dem Pfiff des Wasserkessels in die Küche gelockt worden war und dann sah, dass das Wasser noch gar nicht kochte. Beim ersten Mal suchte er die Wohnung ab, um herauszufinden, wo der verdammte Pfiff herkam. Er fand nichts. Als er sich erschöpft aufs Sofa fallen ließ, hörte er einen Doppelpfiff. Der erste kam aus der Küche – vom Wasserkessel. Lang und anhaltend. Aber der zweite? Es dauerte eine Weile, bis er begriff, dass es seine Lunge war, die so ähnlich pfiff wie der Wasserkessel, nur nicht so lange.

Im Prinzip ist ihm das egal. Er ist 86 Jahre alt und gesund. Na ja: im Wesentlichen gesund. Die Lungen pfeifen, der Husten ist chronisch und schmerzt mittlerweile höllisch in Hals und Brust. Mit 62 hatte er einen kleinen Schlaganfall. Eine junge Ärztin aus irgendeinem afrikanischen Land hatte ihn in der Charité nachdenklich angesehen und ihm in erstaunlich gut verständlichem Deutsch erklärt, er müsse dringend mit dem Rauchen aufhören. Hat er nicht gemacht. Nach der Reha war er wieder fit. Soweit er weiß, hat er keinen Lungenkrebs. Ein unverdientes Wunder, sagt seine Tochter oft. Also raucht er weiter.

Auch jetzt. Er sitzt auf der Couch und steckt sich eine neue Fluppe an und sieht in die jungen Gesichter von Roman und Eddy.

Nette Jungs. Roman raucht sogar. Aber bereits nach drei Kippen schwächelt er.

»Ne, lass mal«, sagt er und wehrt die angebotene Zigarette ab.

»Ich trau mich einfach nicht mehr in meine Bude«, wiederholt Eddy.

»Kannst du ihm da nicht helfen?«

Arthur nimmt einen tiefen Zug und lässt die Lungen rasseln.

»Wie soll ich das machen?«

»Ich brauche 5.000 Euro. Sonst macht der Schläger mich alle.«

»Wir haben dir doch auch einen Gefallen getan«, sagt Roman.

»Stimmt«, sagt Arthur. »Aber ich hab nichts davon gesagt, dass ihr dem Typ sein Auto abfackeln sollt.«

Eddy sagt: »Ich wohne in einer WG. Selbst wenn ich nicht da bin, dann sind da ein paar andere Kumpels, die mit der Sache nichts zu tun haben.«

»Der Eddy wohnt jetzt erst mal bei mir«, sagt Roman. »Vorläufig.«

»Eure Kumpels«, sagt Arthur. »Haben die denn keine Kohle?«

»Nee.« Roman schweigt eine Weile. »Und wir können denen nicht sagen, wir brauchen 5.000 Euro, um die so einem Rocker-Typen zu geben. Da hätten die null Verständnis für.«

Arthur zieht an der Zigarette und hebt den Kopf zur Decke, sodass es so aussieht, als ob er nachdenkt. Roman und Eddy sehen dabei zu, schweigen und warten ab, ob etwas dabei herauskommt.

Ruckartig beugt sich Arthur vor und drückt die Kippe aus.

»Ich hab ja auch nix«, sagt er. »Bei mir geht das alles so auf, monatlich gesehen.«

»Und auf dem Konto?«, fragt Eddy hoffnungsvoll und etwas hinterhältig.

Arthur lacht ein raues Lachen, das schnell in einen mittelprächtigen Hustenanfall übergeht.

Sie schweigen.

»Ihr sammelt doch zurzeit Kohle«, sagt Roman und kneift die Augen zusammen.

»Was? Wer sammelt Kohle?«

»Eure Mieterinitiative. Für die Enteignung von Kröger und so. Kannst du die nicht mal fragen, ob die ihre Mitkämpfer unterstützen ...?«

Die Klingel schrillt.

Arthur starrt die beiden an. Sie haben die Hosen voll.

»Warum besucht ihr den Schläger nicht mit ein paar Kumpels?«, er deutet ein Boxbewegung an, »und überzeugt ihn, dass er auf die Kohle besser verzichten soll?«

»Wir wissen nicht, wo der Arsch wohnt.«

Es klingelt ein zweites Mal. Länger.

Arthur quält sich aus dem Sofa. Er reibt sich zweimal mit der rechten Hand über den schmerzenden Rücken. »Ich guck mal schnell, wer das ist.«

Er geht etwas steif durch den Flur und starrt in das Glas des Türspions. Er sieht diesen Privatdetektiv, der für Kröger arbeitet. Der Kerl grinst und ruft: »Arthur, mach auf. Ich weiß, dass du da bist, denn ich rieche deinen Qualm bereits im Treppenhaus.«

Arthur Meißner dreht sich um und schlappt durch den Flur zurück.

Es klingelt erneut.

»Leck mich«, murmelt Arthur.

»Ich hab wahrscheinlich den Typen gefunden, der die Ratten ausgesetzt hat. Ich will dir ein Foto von ihm zeigen«, ruft Dengler. »Du musst mir bestätigen, ob er es tatsächlich ist.«

Arthur stoppt inmitten der Bewegung, dreht sich um und geht mit gebeugtem Rücken zurück zur Wohnungstür.

Als er die Tür öffnet, steht niemand mehr davor. Ein Blick auf die Anzeige des Aufzugs zeigt ihm, dass er still im fünften Stock steht. Er geht zum Geländer und schaut hinunter. Er will etwas hinunterrufen, da bricht der verdammte Husten wieder heraus.

Georg Dengler ist bereits ein Stockwerk tiefer, als er über sich das vertraute Husten hört. Er sieht nach oben. Arthur hält sich mit einer Hand am Geländer fest. Sein Gesicht ist schmerzverzerrt, und er bellt diesen trockenen Husten ins Treppenhaus.

Dengler nimmt zwei Treppenstufen auf einmal. Als er bei Arthur ankommt, drückt der sich eine Hand aufs Herz und hustet, wie Dengler noch nie irgendjemanden husten gehört hat. Er zieht sein Handy aus der Tasche und tippt die 112 ein.

Arthur hebt die Hand, das Husten verebbt. »Ist nur ein Husten«, keucht der alte Mann. »Ist schon wieder alles klar auf der Andrea Doria.«

»Bist du sicher?«

»Sicher bin ich sicher. Ich huste schließlich jeden Tag so. Mehrmals sogar.«

»Okay«, sagt Georg Dengler unsicher.

»Komm rein. Das passt gerade ganz gut.«

Arthur Meißner schlurft durch den Flur zurück ins Wohnzimmer. Dengler folgt ihm.

Auf zwei uralten Sesseln sitzen zwei junge Kerle. Schwarze Jeans. Schwarze Kapuzen-T-Shirts. Der Jüngere mit einem kleinen Ring in der Nase. Offene, aber irgendwie ängstliche Gesichter.

»Ich mach's kurz«, sagt Dengler.

Er zieht sein Handy aus der Tasche und öffnet die Foto-App. Er zeigt Arthur das Bild des Ferrari-Typen.

»Ist das der Mann, der die Ratten ausgesetzt hat?«

»Frag die beiden. Die haben ihn von Nahem gesehen.«

Dengler hält ihnen das Handy vor die Nase.

Der Ältere nickt mit zusammengebissenen Zähnen.

»Das ist das Arschloch«, sagt der Jüngere.

»Eddy«, sagt Arthur und zeigt auf den Jüngeren mit dem Ring in der Nase, »wird von den Schlägertypen bedroht. Er will 5.000 Euro von ihm. Ansonsten Prügel, das volle Programm.«

»Ihr wart es, die sein Auto angezündet haben?«, fragt Dengler.

»Ich war es – genau genommen«, sagt der Ältere.

»Aber mich hat er erwischt«, sagt Eddy.

»Und die Kohle habt ihr wahrscheinlich nicht?«, sagt Dengler.

»Und da kamen die beiden Träumer auf die Idee, mich anzupumpen«, sagt Arthur. »Ausgerechnet mich.«

Dengler kratzt sich am Kopf. »Ich will diesen Typen im Ferrari befragen. Mich interessiert, wer ihm den Auftrag geben hat, die Ratten auszusetzen.«

»Der Kröger! Wer soll es sonst gewesen sein?«, sagt Arthur.

»Das will ich von ihm selbst hören«, sagt Dengler. »Wann und wo sollt ihr ihm die Kohle übergeben?«

»Ich soll sie ihm ins Café *Espresso* bringen. Das ist in Charlottenburg. Nähe Kurfürstendamm.«

»Er wird doch nicht so blöd sein und annehmen, dass du von allein da auftauchst. Was hat er gegen dich in der Hand?«

»Er hat meinen Perso mitgenommen«, sagt Eddy kleinlaut.

Dengler nickt.

»Also als Erstes gehst du zum Amt und meldest deinen Personalausweis als gestohlen. Kapiert?«

»Denke schon ...«

»Habt ihr heute Nachmittag schon etwas vor? Ich hab da so eine Idee.«

Berlin-Kreuzberg, Silkes Wohnung

Nachdem Dengler die Wohnungstür hinter sich geschlossen hat, geht er zu Fuß die Treppen hinunter und klingelt an Silkes Tür. Olga öffnet ihm, die kleine Lena auf dem Arm.

»Steht dir gut, so ein süßes Baby.«

Sie küsst ihn auf den Mund.

»Riech mal, wie herrlich die Kleine duftet«, sagt sie und hebt ihm das Baby unter die Nase.

Dengler schnüffelt. »Muss sie gewickelt werden?«

Olga lacht. »Das habe ich schon zweimal gemacht.«

Sie gehen in die Küche und setzen sich. Olga wiegt das Kind auf dem Arm. Lena greift mit der gesunden Hand nach einer Haarsträhne, die Olga ins Gesicht hängt, und zieht daran. »Wie du weißt, habe ich doch den Typen gefunden, der die Ratten ausgesetzt hat«, sagt Dengler. »Er hat den Auftrag von der Entmietungsagentur bekommen, die von der überaus gut aussehenden Russin geleitet wird, deren Hunde mich zerfleischen wollten.«

»Jaja«, sagt Olga und schaukelt Lena hin und her, »immer diese gut aussehenden Russinnen.«

»Ja. Entscheidend ist, wer diese Dame beauftragt hat. Ich vermutete, es war Kröger. Wenn ich das beweisen kann, ist unser Job hier in Berlin erledigt.«

»Ja. Dann geht's zurück nach Stuttgart.«

Berlin, Kröger Immobilien AG, Krögers Büro

Kröger sitzt hinter seinem Schreibtisch und starrt auf den Bildschirm seines Computers. Neben der Tastatur liegt ein Memo mit YouTube-Adressen. Myriam Jung hat ihm auf einer Liste all die Links der Spottfilme ausgedruckt, die im Netz über ihn kursieren. Soll er sich diese Filme anschauen? Vor ihm liegt die neue Ausgabe des *Berliner Morgenspiegels*. »Ich bin nicht böse. Ich will nur Geld verdienen«, lautet die Schlagzeile. Er wird diesen Dreck nicht lesen. Was bilden sich diese Schreiberlinge eigentlich ein? Glauben sie wirklich, sie könnten ihm mit ihrem Geschreibsel an den Karren fahren? Ich habe mich für diese Scheißstadt aufgerieben. Eingesetzt. Gekämpft. Mein Geld riskiert. 16 Stunden am Tag.

Ich könnte den Kerl umbringen!

Mit einer schnellen Bewegung reißt er die Zeitung hoch und liest den Namen des Journalisten: Lutz Wendt.

Wut und Hass ballen sich in seinem Solarplexus zu einem schmerzenden Stein zusammen. Ich mache dich fertig.

Der Zeigefinger seiner rechten Hand zittert auf der Tastatur. Er spürt den Herzschlag bis in den Hals. Seine Gedanken rasen. Der Überblick geht ihm verloren, wenn er mitten in diesem Gedankenkarussell steckt. Er kann die Dinge nicht mehr von außen sehen. Und er weiß genau, was jetzt kommt.

Jetzt kommt die Angst.

Die Angst, lächerlich zu sein.

Die Angst zu versagen.

Er legt beide Hände vors Gesicht und hört das Klopfen nicht. Er bemerkt auch nicht, wie die Tür geöffnet wird und Georg Dengler eintritt.

»Sorry, störe ich?«

Kröger fährt herum und starrt Dengler mit rot unterlaufenen Augen an. Mit der rechten Hand tastet er zur Schreibtischschublade, zieht sie auf, nimmt eine blaue Tablettenschachtel heraus, legt sie auf den Tisch, öffnet sie mit zittrigen Fingern, drückt umständlich eine weiße Kapsel heraus, dreht sich dann wieder zu Dengler um und deutet mit einer schwachen Handbewegung auf die Flasche Mineralwasser auf dem Besprechungstisch. Dengler füllt ein Glas mit Wasser und reicht es dem Bauunternehmer. Kröger steckt die Kapsel in den Mund und schluckt sie mit dem Wasser hinunter. Die blaue Schachtel steckt er in die Hosentasche.

»Ist Ihnen nicht gut?«

Kröger steht mühsam auf.

Mit einer Hand stützt er sich auf der Schreibtischkante ab. Sein Brustkorb hebt und senkt sich, als hätte er gerade einen Treppenmarathon hinter sich. Er wirkt kleiner als sonst; zusammengefallen. Er atmet flach und stoßweise. Seine Hand krampft sich an den Schreibtisch, als wolle er das Metall zusammenpressen. Die Adern auf dem Handrücken treten bedrohlich hervor.

»Alles okay?« Dengler geht mit einigen Schritten auf ihn zu, doch Kröger hebt abweisend die linke Hand.

»Gleich vorbei ...«, sagt Kröger leise.

Dengler bleibt stehen und starrt den Mann an, den er bisher nur aufrecht und selbstbewusst bis an die Grenze zur Arroganz erlebt hat. Jetzt sieht er aus wie ein Häufchen Elend. Dann plötzlich verändert sich etwas. Kröger richtet sich auf, scheint größer, steht wieder gerade. Seine Brust strafft sich. Luft strömt wieder in ihn hinein. Er atmet tief ein, und es liegt nun eine Art Lächeln auf seinem Gesicht, so als wolle er sagen, schau mal, wie viel Luft in mich hineinpasst.

»Ich muss in dieses Meeting«, sagt er. »Komm mit.«

Berlin-Wannsee, Villa Kunterbunt

Zur selben Zeit blättert Fuhrmann im *Berliner Morgenspiegel*. Auf der Seite drei eine Reportage über die Stadt Wuhan: Seit ein paar Tagen ist die Millionenstadt wegen des neuartigen Virus unter Quarantäne gestellt und komplett abgeriegelt.

Da muss er lächeln. Eine Operation der Amerikaner? Eine neue Stufe im Ringen der beiden Supermächte um die Weltherrschaft? Er weiß es nicht. Sicher nicht. Aber verrückt, dass er sofort an eine Geheimdienstoperation denkt. Eine déformation professionnelle? Möglich. Doch andererseits – vielleicht gar nicht so verrückt. Er braucht nicht viel Fantasie, um sich vorzustellen, wie in Langley, dem Hauptquartier der CIA, solche Szenarien erdacht und durchgespielt werden.

Aber mehr noch als die Meldung von dem neuartigen Virus fesselt ihn der Bericht über den Bauunternehmer Kröger, den die Gruppe Fuhrmann unter Noppers Regie exekutieren wird. Dieser Mann scheint nicht die hellste Kerze auf der Torte zu sein. Hat er sich doch idiotischerweise vor eine Gruppe von Hausbesetzern gestellt und tatsächlich gedacht, er könne sie überzeugen. Fuhrmann liest den Bericht mit Kopfschütteln. Der *Berliner Morgenspiegel* verspottet ihn auf der zweiten Seite des Regionalteils. Sebastian Kröger ist damit endgültig zum zentralen Hassobjekt der radikalen Linken avanciert. In einem umrahmten Kasten hat der Redakteur die Linkadressen einiger Videos aufgelistet, in denen Kröger vorgeführt wird. Fuhrmann ruft einige davon auf. »Ich bin nicht böse. Ich will nur Geld verdienen« – dieser Satz ist der Kern von fünf Videos, einmal unterlegt mit klassischer Musik, einmal mit Rap, dann als Comic dargeboten. In zwei Aufnahmen werden diese beiden Sätze als Beweis für das unmenschliche kapitalistische Immobiliensystem aufgeführt.

Interessant.

Er lehnt sich in seinem Stuhl zurück. Was wird passieren, wenn Kröger umgebracht wird? Selbst der blödeste Journalist wird annehmen, Leute aus dieser Mieterbewegung hätten ihn umgelegt. Nopper lag hier völlig richtig: Das wäre das Ende dieser Bewegung.

Fuhrmann kann sich nicht erinnern, dass es in der Bundesrepublik Deutschland jemals eine breite Volksbewegung gegeben hat, die Enteignungen verlangt hätte. Sicher: Unmittelbar nach dem Krieg forderte sogar die CDU in ihrem Ahlener Programm die Enteignung der Schlüsselindustrien. Aber damals war jedem klar gewesen, dass dies nicht sonderlich ernst gemeint war. Doch das hier ist anders. Die Berichte des Landesamts für Verfassungsschutz in Berlin haben einen alarmierten Unterton. Die Bürger stünden Schlange, um für das Volksbegehren zur Enteignung der großen Immobilienkonzerne zu unterschreiben. Die Mieterinitiativen würden die nötigen Unterschriften für ein Volksbegehren schneller einsammeln, als sie selbst angenommen hatten. Die Sache sei brandgefährlich.

Das Ganze muss beendet werden.

Die Organisation Fuhrmann hat Erfahrungen in diesen Dingen. Dazu ist sie da. Mit nur zwei Operationen war es gelungen, die Stimmung in der Bevölkerung bezüglich der Flüchtlinge komplett zu drehen. Fuhrmann hatte es zunächst auf friedlichem Weg probiert. Er hatte alle Kanäle in die Parteien aktiviert. Ergebnislos. Nachdem dies nichts genutzt hatte, beauftragte er ein Mitglied seines Direktoriums, einen ehemaligen Staatssekretär des Innenministeriums, ein Papier zu schreiben und es der *Welt* zuzuspielen. Unter der Überschrift »Sicherheitsexperten entsetzt über deutsche Politik« kommentierte dann sogar der Chefredakteur »das Manifest der Sicherheitsbehörden«. Es wurde die sofortige Grenzschließung gefordert, der Stopp der Flüchtlingsströme, Streichung von Sozialleistungen und so weiter. Samt und sonders vernünftige Sachen.

Doch die Kanzlerin schlug alles in den Wind.

Er erinnert sich genau: Damals stand er in der großen Halle des Hauptbahnhofs, als die ersten Flüchtlinge in München ankamen. Traumatisierte, elende Gestalten. Sicher keine Gefahr für die innere Sicherheit oder für sonst irgendjemanden. Die wirkliche Gefahr ging von den umstehenden Münchnern aus, die diesen hungrigen, desorientierten Gestalten applaudierten und ihnen zujubelten. Er hätte kotzen können. Diese radikal kommunistische Menge nutzte die Flüchtlinge, um das innenpolitische Klima nach links zu verschieben. Als er diese begeisterte Masse sah, wurde ihm schlecht vor Ekel. Er begriff die Gefahr sofort. In den folgenden Monaten weitete sich diese Verneinung alles Deutschen bis in die Mitte der Gesellschaft aus, und irgendjemand erfand sogar einen Begriff dafür: Willkommenskultur. Er fuhr nach Berlin zurück und war fest entschlossen, diese Entwicklung zu beenden.

Mit Erfolg. Die Organisation Fuhrmann mobilisierte alle Kräfte und aktivierte ihre Verbindungen in die Sicherheitsbehörden. Mit einigen wenigen, aber aufsehenerregenden Geheimdienstoperationen gelang es, die Stimmung in der Bevölkerung vollständig zu drehen. Dazu war die Organisation Fuhrmann schließlich da.

Jetzt ist es Zeit für eine neue Operation.

Er betrachtet noch einmal das Foto von Kröger in der Zeitung.

Nopper hatte den richtigen Mann ausgesucht.

Kröger wird sterben.

Für eine gute Sache.

Und ganz nebenbei wird er dabei auch Nopper in die Hölle schicken.

Fuhrmann lächelt.

Berlin, Kröger Immobilien AG, Konferenzzimmer

Als Kröger mit großem Schwung die Tür zum Konferenzzimmer aufstößt, hat er die Rückverwandlung von einem Häufchen Elend zum Firmenboss komplett abgeschlossen. Kraftvoll, mit großen Schritten geht er auf den Konferenztisch zu, die Arme ausgebreitet.

»Susan, I'm so happy to finally meet you. I hope you enjoy the numbers.«

An dem Tisch sitzen Charlotte Kröger, Dr. Wenzel und Susan Miller, die überrascht von einigen Papieren aufschauen, über die sie sich gerade gebeugt hatten. Susan Miller ignoriert Krögers ausgestreckte Hand.

»Ich denke, Sie schulden mir eine apology«, sagt sie.

»Charlotte – was hat sie gesagt?«

»Sie erwartet von dir eine Entschuldigung.«

»Eine Entschuldigung? Von mir? Weshalb?«

»Ich bin die Repräsentantin der Blackhill Group in Germany. Wir distanzieren uns von jeglichen kriminellen Aktivitäten. Wir wollen Derartiges nicht einmal von ferne sehen«, sagt Susan Miller.

»Very good«, sagt Kröger. »Fine! Das freut mich. Ich habe auch nie angenommen, dass Blackhill je etwas Kriminelles angestellt haben könnte.«

»Papa, sie meint nicht sich selbst.«

»Nein, wen denn sonst? Was soll …« Plötzlich versteht er. Er ist hier der Kriminelle. Dengler sieht, wie Krögers Gesicht rot anläuft.

»Sagt sie, ich sei kriminell?«

»Bitte, Papa, reg dich nicht auf. Wir haben hier gerade einen Flow.«

»Haben Sie mich gerade einen Kriminellen genannt?«, attackiert er Susan Miller.

Die Amerikanerin hebt den Kopf und sieht Kröger direkt in die Augen. »For us it is important ... wie sagt man auf Deutsch: eine weiße Weste zu haben.«

»Schmeiß sie raus, Charlotte.«

Charlotte Kröger wendet sich an Susan Miller. »We regret that you have had problems with ... the events that have taken place here in Berlin in recent days. We, my father and I, assure you that our company had nothing, I repeat, nothing to do with them.«

»Schmeiß sie raus, Charlotte.«

»Ich verstehe ... Wir brauchen mehr Zeit für unsere Gespräche. Vielleicht sehen wir uns besser in zwei days.«

Susan Miller steht auf und kramt einige Dokumente zusammen. Sie geht, ohne zu grüßen.

Kröger setzt sich.

»Wenzel, lassen Sie uns einen Augenblick allein.«

Dengler wendet sich zur Tür.

»Dengler – du bleibst!«

Wenzel geht. Dengler wartet an der Tür.

»Charlotte, du bist mein Augenstern, du bist mein Ein und Alles. Ich mag deinen Ehrgeiz. Ich liebe deinen scharfen Verstand. Du bist viel besser ausgebildet als ich ...«

Er greift sich ans Herz und wischt sich dann mit der flachen Hand Schweiß von der Stirn. »Aber du solltest wissen, dass ich nicht ganz blöd bin. Wenn du mir noch ein einziges Mal so in den Rücken fällst wie eben – dann fliegst du.«

Charlotte schiebt ihre Hand über den Tisch und fasst ihren Vater sanft am Handgelenk.

Sie blickt Dengler an: »Lassen Sie uns bitte einen Augenblick allein.«

Kröger dreht den Kopf zur Seite. »Der bleibt«, sagt er.

Dengler, schon im Gehen begriffen, fragt: »Was soll ich also tun?«

Kröger: »Du bleibst.«

Georg Dengler sieht zu Charlotte Kröger. An ihr ist nun nichts Sanftes mehr. Ihre Augen fixieren ihren Vater. Sie sind zusammengekniffen – und voller Hass.

Ihre Stimme klingt hart: »Papa, wir brauchen diese 120 Millionen, die Blackhill uns anbietet. Wir haben nicht viele Alternativen. Wir können uns mit dieser Frau keinen Streit leisten. Sonst müssen wir mit der Deutschen Eigentum reden. Willst du *das*?«

Kröger steht auf. Er stützt sich am Tisch ab. Dengler sieht, wie seine Knie zittern. Der Mann schnappt nach Luft.

»Ich will vor allem nicht, dass meine Tochter mich vor Investoren als Idioten darstellt. Ich warne dich, und ich meine es ernst: Noch einmal, und du fliegst.«

Er dreht sich um und geht zur Tür. Dengler öffnet sie. Im Flur lehnt sich Kröger an die Wand. Sein Gesicht wirkt fahl und gelb. Er zieht die blaue Schachtel aus der Hosentasche, drückt eine Kapsel aus der Folie und stopft sie sich in den Mund.

Er wartet einen Moment, atmet tief durch. Schließlich zieht er eine KeyCard aus der Tasche und reicht sie Dengler.

»Für dich – dein Dienstwagen. Kannst du mich wohin fahren?«, fragt er.

Berlin, Friedrichstraße

Kröger sitzt neben ihm im 5er-BMW. Sein Mund steht offen. Er atmet flach. Dengler beobachtet ihn aus dem Augenwinkel. Kröger sieht nicht gut aus.

»Ich habe gute Nachrichten für Sie«, sagt Dengler, dem Kröger plötzlich leidtut. »Ich weiß, wer die Ratten ausgesetzt hat. Es ist ein

Krimineller, der vermutlich solche Verbrechen berufsmäßig begeht. Es wird nicht mehr lange dauern, dann kenne ich auch seinen Auftraggeber.«

Dengler wartet auf die Reaktion Krögers. Er wird panisch oder hektisch reagieren, wenn er den Auftrag erteilt hat. Er wird dann außerdem versuchen, Dengler nach Einzelheiten auszufragen. Wenn er nichts damit zu tun hat, wird er erleichtert reagieren.

Doch zu seiner Überraschung reagiert Kröger kaum. Nur seine Augenlider heben sich für einige Millimeter, wie unter großer Anstrengung. Dann wendet er den Kopf nach rechts und schaut teilnahmslos aus dem Wagenfenster.

»Haben Sie gehört, was ich gesagt habe?«

Kröger reagiert nicht.

»Geht es Ihnen gut?«, fragt Dengler. »Kann ich etwas für Sie tun? Sie sind total blass.«

Kröger dreht sich langsam zu ihm um. »Auch wenn es so aussieht: Ich bin keine Maschine. Ich stecke auch nicht einfach weg, wenn ich niedergebrüllt und ausgelacht werde. Man sieht es mir vielleicht nicht an, aber … Es ist nicht immer einfach.«

Doch, denkt Dengler: Man sieht dir die Blamage an.

»Weißt du, was das Schlimmste ist?«, fragt Kröger fahrig.

»Keine Ahnung.«

»Die Investoren, die sind am schlimmsten.« Er schweigt.

Dann fährt er fort: »Das sind junge Kerle, irgendwo zwischen dreißig und irgendwas, kaum geschlechtsreif. Fondsmanager. Verwalten riesige Geldmengen. Wir treffen sie auf der Immobilienmesse in Cannes. Jedes Jahr. Kannst du dir das vorstellen – jedes Jahr? Für mich ist es die Hölle. Sie suchen Anlagemöglichkeiten für ihr Geld. Wir bekommen den Zuschlag nur, wenn wir eine höhere Verzinsung nachweisen können als andere. Weißt du, wie ich mich da fühle?«

Dengler sieht geradeaus auf die Fahrbahn. »Keine Ahnung.«

»Wie eine alte Stripperin, die sich vor jungen Kerlen auszieht und nicht weiß, ob ihre Titten noch straff genug sind. Ob sie die

Typen noch begeistert. Mir geht es so gegen den Strich, denen unsere Projekte vorzustellen und dabei ihr Gesicht zu mustern, ob es Zustimmung zeigt oder Ablehnung. Es ist eklig, wie wir vor denen buckeln und …«

Er macht eine wegwerfende Handbewegung.

Dengler sagt:»Sie sind doch ein richtiger Baulöwe. Ein Tycoon. Sie haben einen Privatjet. Kommen Sie nicht ohne diese Typen aus?«

Kröger schaut wieder zum Fenster hinaus. »Schon lange nicht mehr«, sagt er leise. »Schon sehr lange nicht mehr.«

Als sie die Friedrichstraße entlangfahren, sagt er plötzlich: »Stopp.« Und dann: »Du brauchst nicht auf mich zu warten.«

Dengler hält am Straßenrand. Kröger steigt mühsam aus dem Wagen und geht mit gebeugtem Rücken auf den Eingang eines großen Bürohauses zu. Er drückt eine Klingel. Die Tür öffnet sich automatisch, und Kröger verschwindet dahinter.

Dengler parkt trotz wütenden Hupens in der zweiten Reihe, schaltet die Warnblinkanlage an und steigt aus. Er geht zu dem Eingang und liest die Klingelaufschrift: Dr. Herbert Glowalla, Psychiater und Psychotherapeut.

Interessant, denkt Dengler, fotografiert das Klingelschild, geht zurück und setzt sich in den BMW.

Berlin-Charlottenburg, Savignyplatz, Schuhgeschäft

»… und für den Frühling ideal! Sie bringen ihre Beine so richtig zu Geltung«, sagt die Verkäuferin und tritt einen Schritt zurück.

Olga ist in ein Paar hochhackige Schuhe geschlüpft. »So, finden Sie?« Sie steht auf und dreht sich vor einem körperhohen Spiegel. In dem Schuhgeschäft am Savignyplatz sind nur wenige Kundinnen.

»Genau! Wie ich gesagt habe. Die idealen Frühlingsschuhe. Der Winter fällt in diesem Jahr ohnehin aus.«

Olga stöckelt einige Schritte vor. Ihr Handy klingelt. Sie nimmt ab.

»Lea Schweizer«, meldet sich eine Stimme. »Sie erinnern sich an mich? Die Tierärztin, die Ihre tote Ratte untersucht hat.«

»Hallo, selbstverständlich erinnere ich mich an Sie. Das ist sehr nett, dass Sie mich anrufen. Haben Sie die Testergebnisse?«

»Nein. Das dauert noch. Aber ich habe eine Theorie. Eine Theorie, von der ich allerdings inständig hoffe, dass sie nicht zutrifft.«

»Ich höre.«

»Lang ist es her: In der Sowjetunion gab es ein Forschungsprogramm. Wissenschaftler kreuzten bei verschiedenen Tieren wie Füchsen, Nerzen, aber auch Ratten immer wieder die aggressivsten Exemplare miteinander und die besonders zahmen auch. Bei Ratten ist die Generationsfolge besonders schnell. Deshalb hatten sie nach wenigen Jahren verschiedene Ratten, genetisch gleich, doch die einen wurden Kampfmaschinen, die sofort jeden und alles angriffen – die anderen Kuscheltiere, die man sich auf den Kopf setzen konnte. Doch wehe, man verwechselte sie. Die gleiche Spezies, aber komplett anderes Verhalten.«

»Was für einen Sinn macht eine solche Forschung? Ist es etwas Militärisches?«

»Nein, es ging darum, herauszufinden, wie aus Wölfen Hunde wurden, wie die Domestizierung von Haustieren früher mal ablief.«

»Ja. Etwa 8.000 Jahre vor unserer Zeitrechnung.«

»Genau.« Dr. Schweizers Stimme klingt überrascht. »Ziemlich lange her.«

»Verstehe ich Sie richtig: Sie halten es für möglich, dass einige dieser aggressiven Ratten in der Sowjetunion ausgebrochen sind und sich nun nach Berlin durchgeschlagen haben?«

»Nein.«

Die Verkäuferin, die zugehört hat, kommt näher und beäugt Olga misstrauisch. Olga lächelt ihr beruhigend zu.

»Nein?«, wiederholt Olga und schenkt der Verkäuferin ein zweites Lächeln, das sagen soll: Sorry, wichtiges Telefonat! Wenn ich aufgelegt habe, unterhalten wir uns wieder über diese wunderbaren Schuhe.

»Wissenschaftler der Uni Leipzig haben sich zu DDR-Zeiten an diesem Projekt beteiligt. Sie züchteten ebenfalls besonders aggressive und besonders zahme Ratten.«

»Und nach der Wende flüchteten die aggressiven Ratten und fallen nun Kinder an?«

Die Verkäuferin tritt unruhig von einem Fuß auf den anderen. Olga setzt sich und schlüpft aus den Schuhen.

Die Verkäuferin schnappt sie und wickelt sie eilig in weißes Papier und steckt sie zurück in den Karton.

»Wieder falsch«, sagt Dr. Schweizer. »Nach der Wende wurde das Zoologische Institut in ein Institut der Uniklinik umgewandelt. Es wird weiter geforscht, wie die Domestikation von Haustieren einst abgelaufen ist. Man will gewissermaßen die Evolution nachvollziehen.«

»Die züchten superaggressive Ratten?«, sagt Olga und schlüpft in ihre Schuhe. Dann tritt sie auf die Straße. Die Verkäuferin schließt sichtlich erleichtert hinter ihr die Tür.

»Ja. Das ist die einzige Erklärung, die ich für das aggressive Verhalten der Wanderratte habe. Sie muss aus diesem Institut stammen. Soll ich Ihnen die Adresse per SMS schicken?«

»Das wäre super.«

Olga steckt das Handy ein und öffnet erneut die Tür zum Schuhladen. Die Verkäuferin weicht rückwärtsgehend hinter die Theke zurück.

»Keine Sorge«, sagt Olga. »Alles gut. Jetzt kann ich in Ruhe diese wunderbaren Schuhe anprobieren.«

Berlin, Friedrichstraße

»Es gibt zwei Neuigkeiten«, sagt Olga.

»Ich höre«, sagt Dengler.

Er fährt zurück ins Büro. Das Handy hat er zwischen Ohr und Schulter geklemmt.

»Ich habe mir ein Paar neue Schuhe gekauft.«

»Das ist großartig. Wie sehen sie aus?«

»Man sieht fast nichts. Außer der Sohle und dem Absatz sind da nur ein paar bunte Schnüre.«

»Mmh, führst du sie mir heute Abend vor?«

»Nein.«

»Schade. Warum nicht?«

»Ich bin heute Abend in Leipzig.«

»Okay … darf ich fragen, was du in Leipzig machst?«

»Vielleicht habe ich die Quelle unserer Kampfratten gefunden. In Leipzig gibt es ein Institut, das aus irgendwelchen wissenschaftlichen Gründen besonders aggressive Ratten züchtet. Morgen früh habe ich einen Interviewtermin mit der Projektleiterin.«

»Das ist ungünstig. Können wir das verschieben? Ich treffe heute noch …«

Olga in mahnendem Ton: »Georg, ich brauche dich nicht dazu. Such du den Typen, der die Ratten ausgesetzt hat. Ich schau mich mal in Leipzig um.«

»Aber du gibst dich nicht wieder als Reporterin vom *Spiegel* aus …?«

»Mmh.«

»Olga«, sagt Dengler, »ich finde es nicht gut, wenn du …«

»Mach's gut, mein Liebster, wenn ich zurück bin, führe ich dir die wunderbaren Schuhe vor.«

Sie beendet das Gespräch.

Berlin-Charlottenburg, Café Espresso

»Wenn du mich fragst«, sagt Roman zu Eddy, »ich habe mich noch nie so scheiße gefühlt.«

»Ich hab dich nicht gefragt«, antwortet Eddy.

Irgendwie hat er es geschafft, seine Haare komplett nach hinten zu kämmen. In einem Glas hat er Zucker, Honig und Wasser gemischt und daraus seine spezielle Version eines Haarfestigers hergestellt. Okay, das riecht nun komisch, aber es hält. Roman sagte, er sehe jetzt aus wie ein italienischer Gigolo, aber das war ein bisschen bösartig. Eddy findet, Roman hat echt jetzt mal keinen Grund, so bösartig zu sein. Schließlich hat er den ganzen Schlamassel, in dem er jetzt steckt, mit seiner Zündelei am Ferrari verschuldet. Die Prügel habe *ich* bezogen, denkt er. *Meinen* Perso hat der Schläger, *meine* Adresse hat er, und *von mir* will der Arsch 5.000 Euro. Alles in allem: Eddy findet, Roman sollte das Maul jetzt nicht so weit aufreißen.

Mit dem Geld, das Dengler ihnen gegeben hatte, haben sie sich zwei blaue Arbeitskittel gekauft, zwei Straßenbesen und einen großen Eimer. Jetzt stehen sie auf dem Bürgersteig vor dem Café *Espresso* und fegen lustlos die großen Steinplatten. Ihre Hoffnung besteht darin, dass sie mit dieser Tarnung unbeobachtet das Café im Auge behalten könnten. Es sind zwei merkwürdige Straßenfeger, die nach wenigen Strichen bereits erschöpft sind, sich auf die Besen stützen und die ihre Zigaretten achtlos hinter sich auf das bereits gefegte Trottoir werfen. In jeder anderen Stadt hätten die beiden für Aufsehen gesorgt, aber wer kümmert sich in Berlin schon um merkwürdig aussehende Straßenfeger. Hier provozieren die beiden nicht einmal ein Stirnrunzeln.

Eddy beobachtet argwöhnisch das Café. Merkwürdige Leute gehen da ein und aus. Tolle Frauen, die nahezu alles zeigen, was sie haben, und das ist einiges. Aber ihre Typen? Wieso marschieren solche Frauen mit diesen goldkettenbehängten Anabolikabolzen rum? Er versteht es nicht.

Mit Dengler haben sie vereinbart, dass sie ihn sofort anrufen, wenn der Ferrari-Rocker auftaucht. So lange sollen sie unauffällig das Café beobachten. Eddy betrachtet Roman, der sich gerade eine neue Zigarette ansteckt. Unauffällig? Unauffällig ist anders. Stöhnend nimmt er den Besen und schiebt ihn nach vorne und zurück, einmal, zweimal, dreimal. Dann denkt er über die Arbeitsknechtschaft nach, in der sie sich befinden, und macht eine Pause.

18. Kapitel: Kämpfe

Leipzig, Institut der Uniklinik

Kurz nach zehn Uhr öffnet Frau Dr. Garde die schwere Metalltür mit einem Zahlencode und lässt Olga den Vortritt in den Keller. Der Gestank von beißendem Ammoniak trifft sie unvermittelt wie ein heftiger Schlag. Olga bleibt stehen und hustet.

»Es riecht ein bisschen streng, nicht wahr?«, sagt Dr. Garde und lächelt verlegen. »Man gewöhnt sich aber schnell daran. Ich bemerke es schon lange nicht mehr.«

Olga atmet durch den Mund. »Ich nicht, glaube ich«, sagt sie und spürt, wie ihr Magen sich zusammenzieht.

Dr. Garde geht im Flur voran und öffnet eine Tür.

»Nehmen Sie besser das!« Sie reicht Olga ein Taschentuch.

Der Gestank ist überwältigend. Olga hält sich das Tuch vor Mund und Nase.

An zwei Seiten stapeln sich Käfige bis zur Decke. Der Raum wird dominiert von einem blank geputzten, langen Tisch aus schimmerndem Edelstahl. Ein Schrank, ebenfalls aus Edelstahl, steht neben der Tür. Auf einem kleineren Tisch sind fünf Schalen mit Futter verteilt. Zwei Neonlichter werfen kaltes Licht in den Raum.

»Wir lassen die Käfige jeden zweiten Tag reinigen, aber trotzdem …« Dr. Garde zuckt resigniert mit den Schultern.

Sie geht zum Schrank und öffnet eine Schublade. Sie zieht Gummihandschuhe an, darüber streift sie Baumwollhandschuhe.

Aus der zweiten Schublade nimmt sie zwei Handschuhe aus kräftigem Edelstahldraht und zieht sie an.

»Stahlkettenhandschuhe wie ein Ritter. Trotzdem: Auch hier beißen sie sich manchmal durch«, sagt sie mit einem entschuldigenden Unterton.

»Das sind ja liebe Tierchen …«, sagt Olga leise.

Die Wissenschaftlerin nimmt einen Käfig und stellt ihn auf den Tisch. Der Metallkorb ist einen Meter lang und ebenso hoch. Drei Ratten starren sie an. Dr. Garde nimmt ein Stück Fleisch aus einer Schale.

»Ein kleines Leckerli außer der Reihe, ihr Lieben«, flüstert sie. »Das verdankt ihr dieser netten Reporterin vom *Spiegel*.«

Sie öffnet eine enge Klappe und schiebt vorsichtig ihre Hand hinein. Die drei Ratten weichen zurück. Eine von ihnen kreischt plötzlich. Es ist ein schreckliches Geräusch, ein hoher, quietschender Ton, fast so, als würde sich Metall auf Metall reiben.

Es ist das Angriffssignal. Blitzschnell stürzen sich die Tiere auf die Hand und verbeißen sich in dem metallenen Handschuh. Scharfe Eckzähne schneiden in die Stahlketten des Metallhandschuhs und lassen nicht mehr los. Hinterbeine stemmen sich auf den Käfigboden. Die Ratten versuchen, die Hand tiefer in den Käfig zu ziehen.

Es ist eine Explosion von Aggressivität.

Olga sieht, dass Dr. Garde Kraft aufwenden muss, um die Hand zurückzuziehen. Mühsam streift sie die wütenden Tiere wieder ab. Schließlich gelingt es, und sie schließt den Käfig wieder zu.

Olga ist beeindruckt. »Früher, in meiner Kindheit, habe ich oft Ratten gesehen. Im Stall meiner Großeltern. Aber sie flohen sofort, wenn sie Menschen bemerkten.«

»Ach, diese können nichts dafür. Wir züchten sie so. Sie greifen sofort an. Es ist nichts Persönliches. Es ist ihre Natur.«

Olga bemerkt, dass sie sich das Taschentuch nicht mehr vors Gesicht hält.

»An den Gestank hab ich mich schon gewöhnt. Aber an diese Aggression …«

Die Tür geht auf. Ein Mann, etwa Ende zwanzig, kommt grußlos herein. Er trägt hellblaue Jeans, ein blau kariertes Hemd unter einem ärmellosen braunen Pullunder. Gelbblonde Haare, streng gescheitelt, fallen ihm in die Stirn. Er zieht einen hüfthohen Reinigungswagen hinter sich her.

»Das ist Herr Winkler. Er säubert bei uns die Käfige«, sagt Dr. Garde.

Der Mann brummelt einen unverständlichen Gruß. Olga fällt auf, dass er den Blick auf den Boden gesenkt hält und weder sie noch Dr. Garde ansieht. Er zieht den Wagen in die hintere Ecke und beginnt, sich umständlich Metallhandschuhe überzustreifen.

»Hallo«, sagt Olga munter. »Sie haben einen gefährlichen Job.«

Er murmelt etwas, was Olga als »Ich mach das hier nicht zum ersten Mal« interpretiert.

Sie wendet sich an Dr. Garde: »Was geschieht eigentlich, wenn einige dieser aggressiven Tiere fliehen würden?«

Die Frau lacht. »Das wird nicht passieren. Meine Lieblinge wohnen quasi in einem Hochsicherheitstrakt.«

»Nur mal angenommen: Irgendetwas geht schief, und fünf oder zehn dieser Ratten gelangen ins Freie. Was passiert dann?«

Dr. Garde fasst sich an die Schläfe. »Das wäre eine globale Katastrophe.«

»Warum?«

»Nun, diese aggressiveren Tiere haben einen ausgeprägteren Brutpflegetrieb als die in der Natur vorkommenden Wanderratten. Sie bekommen mehr Junge. Vor allem würden sie die weniger aggressiveren Tiere töten, und nach einer bestimmten Zeit gäbe es nur noch diese aggressiven Ratten. Sie würden erst Haustiere, dann Babys, dann Kinder, dann Erwachsene anfallen und töten.«

Aus den Augenwinkeln sieht Olga, wie der gelbhaarige Putzmann in seiner Bewegung erstarrt und nun unbeweglich an seinem Karren verharrt. Kein Zweifel: Er lauscht.

»Warum fragen Sie?« Dr. Garde hebt den Kopf.

Der Gelbhaarige schiebt den Wagen näher zu ihnen hin. Olga registriert, dass er mit der behandschuhten rechten Hand völlig sinnlos in einer Schachtel kramt. Sie schaut auf das Namensschild auf seiner linken Brust. *Sandro Winkler*, liest sie.

»Wir haben in Berlin einen Fall, bei dem eine Ratte einen Säugling angegriffen hat.«

»Das ist ja schrecklich! Aber Berlin? Diese Ratte ist bestimmt nicht von uns. Als einzelne Ratte ... bis nach Berlin! Das hätte sie allein nicht geschafft. Vielleicht hatte diese Ratte Tollwut?«

Sie geht zur Tür und öffnet sie. »Ich zeige Ihnen jetzt unsere Labore. Wir analysieren dort das Erbgut unserer kleinen Freunde.«

Kurz bevor Olga die Tür hinter sich schließt, dreht sie sich noch einmal um – und sieht in die verhangenen Augen des Gelbhaarigen, der sie anstarrt.

Leipzig, Institut der Uniklinik

Nach der Besichtigung des Kellers bittet Dr. Garde Olga in den ersten Stock, wo in einem Besprechungszimmer Mineralwasser, Kaffee und Kekse für sie bereitstehen.

»Vielleicht können Sie mir grundsätzlich einmal erläutern, was Sie in Ihrem Institut herausfinden wollen«, sagt Olga, als sie sich gesetzt haben.

»Kurz gesagt – wir fragen uns: Wie verändern sich Tiere, wenn aus wild lebenden Exemplaren Haustiere gezüchtet werden? Oder: Warum wurden Schafe, Ziegen und Schweine domestiziert, Gazellen und Zebras jedoch nicht?«

»Und? Haben Sie schon etwas herausgefunden?«

Dr. Garde lacht. »Allerdings. Es gibt ja das berühmt gewordene

Beispiel, bei dem russische Forscher unter 130 Silberfüchsen immer nur die zahmsten gekreuzt haben, oder besser gesagt, die am wenigsten wilden. Nach zehn Generationen zeigten 18 Prozent der Nachkommen von diesen Silberfüchsen zahmes Verhalten. Sie jaulten, wedelten mit dem Schwanz und reagierten freundlich auf menschliche Berührungen, ließen sich streicheln. Nach 20 Generationen stieg der Anteil zahmer Füchse auf 35 Prozent; er hatte sich also verdoppelt. Interessant ist, dass die Tiere auch ihr Aussehen verändert haben. Plötzlich hatten sie Hängeohren, bekamen ein geflecktes Fell und einen freundlich aufgestellten Schwanz. Die russischen Kollegen führten das auf eine deutlich verminderte Produktion von Adrenalin bei zahmen Tieren zurück.«

»Zahme Tiere produzieren weniger Adrenalin?«

Dr. Garde nickt. »Der wesentliche Unterschied domestizierter Tiere zu ihren wild lebenden Verwandten besteht in ihrer geringeren Reaktionsbereitschaft auf äußere Reize und einer wesentlich reduzierten Scheu vor anderen Tieren oder Menschen. Ansonsten würden sie es in engen Pferchen überhaupt nicht aushalten. Ihr limbisches System, das über Hormone die Reaktionen auf Gefahr, also Angriff, Flucht oder Totstellen steuert, wird deutlich heruntergefahren. Insgesamt werden Emotionen und emotionales Verhalten gedämpft. Anders wäre das Leben für die Tiere in beengten Gehegen und unter menschlicher Aufsicht nicht möglich. Die Tiere sind geschützt, ihre Ernährung ist sicher. Deshalb sind domestizierte Tiere weniger wachsam gegenüber ihrer Umwelt als ihre wild lebenden Vorfahren.«

»Das gilt auch für Ratten?«, fragt Olga.

»Ja, das finde ich besonders interessant. Die ungebetenen Gäste, die sich bei unseren frühen Vorfahren einfanden, Tauben, Mäuse, Spatzen und eben auch Ratten, zeigen nach einer bestimmten Zeit die gleiche Reaktion, die gleiche verminderte Scheu vor Kontakten mit anderen Tieren oder dem Menschen. Obwohl sie nicht gezüchtet werden, werden sie zahm.«

»Davon kann bei den Ratten, die wir eben gesehen haben, keine Rede sein.«

Dr. Garde lacht: »Weiß Gott nicht!«

★

Nach dem Gespräch fährt Olga mit einem Taxi zurück zum Hauptbahnhof und mietet dort einen Mitsubishi mit E-Motor. In dem kleinen Hotel in Bahnhofsnähe, in dem sie gestern Abend abgestiegen ist, verlängert sie ihren Aufenthalt um einen Tag. Dann bringt das Auto sie leise surrend zurück zum Institut. Sie parkt fünfzig Meter entfernt vom Eingang auf der gegenüberliegenden Seite, klappt die Sonnenblende herunter, schaltet das Radio an und wartet.

Der Deutschlandfunk meldet, dass wegen des merkwürdigen Virus, das die Millionenstadt Wuhan komplett lahmgelegt hat, internationale Fluggesellschaften China nun nicht mehr anfliegen. Olga beunruhigt diese Nachricht. Gestern Abend, als sie mit Dengler telefonierte, sagte der, sie solle sich von einem Grippevirus auf der anderen Seite der Erdkugel nicht verrückt machen lassen. Sie fand, Dengler mache es sich zu einfach und verschließe die Augen vor dieser Gefahr. Doch Georg lachte nur und sagte: Mach dir keine Sorgen, ich liebe dich. Was soll dir dann noch passieren? Kurz bevor sie einschlief, ärgerte sie sich immer noch darüber, dass er diese Krankheit nicht ernst nahm.

Sie sieht auf die Uhr. 14:18 Uhr. Sie seufzt. Dengler hatte ihr oft erzählt, wie langweilig Observationen für ihn immer gewesen waren. Jetzt würde sie wohl ein paar Stunden im Auto sitzen und warten.

Nach einer Weile wird sie müde. Sie öffnet das Fenster, die frische Januarluft macht sie wieder munter. Dann wird ihr kalt. Olga schließt das Fenster wieder, und inmitten eines Berichtes über diese Corona-Epidemie in China und anderen asiatischen Ländern fallen ihr die Augen zu. Irgendwann erwacht sie abrupt. In diesem Augenblick kommt Frau Dr. Garde durch die Tür des Instituts,

264

dreht sich noch einmal um und geht dann die Treppen hinunter auf die Straße.

Olga klappt die Sonnenblende hoch und drückt den Startknopf.

Berlin-Kreuzberg, Romans Wohngemeinschaft

Roman und Eddy hatten gestern Abend noch ziemlich lange in der Kneipe gesessen. Zum Schluss, es war schon drei Uhr früh, schmiss Toni, der Eigentümer, sie raus. Zack, zack – er macht da nie viel Umstände mit den letzten Gästen. Also, ihr zwei, ihr geht jetzt entweder freiwillig oder … Dann packte er Roman an der Jacke und zog ihn vom Barhocker. Das geht immer schnell bei Toni. Sie hatten viel Bier getrunken. Viel zu viel Bier, dem Kater nach zu urteilen, der am Morgen in Eddys Hirn randalierte. Immerhin war er in der Nacht noch so clever gewesen und hatte den Wecker seines Handys auf zehn Uhr gestellt. Schließlich wollen sie heute wieder vor dem Café *Espresso* Wache schieben und diesen merkwürdigen Privatheini anrufen, falls der Ferrari-Schläger auftaucht. Eddy ist im Grunde froh, dass sie diesen Dengler kennengelernt haben. Er macht einen coolen Eindruck und scheint genau zu wissen, was er tut. Das ist bei Roman nicht immer der Fall. Vertrauenswürdig – komisch, dass ihm dieses Wort jetzt einfällt.

Dass er einen neuen Perso beantragen soll: Dieser Vorschlag stammt auch von dem Privatheini. Gute Idee! Komisch, dass er selbst noch nicht draufgekommen war. Hatte er zwar bis jetzt noch nicht erledigt, aber er würde dieses Projekt in den nächsten Tagen anpacken. Er überlegt, auf welches Amt er dafür gehen muss. Mit dem ersten Wohnsitz ist er immer noch in Hechingen gemeldet, bei seinen Eltern. Peinlich. Irgendwie. Zweitwohnsitz Berlin. Auch blöd, er muss sich mal ummelden. Vielleicht kann das auch seine Mutter für ihn erledigen. Gute Idee. Hechingen war berühmt für Leute, die nach Berlin ausgewandert sind. Da war dieser Außenminister, dessen Namen ihm inmitten einer Kopfschmerzattacke nicht mehr einfällt, aber den anderen Namen – den weiß er noch. Markus Wolf, ein Spion oder so was. Plötzlich überkommt ihn ein merkwürdiges Gefühl. Ein Gemisch zwischen Kopf- und Heimweh. Bloß jetzt nicht heulen.

Da bellt das Handy wieder. Er hat als Weckruf Hundegebell eingestellt. Witzige Sache, aber jetzt total blöd: Er muss es ausstellen, bevor die ganze WG wach wird. Eddy strampelt die Decke weg und schwankt zu dem kleinen Tisch, auf den er gestern Abend das Handy gelegt hat. Es bellt unter der Unterhose. Sollte er vielleicht auch mal wieder wechseln. Eddy drückt die Stopptaste und macht sich auf den Rückweg zu seiner Matratze, bis ihm wieder einfällt: Sie müssen ja heute Wache schieben. Vor diesem Café. Jetzt fällt ihm der Name schon nicht mehr ein. Er torkelt zur Tür, geht durch den Flur ins Bad und pinkelt. War echt viel Bier gestern Abend gewesen. Er bemerkt es daran, dass er den Strahl nicht richtig steuern kann. Immer im Sitzen pinkeln, ein Spruch seiner Mutter. Aber hier ist Berlin. Da pissen Männer im Stehen. Eddy reißt ein paar Blätter Klopapier ab und wischt damit den Boden und den Klodeckel sauber. So viel Feminismus muss sein. Dann geht er zum Waschbecken und vermeidet den Blick in den Spiegel. Er dreht den Wasserhahn auf, wartet, bis der Boiler anspringt, mischt warmes und kaltes Wasser, bis es die richtige Temperatur hat, und kippt es sich lauwarm mit beiden Händen ins Gesicht. Das tut gut. Doch seinem Magen passt das nicht. Ihm wird übel.

Vielleicht wäre ein Kaffee nicht schlecht. Er geht in den Flur. Still ruht die WG. Marion, die schicke Rothaarige, hat einen Job und ist sicher schon weg. Besser, wenn sie ihn in diesem Zustand nicht sieht. Er klopft an Romans Tür. Nichts. Er klopft fester, aber wieder – nichts. Er öffnet. Roman liegt in seinem Bett und hält die Decke umschlungen, als sei sie eine Frau. Ein weißer, behaarter Hintern streckt sich ihm entgegen. Ob Frauen einen solchen Anblick wirklich mögen? Schwer vorstellbar, aber wahrscheinlich eines der Wunder der Natur.

»Roman, wir müssen langsam los. Ich mach mal einen Kaffee.« Als Antwort kommt irgendein Ton, ein Gemisch aus Pfeifen, Murren und Knurren. Vielleicht auch Schnarchen. »Ich bring dir gleich einen Kaffee.«

Eddy geht in die Küche. Ein Vorteil von Marions Job ist, dass es in dieser WG eine vollautomatische Kaffeemaschine gibt. Er stellt sie auf Stufe fünf, für den stärksten Kaffee, und schiebt eine Tasse unter den Auslaufstutzen. Die Maschine mahlt den Kaffee, brummelt und faucht ein wenig, dann stürzt der schwarze, lebensrettende Saft in die Tasse. Er nimmt sie und setzte sich an den Tisch. Marion hat die Milch neben der Butter stehen lassen, aber angesichts der besonderen Umstände des heutigen Tages ist es vielleicht angebracht, den Kaffee schwarz zu trinken. Er nimmt einen Schluck und bildet sich ein, sein Kopf werde etwas klarer. Allerdings gibt sein Magen Töne von sich, die ihn beunruhigen. Zu viel Bier, denkt er. Dann: zu viel Bier in Berlin. Ach, das ist ja gar nicht schlecht. Zu viel Bier in Berlin. Daraus könnte er einen Song machen. Er summt vor sich hin. Man müsste eine dramatische Pause nach Bier machen. Etwa so: zu viel Bier – Pause – in Berlin. Also, reimen tut sich das schon mal nicht. Wenn nur sein Hirn nicht ständig an die Schädelwand stoßen würde. Er trinkt den Kaffee aus. Interessant, wie schnell Kaffee in einer großen Tasse Hitze verliert. Er stellt sie noch einmal unter die Maschine und lässt sich erneut einen Kaffee ein. Dann geht er zu Romans Tür und klopft. Noch einmal. Lauter diesmal.

»Agent Roman, wir müssen zum Einsatz. Wach werden!«

Zurück in die Küche. Er setzt sich mit dem Kaffee an den Tisch. Zu viel Bier – Berlin. Ihm fällt keine passende Melodie dazu ein. Er summt hin, er summt her, aber da ist nichts zu machen. Keine passende Melodie vorhanden. Plötzlich hat er etwas anderes im Kopf: Es gibt kein Bier auf Hawaii. Wo kommt das denn plötzlich her? Onkel Gerhard singt das immer. Auf Papas Geburtstagen. Wenn sie schon einiges gekippt haben. Es gibt kein Bier auf Hawaii. Wieso eigentlich ausgerechnet Hawaii? Am besten: schnell vergessen, diesen Song. Doch genau das gelingt ihm nicht. Summend steht er auf und geht zu Romans Tür. Es gibt kein Bier auf Hawaii.

»He, Roman, echt jetzt. Wir müssen zum Café *Espresso*. Geheimdienstauftrag, komm schon.«

Nichts rührt sich. Diese Flasche! Saufen, aber nicht aufstehen. Er drückt die Tür auf. Roman liegt wie vorhin in stabiler Seitenlage, hält die Decke immer noch umschlungen, als wäre sie seine Freundin, nur sein nackter Arsch ragt jetzt ein Stück über die Kante der Matratze. Deutlich ist zu erkennen, dass die Spalte stärker bewaldet ist als die Backen. Wieder fragt Eddi sich, ob es möglich ist, dass Frauen von diesem Anblick verrückt werden. Ihm fällt seine Tante Leni ein, die er einmal nackt gesehen hatte. Von hinten. Als Zwölfjähriger, als er ahnungslos die Badezimmertür geöffnet hatte. Sie hatte den Kopf zu ihm umgedreht, ihn angelacht und dann hatte sie sich den Bademantel umgeworfen. Dieser Anblick – der Moment, *bevor* der Bademantel alles verdarb – hatte sich in sein Hirn gebrannt, und obwohl sich diese Geschichte vor vielen Jahren zugetragen hatte, ist sie bis heute eine seiner liebsten Wichsvorlagen. Die schmale Taille, unter der sich eine sagenhafte Kurve zu zwei ausgeprägten Arschbacken formte. Wahnsinn. Unglaublich. You-Porn-Videos vergisst er immer sofort wieder. Aber Tante Lenis Anblick! Puh. Selbst jetzt, mit seinem Bierkater, spürt er, wie sich bei der Erinnerung an Tante Lenis Hinteransicht eine Erektion streckt. Doch dann überlegt er: Wenn Romans hässlicher Arsch in der Lage ist, Frauen zu entzücken, ist dann auch Tante Lenis anbetungswürdiger Hintern in Wirklichkeit gar nichts Besonderes? Das, so kommt es ihm vor, ist ein nahezu frevelhafter Gedanke an einem frühen Morgen. Aber jetzt ist sowieso nicht der richtige Zeitpunkt für philosophische Betrachtungen.

Er beugt sich zu Roman hinunter und schüttelt ihn. »Komm, steh auf, wir wollen zu dem Scheißcafé.«

Sein Cousin wirft sich an die Wand und zieht die Decke über den Kopf. »Roman, wir wollen doch den Ferrari-Schläger fertigmachen. Steh auf!«

Roman brabbelt etwas vor sich hin.

»Was? Ich versteh dich nicht.«

Roman fährt hoch. »Lass mich pennen, verdammt noch mal. Ich komm später nach. Und jetzt verpiss dich.«

Aus diesem Grund steht er jetzt allein in dieser merkwürdigen Verkleidung als Straßenkehrer vor dem Café *Espresso* und schiebt lustlos den Besen auf dem Pflaster hin und her. In seinem vom Restalkohol vernebelten Hirn mischt sich die Angst vor dem Ferrari-Schläger mit dem Bild von Tante Lenis Hintern und der Enttäuschung über Romans Verrat. Am schlimmsten ist, dass sich dieser Song in seinem Kopf festgehakt hat. Ständig summt er: Es gibt kein Bier auf Hawaii.

Da kommt dieser Typ auf ihn zu.

Leipzig, vor dem Institut

Dr. Garde geht mit schnellen Schritten die Straße entlang. Sie bleibt stehen, dreht sich noch einmal um und beschleunigt dann ihren Schritt. Olga hat den Mitsubishi gestartet und schickt eine stumme Danksagung in den Himmel, dass sie einen Leihwagen mit E-Motor gewählt hat. Langsam und geräuschlos folgt sie der Wissenschaftlerin.

Berlin-Charlottenburg, Café Espresso

Der Kerl baut sich vor Eddy auf. Der registriert erleichtert, dass es nicht der Typ ist, dem Roman den Hinterreifen angezündet hat. Aber besonders friedlich sieht auch dieser nicht aus. Muskeln wie

Autoreifen unter einer dünnen Lederjacke. Ein Tattoo, das sich unter der Jacke bis auf die Handoberfläche schlängelt. Eine Art Blitz oder etwas Ähnliches. Schmale, sorgfältig rasierte Koteletten, die fast bis zum Kinn wachsen. Dunkle, aggressiv zusammengekniffene Augen.

»Was lungerst du hier rum?«

»Ich? Ich putz hier mal.«

»Erzähl keinen Scheiß! Du putzt hier nicht. Du tust nur so. Genau wie gestern.«

Die Gedanken fahren Karussell in Eddys vernebeltem Hirn.

»Äh«, sagt er.

»Äh was?«, fragt der Kerl und kommt einen Schritt auf ihn zu. Er steht genau vor ihm, und Eddy riecht Knoblauch vermischt mit einem süßlichen Parfüm. Eddys Magen krampft sich zusammen. Er tritt einen Schritt zurück und atmet ein. Der Tätowierte folgt ihm, und wieder reagiert Eddys Magen auf diese üble Geruchsmischung. Wenn ich ihm auf die teure Lederjacke kotze, schlägt er mich tot, denkt er.

»Soziale Arbeit«, sagt Eddy schnell und schnappt nach Luft. »Der Richter hat gesagt, ich muss 40 Stunden soziale Arbeit leisten.«

»Vor meinem Café? Hat der Richter *das* gesagt? Du sollst vor meinem Café fegen?«

»Äh, nein. Halt irgendwo in Berlin. Und hier ... der Ku'damm ist in der Nähe ... da hab ich gedacht, da ist alles sauber. Da ist nicht so viel zum Wegfegen. Das ist ein guter Platz für mich, hab ich gedacht.«

Der Typ lacht. Eddy wagt es, noch einen Schritt zurückzutreten, und ist erleichtert, als der Kerl ihm nicht folgt.

»Verpiss dich. Feg woanders. Du siehst aus wie ein Schreckgespenst. So was mögen meine Gäste nicht. Verstanden?«

»Schon klar.« Eddy hebt die Hände. Der Besen fällt auf den Boden. Er bückt sich – und hört den nervösen Sound eines einparkenden Ferraris. Er erstarrt mitten in der Bewegung.

»Was ist los, Schreckgespenst? Hast du einen Hexenschuss?«

»Jo, Rückenprobleme. Aber ich verpiss mich. Versprochen.«

»Das rate ich dir dringend.«

Der Typ dreht sich um und geht ins Café zurück.

Eddy bleibt in gebückter Haltung stehen und schielt zwischen seinen Beinen hindurch. Der nächste Anaboliker zwängt sich aus dem Wagen. Schlagartig flutet Adrenalin seine Blutbahnen: der Ferrari-Schläger! Genau der Typ, der ihn verdroschen hat! Der ihm den Perso abgenommen hat! Er muss jetzt dringend von hier verschwinden. Er verflucht Roman, dreht sich um und geht vorsichtig, wie auf Eiern, ohne sich noch einmal umzudrehen. Nur nicht auffallen.

Den Besen lässt er liegen.

Leipzig, vor dem Institut

Dr. Garde quert vor Olga die Straße und marschiert mit entschlossenen Schritten über einen Parkplatz. Olga überlegt: Diese Frau ist die einzige Person, die unbemerkt die aggressiven Ratten mitnehmen kann, ohne dass es die Institutsleitung oder sonst jemand bemerkt. Vielleicht kommen die Ratten in Silkes Haus irgendwo anders her. Das ist möglich. Aber wenn sie aus diesem Institut stammen, dann muss diese Frau davon wissen.

Jetzt öffnet Dr. Garde die Tür eines Toyotas und steigt ein. Der Wagen rollt vor die Schranke, Dr. Garde schiebt eine Karte ein, die Schranke hebt sich, der Toyota fährt auf die Straße, biegt rechts ab, und Olga folgt ihr.

Nach zehn Metern bremst Olga abrupt.

Berlin, Kröger Immobilien AG,
Myriam Jungs Büro

»Bitte unterschreiben Sie hier«, sagt Myriam Jung.

Dengler greift nach dem Umschlag.

»Stopp«, sagt Myriam Jung, »da fehlt noch die Unterschrift vom Chef.«

»Ich wusste nicht, dass wir hier in einer Behörde sind.«

»Sie wissen noch vieles nicht, Dengler.«

»Genau diesen Eindruck habe ich seit einiger Zeit.«

Sein Handy quakt wie eine Ente.

»Interessanter halbwüchsiger Klingelton.«

»Passt perfekt zum Anrufer. Habe ich eigens für ihn eingestellt.«

»Eine Geliebte?«, fragt Myriam Jung und lächelt wie eine Sphinx.

Doch Dengler hat sich bereits umgedreht und ist zum Fenster gelaufen.

»Hallo, Eddy«, sagt er.

Dann hört er zu.

»Bleib, wo du bist. Ich bin gleich da.«

Als er das Gespräch beendet hat, geht er zu Myriam Jung zurück und greift nach dem Umschlag.

»Notfall. Ich brauche die 5.000 Euro jetzt.«

Mit beiden Händen krallt sie sich an das Kuvert.

Sie stehen nahe beieinander. Jeder hält ein Ende des Geldumschlages fest. Myriam Jung lächelt erneut dieses Sphinxlächeln.

»Und nun?«, fragt sie. »Kröger muss erst unterschreiben.«

Dengler greift nach ihrer Hand und löst einen ihrer Finger, dann den zweiten von dem Umschlag. »Wir sind alle Kröger.«

»Eine hocherotische Situation«, sagt sie leise.

Er löst ihren letzten Finger.

»Keineswegs«, sagt Dengler, steckt das Geld in die Tasche und geht.

Leipzig, vor dem Institut

Im Rückspiegel sieht Olga, dass der gelbhaarige Käfigreiniger Sandro Winkler das Institut verlässt.

Soll sie Dr. Garde oder Winkler verfolgen? Sie muss sich entscheiden. Dr. Garde hat alle Möglichkeiten, Ratten beiseitezuschaffen. Wenn die Viecher von diesem Institut kommen, dann weiß sie sicher Bescheid. Andererseits fährt sie nun wahrscheinlich nach Hause; Olga weiß, wo sie wohnt. Von dem Gelbhaarigen weiß sie nichts. Sicher, er hat sich seltsam verhalten. Und er hat gelauscht. Aber diese Neugier macht ihn nicht zu einem Verdächtigen: Er hat sie für eine *Spiegel*-Reporterin gehalten, und so eine taucht sicher nicht jeden Tag auf.

Andererseits – ihm würde sie es zutrauen. Reines Bauchgefühl. Der Typ konnte ihr nicht in die Augen schauen.

Was tun?

Sie sieht, wie der Gelbhaarige einen grünen Polo aufschließt und einsteigt. Als er an ihr vorbeifährt, folgt sie ihm.

Berlin-Charlottenburg, Café Espresso

Eddy lässt sich auf den Rücksitz fallen.

»Er ist da drin. Genau der Typ, der mich geschlagen hat. Da guck nur, durch das zweite Fenster, da kannst du ihn sehen. Er sitzt mit einem anderen Schlägertyp an einem Tisch. Guck jetzt …«

»Beruhig dich erst mal«, sagt Dengler und dreht sich um. Er runzelt die Stirn: »Du siehst heute richtig scheiße aus. Alles okay?«

»Was soll schon nicht okay sein? Ich werde nur von einem

Schlägertyp bedroht. Mein Herr Cousin hat es an dem wichtigsten Tag meines Lebens, seit meinem ersten Sex, nicht geschafft, aufzustehen und Solidarität zu zeigen. Eines seiner Lieblingswörter übrigens ...«

»Du gehst jetzt da rein.«

»Was? Spinnst du? Ich geh da bestimmt nicht rein. Meinst du, ich hätte genug vom Leben gesehen, so wie jemand in deinem Alter oder so?«

»Du gehst jetzt da rein und gibst ihm die 5.000 Euro.«

Dengler hält ihm den Umschlag hin.

»Da sind jetzt echt 5.000 Euro drin?«

»Ja. Jetzt geh und vergiss nicht, dir deinen Ausweis zurückgeben zu lassen.«

»Und wenn mir was passiert?«

»Hier? In aller Öffentlichkeit?«

»Und wenn?«

»Dann hole ich ganz schnell deinen Kumpel aus dem Bett. Der wird dich rächen.«

»Und was, wenn du den nicht aus der Falle kriegst?«

»Raus jetzt. Sonst passiert dir hier im Auto mehr, als der Typ da drüben mit dir anstellen kann.«

»Ein Scheißleben ist das«, sagt Eddy, nimmt den Umschlag und steigt aus.

Vor dem BMW bleibt er noch einmal stehen. Dengler kann dabei zusehen, wie Eddy für einen Augenblick erwägt, das Geld zu nehmen und abzuhauen. Dann geht er tapfer an den in zweiter Reihe geparkten Lamborghinis und Porsches vorbei und betritt unsicher und zögerlich das Café *Espresso*.

Leipzig

Auf den Ausfallstraßen von Leipzig herrscht reger Verkehr. Es ist nicht sonderlich schwer, immer drei, vier Wagen hinter Sandro Winkler zu bleiben. An einer größeren Kreuzung biegt Winkler nach rechts auf die B6 ab.

In Wurzen verlässt Winkler die Bundesstraße. Nach dem Ortsausgang fährt er an lang gestreckten Feldern bis zum nächsten Ort. Hier biegt er links ab und fährt in eine Wohnstraße. Vor einem Einfamilienhaus parkt er und steigt aus.

Olga bremst den Mitsubishi dreißig Meter hinter ihm und wartet.

Berlin-Charlottenburg, Café Espresso

Zwei Meter hinter der Tür bleibt Eddy stehen. Hier war er noch nie. Die weißen Tische, die flackernden Kerzen, die blondierten Frauen, die älter sind als seine Mutter, aber zehnmal so viel Busen haben und auch zeigen, Typen in Anzug, der Schläger mit dem Blitz-Tattoo hinter der Theke, der jetzt den Blick hebt und ihn fixiert – all das gefällt ihm nicht. Am liebsten würde er umdrehen. Für einen Augenblick denkt er, wenn das hier so leicht wäre, dann hätte der Privatheini doch selbst reingehen können. Er sieht, wie der Typ hinter der Theke ein Handtuch aus der Hand legt und auf ihn zukommt. Er muss handeln. Jetzt. Zu dem Schläger gehen – oder seinem Instinkt folgen und abhauen.

Körlitz

In dem Haus gegenüber bewegt sich eine Gardine. Dahinter schattenhaft eine Person, die stillsteht, als halte sie die Luft an. Ein Nachbar wahrscheinlich, der misstrauisch den fremden Mietwagen mit dem Hamburger Kennzeichen beäugt. Olga startet den Mitsubishi, wendet und fährt zurück auf die Hauptstraße. Nach 30 Metern biegt sie links in die nächste Seitenstraße ein und fährt langsam weiter, bis sie auf die Rückseite des Hauses von Sandro Winkler gelangt. Rechts von ihr weitet sich ein Acker. Hier kann sie ungesehen parken. Olga schaltet den Motor aus und öffnet die Fahrertür.

Eine dichte Buchsbaumhecke, verwachsen mit Brombeeren, markiert die Grenze rund um Winklers Grundstück und schottet es von der Straße ab. Olga schiebt einige der stacheligen Zweige zur Seite und späht über eine kleine Rasenfläche hinüber zum Haus. Ein großes Fenster, das offenbar zum Wohnzimmer gehört, ist erleuchtet. Ein Fernseher schleudert blaue Blitze in den frühen Abend. Auf einer dunklen Couch sitzt eine ältere Frau und sieht fern. Sandro Winklers Mutter, nimmt Olga an. Jetzt steht sie auf, öffnet eine Tür und verlässt das Wohnzimmer. Nach einer Weile kommt sie zurück, trägt Teller und Gläser herein und stellt sie auf den Tisch. Sie geht noch einmal aus dem Zimmer und kommt mit einem Brotkorb, Butter und zwei Flaschen Bier zurück. Olga sieht, wie sie den Kopf hebt, offenbar ruft sie Sandro Winkler zum Abendbrot. Die Frau setzt sich, öffnet eine Flasche Bier und füllt zwei Gläser. Dann steht sie noch einmal auf, geht zur Tür, hebt den Kopf und ruft etwas.

Zwei Minuten später schlurft der Gelbhaarige herein und setzt sich an den Tisch. Er greift zu dem Glas und trinkt es in einem Zug leer. Die Mutter sagt etwas, was ihrem Sohn nicht zu gefallen scheint. Er antwortet mit einer wegwerfenden Handbewegung. Dann füllt er sein Glas wieder. Seine Mutter schneidet eine Scheibe Brot ab und legt sie ihm auf den Teller.

Olga lässt den Ast zurückgleiten. Sie geht zurück zum Mitsubishi und setzt sich hinters Steuer. Sie wird die Dunkelheit abwarten. Dann wird sie sich das Haus genauer ansehen.

Berlin-Charlottenburg, Café Espresso

Der Ferrari-Schläger sitzt an einem Tisch am Ende des Lokals. Ihm gegenüber sitzt ein Typ, der sein älterer Bruder sein könnte. Sein Gesicht ist faltiger, was ihm einen Ausdruck tiefer Traurigkeit verleiht, doch die Augen sind genauso kalt und brutal. Aus seiner Lederjacke schlängelt sich eine tätowierte Schlange den Hals entlang bis vors Ohr. Ihre Köpfe haben sie so weit vornübergebeugt, dass sich ihre Kahlköpfe fast berühren. Sie reden leise miteinander. Dann reichen sie sich die Hände.

Eddy atmet noch einmal tief ein. Dann geht er zwischen den Tischen hindurch zu ihnen. Er hebt den Umschlag hoch.

»Hier. Ich habe das Geld«, sagt er. »Ich will meinen Personalausweis wiederhaben.«

Georg Dengler verfolgt die Szene durch ein kleines Fernglas. Neben ihm liegt auf dem Beifahrersitz die Spiegelreflexkamera mit Teleobjektiv. Durch das Glas sieht er, wie einer der beiden Schläger langsam den Stuhl zurückschiebt und aufsteht. Eddy weicht einen Schritt zurück. Dengler stellt das Fernglas scharf und kann förmlich zusehen, wie die Fluchtreflexe den Jungen zu überwältigen drohen. Eddy dreht den Kopf in Richtung Ausgang und schluckt. Lauf nicht weg. Verlange deinen Personalausweis. Gib ihm auf keinen Fall vorher das Geld. Der Schläger streckt die Hand aus. Langsam und sehr dominant. Er wippt dabei auf den Fußballen auf und ab, was ihn größer und bedrohlicher aussehen lässt. Eddy weicht noch einen Schritt zurück. Er lässt die Hand mit dem Geld sinken. Gut gemacht, murmelt Dengler. Er greift zur Kamera. Er sieht, wie der Eigentümer von der Theke zu der Gruppe eilt und auf sie einredet. Der Schläger sieht ihn an, nickt, greift dann in seine Gesäßtasche und zieht einen Geldbeutel heraus. Er öffnet ihn, nimmt etwas heraus und reicht es Eddy, der es mit einer theatralischen Verbeugung annimmt. Dengler drückt den Auslöser. Eddy reicht dem Schläger den Umschlag, dreht sich um und verlässt mit schnellen Schritten das Café *Espresso*. Dengler schießt zwei Fotos und lässt die Kamera sinken.

»Und? Wie war ich?«, fragt Eddy, als er sich auf den Ledersitz des BMW fallen lässt.

»Großartig. Er hat das Geld genommen. Damit ist bewiesen, dass er der Scheißtyp ist, der die Ratten ausgesetzt hat.«

»Das hätte ich dir auch so sagen können. Ich hab mir fast in die Hosen geschissen, bei diesen beiden Typen da drin.«

»Eddy«, Dengler dreht sich zu ihm um, »du bist über dich hinausgewachsen. Aber jetzt musst du gehen. Ich habe noch zu tun. Ich muss rausfinden, wer diesem Arschloch den Auftrag gegeben hat.«

»Es war mir eine Ehre, ein Held zu sein«, sagt Eddy und steigt aus.

Körlitz

Als es dunkel wird, sieht Olga im Rückspiegel eine Frau, neben der ein großer Terrier läuft. Der Hund schnüffelt auf dem Boden herum und sprintet davon, als er aufs freie Feld gelangt. Olga spürt die misstrauischen Blicke der Frau, als diese an dem Wagen vorbeigeht, und senkt den Kopf, vertieft sich in das Display ihres Handys. Olga wählt Denglers Nummer, doch der nimmt nicht ab. Die Frau sieht sich noch einmal nach ihr um, folgt dann dem vorauslaufenden Hund auf einen Feldweg und verschwindet aus ihrem Blickfeld. Olga wartet noch eine halbe Stunde; dann steigt sie aus.

Sie geht zur Buchsbaumhecke und schiebt einzelne Äste und Zweige zur Seite. Sie kann zwar durch die Hecke sehen und erkennt das Flimmern des Fernsehers im Wohnzimmer, doch sie findet keine Lücke, die groß genug ist, um hindurchzuschlüpfen. Über dem Feld taucht von Weitem die dunkle Gestalt der Spaziergängerin mit dem Hund wieder auf. Schnell geht Olga zum Wagen zurück, setzt sich hinters Lenkrad, nimmt den Laptop aus der Tasche und klappt ihn auf. Zum Glück funktioniert das Netz. Olga überlegt, ob es nicht besser wäre, die Observation hier abzubrechen und stattdessen zu sehen, was die Wissenschaftlerin Dr. Helga Garde macht. Sie will den Startknopf drücken – und stockt.

Berlin-Charlottenburg, Café Espresso

Dengler wartet vor dem Café. Als sich das Tageslicht zurückzieht, kommen die beiden Kahlköpfe heraus. Dengler fotografiert sie, als sie vor der Tür stehen. Sie gehen zu einem Porsche Cayenne. Der Ältere schließt auf und schwingt sich auf den Fahrersitz. Der andere setzt sich daneben. Denglers Handy klingelt. Olga, zeigt das Display. Doch er kann jetzt nicht abnehmen.

Der Cayenne verlässt seinen Platz in der zweiten Reihe und biegt nach rechts auf den Kurfürstendamm. Dengler startet den BMW und folgt ihnen.

Körlitz

Der Terrier zwängt sich, flach auf dem Bauch liegend, in die Buchsbaumhecke. Die Spaziergängerin ruft ihm etwas zu, aber das Tier hört nicht auf sie. Was wittert der Hund, dass er unbedingt zu dem Haus will, fragt sich Olga. Die Frau geht zurück und schreit, aber der Terrier kümmert sich nicht um sie. Wie besessen buddelt er und kämpft sich durch die Hecke. Als die Spaziergängerin ihn erreicht, sind nur noch seine beiden Hinterläufe zu sehen. Die Frau packt beherzt zu und zieht. Das wütende Heulen des Hundes hört Olga bis in den Wagen. Er stemmt sich offenbar mit den Vorderläufen dagegen, denn es gelingt ihr nur, ihn wenige Zentimeter aus der Hecke herauszuziehen. Olga steigt aus. Zu zweit ziehen sie nun, jede einen Hinterlauf in der Hand, den Hund aus dem Buchsbaum. Als der Kopf erscheint, wirft er ihn hin und her und versucht zu beißen. Die Frau packt ihn am Halsband und legt ihm die Leine an.

»Vielen Dank für die Hilfe«, sagt sie. »Allein hätte ich ihn nicht aus der Hecke geschafft.«

Der Terrier hechelt, scheint sich aber ansonsten beruhigt zu haben.

»Keine Ursache. Was ist denn so Interessantes auf dem Grundstück? Ihr Hund scheint ganz scharf drauf zu sein.«

»Was weiß ich«, sagt sie und wirft einen Blick über ihre Schulter, der so viel sagt wie: Wundert mich nicht – bei diesem Haus.

Dann wendet sie sich an Olga und sagt freundlich: »Suchen Sie etwas Bestimmtes in dieser Gegend? Vielleicht kann ich Ihnen helfen.«

Olga schüttelt den Kopf. »Ich bin mit einer Freundin verabredet, doch das Navi hat mich hierhergeführt. Wahrscheinlich habe ich falsche Koordinaten eingegeben. Ich warte noch eine Viertelstunde. Wenn sie bis dahin nicht da ist, fahre ich wieder nach Hause.«

»Dann alles Gute.«

Die Frau zieht den widerstrebenden Hund hinter sich her und verschwindet hinter der nächsten Abzweigung.

Olga geht vorsichtig zu der Stelle, an der der Terrier versucht hat, auf das Gelände von Sandro Winkler und seiner Mutter einzudringen. Sie bückt sich. Der Hund hat fast ganze Arbeit geleistet, doch leider nur fast. Er hat zwar eine kleine Röhre gebuddelt, doch die letzten Zentimeter werden noch von dornigem Gebüsch verdeckt. Olga seufzt. Dann legt sie sich auf den Boden und schiebt sich in die Öffnung.

Berlin-Charlottenburg, Kurfürstendamm

Es ist fast dunkel, als der Cayenne in die Drive-in-Arena eines großen Baumarktes am Ku'damm fährt. Dengler parkt zwanzig Meter von ihm entfernt neben einem weißen Kombi und steigt aus. Der Fahrer des Cayennes öffnet gerade die Heckklappe des Wagens. Dengler hebt die Kamera, stellt den Zoom scharf und fotografiert den Mann. Er erinnert ihn an die Figur des *Mike Ehrmantraut* aus den Serien *Breaking Bad* und *Better Call Saul*. Allerdings fehlt diesem Mike die Freundlichkeit, die der Schauspieler Jonathan Banks in diesen Serien ausstrahlt – zumindest hin und wieder. Dieser Mike wirkt durch und durch brutal und gefährlich. Eine Frau mit zwei kleineren Kindern steuert ihren Einkaufswagen in einem weiten Bogen um den Mann.

Der Beifahrer ist mittlerweile auch ausgestiegen. Mike reicht ihm ein Paar Arbeitshandschuhe, die er mühsam überstreift. Dann gehen die beiden steifbeinig zur großen Tür des Baumarktes.

Dengler wartet.

Zwanzig Minuten später tauchen sie wieder auf. Sie schieben einen silbern glänzenden Einkaufswagen im XL-Format vor sich her. Etwas Großes, Wuchtiges liegt drin, aber Dengler kann nicht genau erkennen, was es ist. Er verlässt seine Position, schlendert auf die andere Spur und stellt sich hinter einen weißen SUV. Er schaut um die Heckpartie des Wagens, hebt die Kamera und sieht durch den Zoom, wie die beiden eine 5-kg-Propangasflasche mit einem Heizstrahleraufsatz in den Kofferraum wuchten. Dengler drückt auf den Auslöser. Was haben die beiden mit der Gasflasche vor? Planen sie einen Ausflug in ein Ferienhaus in Brandenburg? Dann würden sie jetzt wahrscheinlich in den Supermarkt gehen, um Schweinekamm und Koteletts zu kaufen.

Mike und sein Kumpel steigen ein. Kein Schweinekamm also. Dengler geht zurück zu seinem BMW. Als sie vom Parkplatz auf die

Straße abbiegen, ist er zwei Wagen hinter ihnen. Die Kamera liegt schussbereit auf dem Beifahrersitz. Er setzt den Blinker und folgt ihnen. Dann zieht er das Handy aus seiner Jacke und ruft Olga zurück.

Körlitz

Die Hecke ist nicht einmal einen Meter breit, doch der blöde Köter hat die Öffnung nicht hoch genug aufgedrückt, sodass Olga sie mit dem Rücken weiter dehnen muss. Dummerweise wachsen dort auch Brombeerstauden. Einige der Ranken greifen nach ihr. Die Dornen verhaken sich in ihren Jeans, ihrer Jacke, den Haaren, bohren sich schmerzhaft in ihre Hände und reißen kleine blutende Wunden. Gerade als sie den Kopf auf der anderen Seite der Hecke herausstreckt und sich nach rechts und links umsieht, klingelt laut ihr Handy. Ihre Hand zuckt zur Gesäßtasche und zieht es heraus. Dengler! Ausgerechnet jetzt. Sie drückt die Aus-Taste und steckt das Gerät in die Jacke. Dann zieht sie sich vorsichtig aus der Öffnung, steht auf, versteckt sich in dem Schatten der Hecke und klopft vorsichtig den Dreck von ihrer Kleidung. Aus ihren Haaren zieht sie einige Brombeerzweige und lässt sie fallen. Sie sieht sich um.

Das Haus, in dem Winkler mit seiner Mutter wohnt, ist umgeben von einem ungepflegten Rasen, aus dem noch die Hügel der letztjährigen Maulwurfsaison ragen. Eine kleine Hütte, in der vermutlich die unbenutzten Gartengeräte lagern, steht links am Rand zum Nachbargrundstück in der Dunkelheit. Das Wohnzimmerfenster ist immer noch erleuchtet, und im Fernseher läuft die Wiederholung eines Krimis. Olga sieht einen Mann, dessen Kopf in Großaufnahme erscheint und der dann auf ein Motorrad steigt.

Winklers Mutter auf der Couch sieht ihm gebannt zu.

Wo ist Sandro Winkler?

Sie prüft die Fenster im ersten Stock. Nirgends brennt Licht.

Gebückt überquert sie die Wiese und drückt sich mit dem Rücken an die Mauer des Hauses. Aus dem Wohnzimmerfenster sendet der Krimi immer noch beruhigendes blaues Flimmern. Winklers Mutter hat sie offenbar nicht bemerkt. Olga geht vorsichtig links an der Wand entlang bis zur Hausecke. Sie sieht nach oben, sucht ein erleuchtetes Fenster, irgendeinen Lichtschimmer. Es ist nichts zu sehen. Olga umrundet das Gebäude. Nichts. Vielleicht hat Winkler das Haus unbemerkt verlassen? Doch sein Polo steht auf der Straße. Hat er sie bemerkt?

Sei wachsam, murmelt sie.

Als sie wieder auf der Rückseite des Hauses steht, zeigt der Fernseher gerade Nachrichtenbilder. Olga sieht eine Einblendung: »Corona-Epidemie: Die WHO erklärt eine gesundheitliche Notlage von internationaler Tragweite«. Die Frau auf der Couch steht auf und geht zur Tür. Olga drückt sich enger an die Wand.

Da riecht sie es.

Ammoniak.

Wie bei den Ratten im Institut.

Sie hebt den Kopf und zieht die Luft durch die Nase ein. Ammoniak, ganz eindeutig. Doch sie kann den Geruch nicht lokalisieren. Sie schaut sich um. Sie ist nahe dran. Doch woher kommt der verdammte Gestank?

Ein winziger Lichtreflex tanzt direkt neben ihr auf der Hauswand. Geht an und sofort wieder aus. Geht wieder an. Zunächst denkt sie, es ist ein Reflex des Fernsehers. Doch dessen Licht wechselt immer noch von Weiß zu Hellblau. Dieses Licht ist gelb. Glühbirnenlicht.

Sie bückt sich.

Der Geruch ist doppelt so stark.

Das Licht scheint aus dem Boden zu kommen. Aus einem Loch direkt an der Hauswand. Nur ein paar Meter vor ihr. Sie wirft einen prüfenden Blick in den ersten Stock. Alles dunkel. Gebückt geht sie vorsichtig weiter. Nichts zu sehen. Doch dann blitzt es kurz auf und verschwindet sofort wieder. Sie tastet mit den Händen den Boden ab. Sie fühlt Moos und Gras.

Dann etwas Hartes.

Etwas Viereckiges.

Sie unterdrückt den Impuls, mit der Lampe ihres Handys diese Stelle auszuleuchten. Stattdessen tastet sie weiter. Neben dem harten Viereck fühlt sie unter dem Moos ein weiteres Viereck. Daneben noch eins. Und noch eins.

Es ist ein vermooster, fast völlig zugewachsener Gitterrost. Darunter vermutet sie einen Schacht mit Kellerfenster. Sie reißt Gras, Schlingpflanzen, Erde und Moosfetzen los und legt mehrere Vierecke des Gitters frei. Von unten strömt nun gelbes Licht. Sie arbeitet schneller, doch Wurzeln umwickeln das Gitter, sodass Olga kräftig ziehen muss, um es loszureißen. Manchmal gibt es ein ratschendes Geräusch, wenn sie den Mix aus Wurzeln, Pflanzen und Gras von dem Gitter zieht. Endlich hat sie eine genügend große Fläche freigelegt und kann hinunterschauen. Sie sieht ein verdrecktes, gekipptes Fenster, hinter dem sich eine Lichtquelle hin und her bewegt.

Sie zerrt an einem größeren Brocken Moos und reißt ihn vom Gitter.

Sie muss unbedingt wissen, was in dem Keller vor sich geht.

Berlin-Charlottenburg

Dengler starrt verblüfft auf das Handy. Olga hat seinen Anruf weggedrückt! Nun, sie wird ihre Gründe haben. Vorsichtig legt er das Handy auf den Beifahrersitz.

Vor ihm leuchten die Bremslichter des Cayennes jäh auf. Mike lenkt den Wagen nach rechts auf die Busspur und hält an.

Sie wollen den Verfolger abschütteln.

Dengler überholt sie und biegt sofort rechts in die nächste Seitenstraße ein. Doch er sieht keinen Parkplatz. Die Autos parken sogar in der zweiten Reihe. Er flucht, wendet und stoppt den BMW in einer Ausfahrt. Springt aus dem Wagen. Läuft zur Kreuzung zurück. Gerade werfen sie die Autotüren zu und laufen die Treppen zu einem McDonald's hinauf.

Er hat sie überschätzt. Sie haben bloß Hunger. Sie wollten keine Verfolger loswerden. Dengler bleibt vor der großen Scheibe stehen und sieht zu, wie die beiden zum Schalter gehen und ihre Bestellung aufgeben.

Er will hier, auf dem Parkplatz des McDonald's auf sie warten.

Er geht zurück zum BMW. Doch hinter seinem Wagen hat sich ein Lexus quer gestellt. Keine Chance, mit dem BMW wegzufahren.

Große Scheiße.

Dengler öffnet ein Tor und geht über einen Kiesweg zur Eingangstür des Hauses und klingelt. Nichts.

Er klingelt noch einmal. Länger. Dringlicher.

»Was gibt's?«, brüllt eine männliche Stimme aus dem Türlautsprecher.

»Gehört Ihnen der blaue Lexus, der mich eingeparkt hat?«

»Allerdings.«

»Würden Sie ihn bitte wegfahren. Ich muss dringend ...«

»Ich denke nicht daran. Das ist schon das dritte Mal, dass irgend so ein Depp in meiner Einfahrt parkt. Ich bin es leid ...«

»Bitte. Es ist wirklich dringend.«

»Leck mich am Arsch.«

Es knackt.

Dengler klingelt erneut.

Ein zweites Mal.

Länger. Dringlicher.

»Verschwinde. Ich fahre in zwei Stunden weg. Dann kannst du auch wegfahren.«

»Es tut mir leid. Doch wenn Sie den Lexus nicht wegbewegen, steche ich Ihre Reifen auf. Alle vier.«

»Was?«

Die Haustür fliegt auf.

Vor Dengler steht ein kleiner Mann in einem grauen Anzug, mit dünnen rötlichen Haaren, die streng nach hinten gekämmt sind, und mit einem sorgfältig gestutzten Backenbart. Der Knirps hat ein empörtes rotes Gesicht.

»Ich rufe die Polizei, wenn Sie nicht sofort von meinem Grundstück verschwinden.«

Dengler lächelt.

Dann breitet er die Arme aus und umarmt ihn. Der Kurze schweigt für einen Augenblick verblüfft.

»Lass mich los«, kräht er dann.

Dengler hebt ihn hoch und trägt den zappelnden Mann zu seinem Auto.

»Würden Sie bitte Ihren Wagen fortfahren?«

Der Mann strampelt und versucht Dengler zu treten.

Dengler drückt etwas fester und wiederholt die Bitte.

Das Gesicht des Mannes wird röter. Er versucht mit dem Knie, Dengler in den Unterleib zu stoßen.

Mit einem Ruck presst Dengler die Arme fest zusammen.

Er kann hören, wie die Luft aus den Lungen des kleinen Mannes fährt.

»Jetzt?«, fragt Dengler ruhig. »Spüren Sie jetzt das Bedürfnis, Ihren Wagen ein kleines Stück auf die Seite zu fahren?«

Der Mann nickt heftig. Dengler stellt ihn auf den Boden.

Kurz danach fährt er zurück auf die Straße. Links steht der Cayenne immer noch auf der Busspur. Dengler benutzt die nächste Seitenstraße für einen U-Turn und fährt den BMW auf den McDonald's-Parkplatz. Er parkt so, dass er durch die Glasscheibe die beiden Männer beobachten kann, die sich Big Macs in den Mund schieben. Was für Arschlöcher! Fahren fette Autos, aber schlingen die letzte Scheiße in sich hinein.

Er hebt die Kamera hoch und zoomt ihre fettverschmierten Visagen heran und drückt mehrmals auf den Auslöser.

Körlitz

Vorsichtig hebt Olga das schwere Gitter vom Boden hoch. Sie setzt es neben sich im Gras ab. Vor ihr liegt der Schacht, anderthalb Meter tief, einen Meter breit: nur wenig breiter als das gekippte, schmutzige Fenster. Olga bleibt als Sichtschutz nur der schmale Rand, der den Fensterrahmen umgibt. Sie stemmt sich mit den Händen auf und lässt langsam die Beine hinab, bis sie auf dem Boden des Schachts Halt finden. Unten wirkt der Fensterrand noch schmaler. Sie presst sich in die Ecke, hält die Luft an.

Und lauscht.

Niemand hat sie bemerkt.

Vorsichtig wendet sie den Kopf und späht durch das trübe Glas in den Keller.

Sandro Winkler steht mit dem Rücken zu ihr. Auf seinen Metallhandschuhen bricht sich glitzernd das Licht einer nackten Glühbirne, die an der Decke baumelt. An den Wänden stehen fünf hüfthohe Käfige. In der Mitte des Raums sieht sie einen Holztisch mit einem weiteren Käfig, in dem einige, vielleicht ein Dutzend Ratten vergebens versuchen, sich zwischen den Metallstäben hindurchzuzwängen.

Olga sieht, wie Winkler einen der an der Wand gestapelten Käfige öffnet. Er greift hinein, packt eine Ratte, zieht sie hinaus und verschließt mit der anderen Hand den Käfig wieder. Dann dreht er sich um.

Olga zieht den Kopf zurück und drückt sich eng an die Wand.

Sie wartet eine Weile, dann wendet sie den Kopf und schaut erneut durch das Fenster. Winkler zieht die Schutzhandschuhe aus und legt sie in eine Schublade des Tisches. Dann nimmt er den Käfig an einem hölzernen Griff vom Tisch. Er geht zur Tür, öffnet sie und drückt den Lichtschalter. Der Keller wird dunkel.

Olga lehnt schwer atmend mit dem Rücken an der Mauer. Sie wartet einige Minuten, die ihr ewig vorkommen, dann fährt sie mit einer Hand in den Schlitz des gekippten Fensters. Ihre Hand tastet sich an der Innenseite auf splittrigem, morschem Holz entlang und findet den Griff. Vorsichtig schiebt sie ihn zur Seite. Mit der Schulter drückt sie nun gegen den Rahmen des Fensters.

Er bewegt sich nicht.

Sie drückt mit beiden Händen.

Plötzlich löst sich das Fenster mit einem schmatzenden Geräusch vom Rahmen und schwingt mit einem leichten Quietschen in den Kellerraum. Olga hält inne. Sie riecht die Ratten. Sie hört ihr Fiepen.

Sie hält sich mit der linken Hand an der Mauer fest und hebt ein Bein in den dunklen Raum. Ihr Fuß findet einen festen Untergrund. Sie zieht das zweite Bein nach. Dann steht sie in der Finsternis. Erster Schritt. Zweiter Schritt. Etwas reibt an ihrem Oberschenkel. Wahrscheinlich einer der Käfige. Sie korrigiert ihre Richtung. Noch zwei Schritte. Sie streckt die Hand aus und findet die roh verputzte Wand. Vorsichtig streicht sie nach rechts und links, bis sie den Lichtschalter findet. Die Helligkeit blendet sie für einige Sekunden. Dann sieht sie es: Acht Käfige mit jeweils vier oder fünf Ratten stapeln sich an der Wand. Olga zieht ihr Handy aus der Jacke und fotografiert.

Dann ein Geräusch.

Sie löscht das Licht und lauscht. Es dauert eine halbe Minute, bis ihre Augen sich an die Dunkelheit gewöhnt haben. Sie lauscht. Nichts. Ihre Hand tastet nach der Tür, weiter zur Klinke, drückt sie vorsichtig auf. Sie steckt den Kopf in den Flur. Lauscht. Noch ein Geräusch. Dunkel klatschend. Als würde eine Wagentür zugeschlagen. Sie hört männliche Stimmen. Zwei. Keine davon gehört zu Sandro Winkler.

Olga schließt leise die Tür hinter sich. Im Dunkeln tastet sie sich an den Käfigen und dem Tisch vorbei zurück zum Fenster. Sie steigt in den Schacht und zieht das Fenster hinter sich zu. Dann stemmt sie sich hoch und steht wieder vor dem Haus. Sie hebt das Gitter zurück und legt es über den Schacht. Mit den Füßen scharrt sie das zuvor abgerupfte Gras und Moos zusammen und schiebt alles über den Rost.

Ein Blick zum Wohnzimmer. Der Fernseher flimmert noch immer. Gebückt überquert Olga den Rasen und zwängt sich zum zweiten Mal durch die enge Lücke in der Hecke.

Als sie den Mitsubishi aufschließt und die Innenbeleuchtung angeht, sieht sie an sich hinunter. Sie ist völlig verdreckt. Jeans und Jacke sind mit brauner Erde verschmiert und schreien nach einer Waschmaschine. Im Rückspiegel sieht sie Stücke verdorrter Brombeerzweige, die sich in ihrem Haar festgekrallt haben. Eine Spinnwebe flattert an ihrem Hals. Sie wischt sie weg. Sie braucht eine Dusche. Dringend.

Sie lässt den Motor an, zieht das Handy aus der Jacke und ruft Dengler an.

Berlin-Neukölln

Roy, der Ältere, nimmt noch einen kräftigen Schluck aus dem Pappbecher, rülpst laut und fährt sich dann mit dem Ärmel über den Mund.

»Bringen wir es hinter uns«, sagt er zu Matze. »ich will nachher noch den Schluss von 4 Blocks gucken.«

»Hehe, guckst du Gangstafilme?«

»Klar doch, man kann immer noch was lernen.«

Sie stehen auf und gehen zur Tür.

»Hey, ihr Penner! Wollt ihr eure Tabletts nicht zurücktragen?«, ruft ihnen ein Hipster mit dunkelblondem Bart, kreisrunder Brille, Norwegerpullover und einer schicken Freundin hinterher.

Matze bleibt abrupt stehen. »Dann zeig mal, was du gelernt hast.«

*

»Olga, es passt gerade nicht.«

Dengler beobachtet, wie Mike und sein Kumpel auf ein junges Paar zugehen und sich vor ihm aufbauen.

»Georg, ich weiß, wo die Ratten herkommen. Ein Tierpfleger ...«

»Olga, ich ruf dich zurück. Hier kracht es gleich.«

Die Freundin des Hipsters drückt sich eng an den Norweger-pullover ihres Freundes.

Dengler sieht, wie Mike sich vorbeugt, das Tablett des jungen Mannes mit einer Portion Chicken McNuggets und zwei Bechern Cola hochhebt und es ihm über den Kopf kippt. Dann holt er aus und schlägt es ihm auf den Kopf. Die Freundin schreit so laut und spitz, dass Dengler es durch die Glasfront bis auf den Parkplatz hören kann. Er seufzt und öffnet die Tür des BMW.

*

Matze packt seinen Kumpel am Arm: »Komm, lass uns ver-schwinden. Wir müssen noch was erledigen.«

Der schlägt Matzes Hand weg und dreht wütend den Kopf: »Lass mich los. Den mach ich Krankenhaus.«

»Roy, ich denke, du willst heute noch 4 Blocks gucken.«

Als hätte jemand eine Nadel in eine Gummipuppe gestoßen, weicht die Luft aus Roy. Seine Schultern fallen zusammen. Schnau-bend atmet er aus, dreht sich zu Matze und grinst ihn freundlich an: »Du hast recht. Wir haben Wichtigeres zu tun.«

Er beugt sich zu dem Hipster über den Tisch, der zwei Chicken Nuggets von seinem neuen Pullover zieht. »Du hast Glück, dass wir keine Zeit haben.« Dann schlägt er unvermittelt zu. Die runde Brille fliegt in hohem Bogen auf den Boden. Das Mädchen schreit etwas Unverständliches. Roy und Matze gehen zur Drehtür.

*

Als Dengler den McDonald's betritt, verlassen die beiden Schläger ihn. Dengler wendet den Kopf und hebt den Arm vors Gesicht, damit sie sein Gesicht nicht erkennen. Alte Zielfahnderroutine. Er bleibt in der Tür stehen und verlässt den McDonald's sofort wieder. Er läuft zwanzig Schritte hinter den beiden, als er hört, wie einer der beiden sagt: »Roy, eine Supergerade. Hat man nicht kommen sehen.« Roy, registriert Dengler. Sein Mike Ehrmantraut heißt in Wirklichkeit Roy.

Die beiden gehen zu dem Cayenne. Dengler startet den BMW und lässt ihn zur Ausfahrt des Parkplatzes rollen. Als Roy ohne zu blinken von der Busspur auf die Fahrbahn wechselt und ein wütendes Hupen des Touareg hinter ihm auslöst, biegt Dengler drei Autos nach diesem auf die Straße ein und fährt ihnen nach.

Ohne den Blick vom Cayenne zu lassen, wählt er Olgas Nummer. »Entschuldige, mein Herz«, sagt er. »Ich observiere gerade den Rattenkönig von Kreuzberg. Ich sitze im Auto, aber wir können reden.«

»Georg, ich habe ziemlich sicher die Bezugsquelle entdeckt. Ein Tierpfleger aus dem Institut in Leipzig, das aus irgendwelchen wissenschaftlichen Gründen besonders aggressive Ratten züchtet.«

»Bist du okay? Keine gefährlichen Aktionen, ja? ... Wieso lachst du?«

»Alles prima, Georg. Das, was ich jetzt unbedingt brauche, ist eine heiße Dusche.«

*

Olga startet den Mitsubishi und wendet.

»Hast du alles dokumentiert?«, fragt Dengler.

»Ja. Ich habe schöne Fotos von der illegalen Zuchtanstalt geschossen.«

»Illegale Zuchtanstalt? Olga! Wovon redest du? Bist du in Gefahr? Was treibst du da in Leipzig?«

Olga lacht. »Ich habe den Typen verfolgt, der die Rattenkäfige putzt. Er wohnt mit seiner Mutter in einem einsamen Haus …«

»Olga, brich sofort alle Aktionen ab. Das klingt gefährlich. Warte, bis ich …«

»Alles gut, Georg. Mach dir keine Sorgen. Ich stelle mich jetzt eine halbe Stunde unter eine heiße Dusche, und morgen bin ich wieder in Berlin.«

Sie fährt an der Seitenstraße vorbei, die zu Winklers Haus führt. Vor der Tür steht ein schwarzer SUV mit erleuchteter und geöffneter Heckklappe. Die beiden Besucher stehen davor. Dann sieht sie, wie Sandro Winkler einen großen Metallkäfig in den Kofferraum stellt. Die drei Männer steigen in den Wagen. Olga bremst und hält neben dem Bürgersteig.

»Du, Denglerschatz, da ist was … ich rufe dich später noch einmal an«, sagt sie und drückt die Trenntaste.

»Was ist da? Olga? Hallo?«

Sie fahren die nächtliche Oberlandstraße hinab. Neukölln, Berlins dichtest besiedelter Bezirk scheint nie schlafen zu wollen. Die Menschen stehen an den Imbissständen, die Kneipen sind immer noch voll.

Dengler wählt erneut Olgas Nummer, doch sie nimmt nicht ab. Er versucht es noch einmal.

Die Ampel vor ihnen schaltet auf Rot. Die beiden Wagen vor ihm bremsen. Der Cayenne gibt Gas und überquert die Kreuzung.

»So ein Mist!« Er legt das Handy zurück auf den Beifahrersitz.

Der Porsche fährt jenseits der Kreuzung weiter. Als nur noch die kleiner werdenden Rücklichter erkennbar sind, sieht Dengler, wie der Wagen nach links in eine Seitenstraße abbiegt. Die Ampel vor ihnen ist immer noch rot. Er wird die beiden Arschlöcher aus den Augen verlieren. Wütend schlägt er mit der Faust aufs Armaturenbrett.

Er muss eine Entscheidung treffen. Dengler überlegt kurz, dann kurbelt er das Lenkrad herum und drückt das Gaspedal durch. Der

BMW schert aus und rast mit quietschenden Reifen über die Kreuzung. Von links sieht er einen Scheinwerfer größer werden. Hinter ihm hupt es.

Der Scheinwerfer wird größer – ganz groß.

Körlitz

Olga wartet, bis der SUV an ihr vorbeigefahren ist. Dann startet sie den Motor und fährt hinterher.

Berlin-Neukölln

Der Wagen schießt knapp an ihm vorbei. Doch die Straße vor ihm ist leer. Dengler nimmt den Fuß vom Gas, fährt langsam die Straße entlang und schaut in jede Seitenstraße auf der linken Seite. Kein Cayenne zu sehen. Er flucht.

Dann dreht er um und biegt willkürlich in die erste Straße ein.

Wurzen

Die Fahrt geht zunächst zurück nach Wurzen. Dann wechselt Sandro Winkler mit seinen beiden Freunden auf die B6 und fährt Richtung Leipzig. Will er die Ratten wieder ins Institut bringen?, überlegt Olga. Eine halbe Stunde später biegt er in Richtung des Stadtteiles Plagwitz ab.

Links ragen hohe Backsteingebäude auf. Frühere Baumwollspinnereien, jetzt Galerien, Ateliers von Künstlern. Dann folgen flache Bauten, voll mit schlechten Graffiti, ein Toom-Markt. Markranstädter Straße, Gießerstraße.

Der Straßenbelag verändert sich, wechselt von Asphalt zu Pflaster, und der Wagen rumpelt hinter dem anderen her. Keine Straßenlampen mehr. Olga schaltet das Licht aus und orientiert sich an den Rücklichtern des Wagens vor ihr.

Der SUV mit Sandro Winkler und seinen beiden Kumpels fährt rechts an den Bürgersteig und hält. Olga stoppt dreißig Meter hinter ihnen und wartet.

Die drei Männer steigen aus. Winkler öffnet die Heckklappe und stellt den Käfig mit den Ratten auf den Boden. Ein anderer zerrt eine Decke vom Rücksitz und legt sie vorsichtig darüber. Dann nehmen die zwei den abgedeckten Käfig und folgen der Straße. Sandro Winkler geht hinter ihnen. Nach ein paar Schritten fuchtelt er mit den Armen, als wolle er ihnen etwas erklären.

Olga steigt aus. Sie geht eng an der Wand eines hohen Backsteinbaus und lässt die drei nicht aus dem Blick. Dengler wüsste genau, wie man die Männer beobachten kann, ohne selbst aufzufallen. Sie greift nach ihrem Handy und sieht, dass er versucht hat, sie zu erreichen. Plötzlich bemerkt sie, dass die drei Männer vor ihr nicht mehr zu sehen sind.

Sie rennt.

Olga erreicht die nächste Straßenecke. Rechts öffnet sich ein größerer Platz, hinter dem sich dunkel ein massiver Industriebau erhebt. Trotz der Dunkelheit erkennt Olga an dem Glitzern zerbrochener Fensterscheiben, dass es sich um eine stillgelegte Fabrik handelt.

Nicht nur Sandro Winkler und seine beiden Kumpels marschieren auf das Gebäude zu. Rechts und links sieht Olga mehrere Schatten, Gruppen dunkel gekleideter Männer, die offenbar dasselbe Ziel haben.

An der Fabrikmauer öffnet jemand eine Tür, und für einige Sekunden fällt Licht auf den Platz. Zwei bullige Männer bewachen den Eingang. Vor ihnen stehen vier Männer. Jeder der vier reicht den Türstehern einen Geldschein. Es werden einige Worte gewechselt, dann öffnet die Wache die Tür, und die drei treten ein.

Ein illegaler Club?

Wahrscheinlich.

Will Winkler dort seine Ratten aussetzen?

Welchen Zweck sollte das haben?

Besuchen sie den Club und setzen sie die Ratten später anderswo aus?

Damit sie wieder ein Baby anfallen?

Sie spürt, wie sich ihr Unterkiefer verkrampft. Diese Scheißtypen!

Sie wird das verhindern.

Sie muss ihnen den Käfig abnehmen.

Doch zunächst muss sie in diesen illegalen Club kommen.

Sie bleibt stehen und sieht an sich hinunter.

An den Schuhen kleben Klumpen von Erde. Jeans und Jacke sind dreckverklebt. Ihre Hände sind schwarz, und wenn sie sich damit über den Kopf fährt, kann sie immer noch Reste der Brombeerranken spüren, kleine Zweige, die sich in ihren Haaren festgekrallt haben.

»Geh mal aus dem Weg, Kamerad.«

Jemand stößt sie zur Seite.

Drei junge Männer gehen an ihr vorbei. Sie hat die Typen nicht kommen sehen, und ihre Konturen lösen sich in der Dunkelheit vor ihr wieder auf, als sie an ihr vorbeigegangen sind.

Olga unterdrückt einen Fluch.

Dann folgt sie den Kerlen in einem Abstand von einigen Metern.

Als diese sich den Türstehern nähern, stoppen diese die drei Männer: »Kennwort?«

»Treu und furchtlos.«

Einer der Türsteher hält die Hand auf: »Jetzt noch von jedem ein Fünfziger.«

Olga geht drei Schritte zurück.

Merkwürdiges Kennwort für einen Club. Aber das ist der Osten. Sei's drum.

Sie zieht einen Fünfzigeuroschein aus ihrem Geldbeutel.

Sie wartet, bis ein weiterer Trupp von Männern aus der Dunkelheit auftaucht. Olga geht schnell vor ihnen her auf die Türsteher zu.

»Treu und furchtlos«, sagt sie und reicht einem der Typen den Geldschein.

Der zieht die Tür auf.

Olga tritt ein.

Berlin-Neukölln

Dengler fährt langsam die Seitenstraßen ab und schaut nach rechts und links.

Der Cayenne ist nirgends zu sehen.

Er biegt in die nächste Seitenstraße ein.

Kein Cayenne zu sehen.

Er hat die beiden Arschlöcher verloren.

Willkürlich fährt er nach rechts in eine Straße. Dann nach links in eine Straße.

Plötzlich ist da wieder die Oberlandstraße. Er nimmt die nächste links und kreuzt durch den Kiez.

Das war's.

Dengler seufzt. Er greift zum Handy, um Olga anzurufen, als er den Cayenne sieht. Er steht korrekt geparkt unter einer großen Linde. Roy hat sich sogar die Mühe gemacht, rückwärts einzuparken. So steht der Porsche da – fluchtbereit.

Er legt das Telefon zurück auf den Beifahrersitz und bremst.

Leipzig

Der Boden des lang gestreckten Raums ist vollgemüllt mit Bauschutt, zerbrochenen Backsteinen, Fensterrahmen, leeren Flaschen und Dosen. Die Decke wird von zwei Reihen massiven, vom Rost zerfressenen Stahlträgern gehalten. Olga hat keine Mühe, sich vorzustellen, dass hier einmal Strick- und Webmaschinen in Reih und Glied standen und Menschen Rollen mit Stoffen schleppten, Maschinenöl in die Spindeln tropften, Garn einfädelten. Doch jetzt sind nur noch Graffiti an den Wänden zu sehen. Alles traurig wie ein Tom-Waits-Song.

Das Licht ist schummrig und kommt von einigen trüben Lampen, die in der Mitte aufgestellt sind und eine Art Trampelpfad durch den Bauschutt markieren. Gruppen von Männern stehen zusammen, Bierflaschen in den Händen, und unterhalten sich. Einige gehen zielstrebig zum Ende des Raums und verschwinden dort.

Zwei Frauen kommen ihr entgegen. Hochtoupierte blonde Haare die eine, schulterlange schwarze Haare die andere. Die Blonde zeigt enorme Oberschenkel unter einem kurzen schwarzen Rock, den sie wohl selbst in einer ungünstigen Stunde mit der Schere gekürzt hat.

Zwei Frauen, hundert Männer? Was ist das denn für ein Club? Männer gehen in einen Club, um dort Frauen zu treffen. Doch hier gibt es einen Männerüberschuss, dass das Testosteron schwadenweise um die rostigen Stahlträger wabern müsste. Doch so ist die Stimmung nicht. Stattdessen herrscht eine gespannte Erwartung. Es ist, als würden hier alle darauf warten, dass es jetzt gleich losgeht.

Aber was?

Die Blonde und die Schwarzhaarige stellen sich zu einer Gruppe und unterhalten sich. Sie scheinen, wie alle hier, ein bestimmtes

Thema zu haben, dass sie erörtern. Olga geht einige Schritte auf sie zu. Sie will lauschen und herausfinden, worum es hier geht.

Vor allem: Wo ist Sandro Winkler mit seinen beiden Kumpels geblieben? Wo hat er den Rattenkäfig abgestellt? Sie wollte doch verhindern, dass die Ratten ein weiteres Kind anfallen. Sie muss den Käfig finden. Ihn diesen Kerlen wegnehmen und die Ratten unschädlich machen.

Wo würde sie ein Gepäckstück abstellen? An einer Garderobe. Aber so etwas gibt es hier nicht. An der Bar? Eine Bar gibt es hier auch nicht. Aber alle trinken Bier. Irgendwo wird Bier verkauft. Sie schlendert durch die Halle. An der rechten Wand stehen aufgestapelte Bierkästen. Daneben zwei jüngere Kerle, die im Akkord den Anstehenden Flaschen reichen. Olga schaut neben und hinter die Kästen. Der Rattenkäfig ist nicht zu sehen.

Sie geht in der Halle weiter.

An einem Treppenabgang steht eine größere Gruppe von dunkel gekleideten Männern. Heisere Stimmen. Gespannte Erwartung.

Worauf?

Dann ertönt ein Pfiff. Jemand ruft verhalten: Es geht weiter. Der Ruf pflanzt sich fort. Es geht weiter, ruft jemand mit unterdrückter Stimme. Andere geben ihn weiter wie ein Echo: Es geht weiter.

Die Menge strafft sich, bricht auf. Alle drängen zur Treppe. Die Ersten gehen hinunter in den Keller. Alle anderen folgen dicht gedrängt.

Berlin-Neukölln

Dengler parkt in der zweiten Reihe und steigt aus.

Von Roy und seinem Rattenkönig ist nichts zu sehen. Er nimmt die Kamera aus dem BMW und fotografiert den Cayenne in Großaufnahme, das Nummernschild vorn und hinten, Seitenansicht, Innenraum.

Er stellt den Kragen seiner Jacke auf. Er sieht durch die Fenster einer Kneipe. Hier sind sie nicht.

Dann geht er zurück zum Porsche, hält beide Hände an die Heckscheibe und späht hindurch.

Die 5-kg-Propangasflasche mit dem Heizaufsatz fehlt.

Die beiden Deppen wollen bestimmt nicht mitten in der Nacht in Neukölln picknicken.

Er dreht sich um und geht die Straße hinab.

Der Wirt eines italienischen Restaurants verabschiedet die letzten Gäste mit einem Händedruck. Auf der gegenüberliegenden Straßenseite erlöscht das Licht in einer Wohnung. Zwei Uhr. Es ist kalt. Dengler geht weiter.

Er hört hinter sich schnelle Schritte. Laufschritte. Er dreht sich um. Zwei Schatten rennen die Straße entlang. In Richtung des Porsches. Dengler läuft los.

Roy und sein Kumpel reißen die Türen auf. Schwingen sich auf die Sitze. Der Motor heult auf.

Die Scheinwerfer blenden ihn.

Dengler steht auf der Straße und hebt die Hand vor die Augen.

Der Porsche gibt Gas und rast auf ihn zu.

Leipzig

Schulter an Schulter drängen sie die Treppe hinunter. Das Geländer sieht nicht sehr stabil aus.

Olga denkt an eine Nachricht, die sie auf der Herfahrt im Radio gehört hat. Bei einem Autozulieferer in Bayern hat eine chinesische Kollegin aus Wuhan mehrere Mitarbeiter mit dem neuartigen Coronavirus angesteckt.

Hoffentlich hat von denen hier niemand etwas mit Chinesen zu tun.

Doch so sehen die Männer mit ihren dunklen Jacken mit Aufnähern in Frakturschrift, mit ihren schwarzen, nach hinten gedrehten Baseballmützen, den Kinnbärten und rasierten Schläfen nicht aus.

Olga wird von hinten und von der Seite gedrückt und geschubst. Endlich passiert sie mit den anderen das Nadelöhr der Treppe und tritt in einen großen Raum. Dieser Keller ist offenbar ähnlich groß wie die Halle im Erdgeschoss. Allerdings ist es hier dunkler. Doch Olga sieht weiter vorne strahlend helles Licht, das an die Decke geworfen wird. Dorthin drängt die Meute.

Vielleicht ist dort der Rattenkäfig. Sie schiebt einige der Kerle beiseite und drängt sich vor. Jetzt, da das Licht zunehmend heller wird, sieht sie, wie erstaunte Blicke ihr verdrecktes Gesicht mustern. Einer der Kerle sagt:»Lebst du im Wald, oder was?«

Das Licht wird heller. Bierkisten sind übereinandergestapelt. Dazwischen schmale Gänge. Sie zwängt sich an den Leuten vorbei. Ein Blick in ihr verdrecktes Gesicht, und sogar der Fette mit dem Reichsadler auf dem Pullover tritt einen Schritt zur Seite.

Jetzt kann sie die Szene überblicken.

In der Mitte ist eine viereckige Arena aufgebaut. Die Wände sind etwa 1,60 Meter hoch und mit schwarzen, glänzenden Plastikplanen ausgeschlagen. Die Mitte, also die eigentliche Arena, ist zentimeterhoch mit Sägemehl bedeckt. Hinter der Absperrung drängen sich die ersten Zuschauer. Hinter ihnen sind Bierkästen aufgereiht, von denen aus man eine bessere Sicht hat. Dort stehen bereits einige Bierflaschen hebende Männer. Olga sieht einen von Winklers Freunden. Er lehnt an der Wand und zählt Geld ab. Die Ratten können nicht weit sein. Sie umkreist die Arena. Der Käfig ist nicht zu sehen.

Doch er muss hier irgendwo sein.

Olga steigt auf einen Bierkasten.

Da sieht sie den Rattenkäfig.

Berlin-Neukölln

Vom Fernlicht geblendet springt Dengler nach links. Roy reißt das Lenkrad herum. Dengler spürt einen Schlag gegen seine Hüfte. Er landet hart auf der Straße und bleibt benommen liegen.

Die Hände schmerzen.

Der Kopf dröhnt.

Die Wut richtet ihn auf.

Sie werden nicht entkommen.

Er taumelt zum BMW.

Reißt die Fahrertür auf.

Bückt sich, um einzusteigen.

Hält mitten in der Bewegung inne.

Hebt den Kopf.

Schaut sich irritiert um.

In den Fenstern der gegenüberliegenden Straßenseite spiegeln sich lodernde Flammen.

Leipzig

Der Käfig steht in der Arena. Zehn Ratten klettern an den Stäben und Verstrebungen hinauf und springen wieder hinab. Eine sitzt auf den Hinterbeinen und putzt sich das Fell. Es könnten putzige Tiere sein, wenn man nicht wüsste, dass sie Killermaschinen sind.

An der Käfigtür ist eine Schnur verknotet. Sie endet in der Hand von Sandro Winkler, der ruhig und konzentriert auf die Tiere unter ihm hinabschaut. Eine zweite Schnur ist an der Rückseite des Käfigs verknotet.

Plötzlich ist die Angst da. Das hier ist kein Club. Das hier ist etwas völlig anderes.

Ein Rennen? Welche Ratte schneller ist? Geht es darum?

Sind die Frakturschrift-Typen deshalb hier?

Sicher nicht.

Ein dicker Mann mit ungepflegtem Bart, schwarzer, enger Jeans, über dessen Gürtel sich ein fetter Bauch wölbt, betritt die Arena. »Kampf Nummer zwei«, ruft er. »Sehr ungewöhnlich heute. Der Herausforderer hat viel Geld bezahlt, damit seine ... niedlichen Tiere heute bei uns antreten dürfen. Gegner ist der durch drei Kämpfe legendär gewordene Sir Henry. Setzt euer Geld.«

Sofort bricht ein lautes Rufen los. Hände mit Geldscheinen fliegen hoch. Andere Hände nehmen es.

Jemand stößt Olga in die Rippen. »Setz auf Henry. Ich hab ihn schon zweimal gesehen. Du kannst nichts falsch machen.«

Olga schüttelt den Kopf.

Sie muss hier raus.

Sie versucht, sich durch die aufgeregten Typen zu zwängen. Biergestank und der Geruch ungewaschener Körper liegen in der Luft.

Ihr wird schlecht.

Die Männer kümmern sich nicht um sie. Sie packt einen an den Schultern und schiebt ihn mit Kraft zur Seite. Als sie sich an zwei Kerlen vorbeigedrückt hat, ertönt ein Pfiff.

Plötzlich Stille.

Gespannte Stille.

Unheil liegt in der Luft.

Olga sieht, wie Sandro Winkler die erste Schnur einholt, wie sie sich dehnt und dann die Käfigtür hochzieht. Die Ratten kümmert es nicht. Einige heben den Kopf und rühren sich nicht. Das Tier, das sich putzt, lässt den langen Schwanz durchs Maul gleiten. Dann zieht Winkler an der zweiten Schnur. Der hintere Teil des metallenen Zwingers hebt sich, der Käfigboden hängt nun schief. Die Ratten purzeln eine nach der anderen in das Sägemehl der Arena. Sie schnuppern, stellen sich auf die Hinterbeine oder laufen schnell an der Wand entlang.

Auf der gegenüberliegenden Seite der Arena schiebt jemand die Plane hoch. Olga sieht einen zweiten Käfig. Eine Hand zieht eine Tür auf.

Und ein Monster stürmt heraus.

Berlin-Neukölln

Dengler glaubt zunächst, er sehe eine Fata Morgana. Eine Halluzination, die durch den Zusammenstoß mit dem Porsche oder den Sturz auf die Straße ausgelöst worden ist. Aber die Erscheinung verschwindet nicht. Der flackernde Widerschein bleibt.

Dengler atmet tief durch und rennt los.

Leipzig

Ein Bullterrier stürmt in die Arena; ein 25-Kilo-Muskelpaket, schnell, kraftstrotzend und aggressiv. Das raue Fell ist hellbraun, mit einigen handtellergroßen weißen Flächen auf dem Rücken und am Hals. Über der Kruppe verläuft eine zwanzig Zentimeter lange Narbe; eine Erinnerung an vergangene Kämpfe. Der lang gestreckte Kopf mit dem geöffneten Maul zeigt ein beeindruckendes Gebiss mit langen gelben Fangzähnen.

In der Mitte der Arena bleibt der Hund verblüfft stehen und sieht nach rechts und links. Er sucht einen Gegner. Die Ratten laufen an der Bande entlang, doch der Hund nimmt sie nicht wahr. Unschlüssig wühlt er mit der rechten Pfote im Sägemehl. Dann wendet er den Kopf, sein Blick geht irritiert zurück, als wolle er seinen unsichtbaren Herrn fragen: Wo ist mein Gegner? Wo ist der feindliche Köter, den ich zerfleischen soll? Der Stummel seines kupierten Schwanzes wackelt freundlich. Die ganze Haltung des Hundes scheint zu fragen, was ist hier eigentlich los? Eine Arena, aber kein Kampf?

303

Ein scharfes Kommando lässt seine Muskeln straffen. Er trottet einige Schritte nach vorne. Stirnrunzelnd beobachtet er eine Ratte, die schnüffelnd die schwarze Plane untersucht. In zwei Sätzen ist er bei ihr und packt sie am Rücken. Er schüttelt sie, und Olga hört das Brechen dünner Knochen.

Doch das Unheimliche ist der laute, schrille Schrei des sterbenden Tieres.

Berlin-Neukölln

Als er die Straßenecke erreicht, sieht er auf der anderen Seite im Hochparterre eines grauen Mietshauses Feuer hinter der Scheibe einer Balkontür lodern. In einem der hinteren Zimmer brennt es.

In Denglers Kopf explodiert bei jedem Schritt pochender Schmerz. Seine rechte Bauchseite sticht.

Am liebsten würde er sich fallen lassen.

Ruhig liegen.

Schlafen.

Stattdessen greift er mit beiden Händen nach der Brüstung des Balkons und zieht sich hoch. Mit einem Satz steht er zwischen einigen Sesseln und zwei Campingstühlen. Dengler packt einen Blumentopf und wirft ihn gegen die Glastür, die sofort splittert. Durch die Öffnung wird sofort Sauerstoff angezogen. Das Feuer in dem Raum dahinter wird größer und heller.

Dengler greift durch die zersplitterte Scheibe und öffnet die Tür. Er steht in einem Zimmer, das eigentlich ein Wohnzimmer sein sollte, aber hier stapeln sich alte Zeitungen bis Brusthöhe, Berge von gefalteten Kartons und blaue Säcke voller Plastikflaschen.

Die Wohnung eines Messies.

Alles leicht brennbares Material.

Er kippt einen Stapel Illustrierte um und bahnt sich einen Weg zur Tür. Mittlerweile kann er das Prasseln der Flammen gut hören.

Es ist gefährlich.

Soll er umkehren?

Er stößt die Tür auf. Dieses Zimmer scheint das Schlafzimmer zu sein. Aus Pappkartons voller alter Kleidungsstücke lodern Flammen bis zur Decke. Ein altmodisches Doppelbett aus Holz mit hoher Kopf- und Fußleiste steht an der Wand. Auf der Decke schwelt bereits ein Brand.

Neben dem hölzernen Nachttisch steht eine 5-kg-Propangasflasche mit einem glühenden Heizaufsatz.

Die Bettdecke ist zerknüllt.

Darunter zeichnet sich die Gestalt eines Menschen ab.

Dengler reißt die Decke weg.

Bewusstlos und mit geöffnetem Mund liegt eine alte Frau vor ihm.

Die Tapete neben ihr fängt Feuer. Ein Funke springt in das aufgelöste graue Haar der Frau. Es entzündet sich sofort. Dengler schlägt die Flamme mit der flachen Hand aus. Dann hebt er die Frau vorsichtig hoch und trägt sie aus dem brennenden Zimmer.

Leipzig

Die Ratten reagieren auf den Schrei wie auf ein Kommando.

Drei von ihnen laufen auf der rechten Seite der Wand entlang, sechs auf der anderen Seite.

Sir Henry sieht ihnen zu. Seine Stirn ist gerunzelt, was ihm merkwürdigerweise einen nachdenklichen Ausdruck verpasst, der gar nicht zu dem geöffneten blutigen Maul passt. Er sieht den rennenden Ratten nach und weiß nicht, was er tun soll.

Er ist andere Kämpfe gewöhnt.

Ein scharfes Kommando seines Besitzers setzt ihn in Bewegung. Er trottet hinter den Ratten her, die Schnauze schnüffelnd auf dem Boden. Als er die letzte des Trupps erreicht, packt er sie an der

Hüfte und beißt sie in der Mitte durch. Er lässt den Kadaver ins Sägemehl fallen und sieht sich unschlüssig um.

Olga registriert ein unzufriedenes Knurren unter den Umstehenden. Ihnen ist ebenso langweilig wie dem Hund.

»Ist der Scheiß bald vorbei?«, schreit einer.

»Ich will meine Kohle zurück«, ein anderer.

»Ich auch.«

Der Hund sieht sich unschlüssig um. Sein Schwanzstummel wedelt hin und her. Vielleicht, denkt Olga, ist er froh, dass ihm ein harter Kampf auf Leben und Tod erspart bleibt.

Der Trupp der drei Nager ist nun im Rücken des Hundes. Sie halten inne, wenden plötzlich und hüpfen in erstaunlich schnellen Sprüngen von hinten auf den Bullterrier zu.

Er bemerkt es nicht.

Sie kommen näher.

Der Hund wedelt immer noch mit dem Rest seines Hundeschwanzes.

Die erste springt.

Die zweite springt.

Beide Ratten landen auf dem Rücken des Hundes. Die erste beißt sich an der Flanke des Bullterriers fest. Die zweite krallt sich an seinen Stummelschwanz.

Sir Henry wirft den Kopf zur Seite und mustert erstaunt die beiden Nager auf seinem Rücken. Er krümmt den Rücken, doch die Ratten haben sich festgebissen. Er schüttelt sich, als würde er gerade aus einem Fluss steigen. Die erste Ratte verliert den Halt, zuerst lösen sich die Krallen aus dem Fell, und sie hängt nur noch mit ihrer Schnauze am Fleisch des Hundes. Er schüttelt sich noch einmal. Da wird sie in hohem Bogen abgeworfen. Sofort ist der Hund über ihr und beißt ihr mit einem schmatzend krachenden Geräusch den Kopf ab. Blut spritzt aus dem Rumpf und hinterlässt einen roten Fleck auf den Sägespänen.

Jetzt johlen die Zuschauer.

»Kill die Scheißratten«, schreit einer.

»Guter Hund«, sagt ein anderer andächtig.

»Beiß und schaff mein Geld wieder rein.«

Die dritte Ratte springt, wühlt sich mit der Schnauze durchs Fell und beißt sich an seinem Hals fest.

In großen Sätzen springt der zweite Trupp heran. Sechs Ratten. Sir Henry schüttelt sich noch einmal. Dann weicht er vor den sechs Ratten zurück.

Ein weiteres scharfes Kommando seines Herrn. Der Hund springt in einem langen Satz auf eine der heranstürmenden Ratten zu, packt und schüttelt sie.

Blut färbt die Sägespäne.

Auf dem Rücken des Hundes hat sich die dort festgebissene Ratte unter den Stummelschwanz vorgearbeitet. Die Krallen lassen das Fell nicht los und ein Biss ins Fleisch gibt ihr zusätzlichen Halt. Jetzt steckt ihr Kopf unterhalb des Schwanzes. Die Ratte zögert keinen Augenblick, sie beißt in den Anus des Hundes. Lässt los und beißt noch einmal zu. Lässt nicht mehr los und nagt sich voran.

Der Bullterrier bleibt mitten in der Bewegung stehen. Er hebt den Kopf, als wolle er verstehen, wo dieser scharfe Schmerz plötzlich herkommt. Er wendet den Kopf, streckt sich, sucht die Ratte an seiner Rückseite. Wie wild dreht er sich dabei im Kreis.

Die vierte Ratte springt.

Die fünfte Ratte springt, wird aber wieder abgeworfen.

Die sechste Ratte springt.

Die Ratte, die an seinem Hals hing, nutzt die Gelegenheit, die nun kurze Distanz zu überwinden, und beißt und krallt sich in seinem Ohr fest. Der Hund scheint es nicht zu bemerken. Er hat die Ratte an seiner Rückseite erwischt und reißt sie von seinem Hinterteil weg. Blut tropft auf die Sägespäne.

Die siebte Ratte springt.

Die Ratte im Maul des Hundes schreit.

Dann ist sie nur noch ein Gemisch aus Blut und Fell.

Die nächste Ratte springt.

Auf dem Kopf des Hundes beißt sich die Ratte in seinen Gehörgang.

Der Bullterrier bleibt stocksteif stehen und lokalisiert den Schmerz.

Dann schüttelt er wild den Kopf.

Die Pfoten der Ratte verlieren den Halt. Sie hängt nur noch mit den Zähnen im Inneren des Ohrs. Sie lässt nicht los.

Der Hund wirft den Kopf hin und her. Blut aus seinem Hintern tropft auf den Boden.

Olga erinnert das Geschehen an ein absurdes Rodeo. Der Hund bockt, springt in die Luft, schüttelt den Kopf, rast von einer Ecke in die andere. Auf seinem Rücken haben sich fünf Ratten festgekrallt und festgebissen und wollen sich nicht abwerfen lassen.

Die Zuschauer sind völlig still geworden. Sie starren auf den Hund, der in immer absurderen Bocksprüngen versucht, die Ratten loszuwerden.

Jetzt kann sich die Ratte an seinem Ohr nicht mehr halten. Mit einem blutigen Fleischbrocken im Maul fliegt sie auf den Boden. Der Bullterrier ist sofort über ihr und tötet sie mit einem Biss.

Die nächste Ratte klettert zu der blutenden Wunde.

Sandro Winkler beobachtet den Kampf ohne erkennbare Regung. Olga sieht, wie sich seine Augen zu schmalen Schlitzen zusammengezogen haben. Nur sein Mundwinkel zuckt kurz, als eine Ratte die Wunde am Ohr des Hundes erreicht und sich dort tiefer in den Gehörgang hineinnagt. Eine andere hat die Position unter dem Stummelschwanz des Hundes eingenommen. Ihr Kopf ragt bereits komplett in den Anus des Tieres.

Der Terrier wirft sich auf den Boden, wälzt sich im Sägemehl und erdrückt eine Ratte.

Eine andere nutzt die Gelegenheit und springt auf die Schnauze des Hundes, krallte sich in die dünne Haut und klettert, das Maul geöffnet, ohne Halt hinauf zum Auge.

Berlin-Neukölln

In der Straße stehen vier Feuerwehrzüge, drei Polizeiwagen, ein Krankenwagen und der graue Dienst-Mercedes von Hauptkommissar Weber, alle mit kreiselndem Blaulicht.

In dem Krankenwagen verbindet ein Sanitäter Denglers Hand. Er wickelt sorgfältig eine Binde über die verbrannten Stellen. Dann steigt er aus. Hauptkommissar Weber wartet schon auf ihn.

»Das war ja klar. Hätte ich mir gleich denken können: Dengler in Berlin, damit ist jede Menge Ärger vorprogrammiert.«

Sie betrachten das Haus. In der ausgebrannten Wohnung huschen die weißen Gestalten der Spurensicherung umher.

Neben dem Haus steht in einer Baulücke eine große Werbetafel.

»Arbeitest du noch für ihn?«, fragt Weber.

Dengler nickt und hebt noch einmal den Blick zu dem Plakat.

Wir sind alle Kröger!

»Ich freue mich auf den Moment, wenn ich diesem Typen Handschellen anlegen kann«, sagt Weber.

Dengler nickt.

»Also, was hast du zu erzählen?«

»Ich habe Fotos der Täter. Ich habe Fotos von ihrem Wagen. Nummernschild in Großaufnahme. Zwei Männer. Türstehermilieu. Du wirst sie leicht finden.«

»Hast du etwas, was mich schnurstracks zu Kröger führt?«

Dengler schüttelt den Kopf. »Noch nicht.«

»Dann beeil dich. Mir reicht der Kerl. Wo sind die Fotos?«

»In meinem Wagen. Dienstwagen der Kröger Immobilien AG. Unten an der Kreuzung.«

»Lass uns gehen.«

Leipzig

Olga wird schlecht.

Sie muss hier raus.

Energisch schiebt sie die Kerle vor sich beiseite.

In der Arena jault der Bullterrier erbärmlich. Er dreht sich wie ein Derwisch im Kreis und wird die beißenden und nagenden Ratten nicht los, die auf ihm sitzen und Löcher in ihn hineinfressen. Der Hund blutet aus dem After und der Augenhöhle.

Die Typen um sie herum stehen fassungslos da und starren auf ein unerwartetes Schauspiel. Fast jeder von ihnen verliert seinen Wetteinsatz. Jeder hält sich für einen harten Burschen, aber noch nie haben sie gesehen, wie ein Kampfhund von durchgeknallten Ratten besiegt und nun bei lebendigem Leib ...

Olga würgt. Sie drückt sich durch die Menge. Als sie die letzte Reihe der Zuschauer erreicht hat, zieht sie einem Glatzkopf mit einer schnellen Bewegung das Handy aus der Gesäßtasche seiner Jeans.

Er bemerkt es nicht.

Sie torkelt zum Ausgang und atmet gierig die frische Luft ein.

Sie nimmt das Handy. Eine sechsstellige PIN-Nummer wird verlangt.

Notruf geht immer.

Sie wählt: 112.

»Ich melde einen illegalen Hundekampf.«

Eine Frauenstimme fragt: »Wo befinden Sie sich?«

»Können Sie dieses Handy orten?«

Schweigen.

»Können Sie dieses Handy orten?«

»Ja.«

»Da ist der Hundekampf. In einer stillgelegten Fabrik. In Leipzig.«

»Wie viele Personen sind da?«

»Geschätzt dreihundert.«

»Ein bestimmtes Milieu?«

»Rotlicht und Rechtsradikale.«

»Mmh.«

»Was heißt: Mmh?«

»Wenn ich das hier eingebe, passiert vielleicht nicht viel.«

»Hier findet eine Tierquälerei, eine riesengroße Sauerei statt.«

»Sie wollen, dass die Polizei das beendet?«

»Allerdings. Bringen sie eine Hundertschaft mit. Oder zwei. Möglichst schnell.«

»Wissen Sie … wie soll ich es sagen … Es wäre besser, wenn ich hier eintragen würde, es wären die Bewohner des Stadtteils Connewitz, die das veranstalten. Dann würden die Kollegen das große Besteck auspacken.«

»Was? Die Bewohner des alternativen Viertels?«

»Das würde die Motivation der Einsatzleitung sprungartig steigern.«

»Okay. Ich melde: Dreihundert Bewohner des Stadtteils Connewitz veranstalten illegale, brutale Hundekämpfe an dem Ort, den sie durch Ortung dieses Handys finden.«

Die Frau lacht. »Danke. Ich löse einen entsprechenden Alarm aus. Machen Sie sich keine Sorgen, das wird prima klappen. Das SEK wird dann liebend gern auch einen Auftritt haben.«

Olga legt das Handy auf den Boden.

Sie überquert den Platz vor der verlassenen Fabrik.

Erst jetzt merkt sie, wie fertig sie ist.

Sie nimmt ihr eigenes Handy und wählt Denglers Nummer.

»Warum nimmst du nicht ab?«, fragt sie leise und schließt den Mitsubishi auf.

Sie lässt sich auf den Sitz fallen, legt die Hände und den Kopf auf das Lenkrad und schließt die Augen.

Sie erwacht erst, als Mannschaftswagen mit Blaulicht, aber ohne Martinshorn an ihr vorbeifahren.

Berlin, Polizeipräsidium

Es wird schon hell, als Hauptkommissar Weber den Hörer wieder auflegt.

»Die alte Frau, die du gerettet hast, liegt noch auf der Intensivstation. Aber sie ist überm Berg. Ein Kollege hat mit ihr gesprochen. Jemand hat bei ihr geklingelt und gesagt, es würde im Haus brennen. Sie öffnete und wurde von zwei maskierten Männern überfallen, die sie bewusstlos schlugen. Das Nächste, woran sie sich erinnert, war der Krankenwagen.«

»Habt ihr die Täter schon?«

Weber schüttelt den Kopf. »Die Fahndung läuft.«

»Das Nummernschild ...«

»... wurde vor vier Tagen gestohlen. Keine Sorge, deine Fotos sind perfekt. Wir kriegen sie.«

Er gähnt.

Dengler steht auf.

Weber sagt: »Ich ruf einen Streifenwagen. Er wird dich ins Hotel fahren.«

Berlin-Charlottenburg, Hotel Savoy

Noch im Streifenwagen kontrolliert Dengler sein Mobiltelefon und sieht, dass Olga mehrmals versucht hat, ihn zu erreichen. Er wundert sich, dass sie noch nicht schläft, und überlegt, ob er sie zurückrufen soll. Er entscheidet sich für einen Anruf, doch als sie nach dreimaligem Läuten nicht abnimmt, legt er auf.

Das Adrenalin pulsiert noch in seinen Blutbahnen; er ist wach, und das Bedürfnis ist groß, ihr von seinen nächtlichen Erlebnissen zu erzählen.

Als er das Hotelzimmer aufschließt, ruft sie an.

»Ich stand gerade unter der Dusche«, sagt sie. »Du glaubst nicht, was ich heute Nacht erlebt habe. Stell dir vor ...«

»Du glaubst nicht was *ich* erlebt habe«, unterbricht er sie. »Stell dir vor ...«

Olga lacht. »Was immer du in dieser nachtschlafenden Zeit in Berlin erlebt hast, kann sich nicht mit dem messen, was ich in Leipzig ...«

»Ich habe eine alte Frau aus dem Feuer gerettet.«

»Himmel, erzähl!«

Und dann erzählen sie einander, was sie in dieser Nacht erlebt haben. Draußen ist es hell, als sie das Gespräch beenden.

19. Kapitel: Der Angriff

Berlin-Mitte, illegale Wohnung

Ein Hund bellt.

»Was ist das für ein beschissener Klingelton, verdammt noch mal?«, sagt Roy. »Kann bei dir nicht irgendwas mal normal sein?«

Matze dreht sich um, sein Arm fährt aus. Kurz bevor er Roys Hals packt, hält er inne. Wie aus dem Nichts liegt plötzlich ein Stilett in Roys Hand. Die Spitze zittert nicht.

»Okay«, sagt Matze und dreht sich um. »Wir sind beide gerade ein bisschen nervös.«

Er drückt auf den grünen Knopf seines Handys.

»Doch, doch, haben wir«, sagt Matze zu dem Anrufer.

Dann deutet er auf eine Fernbedienung und sagt leise zu Roy: »Mach den Fernseher an.«

Roy beugt sich nach vorne, schnappt die Fernbedienung.

Sie sehen sich selbst.

Sie sitzen im McDonald's. Großaufnahme Roy mit verschmiertem Mund.

»Ich sehe ihn«, sagt Matze ins Telefon. »Keine Tischmanieren, könnte man annehmen.«

Dann: »Scheiße.«

Das nächste Bild zeigt ihn, wie er in den Cayenne steigt.

Er setzt sich.

Dann hört er nur noch Wortfetzen der Sprecherin: »Brandstiftung … Versuchter Mord … Mieterin, die sich weigerte, die Wohnung zu verlassen … in letzter Sekunde … Fahndung … Haus des umstrittenen Immobilienunternehmers Kröger …«

Dann ihre beiden Köpfe in Großaufnahme.

»Das muss vor dem Café *Espresso* sein«, sagt Roy.

Matze lauscht der Stimme am Telefon.

»Wir haben niemanden gesehen«, sagt er. »Ja, klar haben wir aufgepasst. Nein, wirklich nicht. Wer war das? … Gut. Wir bleiben hier.«

Er beendet das Gespräch.

»Jemand ist uns gefolgt und hat die verfluchten Fotos gemacht.«

»Die hat jetzt jeder Bulle.«

»Die sind auch im Internet, im Fernsehen, in der Zeitung, überall.«

»Was machen wir jetzt?«

»Wir sollen erst mal hierbleiben.«

»Wie lange?«

»Keine Ahnung. Wir kriegen Bescheid.«

Erneut bellt der Hund. Matze nimmt ab.

»Ich schau gleich mal nach«, sagt er und geht in die Küche. Er zieht eine Schublade auf und nimmt ein Billighandy heraus.

»Ich hab's gefunden … alles klar. Mach ich.«

Er steckt das neue Handy in die Hosentasche, legt das alte auf den Fußboden und zertritt es. Die Reste trägt er auf die Toilette, wirft sie hinein und spült ab.

»Wir sitzen in der Scheiße«, sagt er zu Roy, als er zurückkommt. »Wenn du mich fragst, ziemlich tief.«

Berlin, Kröger Immobilien AG,
Besprechungszimmer

»Nur fürs Protokoll«, sagt Myriam Jung. »An der Besprechung nehmen teil: Sebastian Kröger, Vorstandsvorsitzender; Charlotte Kröger, stellvertretende Vorstandsvorsitzende; Dr. Jan Wenzel, Justiziar und Mitglied des Vorstandes; Max Liebig, Leiter Presseabteilung; Georg Dengler, äh ...«

»Privatermittler«, sagt Dengler.

»Privatermittler«, wiederholt Myriam Jung.

Sebastian Kröger trägt wie üblich einen dunkelblauen Anzug, ein hellblaues Hemd mit blau-weiß gestreifter Krawatte. Über Nacht haben sich unter seinen Augen tiefe olivfarbene Ringe gebildet, die seinem Gesicht nicht nur einen müden, sondern auch einen verzweifelten Ausdruck geben, den Dengler nie zuvor an ihm bemerkt hat.

»Max hat mich mitten in der Nacht aus dem Bett geklingelt, als er die ersten Meldungen gesehen hat. Wir werden jetzt nicht nur für die scheußliche Attacke auf das Baby verantwortlich gemacht, sondern auch noch für einen Mordanschlag gestern Abend«, sagt er mit schleppender Stimme. »Auf die alte Frau Becker, die wir natürlich kennen, weil sie nicht aus dem Objekt Nr. 23 verschwinden wollte. Ihre Tochter hat heute Morgen im Frühstücksfernsehen uns für den Mordversuch verantwortlich gemacht. Sie hat alles aufgezählt: die Summen, die wir ihr für einen Auszug geboten haben, den Prozess, die Maßnahmen von Jana Kusnezowa, alles hat sie im Fernsehen erzählt.«

»Welche Maßnahmen?«, fragt Georg Dengler.

Kröger dreht sich zu ihm um und schaut ihn an, als sehe er ihn jetzt zum ersten Mal.

»Die Gespräche, die Anrufe ...«

»Nächtliche Anrufe, vermute ich«, sagt Dengler.

Kröger nickt. »Die begonnenen Baumaßnahmen im Haus. Wir wollten es der Dame nicht gemütlich machen.« Er schlägt mit der Faust auf den Tisch. »Sie musste raus, verdammt noch mal. Alle anderen sind verschwunden, nur die gnädige Frau … Wie heißt sie noch mal?«

»Becker«, wirft Dr. Wenzel ein.

»Becker. Meinetwegen. Sie hat uns genug Ärger gemacht. Nur die gnädige Frau Becker zieht nicht aus.«

»Ich habe sie gerettet«, sagt Dengler.

Vier Köpfe wenden sich zu ihm, vier Augenpaare starren ihn an.

Dengler sagt: »Ich habe die beiden Täter observiert, weil einer von ihnen auch die Ratten in Kreuzberg ausgesetzt hat.«

»Die Fotos im Fernsehen …?« Dr. Wenzel starrt ihn an.

»… stammen von mir. Ich war an den beiden Tätern dran, verlor sie aber an einer Ampel aus den Augen. Dann sah ich das Feuer. Nun, den Rest kennen Sie.«

Kröger lehnt sich zurück. »Gut gemacht. Wusste ich doch, dass ich den richtigen Mann engagiert habe. Wenn du nicht rechtzeitig da gewesen wärst, wäre die Alte verbrannt, dann hätten wir erst richtig die Kacke am Dampfen.«

»Wir müssen reagieren«, sagt Max Liebig. »Wenn wir wissen, wer die Täter sind, müssen wir ein Statement abgeben, dass wir nichts mit diesen Verbrechern zu tun haben – im Gegenteil: Wir haben den Mann engagiert, der die Frau gerettet hat.«

»Das wird man uns nicht glauben«, sagt Charlotte Kröger.

Dengler sagt: »Die Polizei wird die beiden schnappen. So wie ich die beiden einschätze, werden sie ihre Auftraggeber verpfeifen, um ein paar Jahre weniger zu bekommen.«

»Das ist gut«, sagt Dr. Wenzel. »Wissen Sie, wo die beiden Täter sich aufhalten?«

Dengler schüttelt den Kopf. »Es ist nur eine Frage der Zeit. Die Polizei fahndet öffentlich nach ihnen. Jeder Beamte in Berlin kennt nun ihre Visagen. Sie werden sich im Augenblick irgendwo verkriechen, doch sobald sie sich bewegen, schnappt sie die Polizei.«

»Sehr gut, Dengler«, sagt Kröger, »sehr gute Arbeit.«

»Mein Auftrag ist damit erledigt«, sagt Dengler und steht auf. »Meine Partnerin und ich fahren zurück nach Stuttgart.«

»Stopp, stopp. Nicht so schnell, Dengler«, sagt Sebastian Kröger. »Ich muss nachher zur Bausenatorin. Die will mich fertigmachen. Du erzählst ihr schön, wie du die Frau gerettet hast. Dann kann sie uns die Sache nicht anhängen.«

»Das kostet extra.«

»Schreib's auf die Rechnung.« Kröger sieht in die Runde. »Und noch etwas. Die Polizei fahndet nach den beiden Gangstern?«

»Ja. Das sagte ich bereits.«

»Ich habe nicht so viel Zutrauen zur Polizei. Dengler, dir traue ich mehr. Ich will, dass du die beiden suchst. Parallel zur Polizei. Ich will, dass die beiden gefunden werden. Sonst noch etwas?«

Max Liebig meldet sich. »Eine kleine positive Nachricht habe ich noch. Wegen der Nachrichten von ... äh ... Frau Becker hat sich keine Sau dafür interessiert, dass wir der Kita in Kreuzberg gekündigt haben.«

Berlin-Mitte, illegale Wohnung

Die Stimmung ist nicht gut in der kleinen Wohnung.

Roy tigert von der Küche ins Wohnzimmer, wo er die Nacht auf dem Sofa verbracht hat, und kommt wieder zurück in die Küche, schaut zum Fenster hinaus, dreht sich um und geht durch den Flur zurück ins Wohnzimmer.

Matze stampft aus der Toilette und zieht sich den Reißverschluss der Hose zu.

»Ich halt das hier nicht länger aus«, sagt Roy. »Ich muss raus. Wir sitzen so tief in der Scheiße.«

»Draußen hat gerade jeder Bulle ein Foto von dir auf seinem Handy. Wenn du diese gemütliche Zweizimmerwohnung gegen eine Zelle eintauschen willst ...« Er deutet auf die Wohnungstür. »Viel Spaß.«

»Wir haben echt nicht gemerkt, dass uns jemand gefolgt ist. Ich kann es immer noch nicht fassen. Der Typ hat in aller Ruhe zugeguckt, wie wir die Wohnung der Alten angesteckt haben. Hat uns fotografiert. Wir haben nix gemerkt, überhaupt nix. Und jetzt haben die Bullen die Fotos.«

Er geht zur Tür und dreht wieder um.

»Du hast mich echt in die Scheiße reingeritten, Matze. Knietief.«

»Roy, halt einfach die Fresse. Du hast den Typen nicht gesehen. Ich hab den Typen nicht gesehen. Meine Schuld. Deine Schuld. Wir warten jetzt ab.«

»Hätt ich bloß nicht auf dich gehört. Leichter Job. Von wegen. 10 000 Euro. Wo sind die jetzt? Sag mir, he, wo sind meine 10 000 Mäuse?«

»Du bekommst dein Geld. Ich bekomm mein Geld. Im Augenblick ist es besser, wir halten den Ball flach.«

»Wann krieg ich meine Kohle? Wenn ich meine Kohle hab, sieht alles schon mal anders aus. Also, wann?«

Er baut sich vor Matze auf.

»Roy, komm runter.«

»Runter? Ich soll runterkommen? Ich komm überhaupt nicht runter! Ich will mein Geld.«

»Schrei nicht rum. Es gibt Nachbarn hier.«

»Ich sag mal so: Ich schrei hier so lange rum, bis ich meine Kohle hab. Und dann bin ich hier weg.«

»Wenn du nicht sofort leise bist, stopf ich dir das Maul.«

»Du? Du willst mir das Maul stopfen? Versuch das mal.«

Roy nimmt die Fäuste hoch. Seine Augen funkeln.

»Was ist los mit dir?«, fragt Matze.

»Was ist los mit dir«, äfft Roy Matze nach. »Was ist los mit dir. Ich brauch was, verstehst du?«

Er drückt einen Daumen unter das rechte Nasenloch. »Das ist los. Ich muss hier raus.«

Er dreht sich um und drückt die Türklinke runter. Nichts. Er rüttelt an der Tür.

»Du hast mich eingeschlossen. Verdammt! Du Arsch hast mich eingeschlossen?!«

»Roy, hör mir zu.«

Doch Roy hört nicht zu. Sein Schlag ist kurz und hart. Er trifft Matze an der rechten Schläfe. Matze taumelt zurück. Schüttelt benommen den Kopf. Roy stürzt sich auf ihn, und krachend fallen beide auf den Fußboden.

In diesem Augenblick klingelt das Handy in der Küche.

Berlin-Wannsee, Villa Kunterbunt

Fuhrmann kann nichts dafür. Ihm wird es körperlich schlecht, wenn er Nopper nur sieht. Und riecht.

Nopper benutzt ein süßliches, weibisches Parfüm.

Fuhrmann spürt es. Er kann fühlen, wie sich seine Magenwände zusammenziehen, sich verknoten, sich lösen und sich wieder zusammenziehen.

Er hasst diesen Mann.

Er hasst dieses kantige Gesicht.

Er hasst das Tweedjackett, das Nopper trägt.

Er hasst die Art, wie er die schwarze Brille ein Stück zurückschiebt.

Wie er mit seinen Wurstfingern das Papier ein Stück höher hebt, damit er besser lesen kann.

Der soll sein Nachfolger werden?

Nur über meine Leiche.

Es war ein Fehler, Nopper ins Direktorium aufzunehmen.

Er war wieder mal viel zu nachgiebig.

Ein Fehler, den er korrigieren muss.

Er wird ihn mit dieser Operation scheitern lassen.

Und dann …

Fuhrmann lächelt.

»Kann ich loslegen?«, fragt Nopper.

Fuhrmanns Lächeln wird breiter.

»Ich bitte darum«, sagt er.

»Ich fasse zusammen: Für die Exekution von Kröger haben wir uns auf einen Modus Operandi geeinigt, der zu der Bewegung passt, der wir es anlasten werden. Damit die Tat tatsächlich der geplanten Zielgruppe Mieterbewegung zugeordnet werden kann, werden wir den Tatort als eindeutiges Identifikationsmerkmal definieren: Er wird von einem der beiden großen Häuserblocks in Kreuzberg fallen, die er gekauft hat.«

»Und danach?«

»Danach werfen wir die Medienmaschine an. Statements von Politikern im Fernsehen. Das Übliche. Danach ist die Mieterbewegung tot. Auftrag erledigt.«

»Halten Sie mich auf dem Laufenden«, sagt Fuhrmann und steht auf.

Du wirst dich noch wundern, denkt er. Dann geht er hinüber in sein Büro und setzt sich hinter den Schreibtisch. Er stützt den Kopf in seine Hände und denkt nach.

Es ist Zeit, eigene Pläne zu entwickeln.

Berlin, Württembergische Straße, Senatsverwaltung für Stadtentwicklung und Wohnen

Die Bausenatorin ist kühl bis ins Mark.

Sie habe sich vom Innensenator über den Mordversuch an der alten Frau informieren lassen. Kröger holt Luft, vermutlich um seine Unschuld zu beteuern, aber sie schneidet ihm mit einer Handbewegung das Wort ab.

»Ich bin es leid, Kröger. Das war zu viel.«

Dann informiert sie ihn in dürren Worten über das geplante Gesetz zur Mietendeckelung. »Der Senat wird die Mieten für rund 90 Prozent aller Berliner Mietwohnungen auf dem Stand vom 18. Juni 2019 einfrieren. Ab 2022 werden Mietanpassungen nur bis zu 1,3 Prozent jährlich möglich sein. Eine überhöhte Miete ist dann verboten. Modernisierungskosten können zukünftig zu maximal einem Euro pro Quadratmeter auf die Miete umgelegt werden.«

Als die Bausenatorin zu Ende gesprochen hat, nickt sie Kröger freundlich zu.

Die Audienz ist beendet.

»Sie bringen uns um«, stößt Kröger hervor. »Sie machen unser Geschäft kaputt.«

»Dafür sorgen Sie gerade selbst«, sagt die Senatorin und steht auf.

Berlin-Mitte, illegale Wohnung

Roy kniet auf Matze und drückt ihm die Kehle zu. Matze umfasst mit beiden Händen Roys Handgelenke und versucht, sie von seinem Hals wegzuzerren. Sein Gesicht hat sich dunkelrot gefärbt. Der Mund steht offen. Der Atem geht ruckartig und verursacht ungesund klingende, gurgelnde Geräusche.

Als das Handy klingelt, verharrt Roy mitten in der Bewegung, richtet seinen Oberkörper auf und lauscht. Matze spürt, wie der Druck nachlässt, und schlägt Roys Hände weg. Gierig saugt er die Luft ein. Er dreht sich auf den Bauch und massiert die Muskeln an Hals und Kopf. Dann schubst er Roy von sich runter, steht auf, stützt sich mit einer Hand an der Küchenplatte ab, mit der anderen greift er nach dem Handy und nimmt das Gespräch an.

Roy sieht ihm zu, wie er nickt, manchmal »Ja« und »Okay« sagt, dann »Verstanden« und anschließend das Gespräch beendet.

Matze dreht sich zu ihm um. Immer noch schwer atmend sagt er: »Wir nehmen uns den Hurensohn vor, der uns das eingebrockt hat. Er wohnt im Savoy Hotel, ganz in der Nähe des Café *Espresso*.«

»Ich geh nirgendwohin. Hast du mir nicht eben gesagt, jeder Bulle hat unser Foto auf seinem Handy?«

Matze nickt. »Unser Auftraggeber hat uns zwei Perücken in den Briefkasten gelegt. Und einen Umschlag mit Geld.«

»He, ich soll eine Perücke aufziehen? Bin ich schwul, oder was?«

»Du kannst dich nur verbessern«, sagt Matze, dreht sich um und schlägt Roy ansatzlos einen rechten Haken in die Magengrube.

Roy taumelt zurück. Vor Schmerz und Überraschung klappt sein Oberkörper nach vorne. Mit der rechten Hand tastet er nach dem Rand des Waschbeckens, um sich festzuhalten. Dann geht er zu Boden.

Matze beugt sich über ihn und zieht ihn mit beiden Händen an dessen Jacke hoch. »Greif mich nie wieder an«, sagt er zu dem keuchenden Roy. »Hast du verstanden?« Dann lässt er ihn auf den Fußboden fallen.

Roy krümmt sich und hält beide Hände vor den Bauch.

Als er sieht, wie sich Matzes Hand erneut zu einer Faust schließt, nickt er schnell und deutlich. Mühsam richtet er den Oberkörper auf. Er schüttelt den Kopf und fährt sich mit beiden Händen über den Schädel.

»Und? Wie machen wir es?«, fragt er keuchend.

Matze zielt mit dem Zeigefinger auf seine Stirn und drückt ab.

»Auf kurze Distanz. Zwei Schüsse. Einmal du, einmal ich.«

Roy zieht sich am Waschbecken hoch. »Okay«, sagt er und fasst sich an die Nasenspitze, »aber vorher brauche ich noch etwas für hier.«

Berlin-Kreuzberg, Silkes Wohnung

»Wie macht ihr so was?«, fragt Hatice und sieht über Olgas Rücken auf deren Bildschirm.

»Wir schicken der schönen Russin eine offizielle Anfrage unseres Mieterkomitees«, sagt Silke. »Wir fragen sie, ob sie auch für uns arbeiten würde, mit unserem finanziellen Angebot im Anhang.«

»Öffnet sie diesen Anhang«, sagt Olga, »startet sie, ohne es zu bemerken, eine Software, mit der wir heimlich die Kontrolle über ihren Computer übernehmen.«

»So einfach geht das?«, staunt Hatice.

»Die Software zu schreiben, war nicht ganz so einfach. Aber sie hat sich bewährt. Glaub mir.«

Olga drückt auf das Senden-Symbol.

»Und jetzt mach ich uns einen Tee«, sagt Silke und geht in die Küche.

»Unglaublich«, ruft Hatice und schüttelt ihren schwarzen Schopf.

»Ich helfe dir«, sagt sie und folgt Silke in die Küche.

»Wie lange kennst du Olga schon?«, fragt Hatice und zündet ein Streichholz an. Sie drückt den Schalter am Herd und hält das brennende Hölzchen an die Kochstelle. Silke stellt einen Wassertopf darauf.

»Schon lange. Wir haben gemeinsam mit der Hackerei angefangen. Ich habe es nicht weiterbetrieben, doch Olga ist eine richtige Meisterin geworden. Wir hatten noch richtige Ideale: das Internet als Ort der Demokratie und des Widerstands und so was. Alles, was in der Gesellschaft falsch lief, sollte im Internet richtig laufen.«

»Das hat wohl nicht ganz geklappt, was?«

Silke zuckt mit der Schulter. »Es ist ein Monster geworden. Es hat Konzerne hervorgebracht, wie wir sie uns damals nicht mal in unseren übelsten Albträumen vorstellen konnten. Konzerne mit nahezu unbeschränkter Macht und unvorstellbar viel Geld. Ich habe aufgehört, Aktivistin zu sein, als mir das klar wurde.«

»Und Olga?«

»Sie ist eine der letzten Partisaninnen.«

»Sie ist eine tolle Frau.«

»Du auch, Hatice.«

Plötzlich liegen sie sich den Armen.

Berlin, Zoologischer Garten

Es ist bereits dunkel, als Dengler aus der S-Bahn am Zoologischen Garten steigt und mit großen Schritten die Treppe hinunter zur Hardenbergstraße läuft. Er telefoniert mit Petra Wolff, die in seinem Stuttgarter Büro sitzt und dort die wenigen Aufträge der Detektei Dengler betreut.

»Wann kommst du endlich zurück?«, fragt sie. »Heute hatte ich prominenten Besuch im Büro.«

»Prominenter Besuch? Bei uns? Wer soll das denn sein?«

»Eine Erbin des Kaufhauses Schwarzinger. Du kennst doch das Kaufhaus Schwarzinger?«

Das kannte er. Natürlich. Es war das größte Stuttgarter Kaufhaus mit Niederlassungen in anderen Städten.

»Die Dame, ganz jung ist sie nicht mehr, ist die Tochter des langjährigen Besitzers, Heinz Schwarzinger. Sie behauptet, um ihr Erbe betrogen worden zu sein. Ein Millionenerbe, wie du dir vorstellen kannst.«

»Und da kommt sie ins Bohnenviertel zu der berühmten Detektei Dengler, dem Rächer der Unterdrückten und vor allem der Enterbten?«

»Genau. Ich hab ihr gesagt, dass sie auf der ganzen Welt keinen besseren Rächer finden kann. Ihre Story geht zusammengefasst so: Ihr Vater hat vor seinem Tod die Firma in eine Stiftung umgewandelt, und nach seinem Tod haben sich einige der von ihm eingesetzten Stiftungsvorstände das ganze Schwarzinger-Eigentum unter den Nagel gerissen.«

»Das muss schon eine Weile her sein, oder?«

»Ja. Sie ging leer aus. Aber jetzt will sie Gerechtigkeit.«

»Und Geld.«

»Genau. Geld und Gerechtigkeit. Eine seltene Paarung.«

Dengler überquert die Hardenbergstraße und biegt in die kleine Passage ein, die zur Kantstraße führt.

»Ich kümmere mich um den Fall, sobald ich wieder in Stuttgart bin. Es dauert hier nicht mehr lange.«

»Dem Kröger hab ich eine saftige Rechnung geschickt.«

»Hervorragend.«

»Es kann sein, dass ich krank werde. Karl ist vom Skifahren zurückgekommen. Da war er mit ein paar Freunden. Jetzt liegt er im Bett. Er hat leichtes Fieber. Aber auch so merkwürdige Atembeschwerden. Mir ist es auch schon so komisch zumute.«

»Was sagt der Arzt?«

»Er will nicht zum Arzt. Bloß wegen einer kleinen Erkältung, sagt er, geht er nicht ...«

In diesem Moment nimmt Dengler aus den Augenwinkeln eine Gestalt wahr, die ihm bekannt vorkommt. Es ist nur eine kleine, nahezu unterbewusste Irritation, weil er etwas an dem Schatten wiedererkennt, der sich nun anschickt, ihn zu überholen. Es ist der Gang. Die Art, wie der Mann mit den Beinen aufstampft, vielleicht ist es aber auch die Kontur. Er registriert die plumpe Bewegung, doch Dengler kann sie niemandem zuordnen. Die Gestalt trägt einen viel zu schmal geschnittenen Anzug und eine merkwürdig glatt gestriegelte Kurzhaarfrisur.

Sein unbewusstes Ich hat sich bereits wieder beruhigt, als die Gestalt direkt neben ihm eine Pistole aus der Hosentasche zieht und mit einer raschen Drehung auf seinen Kopf zielt.

Der Rest ist Instinkt und Training.

Beide Hände schießen nach vorne, und in dieser Bewegung lässt er das Handy fallen. Er umgreift den Lauf der Waffe und drückt sie nach oben. Mit einem Knall löst sich ein Schuss, und die Kugel rast in den Berliner Himmel. Dengler dreht sich, hebt in der Drehung das rechte Bein und rammt dem Angreifer mit voller Wucht das Knie in den Unterleib. Er löst die rechte Hand vom Lauf und schlägt dem Mann mit der Handkante auf die Arterie am Hals, sodass die Blutzirkulation zum Hirn für einen Augenblick unterbrochen ist. Mit der linken Hand entreißt Dengler dem Unbekannten die Waffe. Gleichzeitig setzt er einen kurzen, kräftigen Haken in die Magengrube des Angreifers. Der Mann geht zu Boden. Er ist kampfunfähig.

Denglers Atem geht schwer, als er sich über ihn beugt. Die Frisur des Mannes ist merkwürdig verrutscht. Georg Dengler greift hinein und zieht ihm eine Perücke vom Kopf. Er stockt. Das ist der Mann, den er aus dem Café *Espresso* kennt. Der Mann, der die Ratten ausgesetzt hat.

Perfekt, denkt Dengler. Jetzt wirst du mir erzählen, wer dein Auftraggeber ist.

Er greift seinen Kragen und zieht ihn hoch.

In diesem Augenblick trifft Dengler ein Schlag am Hinterkopf. Etwas explodiert in seinem Hirn. Er fällt vornüber und verliert das Bewusstsein.

Berlin-Kreuzberg, Silkes Wohnung

»Wir sind drin«, sagt Olga, als Silke und Hatice mit Tee zurück ins Wohnzimmer kommen. »Eine Sekretärin hat die Mail angeschaut, den Anhang geöffnet und dann an die Chefin weitergeleitet.« Olga gähnt, stemmt beide Hände in die Hüfte und dehnt ihren Rücken.

»Was passiert jetzt?«, fragt Hatice.

»Ich will rausfinden, ob sie die beiden Schläger beauftragt hat, die Ratten in diesem Haus auszusetzen. Und ich will wissen, ob sie dazu von irgendjemand anderem den Auftrag bekommen hat.«

»Von Kröger, der Sau?«, sagt Silke.

»Zum Beispiel«, sagt Olga.

Hatice reicht ihr einen Becher. »Grüner Tee. Schmeckt gut«, sagt sie.

Olga nimmt einen Schluck. Dann tippt sie auf die Tastatur ihres Laptops ein.

»Findest du etwas raus?«, fragt Hatice.

»Hm«, antwortet Olga. »Ich schaue mir gerade an, wer alles zu den Kunden der Entmietungsagentur gehört.«

»Ist der Rattenaussetzer Kröger dabei?«, fragt Silke.

»In der Tat: Kröger scheint ein guter Kunde zu sein.«

Berlin, Zoologischer Garten, Fußgängerpassage

Als er wieder zu sich kommt, schaut Dengler in das erschrockene Gesicht eines jungen Mannes, der sich über ihn beugt. Er braucht einige Sekunden, um sich zu erinnern. Merkwürdigerweise hat er das Gefühl, Petra Wolffs Stimme zu hören, weit weg, aber sehr aufgeregt.

»Alles klar?«, fragt der junge Mann. »Brauchen Sie einen Krankenwagen?«

Dengler richtet sich auf und reibt seinen Hinterkopf.

»Die beiden Typen sind weggelaufen«, sagt der junge Mann.

Wieder hört er Petra Wolffs Stimme. Sie kommt aus seinem Handy, das vor ihm auf dem Boden liegt. Der junge Mann stützt ihn, als er aufsteht. Dengler hebt das Handy auf.

»Georg, Georg«, schreit Petra Wolff aus dem Lautsprecher. »Hallo, hallo, hörst du mich?«

»Schrei nicht so. Ich höre dich.«

»Du hast nicht geantwortet. Ich hab nur Krachen gehört.«

»Alles okay. Ich bin umgeknickt, und dabei ist mir das Handy aus der Hand gefallen.«

»Okay. Dann ist ja alles gut. Was soll ich der Frau sagen?«

»Welcher Frau?«

»Na, der Enterbten, von der ich dir eben erzählt habe.«

Dengler kann sich an nichts erinnern.

»Äh, sag ihr, ich rufe sie an, sobald ich in Stuttgart bin.«

Dengler beendet das Gespräch.

»Brauchen Sie wirklich keinen Arzt? Soll ich die Polizei rufen?«

Dengler schüttelt den Kopf.

*

Im Hotel angekommen, lässt er heißes Wasser in die Badewanne laufen. Er legt sich hinein und hält sich mit beiden Händen den hämmernden Kopf.

Er denkt nach.

Woher wusste der Rattentyp, dass er um diese Zeit diesen Weg geht? Wie hat er ihn finden können?

Ihm fällt keine Antwort ein. Als ihm kalt wird, lässt er heißes Wasser in die Badewanne nachlaufen. Dann schläft er ein.

Berlin-Mitte, illegale Wohnung

Matze sitzt in Hemd und Unterhose auf einem Schemel in der Küche. Er hat sich ein nasses, kaltes Handtuch in die Unterhose geschoben und verzieht noch immer schmerzverzerrt das Gesicht.

»Dass du das Arschloch nicht abgeknallt hast! Ich versteh's nicht«, sagt er.

»Das ging alles echt ziemlich schnell, Matze. Der Typ hat dich ja richtig fertiggemacht. Professionell, meine ich. Du konntest gar nicht so schnell ...«

»Halt einfach mal die Fresse, ja?«

»Hey, ich lass mir von dir nicht ...« Roy baut sich vor Matze auf. Da klingelt dessen Handy. Er nimmt ab.

»Es hat nicht geklappt«, sagt Matze nach einer Weile. »Der Typ ist uns entwischt ... Ja, blöd gelaufen. Ich hatte ihn genau im Visier, und da ist er plötzlich abgebogen ... Verstehe, Chef ... Ja klar, Chef ... Das nächste Mal klappt es bestimmt ... Gut, bis morgen.«

Er trennt das Gespräch.

»Da war jemand ziemlich sauer auf uns. Er will uns morgen sehen.«

»Mir doch egal«, sagt Roy, zieht die Kühlschranktür auf und holt sich ein Bier.

Berlin-Charlottenburg, Hotel Savoy

Als Olga die Tür hinter sich schließt, brennt im Hotelzimmer Licht, doch sie hört keinen Laut.

»Georg?«

Er liegt nicht im Bett. Er sitzt nicht auf der Couch. Vielleicht ist er in die Bar gegangen oder, wahrscheinlicher, in den Fitnesskeller. Sie zieht ihren Mantel aus und hängt ihn in den Schrank. Als sie die Tür zum Badezimmer öffnet, erschrickt sie. Dengler liegt regungslos in rötlich gefärbtem Wasser. Um den Hinterkopf herum ist die Brühe dunkelrot. Sie stößt einen Schrei aus und hebt seinen Kopf an. Da schlägt er die Augen auf und sieht sie an, als wüsste er nicht, wer sie ist. Dann werden seine Gedanken klarer, er kommt zu sich und stemmt sich aus dem Wasser.

Später, als Olga seine Wunde versorgt hat, liegen sie zusammen im Bett, und Dengler erzählt.

»Jemand muss gewusst haben, dass ich diesen Weg nehme. Es kann eigentlich nur jemand aus Krögers Büro sein, der den beiden den Tipp gegeben hat.«

»Kröger selbst?«

Dengler nickt. »Vielleicht. Vielleicht aber auch seine Tochter. Sie versucht, die Firma durch alle Klippen zu steuern, und da störe ich vielleicht. Die Sekretärin, Myriam Jung, war auch da und konnte sich denken, dass ich ins Hotel gehe.«

»Ich habe mittlerweile den Rechner der schönen Russin geknackt«, sagt Olga.

»Und? Hast du etwas Interessantes gefunden?«

»Allerdings. Sie hat im Wesentlichen zwei Hauptkunden.«

»Lass mich raten: Einer ist die Kröger Immobilien AG.«

»Genau. Aber es gibt keinen Auftrag, Ratten auszusetzen.«

»Das macht man auch kaum mit einer schriftlichen Bestellung, Auftragsbestätigung und Rechnung.«

»Wahrscheinlich nicht.«

»Wer ist der andere Kunde?«

»Ein richtiger Konzern. Viel größer als Kröger. Die Deutsche Eigentum AG.«

»Die sollten wir in die Mangel nehmen«, sagt Dengler.

»Ja. Und interessant ist …«, sagt Olga, aber dann bemerkt sie, dass Dengler tief schläft.

Berlin-Mitte, illegale Wohnung

Der Anruf kommt früh.

Matze liegt noch auf der Matratze, als sein Handy klingelt.

»Jo«, sagt er mit beschlagener Stimme. Als er den Anrufer erkennt, wirft er die Decke zurück.

»Verstehe. Ich bin gleich da.«

Er steht auf und geht ins Nebenzimmer. Er schüttelt den schnarchenden Roy.

»Hey, aufstehen, Alter. Ich geh jetzt unsere Kohle holen. Dann verschwinden wir beide für eine Weile aus Berlin. Wir treffen uns in einer Stunde vor dem öffentlichen WC in der Schleiermacherstraße. Jemand bringt dir ein Auto vorbei. Du sollst genau vor der Tür stehen bleiben.«

Roy quält sich aus dem Bett. Mühsam und steif steht er auf.

»Das wurde auch Zeit«, brummt er. »Berlin ist echt zu heiß für uns.«

»Beeil dich. Wir sehen uns in einer Stunde.«

*

Matze geht in der Tiefgarage auf und ab. Er ist nervös. Plötzlich geht das Licht aus. Er flucht, sieht sich um, sucht den Lichtschalter. Dann hält er inne und lauscht. Er hört den satten Ton einer schweren V8-Maschine. Dann sieht er die Scheinwerfer eines dunklen SUVs. Matze bleibt stehen und hebt geblendet die Hände vor die Augen.

Der Wagen fährt an ihm vorbei und hält einige Meter weiter. Matze hört den surrenden Ton, als eine Fensterscheibe geöffnet wird.

Er geht auf die Beifahrerseite.

Durch das geöffnete Fenster sieht er seinen Auftraggeber.

»Du bist eine verdammte Flasche«, sagt der Mann.

»Hey. Hat nicht ganz geklappt, aber ich weiß nicht, warum. Die Bude hat gebrannt, als wir gegangen sind, die Oma kann unmöglich das Feuer gelöscht haben. Und der andere Typ …«

Matze schaut in kalte, teilnahmslose Augen und sieht plötzlich die Mündung eines Schalldämpfers.

Es ist das Letzte, was er sieht.

*

Roy läuft unruhig im Strom der Passanten vor der Tür der öffentlichen Toilette auf und ab. Er schaut auf die Uhr. Plötzlich packen ihn zwei Männer und zerren ihn in die Münztoilette und verschließen die Tür.

Kein Passant hat davon Notiz genommen.

Einen Augenblick lang passiert nichts.

Dann geht die Tür wieder auf. Die beiden Männer verlassen unbemerkt die Toilette, die Tür lassen sie angelehnt.

Zehn Minuten später öffnet eine Touristin die Tür. Sie schreit laut und wirft die Tür wieder zu. Zwei Passanten bleiben stehen. Einer von ihnen öffnet die Toilettentür. Auf dem Boden hockt der tote Roy und starrt mit aufgerissenen Augen an die Decke. In der Vene des linken Armes steckt eine Spritze. Daneben liegen ein Löffel, ein Feuerzeug und ein leeres Plastiktütchen.

Berlin-Lichtenberg, Siegfriedstraße

»Herzlichen Dank, dass Sie uns empfangen.«

»Gern«, sagt Jana Kusnezowa. »Sie sagten am Telefon, Sie haben Probleme mit Mietern in Ihrem Wohnhaus?«

»Nun, um ehrlich zu sein«, sagt Olga, »das war nur ein Vorwand.«

Sie befinden sich in einem erstaunlich gemütlichen Büro. Auf dem Boden liegen schwere, dunkelrote Teppiche, an den holzgetäfelten Wänden entdeckt Dengler mehrere Ölgemälde. Sie sitzen in dunklen Ledersesseln, die sich um einen kleinen Tisch gruppieren. Auf einer Anrichte blubbert ein goldener Samowar. Die schöne Russin serviert ihnen Tee in zierlichen Tassen. Nun rührt sie mit einem kleinen silbernen Löffel ihren Tee um.

»Ich weiß«, sagt sie.

Sie lächelt und rührt weiter.

Dann schenkt sie Dengler ein strahlendes Lächeln. »Sie arbeiten als Sicherheitsbeauftragter bei der Kröger Immobilien AG. Außerdem habe ich Ihre sportlichen Bemühungen mithilfe meiner Sicherheitskameras bewundern können. Es tut mir leid, meine Hunde waren wohl etwas unfreundlich zu Ihnen.«

Dengler lacht. Die Frau hat offensichtlich Humor. Das gefällt ihm.

»Aufgrund meines Einsatzes, bei dem mich allerdings Ihre Hunde gestört haben, konnte ich feststellen, dass Sie mit dem Mann zusammenarbeiten, der in einem Wohnhaus der Kröger Immobilien AG sehr gefährliche Ratten ausgesetzt hat. Sind Sie darüber informiert, dass er umgebracht wurde?«

Abrupt stellt sie die Tasse auf den Tisch. Dengler sieht, wie sie sich auf die Unterlippe beißt. Sie hebt den Kopf und schaut Dengler direkt an; dann wandert ihr Blick zu Olga und dann wieder zurück zu Dengler. Sie sitzt vollkommen aufrecht in dem Sessel.

Eine Frau mit Haltung, denkt Dengler, aber kalt wie Hundeschnauze. »Ich habe einen guten Freund bei der Berliner Kripo. Er hat mich angerufen und mir gesagt, dass der Mann in einem Parkhaus erschossen wurde.«

»Wir sind im Besitz einiger Zahlungsbelege, die eindeutig nachweisen, dass der Tote für Sie gearbeitet hat«, sagt Olga.

»Der berühmte Mann fürs Grobe«, sagt Dengler.

Olga sieht sich in dem Büro um. »Es sieht hier alles doch sehr aufgeräumt aus«, sagt sie. »Offensichtlich weiß die Polizei noch nichts von dieser Geschäftsverbindung, sonst hätte sie hier alles auf den Kopf gestellt.«

»Man stelle sich nur die Reporter vor«, sagt Dengler, »die Ihr Haus belagern würden. Die schreckliche Publicity! Wer weiß, ob Sie dann noch so viele schöne Aufträge von den großen Wohnungsbaufirmen bekämen.«

»Wir vermuten, die würden Sie fallen lassen wie eine heiße Kartoffel«, sagt Olga.

»Sie vermuten ziemlich viel«, sagt Jana Kusnezowa.

Olga bückt sich und zieht einige Papiere aus ihrer Tasche, die sie der schönen Russin reicht. Diese wirft einen kurzen Blick auf das erste Papier, blättert durch den Stapel und fragt dann: »Wo haben Sie das her?«

»Auch wir haben unsere Geschäftsgeheimnisse«, sagt Olga. »Haben Sie den Auftrag gegeben, die Ratten in dem Wohnblock in Kreuzberg auszusetzen?«

»Nein. Damit habe ich nichts zu tun.« Sie sieht Olga gerade in die Augen. »Was wollen Sie?«

»Einen Namen.«

»Einen Namen?«

»Sie wissen, wer den Auftrag erteilt hat?«

»Ja.«

»Wie können Sie das wissen?«

»Sie haben es doch gesehen: Ich kenne den Mann, der es getan hat. Er hat es mir erzählt.«

»Gut. Unser Vorschlag ist einfach: Von uns erfährt die Polizei nichts über Ihre Verbindungen zu dem Toten. Dafür nennen Sie uns den Namen.«

Die schöne Russin nimmt ihre Tasse, und obwohl der Zucker sich schon lange aufgelöst haben muss, rührt sie nachdenklich mit dem Löffel darin. Dann trinkt sie einen kleinen Schluck und setzt die Tasse abrupt ab.

»Einverstanden«, sagt sie. »Ich weiß es, aber ich habe keine Beweise.«

»Nennen Sie den Namen, dann gilt unsere Vereinbarung.«

Sie atmet noch einmal tief ein.

Dann nennt sie den Namen.

Berlin, Kröger Immobilien AG, Besprechungszimmer

»Wir haben keine Beweise, sind uns jedoch sicher«, sagt Dengler.

»Wie sicher?«

»Sehr sicher.«

Die Falten in Krögers Gesicht sind tiefer geworden in den letzten Tagen. Um die Augen liegt ein trauriger Zug.

»Wenn das öffentlich wird, dann ist die Kröger Immobilien AG Geschichte. Ich war fest davon überzeugt, dass wir mit dieser Rattensache nichts zu tun haben.«

»Das ist leider nicht der Fall«, sagt Dengler.

Kröger greift zum Telefon. »Myriam, meine Tochter soll unverzüglich in mein Büro kommen ... Ja, sofort. Sie soll Wenzel mitbringen.«

Dann steht er auf, schiebt an der Wand ein Gemälde zur Seite und öffnet einen kleinen Tresor. Er greift hinein und nimmt einen Stapel Bargeld heraus. Aus seinem Schreibtisch nimmt er einen Umschlag und stopft das Geld hinein. Seine Bewegungen sind müde und fahrig.

»Ich möchte dich bitten, das hier der Mutter des Babys zu überbringen. Ich weiß, ich kann es nicht wirklich gutmachen, was wir ...«

Olga nimmt den Umschlag. »Das erledige ich.«

Kröger sieht Dengler nachdenklich an. »Du hast deinen Auftrag erfüllt, Dengler. Ich hätte nicht gedacht, dass das Ergebnis so ausfällt, aber ... was soll ich machen?«

Die Tür geht auf. Charlotte Kröger schlüpft herein. Hinter ihr erkennt Dengler die breite Figur von Jan Wenzel, dem Justiziar.

»Setzt euch«, sagt Kröger und deutet auf die Sessel vor dem Fenster.

»Was gibt's denn so Dringendes, Papa?«, fragt Charlotte munter, setzt sich und streicht den Rock glatt. Wenzel setzt sich zögernd neben sie.

»Ich habe nachgedacht«, sagt Kröger. »Wir befinden uns seit dieser Rattengeschichte im freien Fall. Wir verlieren Geldgeber. Wir sind verhasst. Es gibt eine Bürgerinitiative, die uns und die Deutsche Eigentum verstaatlichen möchte.«

»Linksradikale. Die haben keine Chance«, schnaubt Wenzel.

»Falsch. Sie haben genügend Unterstützung, um einen Volksentscheid zu erreichen. Wahrscheinlich werden sie den auch gewinnen. Die Leute haben uns satt. Und wisst ihr was? Sie haben recht.«

Dengler und Olga stehen an der Wand und beobachten die Szene.

»Papa, ich weiß, es sind harte Zeiten. Für uns alle. Doch wir sollten jetzt alle mal ruhig durchatmen ...«

»Und nachdenken, Charlotte. Einfach nachdenken. Das habe ich gemacht.«

Kröger lehnt sich in seinem Sessel zurück und greift sich mit der Hand an den Kopf.

»Ich bin Bauunternehmer. Ich baue Wohnungen. Das kann ich, und das habe ich mein ganzes Leben lang gemacht. Doch jetzt haben sich die Rahmenbedingungen des Geschäfts geändert. Seit einigen Jahren verdiene ich Geld mit der Wohnungsnot in den großen Städten. Die Wohnungsnot ist ein Teil meines Geschäftsmodells geworden. Je knapper das Angebot, desto mehr Spielraum haben wir für Mietpreissteigerungen. Die Leute ächzen unter den viel zu hohen Wohnungskosten, finanziell und seelisch. All das hat ein Ausmaß erreicht ... Die Leute können nicht mehr.«

Wenzel sagt: »Nun ja, die Baufläche ist nicht beliebig vermehrbar. Und wenn die Nachfrage zunimmt, steigt der Preis.«

Kröger richtet sich auf: »Es gibt noch eine Alternative. Weil Boden nicht beliebig vermehrbar ist, ist er keine Ware wie jede andere. Er müsste allen gehören.«

»Papa, es ist wirklich gerade eine schlimme Zeit für alle. Wir müssen einen klaren Kopf bewahren und uns ...«

»Charlotte, ich war selten so klar wie jetzt. Ich frage dich: Was ist passiert in den letzten zwanzig Jahren? Die Politik hat den Markt dereguliert, und die Politik des billigen Geldes hat die Immobilienpreise ins Unermessliche getrieben. Der Wert aller Immobilien auf diesem Globus beträgt das Doppelte des weltweiten Bruttosozialprodukts.«

Wenzel: »Das ist doch toll.«

»Nein. Denn die Leute können die geforderten Mieten nicht mehr aufbringen. Unternehmen wie wir, groß gewordene Mittelständler, haben auf dem Markt keinen Platz mehr. Susan Miller und ihresgleichen greifen nach allem. Globale Finanzfonds machen das Geschäft. Wohnungen für Menschen sind nur noch ein Spekulationsobjekt für die Finanzindustrie. Und es muss immer mehr aus jeder einzelnen Wohnung gesaugt werden, damit die Erträge stimmen. Ich habe neulich im *Spiegel* gelesen, dass Blackhill in einer Siedlung in New York die Mieten an den Börsenkurs gekoppelt hat. Deshalb schnellten sie um 30 Prozent nach oben. Die Leute dort sollten dann von einem Tag auf den anderen 90 Prozent ihres Einkommens für Miete bezahlen. Extremes Beispiel, aber vielleicht ein Blick in die Zukunft unseres Geschäfts.«

Schweigen.

»Papa, ich weiß nicht recht, was du uns sagen willst.«

»Nicht? Du weißt es nicht? Ich dachte, ich hätte mich klar ausgedrückt. Im Grunde denke ich, dass die Enteignungsforderung gegenüber uns und der Deutschen Eigentum nichts mit Kommunismus zu tun hat, sondern mit Vernunft.«

»Das ist doch Wahnsinn ...«, sagt Wenzel.

»Der Markt kollabiert und zerstört seine eigene Existenzgrundlage. Für Unternehmen wie für uns bleibt kein Spielraum. Seit die Beschaffung und Bewirtschaftung von Wohnungen von der Finanzindustrie übernommen werden, vertreiben wir die jetzigen Bewohner aus der Stadt. Nur die Langweiligen und die Reichen bleiben.«

»Die Zahlungsfähigen«, sagt Wenzel.

»Wir werden eine offizielle Erklärung abgeben, dass die Kröger Immobilien AG die Einführung des Mietdeckels unterstützt. Dadurch werden die Mietpreise fallen, die Stadt kann wieder atmen. Berlin wird unattraktiv für die Spekulation. Besser wir verkaufen unsere Wohnungen an die Stadt Berlin als an Blackhill oder an die Deutsche Eigentum, was das Gleiche ist. Vergessen wir nicht: Der Senat hat seine Wohnungen viel zu billig verkauft, verschenkt eigentlich. Was spricht dagegen, dass sich die Stadt die Wohnungen zurückholt? Für uns mittelständische Wohnungsbauer ist es eine Chance zu überleben.«

»Sorry, das ist reiner Irrsinn«, sagt Wenzel. »Wir sind alle ein wenig gestresst und müssen ...«

»Du bist gefeuert«, sagt Kröger.

»Stopp, Papa, stopp«, ruft Charlotte Kröger und springt auf. »Das geht jetzt alles zu weit.«

»Er hat einen Gangster beauftragt, die Ratten in unserem Wohnblock auszusetzen«, sagt Kröger ruhig.

»So ein Unsinn.«

»Kein Unsinn«, sagt Dengler. »Wir haben eindeutige Beweise.«

Er registriert den erstaunten Blick von Olga und hofft, dass Wenzel nicht nach diesen Beweisen fragt.

»Erklär es mir«, sagt Kröger. »Warum hast du das getan? Ohne mit mir zu reden.«

Charlotte Kröger starrt Wenzel entgeistert an.

»Ich …« Wenzel blickt nach rechts und links und sieht in Charlottes enttäuschtes, Krögers resigniertes und Denglers wütendes Gesicht.

Leugnen hat keinen Zweck. Niemand wird ihm glauben.

»Ich wollte helfen«, sagt er leise. »Sie hätten mir die Einwilligung nie gegeben. Ich wollte nur helfen.«

»Du hast die Firma ruiniert«, sagt Kröger. »Verschwinde. Charlotte, begleite ihn in sein Büro. Er kann seine persönlichen Sachen mitnehmen. Nimm ihm seinen Firmenausweis ab. Ich will ihn nicht mehr sehen.«

Wenzel springt auf. »Ich habe diese Firma ruiniert?! Das ist lächerlich. Charlotte braucht mich nicht zu begleiten. Ich gehe auch so. Und ich kenne den Weg.« Er legt seinen Firmenausweis auf den Tisch. »Andere Unternehmen werden meine Arbeit mehr zu schätzen wissen als dieser Saftladen hier.«

Er stürmt zur Tür.

»Stopp«, ruft Georg Dengler.

Wenzel dreht sich um.

»Sie kannten meinen Weg ins Hotel. Sie befürchteten, dass ich den Idioten schnappen würde, der die Ratten ausgesetzt hat. Sie haben ihn zum Überfall auf mich angesetzt. Und ich nehme an, Sie haben ihn auch umgebracht oder umbringen lassen, als er damit gescheitert ist.«

»Jetzt drehen hier alle durch«, sagt Wenzel und schlägt die Tür hinter sich zu.

»Charlotte«, sagt Kröger und steht auf. »Wir geben eine Pressemeldung raus. Ich persönlich übernehme die Verantwortung für die Taten eines Mitarbeiters, von denen ich nichts wusste. Gleichzeitig trete ich zurück. Du übernimmst die Firma.«

»Wir sind am Ende, Papa.«

»Ruf diese Amerikanerin an, diese Susan Miller. Sie bekommt, was sie will.«

Berlin-Charlottenburg, Hotel Savoy

»Unser Fall in Berlin ist gelöst«, sagt Olga.

Dengler nickt. »Fast. Ich würde gerne noch nachweisen, dass Wenzel Matze und Roy umgebracht hat. Aber das schaffe ich wohl nicht. Ich treffe nachher noch einmal meinen alten Freund Weber von der Berliner Kripo. Unser Fall ist jetzt allein Sache der Polizei. Kröger bekommt noch eine Rechnung. Und das war's dann. Fahren wir morgen?«

»Ich bleibe noch ein paar Tage bei Silke. Sie braucht noch meine Unterstützung.«

»Pass auf. Dieses Virus scheint doch eine ernstere Sache zu sein. Wenn du in Berlin bleibst, fahre ich für ein paar Tage nach Altglashütten und besuche meine Mutter. Erstens fragt sie dauernd, wann ich wieder einmal zu ihr komme, und zweitens habe ich gelesen, das Virus sei besonders gefährlich für ältere Leute. Ich sollte also ohnehin mal nach ihr schauen.«

»Tu das«, sagt Olga und küsst ihn.

20. Kapitel: Lockdown

Altglashütten

Der März 2020 ist ungewöhnlich warm und sonnig. Georg Dengler erzählt seiner Mutter, dass Jakob von einer Dürre in diesem Jahr wegen des anhaltenden Klimawandels ausgeht. Zu seiner Überraschung nickt seine Mutter.

»Jakob hat recht. Es fällt kein Schnee mehr im Winter, Georg. Die Natur füllt die unterirdischen Reserven nicht mehr auf.«

Dengler hat sich am Bahnhof in Bärental die *Süddeutsche Zeitung* und die *Frankfurter Allgemeine* gekauft. Beide Blätter berichten nur in kleinen Meldungen vom Rücktritt Krögers. Im Netz liest er, der *Berliner Morgenspiegel* nennt Krögers Rücktritt »unverzichtbar« und »überfällig«.

Tagsüber geht er auf den Wegen seiner Kindheit. Es ist wie früher und doch ganz anders. Am alten Stall wandert er den Weg hinauf zum Winterberg, am Haus der Verbindungsstudenten vorbei durch den Buchen- und Eichenwald bis zum Gebäude der ehemaligen Pelztierzucht, die fast zugewachsen ist. Dann steht er vor der alten Tanne, seinem Zufluchtsort als Kind. So wie damals greift er nach dem unteren Ast und zieht sich hoch, setzt den Fuß auf den nächsthöheren Ast und klettert behutsam den Stamm hinauf bis in die Spitze des mächtigen Baums. Aus dem Tal sieht er die Nebelfetzen aufsteigen und muss lächeln. Die Hasen kochen zu Mittag – so hatte seine Mutter ihm früher diese aufsteigenden Wolkenfetzen erklärt.

Er sieht über die Berge, hinauf zum Feldberg, und denkt nach. Er telefoniert mit Hauptkommissar Weber in Berlin. Sie sind sich einig: Etwas an dem Fall stimmt nicht. Die Ermittlungen im Mordfall Matze kommen nicht von der Stelle. Die Berliner Staatsanwaltschaft hat es außerdem abgelehnt, Mordermittlungen wegen seines Kumpans Roy aufzunehmen. Sein Tod wird als Unfall geführt. Nur ein weiterer goldener Schuss. Ein Drogenabhängiger weniger.

»Der Mann hatte eine Mehrfachabhängigkeit nach so ziemlich allem, was nicht erlaubt ist«, erklärt ihm Weber. »Also geht die Staatsanwaltschaft davon aus, er hat sich eine Überdosis gesetzt; entweder unabsichtlich oder weil er dem hohen Fahndungsdruck nicht länger standgehalten hat.«

»Glaubst du das auch?«

»Natürlich nicht.«

»Kannst du daran noch etwas ändern?«

»Du kennst doch den Laden.«

Weber lacht bitter.

»Hast du etwas wegen Wenzel unternehmen können?«

Weber lacht das gleiche traurige Lachen.

»Dengler, es reicht nicht, dass der Mann wusste, in welchem Hotel du wohnst. Und welches Motiv sollte er haben? Mir fällt keines ein. Dass er übereifrig war und die Sache mit den Ratten organisiert hat? Deshalb mordet er? Für uns beide ist das nachvollziehbar. Aber mit so einer dünnen Beweislage mache ich mich bei jedem Staatsanwalt lächerlich.«

»Du behältst ihn im Auge?«

»Was glaubst du, wie viele Augen ich habe?«

*

Am 2. März melden Sachsen und Thüringen die ersten Ansteckungen mit dem Coronavirus. Zwei Tage danach wird die Leipziger Buchmesse abgesagt. Italien schließt alle Schulen am 4. März.

Seine Mutter beschwert sich, weil sie nirgends mehr Toiletten-papier kaufen kann.

Dengler fährt mit ihrem alten, klapprigen Golf nach Basel und sieht sich die Ausstellung von Eduard Hopper in der Fondation Be-yeler an. Er bewundert die Gemälde, die auf ihn wirken, als habe der Künstler eine Sekunde aus einem Film herausgeschnitten und festgehalten.

Am 8. März erfahren Dengler und seine Mutter durch die Tages-schau, dass erstmals ein Deutscher an dem Coronavirus gestorben ist. Im Fernsehen warnt die Kanzlerin vor dem Zusammenbruch des Gesundheitssystems. Italien deklariert das ganze Land zur Sperrzone, und die Weltgesundheitsorganisation erklärt den Aus-bruch einer Pandemie.

Petra Wolff erzählt ihm am Telefon, ihr und ihrem Freund gehe es besser, aber sie komme nicht mehr in Denglers Büro im Bohnenviertel, sondern habe das Telefon umgestellt und arbeite von ihrer Wohnung aus im Homeoffice. Außerdem wolle ihn die betrogene Erbin des Kaufhaus Schwarzinger erst treffen, wenn die Pandemie vorbei sei.

Seine Mutter sagt es nicht, aber Dengler spürt, wie die Angst sie ergreift. »Es wird wie im Krieg«, sagt sie, und Dengler gelingt es nicht, sie zu beruhigen. Es ist kein Krieg, Mama, es ist nichts zerstört. Alle Brücken, alle Straßen, alle Fabriken sind unversehrt. Es ist eine Krankheit. Es ist schlimm, aber es ist kein Krieg. Sie gehen spazieren, sie schauen Filme, aber sie zittert, als am 22. März strenge Ausgangs- und Kontaktbeschränkungen beschlossen werden.

Er bleibt bei ihr bis in den April. Dann ruft Kröger an.

*

Das Handy klingelt. Dengler sieht aufs Display. Kröger! Er seufzt und nimmt das Gespräch an.

»Dengler«, dröhnt es aus dem Gerät. »Dengler, hörst du mich?«

»Noch. Aber wenn Sie weiter so brüllen, bin ich taub.«

»Bin froh, dass ich dich erreiche! Du musst …«

»Ich muss gar nichts. Sie haben meine Rechnung bezahlt. Unsere Geschäftsbeziehung ist beendet. Spätestens jetzt sollten Sie zu dem zivilisierten ›Sie‹ übergehen, wenn Sie mit mir reden.«

Schweigen am anderen Ende der Leitung. »Meinetwegen, Herr Dengler«, sagt Kröger dann, deutlich ruhiger. »Ich bitte Sie, mir zu helfen. Ich habe einen merkwürdigen Termin – und ich brauche Ihre Hilfe. Und Schutz.«

»Schutz?«, fragt Dengler.

»Ich treffe diese Aufrührer. Die von der Mieterbewegung. Sie machen es geheimnisvoll. Nächtliches Treffen über den Dächern von Berlin und so weiter.«

»Warum wollen Sie diese Leute treffen?«

»Sie bieten mir Informationen, die beweisen, dass die Kröger AG und ich persönlich komplett unschuldig sind. Ich würde rehabilitiert. Wissen Sie, wenn das gelänge, würde ich sofort wieder CEO in meiner Firma.«

»Ist Ihnen langweilig geworden?«

Kröger lacht. »Ein bisschen schon. Was sagen Sie? Kommen Sie?«

Dengler zögert.

Bei dieser Gelegenheit könnte er Jakob treffen.

»Also gut«, sagt er.

»Prima. Da fühle ich mich sehr viel wohler, wenn Sie über mich wachen.« Er lacht. »Sie kennen diese Leute besser als ich. Wir treffen uns auf dem Dach eines meiner Häuser. Ich schicke Ihnen per Bote die Schlüssel.«

Dann nennt er ihm Termin und Uhrzeit.

»Mitten in der Nacht?«, sagt Dengler verblüfft. »Auf dem Dach?«

»Das sind merkwürdige Leute«, sagt Kröger. »Da braucht man sich nicht zu wundern.«

»Ich überprüfe vorher diesen Ort. Kommen Sie erst, wenn Sie von mir eine SMS bekommen haben, dass alles in Ordnung ist.«

»Sehen Sie, Dengler, ich fühle mich einfach sicherer, wenn Sie in meiner Nähe sind.«

Dengler trennt die Verbindung.

Berlin-Kreuzberg, Plattenbau, auf dem Dach

Es ist ein merkwürdiges Gefühl, mit Mund-Nasen-Schutz sechs Stunden im ICE zu sitzen. Manchmal klappt er einfach die Maske über den Mund zurück, atmet befreit ein und aus und schiebt die Maske wieder zurück.

Da die Hotels geschlossen haben, hat Kröger ihm eine Wohnung im Gästehaus der Kröger Immobilien AG reserviert. Dengler packt seine Tasche aus, zieht Jeans und Turnschuhe an, ein eng anliegendes schwarzes T-Shirt und eine dunkelblaue Bomberjacke. Dann nimmt er seine Smith & Wesson, lädt das Magazin und schiebt es in den Griff der Waffe, bevor er sie in den Hosenbund steckt.

Freundlicherweise hat man ihm Mineralwasser, Obst und einige belegte Brötchen auf den Tisch gestellt. Daneben liegen die Key-Card und Papiere des BMW. Er isst das Obst, gießt sich ein Glas Wasser ein und lässt die Brötchen unbeachtet.

Dann wartet er.

*

Um halb zwei nimmt er die KeyCard und geht. Er steigt in den BMW und fährt nach Kreuzberg.

Die Straße vor den beiden hohen Plattenbauten wird von dem fahlen Licht der Straßenleuchten nur schlecht ausgeleuchtet. Die beiden Parkplätze an der Kita sind frei. Er parkt rückwärts ein und steigt aus. Alles ist still. Auf Arthurs Balkon glimmt eine Zigarette auf. Dengler lächelt. Er überquert die Straße und schließt die

Eingangstür auf. Das Flurlicht springt an. Dengler fährt mit dem Aufzug in den obersten Stock und steigt aus. Neben dem letzten Wohnungseingang ist die Tür zum Dach. Alles ist genau so, wie Kröger es ihm beschrieben hat.

Er schließt die Tür auf.

Dahinter führt eine Treppe aufwärts. Er geht einige Stufen, da verlöscht das Licht.

Dengler bleibt mitten in der Bewegung stehen, bis sich seine Augen an die Dunkelheit gewöhnt haben. Dann steigt er vorsichtig die restlichen Stufen hinauf, drückt eine schwere Stahltür auf und steht auf dem Dach des Hauses. Vor ihm liegen die Aufbauten der Fahrstühle und die kastenförmigen Öffnungen einiger Luftschächte. Die Fläche ist groß, und die Aufbauten bieten einem potenziellen Attentäter reichlich Verstecke.

Dengler geht systematisch vor und kontrolliert jeden Aufbau. Er schaut hinter jede Ecke, und nach zwanzig Minuten besteht kein Zweifel: Er ist allein hier oben.

Er schickt Kröger eine SMS: Sie können kommen. Der Ort ist sicher.

Er kehrt zurück an den Ausstieg zum Dach. Von hier hat er einen perfekten Blick auf den benachbarten Block. Auf Arthurs Balkon leuchtet keine Zigarette mehr auf. Dengler schmunzelt. Vielleicht hat der alte Mann nun endlich Schlaf gefunden. Er gönnt es ihm.

Dengler schaut auf die Uhr. Noch eine halbe Stunde bis zum Treffen mit Kröger.

Dengler prüft den Sitz seiner Waffe, geht in die Hocke und wartet.

Nach zwanzig Minuten hört er ein scharrendes Geräusch. Die Tür zum Dach wird leise aufgedrückt. Dengler hält die Luft an und lauscht konzentriert.

Geflüster.

Kröger kommt nicht allein.

Oder es ist jemand anders?

Vielleicht Krögers geheimnisvoller Gesprächspartner.

Schritte knirschen.

Dengler richtet sich auf.

Prüft den Sitz der Waffe.

Die Unbekannten schließen die Tür.

Vorsichtig und leise.

Erneutes, kurzes Flüstern.

Schritte nähern sich.

Dengler legt die Hand an die Smith & Wesson.

Zwei Gestalten schälen sich aus dem Dunkel.

Keine davon hat die Statur von Kröger.

Beide sind deutlich kleiner.

Eine geht zum Rand des Daches und schaut hinunter, die zweite Gestalt blickt zu dem anderen Wohnblock.

»Wir sind wohl die Ersten«, sagt Silke und dreht sich um.

»Ich warte aber hier nicht ewig«, antwortet Hatice etwas lauter.

»Ihr seid nicht die Ersten«, sagt Dengler halblaut.

Die beiden Frauen fahren herum. Hatice zieht das rechte Bein hoch, gleichzeitig fährt ihre Hand blitzschnell zum Stiefel. Sie hält Dengler ihre Pfefferspray-Dose ins Gesicht.

Er hebt die Hände. »Nicht schießen!«

Silke hat einen Schrei ausgestoßen. »Georg? Was machst du hier?«

»Ich warte auf euren Gesprächspartner.«

»Auf Kröger?«

»Genau.«

»Auf den warten wir auch.«

»Prima. Dann warten wir zusammen.«

Hatice senkt misstrauisch die Pfefferspray-Dose und steckt sie zurück an ihren Stiefel.

»Was will er denn von uns?«

»Was wollt ihr denn von ihm?«

»Wir sollen uns anhören, was er uns zu bieten hat.«

»Mir hat er gesagt, er wolle sich von euch geheime Dokumente zeigen lassen, die beweisen, dass er nichts mit der Rattengeschichte zu tun hat.«

»So ein Unsinn! Es war doch einer seiner übereifrigen Mitarbeiter. Das ist doch mittlerweile bewiesen.«

Dengler fragt: »Warum seid ihr hier?«

»Kröger will uns ein Wiedergutmachungsangebot machen.«

»Deshalb seid ihr hier?«

»Allerdings«, sagt Hatice.

Dengler: »Mit anderen Worten: Ihr und Kröger wurdet hierherbestellt, jeder mit einer anderen Geschichte.«

Hatice: »Ich bekam einen Anruf ...«

»Von Kröger selbst?«

»Nein«, sagt Hatice zögernd, »von einem seiner Angestellten.«

»Name?«

Sie schüttelt den Kopf.

»Dann warten wir«, sagt Dengler, »bis Kröger auftaucht und das Geheimnis lüftet.«

Sie stehen unschlüssig herum. Hatice fummelt an ihrem Stiefel, Silke blickt zum anderen Haus.

»Arthur schläft«, sagt sie leise.

»Keine brennende Kippe auf seinem Balkon«, bestätigt Dengler und schaut ebenfalls hinüber.

Schweigen.

»Wir sind auf dem falschen Haus«, sagt Silke plötzlich.

»Wieso?«, fragt Hatice.

Dengler sieht, was Silke meint. Drüben auf dem anderen Plattenbau wird ein Lichtstrahl von einem der Aufzugtürme reflektiert. Offenbar wird eine Tür geöffnet.

»Kröger ist dort drüben«, sagt Silke.

Hatice und Dengler stellen sich neben sie.

Auf dem Dach des Nachbarhauses bewegt sich ein Schatten. Oder sind es mehrere? Dengler kann es nicht erkennen.

»Ich rufe ihn an«, sagt Dengler und zieht das Handy aus der Hosentasche.

Er hört, dass die Nummer gewählt wird, aber Kröger nimmt nicht ab.

»Himmel, was ist das?«, ruft Silke.

Etwas Dunkles bewegt sich drüben direkt am Rand des Daches entlang.

Hatice beugt sich vor. »Da ist jemand«, sagt sie.

Für einen Moment sieht Dengler deutlich die Silhouette eines Mannes. Er verschwindet hinter einem Schacht. Dann ist dort drüben niemand mehr zu sehen. Nur der Lichtreflex aus der geöffneten Tür.

Da – erneut etwas Dunkles.

Es bewegt sich auf den Rand des Daches zu. Dengler kneift die Augen zusammen. Doch der Lüftungsschacht versperrt ihm die Sicht.

Sie hören einen erschütternden, nahezu unmenschlichen Schrei.

Dann ein kurzes, dumpfes Geräusch, als ein Körper auf dem Gehsteig aufschlägt.

*

Ich habe versagt, fährt es Dengler durch den Kopf. Völlig versagt. Ich sollte Kröger schützen, und das ist mir nicht gelungen. Jemand hat ihn ermordet. Ich habe ihn nicht geschützt. Ich habe versagt. Ich bin ins falsche Haus gelaufen. Ich bin zu blöd, ins richtige Haus zu gehen. Ich bin ein kompletter Versager.

»Lasst uns verschwinden«, sagt Hatice.

Sie sehen sich an, und es ist ein Gefühl, als würden sie aus einem schlimmen Traum erwachen.

Sie hasten das Dach entlang zur Tür. Dann die Treppe hinunter. Es ist dunkel. Silkes Hände gleiten an der Wand entlang und erzeugen ein raues Geräusch. Dengler schaltet die Taschenlampenfunktion seines Handys ein und leuchtet die Stufen aus, damit die beiden Frauen den Weg besser sehen. Die Tür zum Flur ist abgeschlossen. Dengler zieht den Schlüssel aus der Tasche und sperrt auf.

»Komisch«, sagt Silke, »ich habe die Tür nicht abgeschlossen.«

»Wahrscheinlich ein ordentlicher deutscher Nachbar«, sagt Hatice.

Dann stehen sie vor der Aufzugtür.

★

Als sie zum Nachbarblock kommen, ist bereits ein Krankenwagen da. Er steht mit rotierendem Blaulicht am Straßenrand. Sanitäter breiten gerade eine braune Wolldecke über der Leiche aus. Darunter sieht Dengler ein Paar braune, offenkundig sehr teure Lederschuhe hervorlugen. Einige Nachbarn sind ebenfalls da, Bademäntel eilig über Nachthemden und Schlafanzüge geworfen. Einer von ihnen macht verstohlen Fotos mit dem Handy.

Silke ist blass und klammert sich an Hatices Schulter. »Das hat er nicht verdient«, flüstert sie. »Niemand mochte ihn, aber das hat er nicht verdient.« Sie wendet sich an Dengler. »Er hat Olga Geld für Lena gegeben. Sehr viel Geld.«

Dengler nickt. »Er hat von den Ratten nichts gewusst«, sagt er.

Dann läuft er um das Haus zum Türeingang. Er versucht den Schlüssel, den Kröger ihm geschickt hat, ins Schloss zu stecken. Er passt nicht. Er versucht es noch einmal, doch es ist eindeutig: Der Schlüssel passt nicht zu diesem Block.

Er geht zurück zu den beiden Frauen. Mittlerweile sind zwei Streifenwagen eingetroffen. Zwei Polizisten sichern mit Absperrband die Aufschlagstelle.

»Wir sind nicht im falschen Haus gewesen. Kröger hat die beiden Häuser verwechselt«, sagt er.

»Selbstmord. Warum macht man so etwas?«, fragt Silke leise.

Dengler denkt daran, wie er Kröger vor der psychotherapeutischen Praxis abgesetzt hat. Er erinnert sich an den Moment, als Kröger Pillen geschluckt hat. Er schaut nach oben. Auf Arthurs Balkon glimmt eine Zigarette.

★

In der Nacht schläft Dengler schlecht. Er wirft sich im Bett des Gästezimmers hin und her, und im Traum schreit ihn Kröger an, zieht ihn am Hemd und reißt ihn vom Dach des großen Blocks in die Tiefe. Als sie an Arthurs Balkon vorbeirasen, bläst der ihnen den Rauch seiner Zigarette ins Gesicht und springt ihnen hinterher. Dengler erwacht schweißgebadet. Erst als es hell wird, fällt er in einen unruhigen, aber traumlosen Schlaf.

Der schrille Ton seines Handys weckt ihn. Er streckt eine Hand unter der Bettdecke hervor und tastet nach dem Telefon. Er zieht es in die Wärme und drückt den grünen Knopf.

»Hallo Dengler, sind Sie etwa in Berlin?«, tönt ihm Kröger fröhlich entgegen.

»Was für ein beschissener Traum«, denkt Dengler und drückt die Aus-Taste.

Sofort schrillt es erneut.

Dengler seufzt und nimmt ab.

Es ist Kröger.

Kein Zweifel.

»Eben lese ich deine SMS.« Er lacht. »Oh sorry, ich soll ja ›Sie‹ sagen. Also, eben lese ich Ihre SMS, dass der Ort sicher ist. Sehr lustig. Wo sind Sie?«

»In Ihrer Gästewohnung.«

»Ich hatte Ihnen doch geschrieben, dass diese Aktivisten das Treffen abgesagt haben.«

»Ich habe nichts bekommen.«

»Haha, das kommt davon, wenn man seine Mails nicht liest.«

353

»Ich habe keine Mail von Ihnen bekommen.«

Kröger wirkt plötzlich verunsichert. »Komisch. Ich hab doch die Mail geschrieben! Habe ich selbst getippt!«

»Ich hab nichts bekommen.«

»Ich bin gerade den Berliner Kreisel hochgelaufen, und es gibt eine neue persönliche Bestzeit.«

»Großartig«, murmelt Dengler.

»Komm doch, oh Entschuldigung, kommen Sie doch rüber in mein Büro. Wir frühstücken zusammen. In einer halben Stunde?«

»Großartig. Gut, dass Sie leben.«

»Was?«

»Gut, dass Sie leben«, wiederholt Dengler und legt auf.

Nachdem er geduscht hat, ruft er Weber im LKA an.

»Heute Nacht gab es einen Selbstmord in einem von Krögers Plattenbauten in Kreuzberg«, sagt Dengler.

»Stimmt«, sagt Weber. »Woher weißt …«

»Wer war die Person?«

»Warum willst du das wissen?«

»Ich stand im Block gegenüber und sah ihn fallen.«

»Du willst eine Aussage machen? Gab's Fremdeinwirkung?«

»Es war zu dunkel. Ich sah ihn nur fallen. Wer war es?«

»Ein Rentner. Hatte wohl genug vom Leben. Einsamkeit. Seine Tochter kam noch in der Nacht aus Hamburg und hat ihn identifiziert. Er soll sehr zurückgezogen gelebt haben. Wenig Sozialkontakte. Das Verhältnis zur Tochter und den beiden Enkeltöchtern war zerrüttet. Es gab wohl nicht sehr viel, was diesen Mann noch auf der Erde gehalten hat.«

»Wie heißt er?«

Dengler hört, wie Weber auf einer Tastatur klappert.

»Karl Fuhrmann war sein Name. Sagt dir das etwas?«

»Nein«, sagte Dengler. »Dieser Name sagt mir nichts. Seltsam. Ich wurde von Kröger zu einem Treffen aufs Nachbargebäude gebeten. Vielleicht sollte ich zu der Beerdigung von diesem Fuhrmann gehen und mir mal anschauen, wer da auftaucht.«

»Kannst du vergessen. Berliner Corona-Verordnung. Bei Beerdigungen dürfen nur fünf Personen anwesend sein. Und das nur mit Mundschutz und Einhaltung des Mindestabstands. Schlimme Zeiten.«

★

»Sie haben die beiden Frauen nicht eingeladen, auf das Dach des Plattenbaus zu kommen?«

Kröger lacht und schenkt Dengler Kaffee ein. »Sehen sie gut aus?«

»Keine blöden Witze am frühen Morgen. Haben Sie?«

»Natürlich nicht. Ich sollte dahin kommen und wurde wieder ausgeladen.«

»Das ist ziemlich ungewöhnlich.«

Kröger nimmt ein iPad, tippt und wischt darauf herum. »Komisch, dass ich diese E-Mail nicht mehr finde. Ich muss sie aus Versehen gelöscht haben ...«

»Kann passieren, natürlich. Seltsam ist aber, dass die beiden Frauen durch Anrufe an den gleichen Platz gelockt wurden. Angeblich, um Sie dort zu treffen.«

»Merkwürdig. Ich habe jedenfalls keine Frauen nachts auf irgendein Dach bestellt. Daran würde ich mich bestimmt erinnern.«

»Sagt Ihnen der Name Karl Fuhrmann etwas?«

Kröger überlegt. Dann schüttelt er den Kopf. »Nein, nie gehört. Wer ist das?«

»Das ist der Rentner, der sich vom Dach gegenüber zu Tode gestürzt hat.«

»Möchten Sie ein Laugenbrötchen? Als Schwabe?«

»Ich bin kein Schwabe.«

»Sorry. Noch einen Kaffee? Wann fährst du wieder nach Stuttgart zurück?«

»Mit dem nächsten Zug.«

»Schreib 'ne Rechnung. Komisch, dass du meine E-Mail nicht bekommen hast.«

*

Dengler fährt mit dem Zug nach Stuttgart.

Unterwegs googelt er den Namen Karl Fuhrmann und erhält eine endlose Liste mit Treffern.

Was soll's, denkt er. Für mich ist dieser Fall erledigt. Schluss.

Er legt den Kopf zurück, zieht die Luft durch die Maske ein – und das gleichmäßige Rattern des ICE rüttelt ihn in den Schlaf.

Berlin-Wannsee, Villa Kunterbunt

Es ist eine kleine, stillvolle Veranstaltung. Das Direktorium ist zusammengekommen. Frau Ernst schenkt mit nassen Augen Sekt aus. Jeder spricht ein paar Worte der Erinnerung an einen großen Mann, den sie niemals vergessen werden.

Auch Harry Nopper hält eine kurze Rede. Er würdigt Fuhrmann als eine prägende Persönlichkeit, einen Patrioten, der verhindert habe, dass Deutschland nach links abgeglitten sei. Doch jetzt, sagt er, ab heute, beginne eine neue Zeit. Es gehe nicht mehr darum, linke Träumereien zu verhindern. Es gehe nicht mehr darum, die verbrecherische Politik zu beenden, die endlose Flüchtlingsströme ins Land schleuse. Es gehe auch nicht mehr nur darum, die Klimahysteriker zu stoppen, die Fridays-for-Future, die Black Lives Matters, die MeToos und wie all die Bewegungen hießen, die sich für zu fein halten, sich deutsche Namen zu geben. Nein, jetzt gehe es darum, dass endlich eine nationale Bewegung die Straße beherrsche und sich darauf vorbereite, von der Straße aus die Macht und Kontrolle über das Land zu übernehmen. Die Zeit, sagte er, ist unsere Zeit. Sie ist reif für uns.

Die Kameraden spenden langanhaltenden Applaus. Anschließend begeben sich alle in den abhörsicheren Konferenzraum. Lutz Koch kommt zu Nopper und klopft ihm auf die Schultern.

»Gut gemacht«, sagt er zu ihm. »Ist reibungslos gelaufen.« Nikolaus Abt, der sich links versetzt von ihm einen Stuhl herangezogen hat, hebt kurz den Daumen.

Dann wird Harry Nopper zum Nachfolger des Verstorbenen gewählt. Das Zentralkomitee beschließt, der Name der Organisation solle aus Respekt vor den Diensten Fuhrmanns weiterhin seinen Namen tragen. Den dritten Antrag hat Harry Nopper in die Debatte eingebracht. Es sollen alle Einflussmöglichkeiten in den Sicherheitskräften, der Polizei, insbesondere dem BKA und den LKAs, den Inlandsgeheimdiensten und dem Kommando Spezialkräfte genutzt und gebündelt werden, um eine breite Kampagne gegen die Beschränkungen zu führen, die der Lockdown mit sich gebracht hat. Ziel der Operation sei, Kräfte aus dem Milieu der Anthroposophen und der mit ihnen verbundenen Impfgegnerszene aus ihrer bisherigen politischen Festlegung zu lösen und der national-deutschen Bewegung zuzuführen. Die V-Leute der Geheimdienste und der Polizei sollten Kontakte zu Impfgegnern suchen und sie zu öffentlichen Aktionen überreden.

Der Beschluss fällt einstimmig.

Nopper bittet noch einmal ums Wort. »Leider ist es so, dass durch die aktuellen Umstände die Operation gegen die linksradikale Mieterbewegung nicht zu Ende gebracht werden konnte. Ich versichere Ihnen, meine Herren, dass wir die Sache deshalb nicht aus den Augen verlieren werden. Es kommt in dieser Angelegenheit darauf an, dass wir die zuständigen Gerichte, nun ja, sagen wir, ermutigen, das Volksbegehren zur Enteignung von Deutsche Eigentum, Kröger und Co. zu verbieten. Sollte den Richtern dazu der Mut fehlen, werden wir eine Operation durchführen, die die Sache ein für alle Mal erledigt.«

Anhaltender Beifall.

Dann geht Nopper in Fuhrmanns Büro und sieht zum Fenster hinaus.

Er lacht leise.

Was hatte der alte Trottel sich nur gedacht? Hatte er doch tatsächlich angenommen, er könne mich reinlegen. Zwei Scharfschützen, die mich abknallen sollen wie einen Hund.

Und glauben, ich bekomme das nicht mit.

Jetzt schmort er in der Hölle und bedauert, dass er sich mit mir angelegt hat.

Nopper setzt sich an Fuhrmanns Schreibtisch und betrachtet die Fotos der Operation.

Stuttgart

In diesem Jahr erinnert das Wetter im April eher an Hochsommer als an Frühling. Die Temperaturen steigen auf nahezu 30 Grad. Die Menschen zieht es hinaus ins Freie. Sie reagieren fast alle vernünftig, halten Abstand und tragen Schutzmasken, doch ihre Verunsicherung ist fast körperlich zu spüren.

Das Leben in Stuttgart hatte sich durch den Lockdown vollständig verändert. Das *Basta* ist geschlossen. Geschäfte mussten schließen. Menschen eilen mit riesigen Paketen Toilettenpapier durch die Straßen.

Immerhin: Olga ist aus Rumänien zurückgekommen, wo sie ihre Familie besucht hat, bevor in Europa die Grenzen geschlossen wurden. Sie entdecken den Rössleweg und machen Spaziergänge um die Stadt, besuchen Denglers Freund Mario, der sein Ein-Tafel-Restaurant ebenfalls geschlossen hat. Leopold Harder, der Journalist, ist auch dabei, aber die alte, fröhliche Stimmung unter den Freunden kommt nicht mehr auf. Überall auf der Welt treibt das Coronavirus die Sterblichkeitsraten in die Höhe, und Leopold

berichtet, wie die Intensivstationen in den Stuttgarter Kranken-
häusern sich auf einen Ansturm von Infizierten vorbereiten. Keiner von ihnen kennt das Gefühl, einer Gefahr ausgesetzt zu sein,
die sie nicht sehen und nicht fassen können. Es ist eine bedrückte
Stimmung, die sich wie ein Schatten auf die Stadt legt. Die Menschen gehen auf Abstand, tragen Schutzmasken.

Doch dann ändert sich plötzlich etwas. Ein Ruck geht durch
die Stadt. Junge Leute organisieren Einkaufsdienste für ihre
gefährdeten älteren Nachbarn. Die Wirtin seines Lieblingslokals
Vetter im Heusteigviertel ruft ihn an. Sie kocht wieder und organisiert den Straßenverkauf ihres beliebten Essens. Die türkische Änderungsschneiderei näht Gesichtsmasken. Ein stadt-
bekannter Journalist organisiert eine finanzielle Soforthilfe für
Künstler, Musiker, Literaten, denen vereinbarte Honorare weg-
brechen und die nun nicht mehr wissen, wie sie sich über Wasser halten können. In wenigen Tagen sammelt sich auf diesem
Notkonto ein sechsstelliger Betrag. Die Stadt und ihre Bewohner
ergeben sich nicht dem Virus, sondern ordnen ihr Leben neu
und solidarisch: mit Rücksicht, mit gegenseitiger Unterstützung,
wechselseitiger Anteilnahme und einer heiteren Gelassenheit,
die erstaunlich ist angesichts der Bedrohung durch ein tödliches
Virus.

Dengler grübelt. Zwar hat die Kröger Immobilien AG alles bezahlt, und Petra Wolff war nicht zimperlich mit der Endrechnung.
Sein Kreuzberger Auftrag ist erledigt. Alles abgeschlossen. Doch
etwas ist auf eine beunruhigende Art unklar. Wer hat Silke und Hatice auf das Dach des Plattenbaus bestellt? Wer erschoss den Klein-
gangster, der die Ratten aussetzte?

Wieder telefoniert er mit Weber, doch der Hauptkommissar
wimmelt ihn ab. »Dengler, wir sind dran, aber die Akte von diesem Gangster liegt nicht gerade oben auf unserem Stapel. Geh mir
damit nicht auf die Nerven.«

Während Dengler versucht, die Gedanken an die Ungereimtheiten des Falls zu vertreiben, sitzt Petra Wolff in ihrer Wohnung und macht Homeoffice. Sie hat das Bürotelefon umgestellt, aber niemand ruft an. Wer braucht in diesen Zeiten schon einen Privatdetektiv? »Selbst die Ehemänner aus der Automobilbranche sind entweder treu geworden, oder ihren Frauen ist es mittlerweile wurscht, was sie treiben«, sagt sie.

Merkwürdig ist, dass Martin Klein, Denglers Freund und Nachbar, der in der Stuttgarter Wagnerstraße auf demselben Stock wie er wohnt, sich mehr und mehr abkapselt. In früheren Zeiten hätten sie jede Gelegenheit genutzt, um sich bei einer Flasche Wein über den Stand der Dinge auf der Welt und insbesondere im Bohnenviertel zu unterhalten, doch nun winkt Martin Klein verärgert ab, wenn Dengler ihn zu einem Glas einlädt. Früher fühlte er sich manchmal geschmeichelt, wenn Olga ihn besuchte, doch nun schaut er kaum noch auf, wenn sie an seine Tür klopft. Die meiste Zeit sitzt er in seinem Arbeitszimmer vor dem bläulich leuchtenden Bildschirm und surft im Internet. Zuerst dachte Dengler, sein Freund arbeite endlich an dem Kriminalroman, von dem Klein träumt, seit Dengler ihn kennt. Doch immer, wenn Dengler bei Klein hereinschaut, sieht dieser sich YouTube-Videos an oder studiert etwas bei Facebook oder Telegram. Recherche für den Krimi? Dengler ist skeptisch.

Deshalb klopft er am Abend bei ihm an. Er hält zwei Gläser und eine Flasche guten Nebiolo in den Händen.

»Martin, jetzt klapp mal den Rechner zu. Wir trinken einen Schluck, und du erzählst mir etwas von deinen Recherchen. Ich kann dir auch eine interessante Geschichte von meinem letzten Fall erzählen. Wusstest du, dass in Leipzig aus wissenschaftlichen Gründen extrem aggressive Ratten gezüchtet werden? Sie greifen alles an, was sich bewegt. Vielleicht kannst du das für deinen Krimi gebrauchen.«

Martin Klein dreht sich zu ihm um und sagt: »Es ist unglaublich.«

»Ja«, sagt Georg Dengler munter und füllt die Gläser. »Die Viecher sind wirklich superbissig. Wird dir vielleicht bei deinem Krimi helfen. Du musst mal mit Olga reden. Sie hat einen Kampf gesehen: zehn Ratten gegen einen aggressiven Kampfhund. Glaubt man nicht, wenn man es nicht mit eigenen Augen gesehen hat. Rate mal, wer gewonnen hat? Jetzt setz dich zu mir und mach die Klapperkiste zu.«

Mit einer langsamen Bewegung drückt Martin Klein den Deckel des Laptops zu. Als er aufsteht, kommt er Dengler müde und erschöpft vor. Nur seine Augen funkeln entschlossen über den Tisch. Er setzt sich.

»Es ist unglaublich«, wiederholt er.

»Alles okay?«, fragt Dengler besorgt. »Passt du auf dich auf? Wenn man dich so sieht, glaubt man es nicht, doch auf dieses Coronavirus wirkst du besonders appetitlich. Es mag ältere Männer. Du gehörst zur Risikogruppe.«

Martin Klein schüttelt den Kopf. »Sie wollen uns alle Mikrochips implantieren, Georg. So sieht es aus.«

»Sie wollen uns was?«

»Du gehst wie ein Blinder durch die Welt. Und redest von Ratten. Redest von Literatur.«

»Äh, von Krimis habe ich gesprochen. Du wolltest doch einen Krimi schreiben, oder? Seit ich dich kenne, redest du davon.«

»Große Dinge gehen vor, Georg. Wir müssen die Augen aufmachen.«

»Alles okay? Wir sind gerade alle ein bisschen durch den Wind ...«

»Georg, du redest von Belanglosigkeiten. Ratten! Krimis! Weiß du, was da draußen abgeht?«

Martin Klein hebt das Glas und schwenkt es in Richtung Fenster. Etwas von dem guten Nebiolo schwappt über und hinterlässt einen Fleck auf Kleins Teppich, doch dieser bemerkt es nicht einmal.

»Äh, Martin, trink lieber einen Schluck, bevor ...«

Klein grinst. »Du hast recht.«

Sie stoßen an.

»Also«, hebt Martin Klein an, »die Merkel ist gerade dabei ...«

»Wie findest du den Wein?«

Martin Klein schaut erstaunt auf das Glas, als würde er es jetzt erst sehen, dann trinkt er langsam einen Schluck.

»Sehr gut«, sagt er. »Italiener?«

»Ja. Aus dem Piemont.«

»Trotzdem Georg, du musst mir zuhören. Ungeheure Dinge geschehen.«

»Weiß Gott, ich habe einige davon erlebt. Meine Ermittlungen bei einem Immobilienhai in Berlin könnten interessant sein für deinen Krimi. Also, pass auf, was passiert ist ...«

»Georg, bitte, hör *mir* zu. Gerade schafft die Merkel unsere Grundrechte ab. Wir werden versklavt.«

»Wir werden ... versklavt?«

»Ja. Dich habe ich beim Edeka doch auch mit dieser Maske gesehen.«

»Stimmt. Erstens, weil ich das Virus nicht bekommen möchte, und zweitens, weil ich sonst nicht bedient werde.«

»Siehst du, das meine ich. Selbst du verhältst dich wie ein Sklave. Verstehst du?«

»Nein, das versteh ich nicht. Beides sind nachvollziehbare Gründe für das Tragen der Maske beim Einkaufen. Erklär mir, was dich umtreibt. Ich halte solange die Klappe, versprochen.«

»Die Merkel ist gerade dabei, unsere Grundrechte abzuschaffen. Wir merken es nicht, aber sie ist damit schon weit vorangekommen.«

Dengler holt Luft, erinnert sich dann an sein Versprechen, die Klappe zu halten, und schweigt.

Im Gesicht von Martin Klein graben sich tiefe Falten ein. Es macht auf Dengler den Eindruck, als werde er tief in seinem Inneren von etwas gepeinigt.

Martin Klein sagt: »Ich erklär dir's von Anfang an. Die Bill-und-Melinda-Gates-Stiftung, dieser Supermilliardär und seine Frau, hat sich die Weltgesundheitsorganisation gekauft. Diese beiden finanzieren die Weltgesundheitsorganisation zu über 80 Prozent und bestimmen dort ganz knallhart, was Gesundheit ist. Sie wollen jeden Menschen auf der Welt impfen, weil sie glauben, dass dann alle gesund sind. Vor allem wollen sie noch mehr Geld machen, Profit machen mit den Impfstoffen. Deshalb haben sie die Weltgesundheitsorganisation gekauft. Sie haben auch die Internationale Impfallianz gekauft. Sie haben sich auch in der Bundesregierung eingekauft. Sie finanzieren diesen Herrn Drosten von der Berliner Charité. Sie geben Millionen an den *Spiegel* und an die *Zeit*; das heißt: Sie bestimmen die öffentliche Meinung über das Thema Impfen komplett. Die gesamte Welt ist im Visier dieser beiden Gates. Und unsere Regierung? Die ist höchst korrupt, weil sie nur Menschen um sich hat, die auf der Gates-Lohnliste stehen. Ich dagegen gehöre zu denen, die das Grundgesetz verteidigen. Das musst du dir mal geben: In Berlin wurden Menschen auf einer Demonstration verhaftet, weil sie das Grundgesetz offen bei sich trugen. Die Polizei hat die Leute aufgefordert, das Grundgesetz herunterzunehmen, weil, so haben sie gesagt, das Grundgesetz sei eine unerlaubte politische Äußerung. Stell dir das vor: Wer das Grundgesetz im Merkel-Deutschland offen trägt, wird von der Polizei kassiert. Das ist Merkel-Deutschland heute, und das alles nur, weil Melinda und Bill Gates das so wünschen. Stell dir nur vor: Ein Ehepaar diktiert der ganzen Welt, wie sie zu leben hat. So weit sind wir heute. Dieses Ehepaar hat mehr Macht als damals Roosevelt, Churchill, Hitler und Stalin zusammen. Das Ehepaar Gates hat über die Weltgesundheitsorganisation auch die deutsche Demokratie gekapert. Jetzt soll eine Impfpflicht über die Hintertür eingeführt werden, Georg, und – ich sag dir – das Ganze funktioniert so: Wenn du dich impfen lässt, dann kannst du leben wie bisher. Weigerst du dich, dann werden dir ganz viele Grundrechte aberkannt. Was für ein Impfstoff uns eingespritzt wird, bestimmt allein das Ehepaar Gates.«

Martin Klein schweigt erschöpft und sieht Dengler erwartungsvoll an.

Dengler schweigt.

»Was ist mit den Grundrechten?«, fragt er schließlich. »Welche sollen abgeschafft werden?«

»Alle«, sagt Martin Klein. »Alle, mit denen wir uns gegen die Gates-Vergiftung wehren können. Meinungsfreiheit, Demonstrationsfreiheit und so weiter. Ich weiß, das kommt für dich alles überraschend. Aber, bitte glaub mir, ich habe ziemlich lange über alles nachgedacht.«

»Und mehr ist nicht dabei herausgekommen?«

Martin Klein lächelt nachsichtig. »Georg, ich kann dir Videos zeigen, da ist alles erklärt. Willst du …?«

Er dreht sich in Richtung seines Laptops.

»Ne, lass mal stecken.«

Dengler schweigt erschüttert. Martin Klein fasst dies als Ermunterung auf. Er beugt sich zu Dengler hinüber.

»Sag mal ganz ehrlich«, flüstert er. »Kennst du jemanden, der an diesem angeblichen Virus erkrankt ist? Ganz ehrlich.«

»Nein«, sagt Dengler unsicher.

»Siehst du«, sagt Martin Klein und lehnt sich zurück.

»Aber Martin: Na und? In meinem Freundeskreis gibt es kein einziges Arschloch. Alles gute Leute. Kann ich daraus den Schluss ziehen, dass es keine Arschlöcher gibt? Sicher nicht. Dein Argument ist zu 100 Prozent ungültig.«

Martin Klein schnaubt. »Was ich sagen will, Georg: Es wird uns etwas vorgemacht. Vorgespielt. Dieser angeblich tödliche Virus ist in Wirklichkeit nicht gefährlicher als eine normale Grippe. An der Grippe sterben jedes Jahr viele Menschen. Im Internet sagt ein Lungenarzt, ein Lungenarzt, Georg, dass …«

»Ein Lungenarzt? Mensch Martin, nahezu alle Virologen auf der ganzen Welt …«

»Die bekommen doch alle Geld von der Gates-Stiftung, Georg.

Verstehst du das denn nicht? Auch der Drosten, der da immer im Fernsehen rumturnt.«

Dengler sagt: »Ich habe die Schlagzeilen der *Bild*-Zeitung gesehen. ›Drosten-Studie über ansteckende Kinder grob falsch – Wie lange weiß der Star-Virologe schon davon?‹ Aber alle Quellen, die dieses Schmierblatt anführt, haben gesagt, sie seien verfälscht oder missinterpretiert worden. Überleg doch mal, Martin: Wenn die *Bild*-Zeitung eine Kampagne gegen einen der führenden deutschen Virologen führt, dann ist der logische Schluss doch nur der, dass der Mann aller Wahrscheinlichkeit nach recht hat.«

Martin Klein sagt: »Weißt du, was der Gates wortwörtlich gesagt hat? Er hat gesagt, die Welt werde erst zur Normalität zurückkehren, sobald man der gesamten Menschheit einen Impfstoff verabreicht habe.«

»Verabreicht? Das hat er gesagt?«

»Wortwörtlich. Du musst die Augen aufmachen, Georg. Und die Ohren. Man muss die Dinge hinterfragen, Georg. Hinterfragen und immer wieder hinterfragen. Mündig sein. Wir können doch nicht länger irgendwelchen Leuten hinterherlaufen, der Merkel, dem Drosten, und denen alles glauben und alles schlucken, was die uns vorschreiben.«

»Okay, da stimme ich dir zu. Ich verspreche dir, ich befasse mich mit allem, was du mir sagst, aber im Augenblick sieht es für mich so aus, als wärest du derjenige, der hinter etwas herläuft mit einer großen Bereitschaft, ziemlich viel zu schlucken.«

»Ich nicht, Georg, ich nicht.« Martin Klein steht auf und klappt den Laptop auf. »Hier, das schreibt ein berühmter Koch. Jemand, der sich um nichts mehr kümmern müsste, der Promi ist und so weiter.«

Klein dreht den Rechner zu Dengler hinüber.

Dengler liest: »Attila Hildmann: Das Ende der Demokratie und der Anfang der NWO hat einen Stichtag: der 15.5.2020, wenn die Novelle des INFEKTIONSSCHUTZGESETZES in Kraft tritt! ...

Ab heute lebt ATTILA HILDMANN im Untergrund denn sie werden versuchen mich zu ermorden! Gehe ich im Kampf für unsere Freiheit drauf dann nur mit der Waffe in der Hand und erhobenen Hauptes!«

Dengler sagt: »Martin, das ist doch komplett durchgeknallt. Was ist mit dir los? Wieso siehst du den Irrsinn nicht, wenn er sich direkt vor deinen Augen abspielt? Martin, ich mache mir Sorgen um dich. Was ist los mit dir?«

»Und ich mache mir Sorgen um dich. Um die Gedankenlosigkeit der Welt. Alle schlafen, und die Monster greifen nach der Macht, nach uns, unserer Gesundheit, unserem Gehirn. Aber ich sage dir, am Samstag demonstrieren wir. Tausende werden kommen. Normale Leute, Impfgegner. Kommst du auch mit auf den Cannstatter Wasen?«

»Normale Leute. Impfgegner«, wiederholt Dengler. »Ich denke, das Demonstrationsrecht wird abgeschafft. Das Ende der Demokratie ist nahe.«

Martin Klein lächelt nachsichtig. »Du bist noch nicht so weit wie ich, Georg. Komm mit zur Demo. Dann reden wir weiter.«

Dengler hebt das Glas. Doch der Wein schmeckt ihm nicht mehr.

★

Am Abend sitzt er mit Olga in ihrer Wohnung.

»Martin ist völlig abgedreht. Er glaubt ernsthaft, dass das Ehepaar Gates schon die Weltherrschaft errungen hat.«

Olga lacht. »Sympathisch ist mir Gates auch nicht. Hab mich früher viel zu viel über Windows geärgert.«

Dengler berichtet ihr, was Martin Klein ihm erzählt hat. Olga schnappt sich ihren Laptop. Dengler sieht zu, wie ihre Finger auf der Tastatur tanzen.

Dann sagt sie: »Das ist Bullshit, was der Martin erzählt hat. Schlicht und ergreifend falsch. Die Fakten stimmen nicht. Die Weltgesundheitsorganisation finanziert sich zwar zu 80 Prozent aus freiwilligen Beiträgen. Diese 80 Prozent kommen aber nicht allein von der Gates-Stiftung. Die Bill & Melinda Gates Foundation hat in Wirklichkeit einen Anteil von 9,76 Prozent. Keine 80 Prozent. Trotzdem: viel Geld. In zwei Jahren etwa 550 Millionen Dollar. Die Kohle ist dort auch deshalb willkommen, weil der US-Präsident Trump die Beiträge der USA nicht mehr bezahlen will. Dennoch: 80 Prozent ist falsch.«

»Stimmt die Aussage, dass Gates der ganzen Welt einen Impfstoff verabreichen will? Vorher würde er keine Ruhe geben.«

Er greift zum Weinglas und sieht zu, wie ihre Finger erneut auf den Tasten ihres Rechners hin und her sausen. Der Rotwein schmeckt ihm jetzt besser; besser jedenfalls als vorhin in Martin Kleins Wohnung.

Olga sagt: »Er hat sich im April zur Pandemie geäußert. Der genaue Wortlaut ist in Wirklichkeit: ›Man kann durchaus sagen, dass die Dinge erst dann wieder wirklich normal werden, wenn wir einen Impfstoff haben, den wir nahezu der ganzen Welt zur Verfügung stellen werden.‹«

»Also nicht ›verabreicht‹.«

»Nein. Martin Klein biegt sich da etwas zurecht, was nicht haltbar ist. Eigentlich ist es kompletter Unsinn. Nebenbei: Die Gates-Stiftung wird kritisiert. Sie gibt Geld nur zweckgebunden zur Eindämmung von Infektionskrankheiten, also für Impfkampagnen und die Verteilung von Medikamenten. Thomas Gebauer von der Hilfsorganisation Medico International kritisiert das als zu einseitig. Wichtig wäre außerdem der Aufbau funktionierender Gesundheitssysteme in armen Ländern. So sieht es auch der WHO-Direktor Gaudenz Silberschmidt. Er sagt im SWR: ›Diese Tendenz stimmt; und wir sind uns dessen bewusst. Aber wir sind auch im Dialog, der dazu beigetragen hat, dass die Gates-Stiftung und Bill und Melinda Gates selber verstanden haben: Es geht nicht ohne eine Stärkung der Gesundheitssysteme.‹«

»Also weit weg von der Erringung der Weltherrschaft.«

»Sehr weit weg.«

»Er hat auch behauptet, Drosten, dieser Chefvirologe, sei von der Gates-Stiftung gekauft.«

Klapperdieklapp – fasziniert sieht Dengler, wie Olgas Finger über die Tastatur fliegen.

»Das ist der gleiche Mist«, sagt sie. »Das Virologische Institut von Professor Drosten bekam tatsächlich einige technische Geräte als Spenden von der Gates-Stiftung. Diese Zuwendungen sind auf der Homepage des Instituts fein säuberlich aufgeführt. Kein Geheimnis. Unser Freund Martin arbeitet mit einer unsauberen Methode. Er nimmt einen beliebigen Realitätspartikel und versucht damit eine bestimmte These zu belegen. Doch bei allen Beispielen, die du aufgeführt hast, widersprechen die Belege seinen Behauptungen. Sie haben nicht einmal etwas miteinander zu tun. Gates' Spenden an die Weltgesundheitsorganisation beweisen nicht seine Weltherrschaft. Seine Spenden an das Institut beweisen nicht, dass Drosten in seinem Sinn agiert. Es gibt keinen Zusammenhang zwischen Tatsache und Schlussfolgerung.«

Sie klappert weiter auf der Tastatur herum. »Das ist das generelle Merkmal der Leute, die behaupten, es gäbe keine Pandemie: Die Behauptung ist durch keinerlei Tatsachen belegt. Normalerweise nennt man das Demagogie.«

»Ich fürchte, Martin dreht durch. Er hat mich eingeladen, mit ihm auf eine sogenannte Hygiene-Demo zu gehen. Ich gehe mit. Ich muss auf meinen Freund aufpassen.«

Olga küsst ihn. »Es ist gut, dass du dich um ihn kümmerst. Aber eigentlich geht dir doch noch immer die Berliner Sache durch den Kopf.«

»Ja, ich habe immer noch das Gefühl, da hat jemand etwas arrangiert. Und ich weiß nicht, wer.«

»Du meinst Wenzel?«

»Ja. Bewiesen ist, dass er den Auftrag gab, die Ratten auszusetzen. Man könnte sagen, er hat das im Übereifer gemacht. Kröger wollte eine saftige Mieterhöhung durchsetzen und das ging nur, wenn die alten Mieter rausgeschmissen werden. Er war also Kröger verbunden. Handelte nicht in dessen Auftrag, aber in dessen Interesse. Dachte er jedenfalls. Er war loyal. Auf eine üble Art. Übermotiviert, sagt man heute, aber loyal. Warum sollte er Kröger und Silke mit ihrer Freundin auf das Dach des Plattenbaus locken? Was für einen Sinn macht das? Ich verstehe es nicht.«

»Vielleicht war er nicht so loyal, wie du annimmst?«

»Das habe ich mich auch gefragt. Doch erinnerst du dich, als wir Wenzel das erste Mal in seinem Büro trafen? Ich wendete meinen üblichen Trick an und platzte noch einmal in sein Büro herein, als wir bereits gegangen waren. Ich erwischte ihn, wie er gerade Kröger darüber informierte, dass wir da waren und mit der Öffentlichkeit gedroht haben.«

»Ich erinnere mich. Du sagtest: Ich wollte nur sicher sein, dass unser Gespräch Ihnen wichtig genug war, es sofort Herrn Kröger zu melden.«

»Ja. Das war wichtig, wir wussten nun, dass unser Auftritt genügend Staub aufgewirbelt hat. Die andere Seite würde reagieren.«

Olga sagt: »Streng genommen, rein logisch betrachtet, ist deine Annahme, Wenzel informierte Kröger – nur eine *Vermutung*. Auch hier, mein Geliebter, ist deine Schlussfolgerung nicht belegt. Wir wissen nicht sicher, ob tatsächlich Kröger am anderen Ende der Leitung war.«

»Das ist doch Quatsch. Wer soll es sonst gewesen sein?«

»Dengler, werde nicht tattrig! Ich sage nur: Wir vermuten etwas, aber wir wissen es nicht. Deine Vermutung passt in dein Bild der Sache, dass Wenzel übermotiviert, aber ansonsten ein loyaler, braver Angestellter ist. Aber trifft das auch zu? Das wissen wir nicht.«

Dengler: »Du hast recht. Wahrscheinlich ist es nicht wichtig. Doch wir sollten uns sicher sein. Olga, sorry. Würdest du ...?«

»Einen kleinen Dateneinbruch vornehmen?«

»Ja. Dann könnten wir an dieser Stelle einen Fehler ausschließen und müssten nicht länger darüber diskutieren.«

Olga seufzt und steht auf.

Berlin, Deutsche Eigentum AG

»Wie erklären Sie sich das?«, fragt Susan Miller kalt.

Michael Bertram sitzt vor ihr, er rutscht auf dem Konferenzsessel hin und her und kommt sich vor wie ein Schulbub.

Susan Miller runzelt die Stirn und klopft mit ihrem silbernen Kugelschreiber einen unbestimmten Takt. Bertram würde am liebsten aufstehen und ihr das Ding aus den Fingern reißen.

»Die Zahlen«, sagt sie und schüttelt betrübt den Kopf, »Michael, die Zahlen werden immer schlechter.«

Und dann wieder: klopf, klopf. Pause. Klopf, klopf, klopf. Pause. Klopf.

Das musst du mir nicht sagen, du blöde Kuh. Der Aktienkurs der Deutschen Eigentum fällt seit Wochen. Zunächst war es nicht dramatisch, doch nun wurde daraus ein unaufhaltsamer Sinkflug. Die Aktie segelte dem Boden entgegen wie ein Papierflugzeug. Von 42 Euro glitt der Kurs Tag für Tag auf 36 hinunter, dann verlangsamte sich der Abstieg des Kurses, stabilisierte sich bei 32 Euro, und Bertram schickte Susan eine Mail, in der er vom Ende der Talfahrt faselte. Dann kam der Absturz durch diese Corona-Scheiße. Der Kurs anderer Firmen stieg wieder, doch der Kurs von Deutsche Eigentum blieb im Keller. Ob er sich wieder erholen wird? Wer weiß das schon. Er jedenfalls nicht.

Durch den verdammten Mietendeckel stagnierten die Umsätze. Der Markt, von dem die Blackhill-Leute bis vor Kurzem noch annahmen, er würde ewig wachsen und endlich wären in Berlin Mieten wie in London und New York möglich, stand still. Es war sogar ein Umsatzrückgang festzustellen.

»Susan«, sagt Bertram. »Die nächsten zehn Jahre werden in unserem Geschäft mehr von der Politik bestimmt sein als je zuvor. Allein die Diskussionen über die Enteignung unseres Konzerns ist Gift fürs Geschäft. Die Aussicht auf den Volksentscheid gegen uns lässt den Kurs sinken. Wir brauchen einen Strategiewechsel. Wenn wir den Mietendeckel nicht wegbekommen, werden wir nicht mehr durch erhöhte Mieten wachsen, sondern nur durch Zukäufe. Die Kröger Immobilien AG wäre für uns ideal, weil ...«

Das Klopfen verstärkt sich zum Stakkato. Klopf, klopf, klopf, klopf, klopf, klopf, klopf. Das Geräusch dröhnt in seinem Kopf. Sein Hass auf diese Frau wächst ins Uferlose. Er stellt sich vor, wie er sie ...

»New York ist sehr enttäuscht von den Zahlen«, sagt Susan und legt den Kugelschreiber zur Seite. »Wir sind nicht mehr sicher, ob wir in Ihnen den richtigen Nachfolger für Deister gefunden haben.«

Bertram fühlt, wie sich Schweißtropfen auf seiner Stirn bilden. An Susan Millers Grinsen sieht er, dass sie es längst bemerkt hat.

Stuttgart, Cannstatter Wasen

Martin Klein trägt einen weißen Mundschutz, auf den er mit schwarzem Filzstift geschrieben hat: *Ich bin kein Sklave! Und du?*

»Hey Martin, sind das nicht ein paar Widersprüche zu viel? Corona gibt es angeblich nicht, und trotzdem trägst du einen Mundschutz, der doch ein Zeichen der Versklavung sein soll. Dann schreibst du noch drauf, du seist kein Sklave. Ich versteh das nicht.«

Martin Klein blinzelt Dengler zu: »Sicher ist sicher. Ich gehöre zur Risikogruppe. Falls an der Sache doch was dran ist, bin ich mit dem Maulkorb sicherer.«

»Na, dann los.«

★

Mehrere Tausend Menschen stehen auf dem Cannstatter Wasen. Nur wenige davon tragen Schutzmasken.

»Wieso hast du dir den Maulkorb umgebunden?«, wird Dengler von einer jüngeren Frau angefaucht.

Er sieht sich um. *Jesus rettet Leben, Bill Gates zerstört Leben*, steht auf einem Plakat. *Corona ist fake*, auf einem anderen. *Keine Zwangsimpfung*, fordert ein Transparent, das von drei jungen Frauen getragen wird. Einige stadtbekannte Rechtsradikale verteilen Flugschriften.

Er sieht viele *Wir-sind-das-Volk*-Plakate. Das geschmackloseste zeigt ein altes Foto einer schwarzen Frau in Ketten, die wahrscheinlich tatsächlich eine Sklavin ist. Ihr hat man einen Mundschutz aufgemalt. Ein gut genährter blonder Mann in einem roten Poloshirt hält es gut gelaunt in die Luft. Dengler fragt ihn, ob er auch glaube, dass das Coronavirus eine Erfindung sei.

»Klar«, sagt er. »Wie kann das denn sein, dass sich so etwas plötzlich weltweit verbreitet?«

»Flugzeuge?«, schlägt Dengler vor.

Der Mann beugt sich zu ihm vor. »Das ist ja nicht nur in Deutschland«, raunt er ihm ins Ohr. »Das ist weltweit.«

»Ich weiß.«

»Das geht nur, wenn da dran gedreht wurde.«

Er beugt sich näher zu ihm hin, aber Dengler geht ein paar Schritte zurück. Der Mann folgt ihm.

»Da gab es ein Treffen. In New York. Amerikanische Milliardäre. Der Gates war auch dabei. Am 18. Oktober 2001. Event 2001 hieß das Treffen. Da beschäftigten sie sich schon mit der Möglichkeit einer Pandemie. Und jetzt ist sie da. Es kommt genauso, wie die das besprochen haben. Das sagt doch alles.«

»Die Tatsache, dass die Chefs großer Firmen sich über die Möglichkeit einer Pandemie unterhalten, beweist doch nicht, dass sie dann sogleich eine solche inszenieren. Es beweist überhaupt nichts, außer dass sie darüber geredet haben. Aus welchem Grund sollten sie denn eine Pandemie auslösen? Warum?«

Wieder kommt der Mann Denglers Ohr nahe, wieder weicht Dengler zurück, und wieder folgt der Mann.

Er flüstert: »Sie wollen, dass alles vor die Hunde geht. Dann können sie billig aufkaufen. Alles. Schnäppchenpreise. Darum geht's. Und wir sollen in dieser neuen Ordnung die Leibeigenen sein. Das wird gerade eingeübt. Unsere Rechte werden abgeschafft. Niemand darf mehr seine Meinung sagen.«

»Sagst du nicht gerade deine Meinung?«

Dengler wartet die Antwort nicht ab. Eine merkwürdige Versammlung hat sich hier zusammengefunden. In anderen Zusammenhängen würde man von einer solch »bunten Bewegung« schwärmen, doch bei diesem Anblick schaudert es Dengler. Es ist eine krude Mischung aus Alternativen und Nationalen, Libertären und Normalos. Einträchtig weht die regenbogenfarbene Fahne der Friedensbewegung neben der Flagge des Deutschen Reichs und dem Andreaskreuz Schwedens, das wegen seiner lockeren Seuchenpolitik auf Plakaten gelobt wird. Es ist keine Querfront, die sich hier versammelt, dazu fehlen linke Banner und Positionen, doch Vertreter des alternativ angehauchten Bürgertums haben sich unter das Publikum gemischt. Nur die Rechten zeigen sichtbar Präsenz. Dengler sieht einschlägig tätowierte Ordner, einen Bücherstand des rechtsradikalen *Compact*-Magazins, und auch AfD-Landespolitiker stolzieren gut gelaunt durch die Menge der Demoteilnehmer. Die Rechten sind weit davon entfernt, die Szene zu dominieren, und doch ist ein ultrarechtes Motiv zu so etwas wie dem Markenzeichen des Tages geworden: die aggressive Verharmlosung des

Nationalsozialismus durch irrwitzige historische Vergleiche. Die hygienischen Vorsichtsmaßnahmen werden durchgängig zu brutalen Vorboten einer neuen Diktatur umgedeutet. Der Mundschutz mutiert zum Maulkorb, und Bill Gates wird zum Dämon, als sei er ein zweiter Adolf Hitler. »Ach was, schlimmer«, schwäbelt am Abend ein Teilnehmer in der *heute-show*.

Dengler verliert Martin Klein aus dem Blick, als er auf dem Wall, der zum Wasen abfällt, eine Gestalt sieht. Er erkennt sie nicht, sie ist zu weit von ihm entfernt, doch sein Körper reagiert sofort. Sein Magen krampft sich zusammen. Dengler kann den Blick nicht abwenden von diesem Mann, der im Gegenlicht einen fast dämonischen Eindruck macht. Woher kennt er diese Gestalt, die groß und herrisch wie ein General auf dem Feldherrnhügel steht, seine Armee überblickend?

Martin Klein taucht wieder auf und zieht ihn weiter.

Dengler nimmt sein Handy und fotografiert den Mann.

Woher kennt er ihn?

Er ist unruhig. Jede Faser seines Körpers signalisiert ihm – Gefahr.

*

Der Streit mit Martin Klein beschäftigt Georg Dengler auch noch am nächsten Tag. Er steckt ihm buchstäblich in den Knochen. Er fühlt sich schwer und müde, obwohl er in der Nacht gut geschlafen hat.

»Impfgegner«, denkt er. »Seit wann ist Martin ein Impfgegner?«

Er schüttelt den Kopf. »Verrückt«, sagt er laut. »Alle werden verrückt.«

Dann fällt ihm das Foto ein, das er gestern auf der Demo geschossen hat. Er lädt es auf seinen Rechner und vergrößert es.

Kein Zweifel! Das ist Harry Nopper. Aufrecht steht er auf dem Damm, und drückt seinen Bierbauch ins Bild. Er vergrößert die

Aufnahme noch mehr. Jetzt sieht er Noppers zufriedenes Grinsen. Wie ein Kommandeur, der eine Übung seiner Truppen beobachtet.

Was macht Nopper hier?

Dengler checkt zwei Männer, die neben ihm stehen. Er kennt sie nicht. Nun vergrößert er ihre Gesichter, speichert sie und schickt die Datei an den Drucker im Büro.

War Nopper als Privatmann da? Als besorgter Bürger?

Was macht der Geheimdienst auf der Demo?

Er kann es sich nicht erklären.

Dengler steht auf und geht hinüber ins Büro, um den Ausdruck aus dem Drucker zu nehmen.

Noch bevor er die Tür aufmacht, hört er Rap-Musik aus dem Empfangsraum klingen: *Bring Em' Out* von T. I. Irritiert drückt er die Klinke herunter und bleibt überrascht im Türrahmen stehen. Petra Wolff sitzt an ihrem Schreibtisch und tippt etwas in den Computer.

»Hi«, sagt sie munter, »ich halt das Homeoffice nicht mehr aus. Ich muss wieder unter Leute.«

»Und dann sitzt du allein im Büro? Ich bin mir nicht sicher, ob das ein bedeutender Fortschritt ist.«

Petra Wolff greift in den Druckerschacht und zieht die Fotos heraus.

»Oh«, sagt sie, »diese Hackfresse kennen wir doch. Der ehemalige Boss des Verfassungsschutzes in Thüringen. Der die dortige Nazitruppe aufgebaut hat. Wo ist der dir wieder über den Weg gelaufen?«

»Bei der Hygiene-Demo der Impfgegner auf dem Cannstatter Wasen.«

»Oh Gott – da war meine Mutter auch.«

Dengler lacht: »Deine Mutter? Auf solchen Demos?«

Petra Wolff: »Das ist nicht zum Lachen. Ich komme aus einer streng anthroposophischen Familie. Die drehen gerade alle völlig durch.«

»Tatsächlich? Ich habe dich noch nie in selbst gestrickten Baumwollstrümpfen gesehen.«

»Das ist nicht lustig. Jedenfalls nicht für mich.«

Seltsam, denkt Dengler, ich Ignorant weiß nichts über ihren familiären Backround. Habe sie nie danach gefragt. »Ich mach uns einen doppelten Espresso. Wenn du magst, erzählst du mir etwas über das Leben in einer anthroposophischen Familie.«

Dengler geht in die Küche, mahlt Kaffee, füllt ihn in die große Bialetti und stellt sie auf den Herd. Als er mit zwei Tassen ins Büro zurückkommt, sieht er, dass Petra Wolff zum Fenster hinaussieht. Ihre Augen sind feucht.

»Wenn es dir unangenehm ist«, sagt Dengler, »müssen wir nicht darüber reden.«

Sie schüttelt heftig den Kopf, dreht sich um und sieht ihn an.

»Wie viele Geschwister hast du?«, fragt sie.

»Ich bin ein einsames Einzelkind.«

»Wir sind sieben. Ich bin das zweite Kind meiner Eltern. Mein älterer Bruder kam zwei Jahre vor mir auf die Welt.«

Sie nimmt einen Schluck Kaffee. »Ich habe mit 18 Jahren zum ersten Mal in meinem Leben Nein gesagt.«

Dengler sieht erstaunt auf.

»18 Jahre lang war nein ein Unwort. Du musst dir vorstellen, ich bin aufgewachsen in einem Haushalt, in dem jeder Tag eine bestimmte Farbe hat und jeder Tag ein bestimmtes Getreide. Die Deckchen auf dem Tisch mussten in der Farbe des Tages hingelegt werden. Dazu musste ich die passenden Ähren des ›Getreides des Tages‹ dekorieren. Ich trug als Kind nur von meiner Mutter geschneiderte Kleider, von Hand pflanzengefärbt natürlich. Immer nur blasse Hängerkleidchen, die die Taille verdecken mussten, was die Erweckung früher Sexualität verhindern sollte. Hat allerdings nicht geholfen. Mein Gott, als Kind habe ich mit meiner Mutter bis in die Nacht genäht, dekoriert, Strümpfe gefärbt, Kraut gestampft. Es war …«

Wie wenig ich doch von ihr weiß …

»Wir durften nicht mit normalen Nachbarkindern spielen. Wenn ich im Kaufladen ein Bonbon geschenkt bekam, musste ich es bei meiner Mutter abgeben. Sie gab mir dann Rosinen dafür. Wenn ich von Freundinnen oder Klassenkameradinnen außerhalb der Anthroszene eingeladen wurde, ging meine Mutter vorher zu der Familie und inspizierte die Kinderzimmer. Wenn irgendwo Fernseher standen, durfte ich nicht hin, wenn Plastikspielzeug rumlag, durfte ich nicht hin. Sogar wenn die anderen Kinder ihre Schulhefte mit einem Umschlag aus Plastik schützten, gab es Diskussionen. Plastik ist giftig, erklärte sie mir. Meine Bücher und Hefte durften nur Papierschutzumschläge haben. Wenn ich ein ›Straßenwort‹ sagte, zwang sie mich, drei sogenannte schöne Worte zu sagen: Engel, Blume, Honig. Das war aber immer noch besser als im Waldorf-Kindergarten. Da wuschen sie uns Kindern den Mund mit Seife aus, wenn wir ›Scheiße‹ sagten oder ein anderes ›Straßenwort‹ benutzten.«

Sie wischt sich mit der Hand die Augen trocken.

»Bis zum dritten Lebensjahr wurden den Mädchen die Haare nicht geschnitten, danach durften wir nur Zöpfe tragen.«

»Warum, um Gottes willen?«

»Wir sollten den Kontakt zum Kosmos nicht verlieren, der wird über die Haarspitzen hergestellt. Deshalb: Haare bei den Mädchen nicht abschneiden. Die Jungs dagegen hatten alle Frisuren wie mit einem Topf geschnitten. Alle meine Brüder schämten sich auf der Straße für ihr Aussehen. Sie mussten auch schreckliche bestickte Kittelchen tragen. Diese durften auf keinen Fall Bündchen am Handgelenk haben, denn der Energiezufluss von der Seele zur tätigen Hand darf auf keinen Fall unterbrochen werden.«

»Mein Gott!«

»Jeden Abend wurde gebetet. Das war ein festes Ritual. Wenn ich oder eines meiner Geschwister dabei lachen musste, dann setzte es eine harte Strafe. Wir mussten eine halbe Stunde auf dem harten

Boden im Flur knien. Also konzentrierten wir uns darauf, nicht zu lachen. Es gelang nicht immer.«

Petra Wolff sieht Dengler an. »Willst du noch mehr Geschichten aus meiner Kindheit hören?«

»Ja.«

»Sonntags gingen wir in die Waldorf-Kirche, die Christengemeinschaft. An der Türe standen zwei Ministranten, denen wir in die Augen schauen mussten. Das Schlimmste war, dass sie oft unangenehmen Mundgeruch hatten. Die Ministranten sagten dann: ›Du weißt, du gehst zu der Handlung, die die Seele erheben wird zum Geiste der Welt.‹ Der Pfarrer sagte zu jedem einzelnen Kind: ›Der Gottesgeist wird sein mit dir, wenn du ihn suchest.‹ Und wir mussten dann antworten: ›Ich will ihn suchen.‹ Einmal sagte ein Junge: ›Ich will ihn *nicht* suchen.‹ Das war genug Gesprächsstoff für mehrere Monate in der Gemeinde.«

Dengler sagt: »Merkwürdig, so wie ich dich bisher erlebt habe, offen und selbstbewusst, wäre ich nie auf die Idee gekommen, dass du so eine Kindheitsgeschichte mit dir rumschleppst.«

Petra Wolff lächelt. »Wir haben uns gewehrt, so gut wir konnten. Rauchen mit 15. Kiffen mit 16. Mit 18 bin ich ausgezogen. Nachdem ich mein erstes Zimmer gemietet hatte, sah ich drei Monate rund um die Uhr fern und stopfte Chips in mich hinein. Ich wurde fett. Meinem kleinen Bruder, dem es peinlich war, immer nur im Bioladen einzukaufen, besorgte ich eine Perücke.«

Dengler wirft einen Blick auf das Foto von Harry Nopper. »Und wie ist deine Mutter heute drauf? In diesen Coronazeiten?«

Petra Wolff sieht Dengler an. »Im Augenblick läuft sie zur Hochform auf. Das Coronavirus ist für sie zu einem Jungbrunnen geworden. Sie googelt den ganzen Tag und schickt ohne Ende Videos, Botschaften und Mails in die Welt. Sie bombardiert uns damit. Erst habe ich versucht, mit ihr zu diskutieren: aussichtslos. Dann bat ich sie, mir den ganzen Müll nicht mehr zu schicken: genauso aussichtslos. Jetzt lösch ich das Zeug ungelesen.«

Noch ein Blick auf Harry Nopper. »Was steht in ihren Mails?«

»Schau dir's selbst an.«

Sie dreht sich zum Computer, ruft YouTube auf und startet ein Video. Eine ältere Frau setzt sich mit einem gewisslichen Lächeln an einen Schreibtisch, schaut in die Kamera und sagt mit sanfter Stimme: »Guten Tag, liebe Freunde, heute möchte ich über den Coronavirus sprechen aus geistlicher Sicht.«

Dengler zieht sich einen Stuhl heran und setzt sich.

»Wir wissen, dass alles Schwingung ist. Das ganze Universum beruht auf Schwingung. Absolut alles, was wir sehen oder nicht sehen, hat eine Schwingung: zum Beispiel die Farben, die Musik, die Blumen, die Bäume, die Steine, die Tiere – und auch wir Menschen; alles ist Schwingung. Jeder Mensch hat seine Schwingung, und das ist ja auch die Basis für die Homöopathie. Jetzt können wir uns überlegen: Welche Schwingung hat das Coronavirus? Jesus hat gesagt, den Baum erkennt man durch die Früchte. Also gucken wir uns mal die Früchte des Coronavirus an. Leid, Krankheit, Schmerz, Unwohlsein bis in den Tod hinein. Also hat dieses Virus keine hohe Schwingung, sondern eine niedrige Schwingung. Eine hohe Schwingung öffnet unser Herz. Lasst uns freudig sein. Lasst uns erweitern. Also – was können wir tun, damit wir nicht erkranken? Wir dürfen nicht in Resonanz gehen mit dieser Schwingung. Wir müssen in eine höhere Schwingung gehen. Doch wie schaffen wir das? Durch die Zuversicht. Hohe Schwingungen sind Schwingungen der Liebe, sind Manifestationen der Liebe. Verständnis, Zufriedenheit. Und natürlich als Erstes die Liebe. Das erhöht unsere Schwingungen, und wir sind für das Virus unerreichbar.«

»Stell es ab«, sagt Georg Dengler. »Das ist unerträglich. Dumm und verantwortungslos.«

»Damit beschäftigt sich meine Mutter rund um die Uhr.«

»Das ist reines Kabarett. Man könnte diese Dame auf eine Bühne setzen, und alle denken, es wäre Satire.«

»Es ist ernst, Georg. Und es gibt Schlimmeres. Als ich zuletzt bei meiner Mutter zu Hause war, erzählte mir eine ihrer Freundinnen, Donald Trump sei ein Erzengel.«

Dengler sieht sie verblüfft an. »Was? Trump ein Erzengel? Jemand, der so systematisch lügt?«

»Du verstehst das nicht«, sagt Petra Wolff. »Die Freundin meiner Mutter hat es mir erklärt: Trump muss sich tarnen. Er muss merkwürdige Dinge sagen und tun, denn sonst würde *jeder* erkennen, dass er ein Erzengel ist. Die Tarnung wäre weg.«

»Und so wissen das nur er und einige Anthroposophen?«

»Bingo. Ich weiß nicht, was meine Mutter im Augenblick reitet, aber ihre Szene ist außer Rand und Band.«

Georg Dengler betrachtet noch einmal das zufriedene Gesicht von Harry Nopper auf dem Bild. Er steht auf.

»Es tut mir leid, ich habe dich nie nach deiner Kindheit gefragt.«

»Ist schon okay. Ab einem bestimmten Alter ist jeder für sich selbst verantwortlich. Ich bin drüber weg. Ich mach mal hier im Büro mit der Ablage weiter.«

Dengler hört die Brüchigkeit in ihrer Stimme. Über nichts ist sie hinweg.

»Weißt du«, sagt Petra Wolff und nimmt einen Stapel Papier in die Hand, »es ist hart zu verstehen, dass wir als Kinder nach einer Schrift erzogen worden sind und nicht nach dem Herzen einer Mutter.« Sie zögert. »Weil Rudolf Steiner es gesagt hat, wurden wir als Babys nicht in den Arm genommen und getröstet, wenn wir geschrien haben. Wir wurden in ein leeres Zimmer gestellt, und wir schrien, bis wir nicht mehr konnten.« Jetzt stehen wieder Tränen in ihren Augen. »Ich erinnere mich natürlich nicht mehr, wie es bei mir war. Aber nachts höre ich manchmal immer noch die Schreie meines kleinen Bruders. Es ist so …« Mit einer schnellen Bewegung wischt sie sich die Augen trocken. »Ich gehe jetzt besser an die Ablage.«

»Okay. Noch eine Frage. Deine Mutter und ihre Szene – sie sind gegen das Impfen?«

»Aber hallo! Impfen ist eine Teufelssache! Mein kleiner Bruder durfte nicht gegen Zeckenbisse geimpft werden. Jetzt quälen ihn richtig schmerzhafte Entzündungen in den Knien und Gelenken. Vor drei Monaten wurde eine chronische Gehirnentzündung bei ihm festgestellt. Er hat Borreliose. Drittes Stadium. Es ist nicht witzig, wenn man eine Impfgegnerin als Mutter hat.«

»Wenn ich irgendwie helfen …«

Petra Wolff schüttelt den Kopf.

Dengler nimmt das Foto von Nopper und geht.

Stuttgart, Wagnerstraße, Olgas Wohnung

Zwei Tage später sagt Olga zu ihm: »Ich weiß jetzt, mit wem Janos Wenzel telefoniert hat, als du noch einmal in sein Büro geplatzt bist.«

Dengler ist sofort elektrisiert. Dann stutzt er: »Janos? Wieso Janos? Heißt der nicht Jan? Auf seiner Visitenkarte stand doch Dr. Jan Wenzel …«

Olga sagt: »Ich habe seine Meldedaten gecheckt: Sein Vorname lautet Janos, er ist Österreicher, geboren in Linz. Und er hat nicht Kröger informiert, wie du angenommen hast.«

»Sondern?«

»Er rief den direkten Konkurrenten von Kröger an. Den Vorstandsvorsitzenden der Deutsche Eigentum AG. Schau mal, diesen Mann.«

Olga schiebt den Laptop zur Seite, sodass Dengler den Bildschirm sehen kann. Sie hat die Homepage des Konzerns aufgerufen. Den Blick entschlossen in die Ferne gerichtet, sieht man dort einen relativ jungen Mann, etwas feist, mit weißem Hemd mit geöffnetem oberstem Knopf und blauem Jackett.

»Dr. Michael Bertram«, liest Dengler. »Chef von Deutsche Eigentum. Interessant. Dann war Wenzel also sein U-Boot bei Kröger?«

»Vielleicht«, sagt Olga. »Doch das ist mal wieder eine deiner Vermutungen. Wir wissen es nicht.«

»Wir sollten alle Infos sammeln, die wir über ihn finden.«

»Wir – das bin ich«, sagt sie lachend.

*

»In der Geschäftswelt genießt Bertram einen exzellenten Ruf«, sagt Olga einen Tag später. »Er hat die Deutsche Eigentum AG in den DAX gebracht. Das wird ihm als großer Verdienst angerechnet. Doch seit der Berliner Senat den Mietendeckel beschlossen hat, fällt der Aktienkurs der Deutsche Eigentum. Auch die Mietpreise in Berlin steigen kaum noch. Dieser Mietendeckel wirkt. Bertram setzt jetzt alle Hoffnung auf CDU und FDP, die eine Verfassungsklage einreichen wollen, damit das oberste Gericht dieses Gesetz wieder kassiert. Dann werden die Mieten wieder steigen.«

»Und auch der Gewinn der Deutsche Eigentum ...«

»Bertram wuchs in Stuttgart auf. Halbhöhenkind. Karlsschule. Jurastudium in Tübingen und Genf. Jahrgangsbester. Promotion mit cum laude. Schlauer Junge.«

»Mmh.«

»Und jetzt halt dich fest: Sein Kommilitone sowohl in Tübingen wie in Genf war Janos Wenzel – sie kennen sich also seit ewigen Zeiten.«

Dengler überlegt und sagt: »Also doch U-Boot: Dann hatte ich recht, dass Wenzel sein Mann bei Kröger Immobilien war ...«

Olga nickt: »Sieht ganz so aus. Und noch ein interessanter Fakt zu diesem Bertram, was meine Sympathie für diesen Typen unendlich steigert: Er hat massive Probleme mit Frauen.«

»Probleme mit Frauen? Soll ich Mitleid mit ihm empfinden?«

»Nein. Viel schlimmer: Es gab mehrere Strafverfahren gegen ihn, weil er Frauen mit K.-o.-Tropfen betäubt haben soll. Die

Frauen beschuldigten ihn der Vergewaltigung. Extrem grober Vergewaltigung.«

Dengler setzt sich auf. »Er ist vorbestraft? Und trotzdem Chef eines Konzerns?«

»Keines der Verfahren führte zu einer Verurteilung. Bertrams Vater, ein renommierter Stuttgarter Anwalt, übernahm in jedem dieser Verfahren seine Verteidigung und paukte ihn jedes Mal heraus. Eine junge Frau hat sogar öffentlich aufgerufen, dass weitere Opfer sich bei ihr melden sollten – was Bertrams Vater jedoch verhindert hat.«

»Diese Frau ... wir müssen diese Frau treffen.«

Stuttgart, Charlottenplatz, Weltcafé

Alles an der Frau ist Misstrauen und Abwehr. Sie hat ein feines, nachdenkliches Gesicht, doch zwischen ihren Augenbrauen steht eine vertikale Falte, die sich vertieft, wenn sich ihre Brauen bewegen. Die Falte hat sich so tief eingegraben, dass sie an dieser Stelle einen kleinen Schatten wirft. Die leicht nach unten gezogenen Mundwinkel und die zusammengepressten Lippen verstärken den Eindruck intensiver Wachsamkeit und Abwehr.

Der Lockdown ist mittlerweile abgemildert worden. Die Zahl der Ansteckungen geht in Deutschland zurück. In den Geschäften und in der Straßenbahn müssen Schutzmasken getragen werden, Restaurants und Cafés sind wieder geöffnet. Doch es herrschen strenge Bestimmungen. Die Mitglieder von nur zwei Haushalten dürfen sich treffen.

Sie sitzen im Innenhof des Weltcafés am Charlottenplatz. Die Sonne scheint, und Dengler und Olga betrachten ihren Gast.

»Ihr wolltet mich treffen«, sagt Ania Kieling. »Sie sagten, es sei wichtig und vertraulich?«

Sie rührt in ihrem Cappuccino und mustert Dengler und Olga abwechselnd.

»Es geht um Michael Bertram«, sagt Dengler leise. »Wir wollen ihm das Handwerk legen.«

Doch Ania Kieling ist schon aufgesprungen und atmet schwer.

»Schluss«, sagt sie heiser. »Schluss! Dieses Kapitel ist für mich abgeschlossen. Ich rede nicht mehr darüber.«

Ihr Mund ist plötzlich verzerrt, die Augen sind weit aufgerissen. Die Falte zwischen den Augenbrauen ist noch tiefer geworden. Sie zieht ihren Geldbeutel heraus und kramt hastig einige Münzen hervor.

»Sie brauchen nicht zu zahlen«, sagt Dengler. »Bitte reden Sie mit uns. Wir wollen ihn ins Gefängnis bringen.«

»Niemals. Ich bin fertig mit … mit dieser Sache. Und Sie … Sie wollen das Schwein ins Gefängnis bringen?« Sie lacht bitter. »Das habe ich auch versucht. Drei Jahre lang. Solche Typen … die schwimmen immer oben. Immer. Typen wie der landen nie im Gefängnis.«

Sie wirft ein paar Münzen auf den Tisch, dreht sich um und geht.

*

»Das stimmt doch nicht. Du bist mit dieser Geschichte nicht fertig«, ruft Olga ihr leise hinterher.

Ania Kieling öffnet die Tür zum Café, hält dann inne und dreht sich um. »Schau mich doch nur an. Ich bin fertig. Und ich will … ich kann das nicht alles wieder aufwühlen. Es ist ohnehin immer da. Immer!«

»Wir bieten Ihnen Rache«, sagt Dengler leise.

Die junge Frau hebt langsam den Kopf und lacht heiser.

»Rache?«, fragt sie.

»Rache«, bestätigt Dengler.

Ania Kieling lässt die Klinke los. Langsam fällt die Tür zurück ins Schloss. Dengler sieht sie an. Dann kommt sie zurück an den Tisch. Und bleibt unschlüssig vor ihm stehen.

»Wer seid ihr?«, fragt sie.

»Ich heiße Georg Dengler. Das ist Olga. Wir sind Privatermittler. Wir sind entschlossen, Michael Bertram ins Gefängnis zu bringen.«

»Wisst ihr, mit wem ihr euch da anlegt?«

»Das wissen wir.« Dengler beugt sich näher zu ihr hinüber. »Ich bin jemand«, sagt er, »wenn ich wählen muss zwischen Recht und Gerechtigkeit, wähle ich Gerechtigkeit.«

»Rache wäre gut«, sagt Ania leise. »Sehr gut sogar.«

Sie setzt sich.

»Es gibt einen Plan«, sagt Dengler.

»Ich höre.«

»Wir fahren nach Berlin.«

21. Kapitel: Die Entscheidung

Stuttgart, Reinsburgstraße, bei Mario

Mario stellt eine Flasche Rotwein auf den Tisch. »Heute trinken wir uns den Corona-Frust vom Leib«, sagt er und füllt die Gläser. »Martin fehlt. Weiß jemand, ob er noch kommt?«

Dengler: »Ich fürchte, er kommt nicht.«

»Ach was«, sagt Mario, »will er nicht an einem illegalen Gelage teilnehmen? Wir sind jetzt drei Personen, aus drei Haushalten.«

»Der Grund ist ein anderer«, sagt Leopold Harder, Journalist beim *Stuttgarter Blatt*. »Martin ist in die Impfgegner-Szene abgerutscht. Er schickt mir jeden Tag abstruse Impfgegner-Videos.«

»Er sitzt den ganzen Tag in seinem abgedunkelten Arbeitszimmer und sieht sich diese Weltuntergangsvideos an«, bestätigt Dengler. »Ich war mit ihm auf der Hygiene-Demo. Er ist voll auf dieser Droge. Können wir ihn da irgendwie rausholen?«

»Meint ihr, Martin ist irgendwelchen Verschwörungstheorien zum Opfer gefallen?«, fragt Mario.

»Wir sollten den Begriff ›Verschwörungstheorie‹ nicht benutzen«, sagt Leo. »Er führt geradewegs in die Irre.«

»Wieso?«, fragt Mario.

»Dieser Begriff transportiert unterschwellig die Behauptung, es gebe keine Verschwörung, und das ist falsch. Beispiel eins: In den letzten Wochen hat Trump mehrfach und ohne Beleg behauptet, das Coronavirus sei aus einem geheimen Labor in Wuhan entwischt. Es gibt dafür keinen Beweis, sondern es ist offenkundig, dass er mit dieser Behauptung von seiner gescheiterten Corona-Politik ablenken will. Beispiel zwei: Der amerikanische Außenminister Powell rechtfertigte die Invasion in den Irak mit den dort angeblich vorhandenen Massenvernichtungswaffen. Alle Medien, zumindest im Westen, trugen diese Verschwörungstheorie in die Welt hinaus. Sie war falsch. Jeder Krieg wird mit einer Verschwörung eingeleitet. Im Golf von Tonkin sollten nordvietnamesische Schnellboote grundlos zwei US-Kriegsschiffe angegriffen haben. Dies führte zur Tonkin-Resolution des Kongresses, die den Vietnamkrieg legalisierte. Den behaupteten Zwischenfall gab es nie. Der Zweite Weltkrieg begann mit Hitlers Behauptung, Polen habe das Deutsche Reich angegriffen.«

»Lasst uns trinken«, sagt Mario und hebt das Glas. »Auf die Verschwörungstheorien dieser Welt.«

»Außerdem«, sagt Leopold, als sie die Gläser wieder absetzen. »Der Begriff ›Verschwörungstheorie‹ ist selbst eine Verschwörung.«

»Hä? Wie meinst du das?«, fragt Mario.

»Die übelste ›Verschwörungstheorie‹ ist die gut belegte Fälschung der ›Protokolle der Weisen von Zion‹, frühes 20. Jahrhundert. Verfasst vom zaristischen Geheimdienst. Diese angebliche jüdische Verschwörung galt später Adolf Hitler als eine Rechtfertigung für den Holocaust, und noch heute stützen sich antisemitische Idioten aus aller Welt auf diese Geheimdienstfälschung. Aber auch der Begriff ›Verschwörungstheorie‹ wird gerne von einem Geheimdienst benutzt. Ich habe gelesen, er soll in dem berüchtigten CIA-Dokument 1035–960 aufgetaucht sein. Die CIA war beunruhigt, weil nach dem Attentat auf John F. Kennedy viele Artikel und Bücher erschienen, die die Alleintäterthese rund um den Kennedy-Mörder Oswald bezweifelten. Viele dachten, die CIA stecke dahinter. Und so tat die CIA, was Geheimdienste tun, und sie versuchten, die öffentliche Meinung zu drehen. Journalisten sollten angeheuert werden, die diese Kritik als ›conspiracy theory‹ – Verschwörungstheorie – denunzierten. Das gelang. Viele meiner Journalistenkollegen benutzen heute gedankenlos den Begriff ›Verschwörungstheorie‹. Doch er denunziert nur und enthebt die Kollegen der Mühe, falsche Behauptungen zu widerlegen. Er leistet journalistischer Faulheit Vorschub. Jedes Mal, wenn ich ›Verschwörungstheorie‹ in einem Artikel lese, sehe ich einen überarbeiteten und überforderten Kollegen an seinem Schreibtisch sitzen und ergebnislos nachdenken.«

»Okay. Alles klar. Wir bewundern erneut dein Wissen, Leo«, sagt Georg Dengler, »aber wie können wir Martin Klein helfen? Es ist doch absurd: Martin fürchtet sich vor jeder Fliege – und jetzt entwickelt er sich zu einem furchtlosen Kämpfer gegen das Impfen.«

Leopold Harder sagt: »Ich habe in einem Artikel in unserer Zeitung einmal genauer die Hintergründe der Impfgegnerschaft untersucht. Nie bekam die Redaktion mehr empörte E-Mails. Hier im Südwesten sind die Anthroposophen stark. Was ich gelernt habe, ist, dass sie zwei Gesichter haben. Man muss immer wissen, in welches man gerade schaut.«

»Erzähl«, sagt Mario und sieht zu Dengler, der nickend das Glas hebt.

»Tja, meine Freunde, die Anthroposophen«, sagt Leopold Harder. »Das erste Gesicht zeigen sie der Öffentlichkeit. Da sehen wir freundliche Eltern von Waldorfschülern, die froh sind, dass die musischen Fähigkeiten ihrer Kinder gefördert werden. Dazu gehört auch der Eindruck von sanfter, natürlicher und ganzheitlicher Medizin und …«

»Homöopathie!«, ruft Mario dazwischen. »Was hältst du davon?«

»Die Wirksamkeit homöopathischer Produkte wurde mittlerweile sehr gut untersucht. In mehreren großen Studien wurde nachgewiesen, dass sie wirkungslos sind. Es sind Scheinmedikamente. Für Globuli und die extrem verdünnten Tinkturen, die

homöopathische Ärzte verabreichen, wurden keine wissenschaftlichen Belege einer Wirksamkeit gefunden.«

»Stopp«, ruft Mario. »Ich kenne eine Frau, die behandelt ihre
Kopfschmerzen nur damit. Sie schwört darauf.«

»Scheinmedikamente können einen Placebo-Effekt erzeugen.
Man fühlt sich besser, weil man an die Wirksamkeit glaubt, obwohl
es sie nicht gibt. Das ist ein bekanntes psychosoziales Phänomen,
das sich jeder frühzeitliche Schamane zu eigen gemacht hat. Nur –
mit Medizin hat es nichts zu tun.«

»Was besagt das erste, das freundliche Gesicht der Anthroposophie über das Impfen?«, fragt Dengler.

»Da geben sie sich gerne einen seriösen wissenschaftlichen An-
strich. Die Lehren ihres Gurus Rudolf Steiner verwässern sie dann
ein wenig, bis alles halbwegs normal, vielleicht ein bisschen kau-
zig klingt. Im Fall der Masernimpfung hört sich das so an: Wer
Kinderkrankheiten durchsteht, statt sie zu unterdrücken, stärkt
sein Immunsystem und fördert die kindliche Entwicklung. Das ist
wissenschaftlich falsch, klingt aber irgendwie … na ja, harmlos, wie
ein Kalenderspruch.«

»Warum brauchen sie ein öffentliches Gesicht?«

»Nun ja«, sagt Leo. »Wie meist: des Geldes wegen. Ihre Schulen
und Einrichtungen hängen am öffentlichen Tropf. Das zweite Gesicht würde den Steuerzahler vermutlich doch sehr irritieren.«

»Jetzt will ich was über diese zweite Gesicht erfahren«, sagt
Mario.

Leopold Harder zieht ein iPad hervor und wischt darauf herum.
»Ich kann euch ja mal vorlesen, was ich geschrieben habe. Also:
›Hinter der freundlichen Maske der Anthroposophie steckt ein
menschenfeindliches, zutiefst obskures Welt- und Menschenbild.
Das Ich des Menschen wird im Laufe der Zeit immer wieder in
neuen Körpern wiedergeboren; in Leibern, wie ihr Guru Rudolf
Steiner sagt. Aus diesem Grund muss es dem Kind möglich ge-
macht werden, sich durch Kinderkrankheiten, die mit Fieber ein-

hergehen, Masern zum Beispiel, in seinem Leib gewissermaßen einzurichten, das Eiweiß der Mutter hinter sich zu lassen und sich zu individualisieren. Auch ererbte Krankheiten – wie Allergien – können so überwunden werden. Eine Masernimpfung bedeutet aus dieser Perspektive eine Gefahr für das Karma und kann zu schweren Entwicklungsstörungen führen – im nächsten Leben.‹ Hin- und hergerissen zwischen Gesetzestreue und Steiner-Gehorsam zeigen sich die führenden anthroposophischen Mediziner durchaus flexibel: Es müssten ja nicht unbedingt die Masern sein, die man dem Kind zukommen lassen solle, kann man in aktuellen Stellungnahmen nachlesen. Eine Lungenentzündung tue es auch. Hauptsache, das Kind fiebert. Und dabei geht es nicht nur um das Immunsystem. Entscheidend ist: Krankheiten haben im ewigen Kreislauf von Geburt und Wiedergeburt in der anthroposophischen Medizin einen erzieherischen Sinn. Sie sind der Ausgleich für Fehlverhalten im letzten Leben: Seelische Einseitigkeiten verwandeln sich im nächsten Leben in Krankheitskräfte, die den Leib des Menschen infizieren. Cholera erwische diejenigen mit zu starkem Selbstgefühl; mit der Disposition zu Lungenentzündung ist geschlagen, wer zuvor sinnlicher Ausschweifung gefrönt hat. Unter Asthma leidet, wer im vorherigen Leben zu wenig musiziert hat. Und wer bei der letzten Inkarnation zu wenig Interesse an Sternen und Himmelsvorgängen gezeigt hat, wird mit Bindegewebsschwäche gestraft. Das ist keine Comedy – es ist Anthroposophie.«

»Leo, das ist doch völlig durchgeknallt«, sagt Mario. »Daran kann doch kein Menschen wirklich ernsthaft glauben.«

»Das hört sich an wie die Theorie eines Geisteskranken«, sagt Dengler.

»Unser Freund Martin zieht sich dieses Zeug gerade rein. Er hat mir ein Video geschickt, in dem die Corona-Krise als spiritueller Angriff des Teufels auf die Menschheit gedeutet wird, der aktuell seine Inkarnation vorbereite. Mit Geld und Macht,

Furcht und Lüge, also mit Bill Gates, mache er die Menschen erst empfänglich für das Virus, mit dem ein starkes Immunsystem normalerweise locker fertigwerde. Wer verderbten Neigungen wie Egoismus gefrönt hat, infiziere sich leichter. Wer jedoch einen moralisch einwandfreien Vorlebenslauf aufzuweisen hat, wird mit einem Leib geboren, der sich Epidemien aussetzen kann, ohne angesteckt zu werden. Die Krankheit ist die Bedingung für eine spätere geistige Gesundheit – nur wenn man die Schwäche annehme und in Stärke verwandele, könne man sich künftig gegen Schwäche schützen. Es gelte, sich mit spirituellen Vorstellungen schlafen zu legen, sich dem Sonnenlicht auszusetzen und überhaupt viele hoffnungsvolle eurythmische Bewegungen zu vollführen. Eine Impfung dagegen mache taub für die Botschaften ans Karma.«

»Willst du damit sagen, die Anthros finden die Infektionen von Kindern gut?«, fragt Mario.

»Ja, und dieser Irrsinn erklärt die irritierende Kälte gegenüber konkretem Leid bei kleinen Kindern, die bisweilen in anthroposophischen Ratgebern zu spüren ist und die so gar nicht zum Klischee der sanften alternativen Medizin passt. Ich les' mal weiter vor: ›Die Leiterin der medizinischen Sektion am Goetheanum, Michaela Glöckler, Autorin eines beliebten Gesundheitsratgebers für Kinder, schildert mit befremdlich mitleidloser Detailgenauigkeit einen Keuchhustenanfall, der ja nur zum karmischen Besten des Kindes ist. Die Schauspielerin und begeisterte Anthroposophin Sara Koenen lässt die eigenen Kinder bewusst an Masern erkranken und schreibt über ihre Erlebnisse beziehungsweise die ihrer Kinder einen aufregenden Reisebericht. Obwohl eines der Kinder als Notfall wegen hohen Fiebers im Krankenhaus behandelt werden muss, schwärmt Koenen von ihrer aufregenden ›Bergtour‹ zwischen Leben und Tod. ›Manche sind umgekehrt, manche haben es nicht geschafft‹, schreibt sie.‹«

»Was machen wir mit Martin?«, fragt Dengler. »Um sein

Karma scheint es gut bestellt zu sein. Ich sorge mich um seinen Verstand.«

»Wenn er nicht zu uns kommt, müssen wir zu ihm gehen«, sagt Mario. »Wann habt ihr Zeit für eine Rettungsaktion?«

»Olga und ich fahren in zwei Tagen nach Berlin. Wenn wir zurück sind – ich bin dabei.«

ICE nach Berlin

Olga, Ania und Dengler reisen im ICE nach Berlin. Unterwegs besprechen sie ihren Plan. Olga wird die Umgebung sichern und Dengler und Ania per Handy warnen, falls sich jemand Unvorhergesehenes nähert.

Dann schweigen alle. Dengler blickt aus dem Fenster auf die vorüberfliegende Landschaft. Ob der Plan aufgehen wird?

Berlin-Grunewald

Bertram schließt seine Wohnungstür auf und schaltet das Licht ein. Er schiebt sein E-Bike in die Wohnung, lehnt es an die Wand im Flur und zieht seine Sportjacke und die Turnschuhe aus. Er streckt sich und geht dann durch die offene, schicke Küche zum Kühlschrank und holt sich die Plastikdose mit den Sushis vom Vortag heraus. Aus der Schublade zieht er Messer und Gabel, setzt sich an den Tisch – und erschrickt. Die Sushis fallen zu Boden.

Auf dem Sofa vor dem Fenster sitzen zwei Gestalten. Die eine ist mit Kopftuch und Mundschutz völlig vermummt, die andere trägt eine schwarze Mundschutzmaske und hat eine Flasche Bier in der Hand. Die Gestalt mit dem Bier steht auf und nimmt die Maske ab.

»Guten Abend, Herr Dr. Bertram«, sagt Dengler. »Ich bin Georg Dengler, Privatermittler aus Stuttgart.«

»Ha – um Gottes willen, was haben Sie mich erschreckt! Was zum Henker …«

Dengler geht auf den Tisch zu und setzt sich. »Ich habe mir ein Bier genommen.«

»Was machen Sie in meiner Wohnung, Dengler?«

»Ich will mit Ihnen reden.«

»Sie sind in meine Wohnung eingebrochen?«

»Ja.«

Bertram bückt sich und hebt die Sushis auf. »Und … warum?«

»Weil ich Beweise habe, dass Sie systematisch die Kröger Immobilien AG ruiniert haben, unter anderem, indem Sie gefährliche Ratten in einem ihrer Häuser aussetzen ließen.«

»So, habe ich das? Beweise? Haben Sie Beweise?«

»Meine Freundin ist eine sehr talentierte Hackerin. Wir haben Ihre Mails an die schöne Russin gelesen. Wir haben Ihre Mails an Susan Miller von Blackhill gelesen.«

»Verstehe ich das richtig? Sie brechen in meine Wohnung ein und Ihre Freundin in meinen Computer?«

»Ja. Genau so ist es.«

»Jetzt brauche ich auch ein Bier.« Bertram steht auf, geht zum Kühlschrank und holt sich ein Bier. Er geht zurück zum großen Küchentisch und zieht eine Schublade auf.

Da liegt seine kleine Automatic.

Er greift den Flaschenöffner und schiebt die Schublade zur Hälfte wieder zu. Er öffnet die Flasche. »Prost«, sagt er und nimmt einen Schluck. »Natürlich weiß ich, wer Sie sind, Dengler. Der Wachhund vom Kröger. Was, glauben Sie wohl, können diese angeblichen Beweise vor Gericht bewirken? Als ehemaliger Polizist müssten Sie doch wissen, dass illegal beschaffte Beweise unzulässig sind.«

Dengler hebt einen Datenstick in die Luft. »Hier … da steht alles drauf.«

»Legen Sie ihn auf den Tisch und schieben Sie ihn zu mir rüber.«

»Das werde ich selbstverständlich nicht tun.«

Bertram greift in die Schublade. Er zieht die Automatic heraus und zielt auf Dengler.

Dengler hebt die Hände langsam hoch.

»Vielleicht jetzt, Dengler?«

»Nein, erst möchte ich wissen, warum Sie das alles getan haben.«

Bertram sieht ihn irritiert an. »Wir müssen wachsen. Wir schlucken Kröger. Sie haben recht, Dengler. Ich habe Kröger fertiggemacht. Wir werden seinen Laden übernehmen. Wir sind in einer rauen Branche. Das haben Sie vielleicht auch herausgefunden. Gratuliere, gute Arbeit. Und jetzt verschwinden Sie.«

Dengler steht auf und zieht sein Mobiltelefon aus der Tasche. Er drückt auf Stopp und beendet die Audioaufnahme.

»Danke für das Geständnis. Doch wer sagt denn, dass ich damit zur Polizei gehe? Ich werde diese Aufnahme Susan Miller und den Reportern vom *Berliner Morgenspiegel* geben.«

Bertram wird nervös. »Das werden Sie nicht.«

»Doch. Sie alle werden interessiert Ihrem Geständnis lauschen.«

»Das werden Sie nicht tun. Sie denken, Sie haben einen Idioten vor sich. Sie sind in meine Wohnung eingebrochen. Sie haben mich bedroht. Ich habe Sie in Notwehr erschossen.«

Er hebt die Waffe und drückt ab.

★

Die Waffe gibt nur ein helles »Klick« von sich, als Metall auf Metall aufschlägt. Bertram stutzt und drückt noch einmal ab. Wieder nur ein Klick. Das Magazin ist leer.

Dengler greift in seine Hosentasche und zieht einige Patronen heraus. »Ich war so frei ...«

Bertram knallt die Automatic auf den Tisch und setzt sich.

Dengler sagt: »Sie legen jetzt ein vollständiges Geständnis ab.« Er zieht die leere Pistole zu sich herüber.

»Und zwar die ganze Wahrheit«, sagt eine weibliche Stimme.

Die zweite Gestalt steht vom Sofa auf und kommt zu dem Küchentisch.

Sie nimmt Kopftuch und Mundschutz ab.

Bertram springt auf. »Ania!«, ruft er.

Dengler zieht ein Paar durchsichtige Handschuhe aus der Tasche und streift sie über. Dann nimmt er das Magazin aus der Waffe und schiebt die Patronen hinein. Beides, Pistole und Magazin, legt er neben sich auf den Tisch.

Bertram starrt noch immer Ania wie eine Erscheinung an.

Dengler sagt: »Sie wissen schon, die Vergewaltigung.«

»Ania«, murmelt Bertram. Seine Augen rasen zwischen ihr und Dengler hin und her. Dann legt sich seine Verwirrung, und Dengler kann dabei zusehen, wie Bertram seine Selbstsicherheit wiedergewinnt.

»Ich wurde freigesprochen«, sagt er. »Das heißt, es gab keine Vergewaltigung.« Er grinst. »Es war eine tolle Nacht, die ich nie vergessen werde. Ania, du warst die Beste.«

Er steht auf.

»Ihr könnt mir gar nichts. Das sogenannte Geständnis auf dem Handy ist wertlos. Erzwungene Geständnisse akzeptiert kein Gericht in Deutschland als Beweis. Glauben Sie mir: Mein Einfluss reicht so weit, dass auch der *Morgenspiegel* keine erzwungenen Aussagen abdruckt. Wir leben nämlich in einem Rechtsstaat. Und die Vergewaltigung?« Bertram gibt ein schnaubendes Geräusch von sich. Dann lacht er.

»Ania, ich verspreche dir, wir werden unsere Party wiederholen. Unseren einvernehmlichen Sex. Du erinnerst dich. Denk an mich. Wenn du einen Drink nimmst, irgendwo, denk an mich. Wenn du allein nach Hause gehst, denk an mich. Bevor du einschläfst, denk an mich. Wenn du aufwachst, wirst du an mich denken. Immer. Solange du lebst. Ich verspreche dir … ach was … verschwindet jetzt. Oder ich rufe die Polizei.«

Dengler schiebt das Magazin in die Waffe.

Bertram zieht sein Handy aus der Jacketttasche und sieht Dengler und Ania an.

»Verschwindet! Ich bin unberührbar. Unerreichbar für euch. Idioten wie ihr kriegen mich nie. Niemand kriegt mich.«

Er lacht.

Ania laufen Tränen über das Gesicht.

»Geil, wie du heulst«, flüstert Bertram.

Dengler steht auf. Er geht um den Tisch und legt die geladene Waffe neben Bertram auf die hölzerne Oberfläche. Für eine Sekunde zögert Bertram verblüfft. Dann schnappt er die Waffe mit einer schnellen Bewegung und richtet sie auf Dengler. »Einbrecher«, ruft er heiter. »Zwei Einbrecher. Ich habe sie erschossen, Herr Vorsitzender! Sie waren in meiner Wohnung. Sie haben mich angegriffen. § 32 Strafgesetzbuch: ›Wer eine Tat begeht, die durch Notwehr geboten ist, handelt nicht rechtswidrig.‹« Sein Gesicht wirkt plötzlich entschlossen und konzentriert. Er hebt die Waffe und zielt auf Denglers Herz.

»Sie ist noch gesichert«, sagt Georg Dengler ruhig.

Bertrams Blick flackert. Er schaut hinunter zum Sicherungsbügel. Er steht auf »Save«. Bertram lacht. Sein Daumen legt sich auf den Hebel und stellt ihn um. Die Waffe ist scharf.

In diesem Augenblick schnellt Denglers Arm vor und packt Bertrams Handgelenk. Er drückt seinen Arm nach oben, dann biegt er ihn – Zentimeter für Zentimeter – nach innen, immer weiter, bis die Mündung auf Bertrams Schläfe zeigt. Bertram hält dagegen, er nimmt seine zweite Hand zu Hilfe, doch Dengler ist stärker. Vorsichtig schiebt Dengler seinen Finger hinter den von Bertram. Da zu wenig Platz ist, bewegt sich der Abzugsbügel einige Millimeter nach hinten.

»Stopp«, schreit Bertram.

»Du bist nicht unberührbar, so wenig wie jedes andere Arschloch«, sagt Dengler ruhig. Dann wendet er sich an Ania. »Geh zur Seite, sonst spritzt sein Hirn gleich auf deine Klamotten.«

Bertram beginnt zu zittern; erst mit den Knien, dann mit dem ganzen Körper.

Ania kommt näher. »Lass mich abdrücken«, sagt sie. »Es wäre mir ein großes Vergnügen.«

Ihre rechte Hand greift zum Abzug. Da ihr Zeigefinger nicht mehr dahinter passt, legt sie ihn auf Denglers Finger. Nur ein wenig Druck von ihr würde nun ausreichen, den Schuss auszulösen.

»Tu es nicht«, sagt Dengler. »Wenn du ihn umbringst, wird die Tat dich ein Leben lang in deinen Träumen verfolgen.«

»Meine Träume können nur besser werden, glaub mir.«

»Also, Arschloch Bertram, hör zu. Du wirst keine Minute mehr leben. Es ist vorbei. Die einzige Wahl, die du noch hast, ist – selbst abzudrücken. Wenn du nicht schießt, schieße ich. Und sei sicher: Es wird wie Selbstmord aussehen. Fingerabdrücke von dir an der Waffe und sonst keine. Keine lange Ermittlung. Ein klarer Fall. Bist du bereit?«

Bertrams Zähne beginnen zu klappern.

»Ich zähle bis drei. Eins.«

Bertrams Augen suchen Ania. »Ich habe dich wirklich geliebt, vom ersten Augenblick an, als ich dich gesehen habe. Du saßt in meinem Kopf. Da drin …«

Die junge Frau stößt einen wilden Schrei aus. Dengler spürt, wie ihre Hand auf seinen Zeigefinger drückt. Er hält dagegen, schüttelt den Kopf und sieht sie an. Doch ihr Druck auf den Abschussbügel bleibt.

Bertrams Schoß färbt sich dunkel.

»Zwei.«

Plötzlich hört Bertram auf zu zittern. Seine Hand versucht nicht mehr, die Waffe wegzudrücken. Er sieht Dengler an.

»Ich hab's vergeigt, was?«, sagt er leise.

»Das kann man so sagen.«

»Das ganze Leben – vergeigt.«

Bertram lacht bitter.

»Drei«, sagt Dengler.

Die Zeit bleibt stehen.

Dann fällt ein Schuss.

22. Kapitel: Schluss

Hauptkommissar Weber freut sich: Endlich kann er den Fall Matze zu den Akten legen. Überraschenderweise ergab die ballistische Analyse der Waffe, die bei einem Mann gefunden wurde, der seinem Leben in einem Luxusapartment in Grunewald ein Ende gesetzt hatte, einen Treffer. Es war dieselbe Automatic, mit der Matze erschossen wurde. Es ist leicht, jemanden zu erschießen, denkt Weber, aber schwer, mit der Tat zu leben. Er stempelt den abschließenden Bericht, unterschreibt und wirft die Akte mit einem eleganten Schwung in den Ablagekorb. Schlechtes Gewissen, schlechte Träume – und dann gibt es die Alternative: Selbstmord oder Geständnis. Bertram hat den ersten Weg gewählt. Auch gut; er hat genug zu tun.

Ein Rest von Misstrauen bleibt. Es ist kein großer Rest, aber doch so viel, dass er noch einen Augenblick innehält. Er könnte Dengler in Stuttgart anrufen. Er hat so ein merkwürdiges Gefühl, Dengler könnte ihm noch einiges zu diesem Fall erzählen. Er greift zum Telefon, doch mit dem Blick auf den Stapel unbearbeiteter Fälle zuckt die Hand zurück.

Weber seufzt und zieht den Ordner mit dem ersten der neuen Fälle zu sich und öffnet den Aktendeckel.

★

Diese Aufsichtsratssitzung ist die letzte, die Susan Miller bei der Deutschen Eigentum AG leitet. Schluss mit der Immobilienbranche.

Durch den Beschluss des Berliner Senats zum Mietendeckel haben die Chefs von Blackhill die Lust am Berliner Geschäft verloren. Die Algorithmen des konzerneigenen Supercomputers raten, den Anteil an der Deutsche Eigentum AG zu verkaufen. Ein früherer Freund hat ihr aus New York gemailt, dass die Chefs genau das tun werden. Puh, sie hat gerade noch rechtzeitig den Absprung geschafft.

Ihre letzte Aufgabe besteht darin, den neuen Geschäftsführer einzusetzen. Sie hat diesen Janos Wenzel ausgewählt, auch er ein Jurist mit genügend Erfahrungen im Immobiliengeschäft. Hat der Bertram sich doch tatsächlich erschossen! Nicht zu fassen. Die Zeitungen schreiben, es sei aus Verzweiflung über den Senatsbeschluss zum Mietendeckel geschehen. Bertram habe keine angemessene wirtschaftliche Perspektive für den Konzern mehr erkennen können und sich um sein Lebenswerk betrogen gesehen.

Sie freut sich auf ihre neue Aufgabe. In ein paar Wochen wird der schneidige Kolonialoffizier für den Vorsitz der konservativen Partei kandidieren und die Analyse von Blackhill sagt, er wird eine krachende Niederlage einfahren. Die New Yorker suchen jemand, der sein Projekt übernimmt. Noch immer wollen die Chefs, dass das deutsche Rentensystem endlich auf Aktien umgestellt wird. Susan Miller mit ihren guten Kenntnissen der deutschen Verhältnisse wird diesen Job übernehmen. Eine Riesenbeförderung.

Sie wird, sobald die Pandemie überstanden ist, nach Kalifornien fliegen und ihre Mutter besuchen. Danach wird sie zu ihrem Vater nach Sausalito fahren und schauen, was das Sarggeschäft macht.

Dann wird sie ein neues Team bilden, mit dem sie Blackhill zum großen Player im deutschen Rentensystem macht.

Ihr geht es bestens.

★

Als die Beschränkungen durch die Corona-Pandemie erleichtert und die europäischen Grenzen wieder geöffnet werden, bricht Ania zu einer Reise auf. Sie hat sich einen gebrauchten Jeep gekauft und fährt durch Österreich nach Italien. Als sie in Venedig ankommt, läuft sie durch nahezu leere Gassen, bewundert die sauberen Kanäle und sieht kein einziges Kreuzfahrtschiff.

Noch immer schreckt sie nachts auf. Sie spürt dann ihre Finger auf Denglers Hand, und sie drückt, so fest sie kann. Doch in jedem ihrer Träume spürt sie Denglers Gegendruck. Sie drückt noch fester – und wacht auf. Es dauert dann eine Minute oder länger, bis sie begreift: Sie liegt in ihrem Bett und ist in Sicherheit. Dann kann sie meist beruhigt bis zum Morgen weiterschlafen.

*

Die ersten Symptome zeigen sich bei Martin Klein, als ihm der Rotwein nicht mehr schmeckt. Als er ein paar Tage später mit Dengler frühstückt und Dengler ihm einen doppelten Espresso braut, findet Martin, er schmecke wie heißes Wasser. Georg Dengler ist zunächst beleidigt, dann besorgt. Er informiert seinen Hausarzt in der Calwer Straße, der Martin sofort abholen lässt. Dann kommen die Atembeschwerden. Im Katharinenhospital wird Klein auf die Intensivstation verlegt. Dort verbringt er vier harte Wochen. Schließlich wird er als geheilt entlassen. Doch seine Atembeschwerden bleiben.

*

Nopper führt die Organisation Fuhrmann zu neuen Höhen. Zwar schwächen sich zu seinem Bedauern die Demonstrationen der Impfgegner ab, als die Geschäfte, Museen und Theater wieder öffnen. Doch er hat neue Pläne. Die Organisation mobilisiert all ihre Kräfte. Am 1. August demonstrieren nach einem bundesweiten Aufruf etwa 20 000 Corona-Leugner und Impfgegner in Berlin. Harry Nopper und Lutz Koch beobachten die Aktion. Sie sind enttäuscht. Trotz großer Anstrengungen ist nur ein Bruchteil der Leute gekommen, die auf den Demos gegen den Klimawandel und der Black-Lives-Matter-Bewegung gewesen waren – und für diese wurde nur regional mobilisiert. Koch befürchtet eine »massive Enttäuschung unserer Leute«, wie er sagt. Harry Nopper überlegt.

»Wenn du mitten in einer Demo steckst, weißt du nicht wirklich, wie viele insgesamt mitlaufen. Du hast nur den Eindruck: Oh, wir sind viele. Weißt du was? Wir sagen unseren Leuten: Es waren eine Million.«

»Das wird die Presse uns nie abnehmen«, sagt Koch.

»Scheißegal«, knurrt Harry Nopper. »Hauptsache, die glauben es.«

Er weist mit einer Hand auf die Demonstranten, die in der Berliner Sommerhitze vorbeiziehen.

»Und die Presse?«, fragt Koch.

»Scheißegal. Wir sagen ›Lügenpresse‹ – und die glauben uns.«

»Dann sagen wir 1,3 Millionen«, sagt Koch und streckt ihm die Hand entgegen.

»Einverstanden«, sagt Nopper und schlägt ein.

*

Bei der nächsten Demo am 29. August ist die Teilnehmerzahl immer noch nicht viel größer geworden, obwohl alle im Direktorium hart arbeiteten. Doch die öffentliche Aufmerksamkeit ist überragend. Jede Zeitung im Land, das Fernsehen, Radio, die sozialen Medien – alle berichten. Die Aufmerksamkeit steigt zusätzlich, als Polizei und Senat versuchen, die Kundgebung und Demonstration zu verbieten. Ein Gericht hebt erwartungsgemäß das Verbot wieder auf, und nun blicken Medien erst recht nach Berlin. Für sie hat sich Nopper etwas Besonderes ausgedacht. Er organisiert einen Trupp von entschlossenen, national gesinnten Männern, die nach der Kundgebung über die Absperrgitter vor dem Reichstag springen und versuchen, das Parlament zu stürmen. Sie schwenken die schwarz-weiß-rote Flagge des Kaiserreichs, die bis 1935 auch die Fahne des Dritten Reichs war.

Nopper sieht zu, wie die Männer die Treppe zum Reichtag hinaufstürmen, und lächelt. Die Burschen werden von heraneilenden Polizisten gestoppt. Doch die Bilder werden um die Welt gehen.

Harry Nopper ist zufrieden: ein Sturm aufs Parlament! Das ist mehr, als er von diesem Tag erwartet hat. Der Kampf um die Macht hat begonnen.

⋆

Danach baut er das Direktorium um. Ein stellvertretender Kommandeur der Kommando Spezialkräfte KSK aus Calw wird aufgenommen. Nopper gewinnt neue Mitglieder aus allen Teilen des Sicherheitsapparats.

Dann stellt er den Antrag, an dessen Begründung er lange gearbeitet hat. Er zeigt auf, wie dieser Mann einige sehr wichtige Operationen der Gruppe Fuhrmann fast aufgedeckt hat. Wie er ihnen immer wieder sehr nahe gekommen sei.

Doch erst als er die Gefahr betont, dass ebenjener Mann sie alle ins Gefängnis bringen wird, wenn er nicht gestoppt wird, gewinnt er die Mehrheit für seine Beschlussvorlage. Einstimmig beschließt das Direktorium die Liquidation von Georg Dengler.

Die einzige Bedingung der Kollegen: kein Aufsehen. Lass es wie einen Unfall aussehen.

⋆

Bevor Sebastian Kröger seinen Rücktritt erklärt und bevor seine Firma von der Deutschen Eigentum geschluckt wird, zieht er die Mieterhöhungen für die beiden Plattenbauten in Kreuzberg zurück.

Er schließt mit den Mietern einen neuen Vertrag, der für die nächsten fünfzehn Jahre Mieterhöhungen ausschließt.

Die Bewohner der beiden Blocks beschließen daraufhin, eine Siegesfeier zu veranstalten, sobald die Corona-Pandemie abgeklungen ist. Es soll eine große Party werden, die unter dem Motto stehen wird »Wir waren alle mal Kröger«.

Sebastian Kröger wird von dem Komitee dazu eingeladen. Er sagt zu und bietet an, eine Rede zu halten. Doch dies wird freundlich abgelehnt.

*

Matthias lädt Silke in eines von Sarah Wieners Berliner Restaurants ein. Wenige Tage bevor diese in Konkurs gehen, sind die Preise gesenkt worden. Er hat sich vorher Mut angeraucht, und als die Dessertteller abgeräumt werden, steht er auf, hüstelt verlegen, geht um den Tisch, kniet vor ihr nieder, klaubt einen Ring aus der Hosentasche und nuschelt: »Silke, bitte werde meine Frau, heirate mich.«

Silke ist so überrascht, dass sie laut loslacht. Dann zieht sie den armen Tropf hoch und küsst ihn.

»Und? Was sagst du?«, fragt er, als sie ihn wieder loslässt.

»Ich prüfe deinen Antrag«, sagt sie.

»Wohlwollend«, fügt sie hinzu, als sie die Verzweiflung auf seinem Gesicht sieht. »Gib mir ein bisschen Zeit.«

»Wie lange?«, fragt er und schlägt die Augen nieder.

»Na ja, ein paar Tage brauche ich schon«, sagt sie.

Sie küsst ihn erneut, um ihn aufzumuntern, und sagt: »Nicht länger. Nur ein paar Tage. Versprochen.«

In den nächsten drei Tagen telefoniert sie mehrmals mit Olga. Sie führen lange Gespräche.

Dann lehnt sie Matthias' Antrag ab.

*

Lena geht es gut. Die Verletzung an ihrem Finger ist verheilt. Sie hat das Krabbeln entdeckt, und Silke ist sich sicher, Lena wird ein fröhliches Kind werden.

*

Georg Dengler lassen die Bilder des letzten Abends in Berlin nicht mehr los. Er wird von einer bisher nie gekannten Antriebsschwäche erfasst. Hat er sich falsch verhalten?

Wenn er in sich hineinhört und sich prüft, hat er sich nichts vorzuwerfen.

Doch seine Träume erzählen eine andere Geschichte.

Nach Martin Kleins Erkrankung muss er mit Olga vierzehn Tage in Quarantäne bleiben, ebenso wie Mario und Leopold Harder. Er nutzt die Zeit, in der er allein in seiner Wohnung sitzt, und übt auf der Mundharmonika das Intro zum *Hoodoo Man Blues* von Junior Wells. Doch immer wieder scheitert er an dem schnellen Wechsel vom Ziehen zum Blasen im zweiten Teil des Intros – ein Part, den Junior Wells perfekt beherrscht. Manchmal hört er sich den Originalsong von Junior an, und dann will er seine Mundharmonika am liebsten zum Fenster hinauswerfen.

Nach vielen Stunden Üben gelingt es ihm einmal, dass seine Blues Harp in D den präzisen und zugleich schmutzigen Ton seines großen Vorbildes trifft.

Also wirft er sie doch nicht aus dem Fenster.

Hätte er es getan, dann wäre ihm der dunkle Van aufgefallen, der im Schritttempo die Wagnerstraße hinauffährt, vor dem bereits geschlossenen *Basta* hält und die Scheinwerfer ausstellt. Und sicher wären ihm die beiden dunkel gekleideten Männer aufgefallen, die zu seinem erleuchteten Fenster hinaufschauen und dann langsam aussteigen.

Ende

407

Finden und Erfinden

Die Entstehungsgeschichte dieses Romans unterscheidet sich in zwei Punkten deutlich von denen der bisherigen Dengler-Storys. Ich arbeitete bereits am Manuskript, als das ZDF, die Produzenten der Denglerfilme und ich beschlossen, den nächsten Film auf der Basis dieses noch (unfertigen) Buches zu drehen. Ich klappte den Laptop zu und zog für einige Zeit nach Berlin. Lars Kraume, der die Drehbücher der Denglerserie im ZDF verantwortet, und ich schmissen unsere Ideen und das begonnene Manuskript in einen Topf und fertigten daraus ein sogenanntes Treatment; eine Kurzfassung der Geschichte um Dengler, Olga, Kröger und Co. Es war eine angenehme, konzentrierte und produktive Zusammenarbeit, für die ich Lars Kraume sehr dankbar bin. Aus dem Treatment entwickelte Lars das Drehbuch, und ich nutzte es für die Fortsetzung der Arbeit an Denglers neuem Fall.

Die Corona-Pandemie warf dann alles über den Haufen. Im Februar 2020 musste entschieden werden, ob ich tatsächlich bei der bisherigen Planung bleiben und einen Roman veröffentlichen wollte, in dem dieses verfluchte Virus keine Rolle spielt. Doch es zeichnete sich bereits ab, dass die Pandemie und der Umgang mit ihr eine sehr grundsätzliche und neue gesellschaftliche Erfahrung sein würde. Und so nahm ich das Geschehen gewissermaßen in Echtzeit in das Manuskript auf. Diesen Wandel merkt man dem Buch an. Neben dem eigentlichen Thema – Finanzindustrie und Immobilienwirtschaft – formt sich mit der Corona-Krise ein zweiter inhaltlicher Schwerpunkt. Doch ich glaube (und hoffe), es nimmt dem Roman nichts an Spannung und Verständlichkeit.

*

Ich schulde einigen Menschen Dank, die mich bei diesem Roman unterstützt haben. Ich danke herzlich *Annette Kulenkampf*, die zuerst die Idee hatte, Dengler im Immobiliensumpf ermitteln zu lassen. Ich danke Frau *Prof. Dr. Susanne Heeg*, Professorin am Institut für Humangeografie der Universität Frankfurt, für die Zeit, die sie mir gewidmet hat, und dass sie mich mit den ersten Stapel Literatur zum Thema versorgt hat.

Ich danke *A. B.* von der International Estate Business School für die offenen Gespräche – trotz meist gegensätzlicher Standpunkte. Die Unterhaltungen mit ihm waren für mich ein notwendiger Gencheck zu meinen Recherchen.

Besonders herzlichen Dank schulde ich *Rouzbeh Taheri* für die außerordentliche Großzügigkeit und Geduld, mit der er mich mehrmals durch Berlin führte und mir die Folgen von Kröger und Deutsche Eigentum augenscheinlich zeigte.

Dank auch an meine verehrte Kollegin *Susanne Saygin*, die mich zu Streifzügen durch Neukölln mitnahm, und von der ich viel über ihren Kiez gelernt habe.

Ich danke *Andrej Holm*, dass er seine Einsichten mit mir teilte. Die Begegnung mit ihm war für mich wie ein Proseminar für Stadtentwicklung.

Ich danke den Autorinnen und Autoren (Julia Friedrichs, Leonie Heling, Fabienne Hurst, Sara Lienemann, Eva Müller, Nora Nagel, Michael Schmitt, Andreas Spinrath) der hervorragenden ARD-Dokumentation »Ungleichland – Reichtum, Chancen, Macht«, die mir eine wesentliche Quelle und Inspiration war. Ich empfehle den Film jedem Leser und jeder Leserin, die sich mit dem Thema dieses Buches näher beschäftigen möchten.

409

Dank an *Lars Kraume*, nicht nur für die Zusammenarbeit beim Treatment, sondern auch für die Lehr- und Spaziergänge durch Kreuzberg.

Ich bedanke mich bei *G. S.* für die Einsichten in die türkische Gesellschaft Kreuzbergs.

Der Artikel, den Leopold Harder über die Ungereimtheiten der Anthroposophie geschrieben hat, stammt in Wirklichkeit von *Dietrich Krauss*. Ich danke ihm, dass ich auf ein damals noch unveröffentlichtes Manuskript zugreifen durfte. Er veröffentlichte seine Arbeit dann in der Stuttgarter Internet-Zeitung *Kontext*. Den Link zu seinem Artikel finden Sie auf meiner Homepage.

Für die Durchsicht des Manuskripts danke ich *David Streit, Monika Plach* und *Julia Lutzeyer*.

Ich bedanke mich bei *A. N.*, die mir die Geschichte ihrer Kindheit in einer anthroposophischen Familie anvertraute.

⋆

Ich bin glücklich, dass ich seit der »Blauen Liste«, der ersten Dengler-Geschichte, mit demselben Lektoren-Team arbeiten kann. Das spricht für »meinen« Verlag Kiepenheuer & Witsch, dessen Mitarbeitern ich für vielfältige Unterstützung Dank schulde. Lutz Dursthoff und Nikolaus Wolters, die mich beim Lektorat, dem anstrengendsten Teil des Bücherschreibens, begleitet haben, danke ich für ihre erhebliche Mühe, den klaren Blick, das Gefühl für das richtige und das offene Wort; kurz: für ihre Freundschaft. Lutz Dursthoff ist ein scharfer Analytiker – und mit Nikolaus Wolters habe ich diesmal ein besonderes Experiment gewagt: Wir haben über Wochen hinweg per Videokonferenz beraten, gelesen, korrigiert. Ich bewundere ihn für seine Genauigkeit und Ernsthaftigkeit und für seine großartige Geduld, die mir gelegentlich fehlte.

⋆

Eine vollständige Liste der von mir verwendeten Quellen finden Sie auf meiner Homepage unter www.schorlau.com/Kreuzberg Blues. Doch die wichtigsten davon möchte ich hier nennen.

Das Buch *Mietenwahnsinn: Warum Wohnen immer teurer wird und wer davon profitiert* von *Andrej Holm, Knaur Verlag,* ist ein guter Einstieg für alle, die sich näher mit diesem Thema beschäftigen wollen. Ich danke *Andrej Holm,* dass ich einiges davon meinen Figuren in den Mund legen durfte.

Jakobs Kenntnisse der Geschichte des Homo sapiens stammen nicht von einem Seminar in Boston, sondern sind in Wirklichkeit einem herausragenden Buch zu diesem Thema geschuldet: *Die Mühlen der Zivilisation: Eine Tiefengeschichte der frühesten Staaten* von *James C. Scott.* Ich danke dem Suhrkamp Verlag für die freundliche Erlaubnis, daraus zitieren zu dürfen ...

Die Zucht besonders aggressiver Ratten ist nicht ausgedacht. Diese Viecher gibt es wirklich. Ich stieß auf sie durch einen Artikel im *Spiegel: Kämpfen oder kuscheln. Zutraulich und neugierig die einen, aggressiv und bissig die anderen: Genetiker in Leipzig forschen an zwei Typen von Ratten. Sie wollen die Entstehung der Haustiere verstehen.* Den Link zu diesem Artikel finden Sie auf meiner Homepage.

Der erstaunliche Geisteswandel von Kröger stützt sich auf ein Interview, das der Architekt *Ernst Hubeli* dem *Spiegel* gab. Auch diesen Link finden Sie auf meiner Homepage

Die Figuren von Vater und Sohn Fuhrmann sind ausgedacht. Die Arbeitsgruppe des Bundesministeriums des Inneren, die einen neuen Verfassungsentwurf erarbeitete, um die Demokratie auszuhebeln, jedoch nicht. Nähere Informationen dazu ebenfalls auf meiner Homepage; ebenso wie der Faktencheck zur Bill-Gates-Stiftung.

*

Ich staune immer noch, wie innerhalb weniger Jahre in Deutschland nahezu aus dem Nichts riesige, zum Teil Dax-notierte Immobilienkonzerne aufstiegen, die plötzlich Zehntausende Wohnungen besaßen. Ihre Geschichte erinnert mich an Russland. Auch hier entstanden über Nacht Oligarchien, die plötzlich das frühere Staatseigentum besaßen. Der Vergleich ist nicht abwegig. Die heutigen Immobilienkonzerne, seien es Vovonia, Deutsche Wohnen oder Patrizia, konnten nur entstehen, weil ihnen öffentliches Eigentum – man muss es so sagen – nahezu geschenkt wurde. Der Berliner Senat verscherbelte 65 700 Wohnungen und Gewerbeeinheiten für 401 Millionen Euro. Das sind 6.103 Euro – nicht pro Quadratmeter, wie man vermuten könnte, sondern pro Wohnung.[3]

Man fragt sich: Wenn der Senat seine Wohnungen für kleines Geld loswerden will, warum verkauft er sie nicht an die Mieter? Warum hat man keine Mietergenossenschaft gegründet? Warum wurde ausgerecht an so windige Finanzinstitute wie eine amerikanische Fondsgesellschaft und die berüchtigte Investmentbank Goldman Sachs verkauft? Erst diese und ähnliche »Deals« sind dafür verantwortlich, dass Wohnen heute eine Angelegenheit von riesigen, undurchsichtigen und maßlos gierigen Finanzfirmen geworden ist.

Die Wohnung ist unser allerprivatester Raum. Sie ist ein Zuhause, in dem wir aufwachsen, Kinder zeugen und gebären, alt werden, möglicherweise sterben. Unsere Wohnungen sind unser Schutzraum – und trotzdem gehören sie uns oft nicht. Dass dieser Raum kalt kalkulierenden Finanzkonzernen übergeben wurde, ist ein nicht zu entschuldigendes Verbrechen.

Die Verschleuderung öffentlichen Eigentums verantwortete in Berlin keineswegs ein konservativer Senat, sondern die rot-rote Stadtregierung unter Wowereit.

Doch es geschah nicht nur in Berlin. In Stuttgart veräußerte die Landesregierung 21 500 Wohnungen, die der baden-württembergischen Landesbank gehörten, für 1,4 Milliarden Euro an die Patrizia AG. Das entspricht einem Preis von etwa 65 000 Euro pro

---

3 *Süddeutsche Zeitung* vom 13./14. Juni 2020

Wohnung. Selbst wer die Immobilienpreise in Stuttgart nur oberflächlich kennt, weiß, dies ist wenig besser als geschenkt.

Die Landesregierung ging sogar so weit, ein alternatives Angebot verschiedener Kommunen (darunter Stuttgart und Esslingen) auszuschlagen, das den Mietern deutlich besseren Schutz vor Mieterhöhungen und Kündigungen zugesichert hätte.

Dresden verkaufte seinen kompletten Wohnungsbestand. Andere Kommunen folgten. In Freiburg verhinderte eine Bürgerbewegung den Ausverkauf. Dies führte dann zur Abwahl des Oberbürgermeisters, der uneinsichtig dieses Projekt verteidigte. Heute ist er Geschäftsführer einer Industrie- und Handelskammer.

In vielen Städten bilden Mieter nun Bürgerbewegungen, die die Rückführung der Wohnungen in öffentliches oder genossenschaftliches Eigentum fordern. Sie haben recht.

Ihnen ist dieses Buch gewidmet.

Wolfgang Schorlau
Stuttgart, im August 2020

Weitere Titel der Dengler-Reihe
bei Kiepenheuer & Witsch

Ein hochpolitischer Venedig-Krimi von Wolfgang Schorlau und Claudio Caiolo

WOLFGANG SCHORLAU
CLAUDIO CAIOLO

DER FREIE HUND

COMMISSARIO MORELLO
ERMITTELT IN VENEDIG

Kiepenheuer
& Witsch

Commissario Antonio Morello, genannt »Der freie Hund«, hat in Sizilien korrupte Politiker verhaftet und steht nun auf der Todesliste der Mafia. Um ihn zu schützen, wird er nach Venedig versetzt. Er hasst die Stadt vom ersten Augenblick an. Zu viele Menschen, trübes Wasser, Kreuzfahrtschiffe, die die Luft verpesten und die Stadt gefährden – selbst der Espresso doppio, ohne den er nicht leben kann, schmeckt ihm in Sizilien besser. Doch Venedig ist eine große Verführerin.

Kiepenheuer & Witsch

Weitere Titel von Wolfgang Schorlau bei Kiepenheuer & Witsch

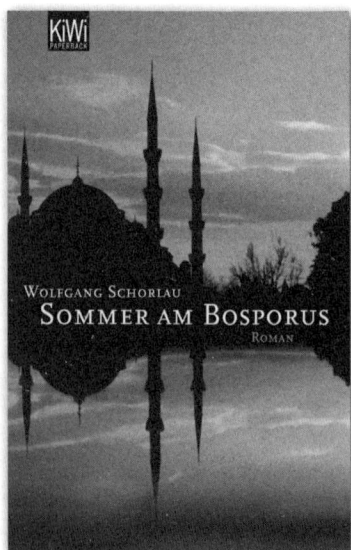

Schorlau erzählt die Geschichte einer ungewöhnlichen Freundschaft zwischen einem Jungen aus begüterten Verhältnissen und einem Kind aus dem Waisenhaus: Von Verrat und Liebe und von den gesellschaftlichen Umwälzungen der sechziger und siebziger Jahre.

Vor der Kulisse einer der aufregendsten Metropolen der Welt erzählt Wolfgang Schorlau eine außergewöhnliche Liebesgeschichte.

»Sympathisch unprätentiös und belebend kommt das Buch daher – wie ein guter Çay.« *Stuttgarter Zeitung*